孟子新注新译

简体版

杨逢彬 ◎ 著

北京大学出版社
PEKING UNIVERSITY PRESS

图书在版编目(CIP)数据

孟子新注新译：简体版 / 杨逢彬著. -- 北京：北京大学出版社，2025.1.
ISBN 978-7-301-35279-3

Ⅰ.B222.5

中国国家版本馆 CIP 数据核字第 2024KK9337 号

书　　　名	孟子新注新译（简体版）
	MENGZI XINZHU XINYI（JIANTI BAN）
著作责任者	杨逢彬　著
责任编辑	张弘泓
标准书号	ISBN 978-7-301-35279-3
出版发行	北京大学出版社
地　　　址	北京市海淀区成府路 205 号　100871
网　　　址	http://www.pup.cn　　新浪微博：@北京大学出版社
电子邮箱	总编室 zpup@pup.cn
电　　　话	邮购部 010-62752015　发行部 010-62750672
	编辑部 010-62753027
印　刷　者	河北博文科技印务有限公司
经　销　者	新华书店
	650 毫米 ×980 毫米　16 开本　29 印张　417 千字
	2025 年 1 月第 1 版　2025 年 1 月第 1 次印刷
定　　　价	98.00 元（简体版）

未经许可，不得以任何方式复制或抄袭本书之部分或全部内容。
版权所有，侵权必究
举报电话：010-62752024　电子邮箱：fd@pup.cn
图书如有印装质量问题，请与出版部联系，电话：010-62756370

本书的研究与写作,得到中央财经大学中国经济与管理研究院(CEMA)鼎力支持。

本书为高校人文社会科学重点研究基地重大项目"面向上古汉语知识库的出土文献词汇语法研究"(22JJD740003)之阶段性成果。

目 录

导言……………………………………………………… 1
例言……………………………………………………… 1

梁惠王章句上(凡七章)………………………………… 1
梁惠王章句下(凡十六章)……………………………… 28
公孙丑章句上(凡九章)………………………………… 61
公孙丑章句下(凡十四章)……………………………… 96
滕文公章句上(凡五章)………………………………… 121
滕文公章句下(凡十章)………………………………… 154
离娄章句上(凡二十八章)……………………………… 184
离娄章句下(凡三十三章)……………………………… 215
万章章句上(凡九章)…………………………………… 242
万章章句下(凡九章)…………………………………… 270
告子章句上(凡二十章)………………………………… 292
告子章句下(凡十六章)………………………………… 324
尽心章句上(凡四十六章)……………………………… 354
尽心章句下(凡三十八章)……………………………… 395
《孟子》疑难词句考证索引…………………………… 435

导　言

　　不知诸位注意没有，最近几年，过端午节的时候，收到的祝词多是"端午安康"。据说，端午是为了防病驱疫护佑健康而设的节日，"在这样一个祈求平安健康的节日里，祝愿别人安康，自然更应景一些"。这是一个民俗学的问题，与我们要谈的语言学问题不同，但也有相通之处。暂且按下不表。

　　最近有位杨老师讲古诗词的视频很火爆，标题是"那些年被你误会的诗词含义"。她的初衷，是"很多的古诗词到了现在都被乱用"，因此"我一定要纠一纠"。她纠正的有三：一是苏东坡的"但愿人长久，千里共婵娟"，二是《诗经·邶风·击鼓》"执子之手，与子偕老"，三是秦观《鹊桥仙》"两情若是久长时，又岂在朝朝暮暮"。她说，"但愿人长久"本来是讲兄弟情的，"执子之手"本来是讲战友情的，"两情若是久长时"本来是用来分手的；用来表达爱情，可以用李清照《一剪梅》的"才下眉头，却上心头"。她说的很对，前面三例确实是表达兄弟之情、战友之情和用来分手的，我只是在有无必要"纠一纠"上和她的意见有点不一致。这就牵涉到我们的正题"语言的历史性和社会性"了。1

☆　　☆　　☆　　☆　　☆

　　先说语言的历史性。语言是缓慢而持续地变化的，无论其中的词汇、语音还是语法，都不是一成不变的。举个例子来说，《庄子·秋水》"于是焉河伯始旋其面目，望洋向若而叹"的"望洋"，一本很著名的《庄子》注本是这样注的："'望洋'一词有多种解释，旧注作'仰视貌'……然'望洋'作常义解即可。'洋'即海洋，上文云'北海'可证。"

　　可是，"洋"之有"海洋"的意义，是迟至北宋才见诸载籍的；它出现在汉语里可能比北宋早，但不可能早到《庄子·秋水》成文的时候。古汉语字典记载得清清楚楚:"洋,大海(晚起义)。"孙德宣先生有《释"望洋"》论证这一点。

这不是"望洋兴叹",而是"望文生义"。当今学者,要完全避免望文生义几乎不可能,笔者自然不能例外。我们举这个例子,对事不对人,仅仅是因为大家熟悉它,用来举例罢了。

但尽量避免望文生义却是可以做到的,其中一个法门就是要注意语言的历史性。经常可以看到这样的例子,某学者对古书中某个字的解释不满意,他觉得应该解释为什么什么。这当然可以,前提之一是,必须证明该字的这个意义在该古书成书的时代已经产生了。

不但词的意义古今有别,语音、语法也一样。读者诸君能够建立"语言是逐渐变化的"这一概念,思过半矣。

上面所举的几例诗词,是人们在长期使用的过程中,对它们的理解发生了变化;与我们所要谈及的词语本来的意义发生改变,有所不同。但基本原理差不多,都属于语言的变化。

民俗也是不断变化的,端午节变成一个嘉年华已经很久了,当然是可以说"快乐"的。2

☆ ☆ ☆ ☆ ☆

半个世纪前,新疆发现了《坎曼尔诗笺》,据说坎曼尔为中唐时期的回鹘人,与白居易同时代。这诗笺有句为"李杜诗坛吾欣赏",可是那一时代的语言中,"诗坛"和"欣赏"两个词语都还不见踪迹。还有"古来汉人为吾师""东家豺狼恶"这样的句子,直到宋代以后,才在传世文献中见到兄弟民族用"汉人"来称呼汉族人;而"东家"一词之指财主,更是晚近才有的(杨镰《西域史地研究与〈坎曼尔诗笺〉的真伪》,载《中国边疆史地研究》1994年第2期)。

杨镰先生证明了《坎曼尔诗笺》是伪造的。诚如杨伯峻先生所说:"生在某一时代的人,他的思想活动不能不以当日的语言为基础,谁也不能摆脱他所处时代的语言的影响。尽管古书的伪造者在竭尽全力地向古人学舌,务使他的伪造品足以乱真,但在摇笔成文的时候,无论如何仍然不可能完全阻止当日的语言的向笔底侵袭。这种侵袭不但是不自觉的,甚至有时是不可能自觉的。"(杨伯峻《从汉语史的角度来鉴定中国古籍写作年代的一个实例——〈列子〉著述年代考》)

这个例子正是从"汉语史"的角度,也即用"语言是逐渐变化的"这一观念来鉴定《坎曼尔诗笺》的真伪的。读者诸君将要看到,我们这部书中,有好多地方也是从汉语史的角度来考证《孟子》中的疑难词句的。3.

☆　☆　☆　☆　☆

李白《静夜思》"床前明月光"的"床"指什么,近几十年来,除了下榻的卧床,还有胡床、井栏等说法。这和我们将要讲到的"语言的社会性"以及"分布"有关。

语言是用来交际的,说的话就要让别人听懂。以"执子之手,与子偕老"为例,假设 99％ 的人理解它是用来表达爱情的,1％ 的人理解它是用来表达战友情的,当然要以那 99％ 的人的理解为准了。它在最初确实是表达战友情的,但对它的理解在历史的长河中产生了变化。变化了的语言是没法人为地纠正的,这叫作"语言符号的强制性"。语言要以说这种语言的人通常的理解为准,这就是语言的社会性。如果说指鹿为马,或者指米老鼠为唐老鸭,都是行不通的话,蛹化为蝶,水冻成冰以后,还要叫它们为蛹、为水,也都是行不通的——"子在川上曰,逝者如斯夫!"

男生给女生递条子,上面写着"执子之手,与子偕老",这顶多是唐突;如果男生给男生递同样的条子,可能就会引起误会了。4.

☆　☆　☆　☆　☆

语言的社会性这一原则,怎么运用于释读古书中古今见仁见智的疑难词句呢?王力先生说:"从前的文字学家有一种很大的毛病是我们所应该极力避免的,就是'远绍'的猜测。所谓'远绍',是假定某一种语义曾经于一二千年前出现过一次,以后的史料毫无所见,直至最近的书籍或现代方言里才再出现。这种神出鬼没的怪现状,语言史上是不会有的。"(《训诂学上的一些问题》)什么意思呢?语言的社会性制约了说汉语的人只能把雪的颜色叫作"白",把煤球的颜色叫作"黑",而不能颠倒过来。我国古代典籍浩如烟海,一个常用词,它的某个意义,总会在同时代典籍中留下痕迹,所谓"雪泥鸿爪"是也;它的变化轨迹,也会在不同时代的典籍中草蛇灰线伏延千里。

就拿王力先生所举的一个例子来说好了。他指出,《曹刿论战》中"肉食者谋之,又何间焉"的"间",有的书解释为"补充或纠正",但《左传》中"间"出现 81 次,另外 80 处都不当"补充、纠正"讲,其他先秦两汉古书中"间"也从不当"补充、纠正"讲,"左丘明在这里不可能为'间'字创造一个新义,因为这样的'创造'谁也不会看得懂。作为一个原则,注释家不会反对语言的社会性,但是,在实践的过程中,注释家却往往忽略了这个重要的原则。"(同上)

这一"间"当然是参与、厕身其间的意思,也就是我们常说的"掺和",这样的例子在同时代典籍可是一抓一大把的,这就是"留下痕迹"。5

☆　☆　☆　☆　☆

还是来说说"床前明月光"吧!我们在《全唐诗》里搜索"床前"(为什么要搜索"床前"而非"床",与下文讲到的"分布"有关),没有找到与胡床、井栏相关的线索,倒是找到了许多与卧榻相关的线索。

最常见的线索就是睡觉(眠)了:"青蛾不得在床前,空室焚香独自眠。"(王建)"霁丽床前影,飘萧帘外竹。簟凉朝睡重,梦觉茶香熟。"(元稹)后两句还出现了席子和梦醒。"一年只有今宵月,尽上江楼独病眠。寂寞竹窗闲不闭,夜深斜影到床前。"(熊孺登)这一首还出现了月亮,与"床前明月光"相仿佛。"他皆携酒寻芳去,我独关门好静眠。唯有杨花似相觅,因风时复到床前。"(李建勋)这可是关着门喔,井可都是在室外的。

还有的出现了帐子:"草染文章衣下履,花粘甲乙床前帐。"(长孙佐辅)这与物质文化史相吻合。还有的出现了鞋子:"床前双草屦,檐下一纱灯。"(白居易)"壁上尘黏蒲叶扇,床前苔烂笋皮鞋。"(杜荀鹤)还出现了枕头和打鼾:"床前倒秋壑,枕上过春雷。"(齐己)最好笑的,还出现了虱子:"今朝暂到焚香处,只恐床前有虱声。"(贯休)

我们举例,排除了诸如"犹恐愁人暂得睡,声声移近卧床前"(白居易)这类,因为"卧床"正如"胡床","床"前有特定的修饰性成分,作为例证,缺乏说服力。同样,"池上有小舟,舟中有胡床。床前有新酒,独酌还独尝"(白居易)这首诗中的"床前"之可能指胡床,也是由于上文"舟中有胡床"的限定,使它成为"有标的"特例。除开这一首,上面所举诸例,无不说明在唐诗中,当"床"与"前"组成"床前"这一短语时,其中的"床"一般是指卧榻。

上文说到,语言要以说这种语言的人通常的理解为准,这是语言的社会性原则。这一原则,运用于阅读古书,用大白话来表达就是"大家都这样,我也不例外",即由一般推知个别。以"床前明月光"的"床"为例,既然别处许多"床前"的"床"都可以肯定是卧榻,"床前明月光"的"床"也就不能例外。

当然,例外是有的,但都是有原因的。如"床前有新酒",它受上文的制约;"床前明月光"却没有这种制约。6

☆　　☆　　☆　　☆　　☆

上面,我们谈的是语言的历史性、社会性问题,不比历史性、社会性次要甚至更为重要的语言的系统性问题,我们会在后头说到。

说到这里,要谈谈"分布"了,否则好些问题讲不清楚。分布,一是指句法成分在句中所占据的句法位置,如主语、谓语、宾语、定语、状语等等;二是指句法成分的结合能力,即该成分修饰什么成分,该成分被什么成分修饰,等等。通俗地说,就是词语在特定句子中的上下文条件。比如上文考察"床前明月光"时,我们不是考察"床"而是考察"床前",就是因为"床"和"前"结合在一起的时候,后者会"限定"前者以什么意义出现。我们并没有否定"床"的胡床义和井栏义,只是想考察"床前明月光"一句中"床"的意义。既然该句中"床前"是一体的,考察时就要把这一"条件"考虑进去。

一个词,它的多义,是呈现在字典词典里的;在特定的上下文中,它必定是单义的。也即,上下文锁定了该词,让它只能呈现一个意义。换言之,分布限定了词义,分布就是特定词义的标志牌。也即,若要求得在某一上下文中的某词到底是呈现其甲乙丙丁几个意义中的哪一个,只要弄清楚甲乙丙丁四种意义各自的分布特征(也即上下文特征),然后按图索骥,看所考察的词句的上下文和甲乙丙丁四种上下文中的哪一个相吻合就行了。杨树达先生把它叫作"审句例"。我曾发表过一篇《以考察分布为主轴的训诂》,文中说:"该词的某一类分布特征和某一意义是一对一的,就像身份证号码对应每个人。这就等于说,以考察分布为主轴的训诂,能使得这一研究具备可重复性、可验证性——几位学者分开来研究同一疑难词语,将得到大致相同的结论。"

这就是所谓"经典阐释的确定性"和"分布分析可以使意义形式化"(分别见孟琢《论中国训诂学与经典阐释的确定性》,载《社会科学战线》2022年第7期;陈保亚《20世纪中国语言学方法论研究》,商务印书馆2015年,第43页)。7

☆ ☆ ☆ ☆ ☆

古代训诂大师虽然没有分布的概念,但他们的经典范例,无一不与分布理论相吻合。例如高邮王氏父子对《诗经·邶风·终风》"终风且暴"的考证:

家大人曰,《终风篇》:"终风且暴。"《毛诗》曰:"终日风为终风。"《韩诗》曰:"终风,西风也。"此皆缘词生训,非经文本义。"终犹"既"也,言既风且暴也……《燕燕》曰:"终温且惠,淑慎其身。"《北门》曰:"终窭且贫,莫知我艰。"《小雅·伐木》曰:"神之听之,终和且平。"(《商颂·那》曰:"既和且平。")《甫田》曰:"禾易长亩,终善且有。"《正月》曰:"终其永怀,又窘阴雨。""终"字皆当训为"既"。

——王引之《经义述闻》卷五

上文证明了,在"终~且~"这一上下文条件下,"终"呈现类似"既"的意义。这很好地说明了"分布"是如何锁定意义的。由于"终温且惠""终窭且贫""终和且平""终善且有"等句中的"终"都呈现类似"既"的意义,同一格式(即同样的上下文条件)的"终风且暴"的"终"没有理由不是这一意义。这就符合语言的社会性原则。

利用分布锁定意义的原理,利用语言的社会性原则,就能够在特定条件下,由此及彼,由一般推知个别,综合归纳分析古书中疑难词句的意义。

这一例也符合语言的历史性原则。因为语言是变化的,所以由一般推知个别时,要用同时代的书证。该例用来证明"终风且暴"意义的"终温且惠""终窭且贫""终和且平""终善且有"等书证,都与前者是同一时代的。8

☆　　☆　　☆　　☆　　☆

下面,我们举两个本书的例子,来说明怎样利用语言的历史性、社会性原则来解读《孟子》中见仁见智的疑难词句。下面这例大家应该不陌生:

> 如使人之所欲莫甚于生,则凡可以得生者,何不用也?使人之所恶莫甚于死者,则凡可以辟患者,何不为也?由是则生而有不用也,由是则可以辟患而有不为也。(《告子上》)

《孟子译注》译为:

> 如果人们所喜欢的没有超过生命的,那么,一切可以求得生存的

方法,哪有不使用的呢?如果人们所厌恶的没有超过死亡的,那么,一切可以避免祸害的事情,哪有不干的呢?〔然而,有些人〕由此而行,便可以得到生存,却不去做;由此而行,便可以避免祸害,却不去干。

本书关键的不同在"何不用也""何不为也"两句。包括《孟子译注》在内的其他注本理解为"什么不使用呢""什么不干呢",我们理解为"为什么不用呢""为什么不做呢",意义正好相反。

其理由,一是,先秦典籍中的"何不V",都是"为什么不V",未见可理解为"什么不V"的。也即,"何"用于任指表周遍义(类似"他啥都好""什么都新鲜"中的"啥""什么"),当时语言中未见,是晚起的语言现象。到了汉代,"何"可以表周遍义了,汉末的赵岐也就用后起的语言现象来解释"何不用也""何不为也"了。

二是,"由是"意为"因此",它是顺承上文的。如果译为"为什么不用呢""为什么不做呢",下文"由是则生而有不用也,由是则可以辟患而有不为也"正好顺承上文;而译为"什么不使用呢""什么不干呢","由是"却是逆承了,这与它的一贯用法不符。我们的译文是:

假如人们想要的没有比生命更宝贵的,一切可以求得生存的手段,为什么会有人却不去用它呢?假如人们所厌恶的没有比死亡更不堪忍受的,一切可以免除祸患的事情,为什么也会有人却不去做它呢?由此可知,〔有时候分明〕可以活下去,也是会放弃的;由此可知,〔有时候分明〕可以避免祸患,也仍会坚守的。

这是典型的运用语言的历史性原则进行疑难词句考释的例子,也就是杨伯峻先生所谓"从汉语史的角度"来考证疑难词句。1.3—3"狗彘食人食而不知检"的考证也是如此。9

☆　　☆　　☆　　☆　　☆

下面这例用以说明语言的社会性原则。

《滕文公下》"井上有李,螬食实者过半矣"(6.10—1)两句中的

"李",杨伯峻先生说:"井上之'李',为李树,还是李实,很难肯定。《文选·张景阳杂诗》注引《孟子章句》作'井上有李实',姑从之。"我们认为,这一"李"指李树。

一是,先秦典籍中出现的"桃""李""梅""苌楚"等植物,当下文出现"实"(果实)时,都是指桃树、李树、梅树、羊桃树等,如《诗经·周南·桃夭》:"桃之夭夭,有蕡其实。"(程俊英《诗经译注》:"茂盛桃树嫩枝桠,桃子结得肥又大。")

二是,先秦典籍中"有李""有桃""有梅"等"有+植物名"格式中的"植物名",都指该植物本身,而非指其果实。如《秦风·终南》:"终南何有?有条有梅。"(程俊英《诗经译注》:"终南山上有什么来?又有山楸又有梅。")

三是,"李"指李树是常例,指李实是特例。后者限于部分动词、介词的宾语和受特定定语修饰者:"入人园圃,窃其桃李。""投我以桃,报之以李。""景公病疽……如未熟李。"

以上三点,都是基于语言的社会性原则,基于"分布"的原理,从当时语言中抽绎归纳出规律,再以之解决具体词语问题的。

由一般推知个别的做法,体现的就是语言的社会性原则。10

☆　　☆　　☆　　☆　　☆

再用两个例子来说说"分布"。

《论语·述而》:"默而识之,学而不厌,诲人不倦,何有于我哉?"《子罕》:"出则事公卿,入则事父兄,丧事不敢不勉,不为酒困,何有于我哉?"这两处"何有于我哉"历来有两个截然相反的解释,一是"对于我有什么困难呢",这是自信之辞;一是"〔以上优良品质〕我又具备了哪一点呢",这是自谦之辞。在《论语新注新译》里,我们论证其意义为:"〔如果具备了以上优良品质,〕我又算个什么呢""〔如果具备了以上优良品质,〕我又算得了什么呢"。

以下各例可以证明:"虽及胡耇,获则取之,何有于二毛?"《左传·

僖公二十二年》,沈玉成《左传译文》译"何有于二毛"为"管什么头发花白不花白",也即"头发花白算什么呢")

"吉若获戾,子将行之,何有于诸游?"(《昭公元年》,沈译"何有于诸游"为"何必把游氏诸人放在心上",也即"游氏诸人算什么呢")

"将夺其国,何有于妻,唯秦所命从也。"(《国语·晋语四》,邬国义、胡果文《国语译注》译"何有于妻"为"娶他的妻子又有什么呢",也即"娶妻又算什么呢")

"君若不鉴而长之,君实有国而不爱,臣何有于死,死在司败矣!惟君图之!"(《楚语下》,邬、胡译"何有于死"为"我又何惜一死",也即"死又算什么呢")

杨树达《增订本中国修辞学·自序》:"颇闻国人方欲取民族形式之文字改用异民族形式之音标为之,文字之不保,何有于修辞!"——文字都快保不住了,修辞又算得了什么呢!

最后一例算是"仿古"的文言,其余几例都大致与《论语》时代相同,这就符合语言的历史性原则。由一般推知个别,符合语言的社会性原则。最为关键的是,不管是一般还是个别,都是放在"何有于……"的格式中来加以考察的,这就是"考察分布"。11

☆　　☆　　☆　　☆　　☆

下面这个例子更能说明考察分布的妙处。

《离娄下》:"天之高也,星辰之远也,苟求其故,千岁之日至,可坐而致也。"后三句《孟子译注》译为:"只要能推求其所以然,以后一千年的冬至,都可以坐着推算出来。"这是以"缘故"义释"故"。朱熹《四书集注》:"求其已然之迹,则其运有常;虽千岁之久,其日至之度,可坐而得。"这是以"故事、成例"义释"故"。

"既克,公问其故。对曰:'夫战,勇气也。'"(《左传·庄公十年》)"故因其惧也,而改其过;因其忧也,而辨其故。"(《荀子·臣道》)"其吏请卜其故。"(《吕氏春秋·季夏纪》)"我已亡矣,而不知其故。"(《季秋纪》)以上各例"其故"前的动词如"问""辨""卜""知"都是感知动词,"故"都是"缘故"义。

"若治其故,则王官之邑也,子安得之?"(《左传·成公十一年》,沈玉成《左传译文》:"如果要追查过去的情况,那么它是周天子属官的封邑,您怎么能得到它?")"汝瞳焉如新生之犊而无求其故。"(《庄子·外篇·知北游》)"欲治其法而难变其故者,民乱不可几而治也。"(《韩非子·心度》)"是以圣人苟可以强国,不法其故。"(《商君书·更法》)以上各例"其故"前的动词如"治""求""变""法"都是行为动词或状态动词,即非感知动词,"故"都是"故事、成例"义。

"苟求其故"的"求"与《知北游》"无求其故"的"求"一样,都是非感知动词,所以"故"为成例义。

因此,这几句话的意思是:"天极高,星辰极远,如果能弄清楚它们恒常的轨迹,以后一千年的冬至,都可以坐着推算出来。"

我们对《论语·为政》"攻乎异端斯害也已"的考证与此相仿。"攻"在先秦汉语中,有"攻击""进攻"义和"从事某事,进行某项工作"的意义。两者在分布上的区别是,前者的宾语是人和地,后者的宾语是人和地之外的事物。"异端"属于后者。见《论语新注新译》(简体版)。12

☆　　☆　　☆　　☆　　☆

我在《论语新注新译》(简体版)的《前言》中写下了一些话,觉得照录就可以:

> 著者的具体做法,可以用三句话来概括:1.书证归纳格式,格式凸显意义;2.一个剥离,一根主轴;3.两个突出。
>
> 上引王氏父子之释"终风且暴",是对"书证归纳格式,格式凸显意义"的最好说明。
>
> 一个剥离,一根主轴,是对为何要采用以上方法的解释与说明。剥离,指将语言外部证据如情理、义理、历史事实等等从主要

证据位置上剥离开来。这牵涉到语言是一个系统的原理,这里不拟展开。我们只要知道,词的意义,与情理、义理、历史事实等并无直接关系;也即,情理、义理、历史事实等并不能限定词义。因而,仅仅依据这些来判定词义进而判定句义,是不可靠的。

  主轴,指以考察分布为主轴,其他如形训、声训、义训以及二重证据法等等方法、手段都围绕着考察分布这一主轴来进行。

  两个突出(双突出),一指在语言系统外部证据和语言系统内部证据中突出后者,一指在语言系统内部证据中,突出通过考察分布,即审句例所得的证据。不难看出,两个突出,不过是对著者上述做法的较为精炼的概括罢了。

  还有一句话,是借用电影名,叫"一个都不能少"。也即,几乎所有的训诂方法和手段,著者都"不抛弃,不放弃",只是通过双突出,确定了孰轻孰重、孰先孰后的顺序而已。这样,当不同证据发生矛盾产生龃龉时,就知道坚持什么,放弃什么。

  这有什么意义呢?我们看若干训诂教科书,以上方法手段往往是平列的,都被强调的。当好几位学者分开来研究同一疑难词语时,甲主要采用这方法,乙主要采用那方法,丙又主要采用另一方法,自然,结论也就各自不同了。这在以前,是允许的,都"可备一说",都"新义迭出",都算好成果。

  如前所述,上下文(分布)将"锁定"某词的某意义,要了解特定上下文中某词到底是什么意义,可以通过考察该词不同意义的分布特征来做到。也就是说,该词的某一类分布特征和某一意义是一对一的,就像身份证号码对应每个人。这就等于说,以考察分布为主轴的训诂,能使得这一研究具备可重复性、可验证性——几位学者分开来研究同一疑难词语,将得到大致相同的结论。13

    ☆ ☆ ☆ ☆ ☆

  上面这一段,信息量有点大,读者可姑且放在一边。下面来谈谈语言的系统性问题。语言是一个系统,这是语言学的入门级问题。在语言是系统这一问题里,又有一个入门级问题,它显得那样微不足道,以至于许多人认为它不值得专门一谈,附带提提就行。王力先生在《训诂学上的一些问题》一文中说:

> 假定这种研究方法不改变,我们试把十位学者隔离起来,分头研究同一篇比较难懂的古典文章,可能得到十种不同的结果。可能这十种意见都是新颖可喜的,但是不可能全是正确的。其中可能有一种解释是正确的,因为它是从语言出发去研究的。

为什么从语言出发去研究,结论就是"正确的"?因为语言是一个系统。

一般的语言学概论教科书,当然也谈语言是系统,一般讲的都是语言是符号系统、语言是分层级的、组合关系和聚合关系等等。

系统学无论在世界还是在中国都曾是一门显学。它有一个基本原理:系统内部各要素之间联系是较为直接的,频繁的,紧密的,而内部与外部(环境)之间的联系是间接的,稀少的,疏松的。也即,系统内部各要素之间的关联性强,系统内部与系统外部之间的关联性弱。根据关联性越强,越有可证性的原理,求证系统内部的问题应当主要依赖该系统内部的证据。所以,"从语言出发去研究",就能求得正确结论,似乎是不言而喻的。

语言的各子系统内部,就是语言系统内部;这是语言系统的边界。14

☆　　☆　　☆　　☆　　☆

因为是不言而喻的,所以不大提它;因为不大提它,所以常常忽视。

因此,需要重申,在语言系统外部证据和语言系统内部证据中,要以内部证据为主。语言系统外部的证据不能作为主要证据,更不能作为唯一证据。

因此,语言系统内部证据是自足的,是不可替代的;语言系统外部证据是非自足的,不是非有不可的。

在语言系统内部证据中,因为分布特征能够锁定词的意义,所以在考证疑难词句时,又要以"审句例"即考察分布为主。这就是所谓"双突出"。

语言系统外部证据,虽然在主要证据位置上被"剥离"了,但它还可以作为次要证据。

分清了主次,遇到矛盾产生龃龉时,就能很好地处理了。比如主要证据支持一个结论,次要证据支持另一个结论,就采纳主要证据支持的结论。

例如"床前明月光",有的证据支持井栏说、胡床说,但那多是语言系统之外的证据,遇到语言系统之内的证据支持卧榻说,次要证据就要让路。这还是因为分布能限定词义,语言外部因素不能限定词义。

这样一来,"经典阐释的确定性"就有了保障,也就落实了"分布分析使意义形式化"。15

☆　☆　☆　☆　☆

还有几个问题需要说说。

第一个问题。

如前所述:1. 句法成分(例如词)在句中所占据的句法位置,也即它所充任的句法成分,如主语、述语、宾语等;2. 修饰关系(或"结合能力"):该成分可修饰什么成分,可被什么成分所修饰。以上两点的总和,就是该成分的"分布";这个,也叫作"分布总和"或"分布特征集合"。

陈保亚说:"每个词都有自己独特的分布特征集合……每个词都有它自己特定的分布总和……没有任何两个词的分布是绝对相同的,每个词都有它自己的分布,形成分布个性。"(《20世纪中国语言学方法论研究》,第33—44页)也即,每个词都有一群区别性分布特征,把该词和其他所有的词区分开来。我们将这个称为"大范围区分"。"大范围区分"既不具备可行性——见于传世文献和出土文献的古代汉语是无法呈现当时语言中每个词的每一分布特征的,因为某一时代的文献不可能囊括当时的整个该语言;也不具备可操作性,因为这样做十分烦琐,事倍功半;而且没有必要,在进行词语考证时,没有必要将该词与其他成千上万的词区分开来,仅仅需要与其他一两个词,或该词其他义位区分开来。

某词的某一区别特征,或它的两三个区别特征,足以将该词与需要与之鉴别的那个词或那个义位区分开来。我们将之称为"小范围区分"。16

☆　　☆　　☆　　☆　　☆

例如,《左传·庄公八年》"袒而视之背",阮元《校勘记》认为当读作"袒而示之背"。有些学者赞同阮校,有些认为应如字读。著者的学生李瑞在《左传》和同时代语料中找到"示""视"各几十例,"示"能带双宾语,且近宾语为"之"的有十余例,远宾语是人体某部位的有五六例;而除此之外的"视"只能带单宾语。由此可知阮校可从。这里仅考察了关键的分布特征,便得出了可信的结论。

上文所举诸例,也可说明这一点。

小范围区分,具有可操作性。

一般规律,一个词与其他一两个词区分,或与该词其他义位区分,其间意义差别越大,越容易区分。以人打比方,一男一女,容易区分;两男一老一少,也容易区分;两男年龄相仿,一高一矮,也容易区分;年龄身高相仿,一胖一瘦,依然容易区分。但有些双胞胎小孩,穿一样的衣服,就不容易区分了,需要在细节上仔细辨认。

"视"和"示",在分布上是容易区分的。而"故"的"缘故"意义和"故事、成例"意义,以及"攻"的"攻击、进攻"意义和"从事某事、进行某项工作"意义,就不大好区分了。对于后者,尤其需要仔细地考察分布上的细微末节。

正因为这样,尽管我在撰写《论语新注新译》之初,就在思考"攻乎异端",可直到该书出版,历经十余年,也没个结果。网上看到读者询问为什么遗漏了它,才下决心攻克了这一难题。17

☆　☆　☆　☆　☆

第二个问题。

有些朋友可能会说了,我怎么觉着,你这儿的所谓语言学,不脱结构主义的藩篱呢?不瞒您说,这个,我也苦恼了好些年呢!至今也拿不出一个满意的结论。绕不过去,还得说上几句。

这些年,我也还在继续读形式学派、功能学派、类型学派的著作。我多次看到,好些评价别人的人,他自己并没有钻进去弄明白。我想尽量避免这个。

就拿和结构主义语言学同属形式学派的转换生成语法来说吧。我是讲授古代汉语的,无疑,转换生成语法的许多方法、手段,对于古汉语研究是有帮助的。例如语义特征分析,例如管辖理论、约束理论以及与二者紧密相关的空语类学说……

转换生成语法研究母语者的语感,其哲学基础是理性主义,多采用演绎法。

结构主义的最重要分支描写主义的兴起与研究印第安诸语言有关,其哲学基础是经验主义,多采用归纳法。

我们的母语现代汉语虽然是从古代汉语发展而来的,但古汉语特别是上古汉语在严格意义上却很难说是我们的母语。

我只想说,基于经验主义多采用归纳法的结构主义语言学,用来研究非母语的古代汉语,并没有过时。而转换生成语法能否全面运用于古汉语研究,由于古汉语的非母语性,我是存疑的。希望朋友们参与讨论。

近来重读石毓智《语法化的动因与机制》(北京大学出版社 2006 年,第 5 页),他说生成语言学"在历史语言学领域几乎派不上任何用场"。18

☆　　☆　　☆　　☆　　☆

第三个问题。

追求可重复、可验证，追求"经典阐释的确定性"，因为"分布分析可以使意义形式化"，都是不错的。

但不应忽视一点，就是上文说到的"某一时代的文献不可能囊括当时的整个该语言"——有时即使进行了穷尽性归纳，也依然注定是不完全归纳。

因此，即使"审句例"是精准的，对有些词句的释读也依然不能保证做到百分百"确定性"。

但是，运用不完全归纳法可以由个别的知识概括出一般的知识，从而达到对普遍规律的认识，使研究尽可能接近"确定性"。

另外，传世文献往往窜入了后世的成分，但这种窜入是零零星星的，贯穿语言中的普遍规律不会因为它而改变；这虽然会使问题复杂化，但不足以影响普遍规律的归纳与运用，后者还将有助于剥离出这些成分。19

☆　　☆　　☆　　☆　　☆

总结一下。

语言的历史性：语言是逐渐变化的。在释读古书疑难词句时，要以变化的观点看问题。

语言的社会性：语言要以说这种语言的人通常的理解为准。在释读古书疑难词句时，要用同时代文献中的书证来予以证明。强调"同时代"，是兼顾语言的历史性。

语言的系统性：严格区分语言系统内、外证据，以语言系统内部证据为主要证据。

因为分布可以锁定词的某一意义，用来证明的同时代书证必须与被证格式相同。例如搜罗"终～且～"的句子来证明"终风且暴"的意义进而证明句中"终"的意义。

具体做法可归纳为：1.书证归纳格式,格式凸显意义；2.一个剥离,一根主轴；3.两个突出。

这样,当语言内外证据或语言内部不同证据发生矛盾产生龃龉时,就知道主要采纳哪些证据。

"大范围区分"和"小范围区分"的划分,使分布理论运用于古书疑难词句释读具有可操作性。20

2023年6—7月于北京太平湖北之索家坟寓所

例　言

一、本书是2023年9月出版的《孟子新注新译》第二版之简体版。我们的设想是，繁体版供研究之用，所以细大不捐，尽量详尽；简体版当然要兼顾研究，同时供学习之用，所以例句不需要那么多，较为琐细较为繁芜的考证或删去，或精简为注释了。繁体版的《导言》较为通俗，全部保留；《例言》自然要予以改写。具体说来，简体版的篇幅，约为繁体版的四分之三；繁体版的《考证》有210则，去粗取精之后，保留三分之二强，为143则。

二、《论语新注新译》简体版在繁体版面世两年半之后才出版，其间有重要的补充，而研究者多不知之。如"攻乎异端斯害也已"新增的《考证》，"民可使由之不可使知之"《考证》的增补，等等。《孟子新注新译》简体版在繁体版一出版即已着手，故补充不多。惟繁体版最后看清样时，忽悟14.23"搏虎"意为"捕虎"，但已不便补入，仅仅增加了个注释（注③）；因此这次新增了一个《考证》。其他修改还有若干，如《考证》003修改了结论，《考证》063、135补充了关键证据。

三、《孟子》的本文，古今学者作了极为详尽的校勘，而为杨伯峻先生《孟子译注》所采纳。本书一以《孟子译注》为准。举凡章节的分合，均与之同。有些地方句读虽有所不同，但不是版本的问题。有些单字（如"归絜其身"的"絜"，《孟子译注》作"潔"）依据其他版本（如《孟子注疏》《四书章句集注》《孟子正义》）作了改动。

四、古人言辞简略，有时不得不加些词句。这些在原文涵义之外的词句，外用方括号〔〕作标记。此为仿照《论语译注》《孟子译注》者。这自然不是什么"增字解经"，因为是古今两种语言，翻译时为了读者的理解而增加若干文字，是必要的。参见1.7－1《考证》。

五、注释号放置在句末，依出现先后以阿拉伯数字为标记。考证文字，置于注释之后，共计143篇，其序号为【考证001】，直至【考证143】。这与此前之《论语新注新译》繁体本、简体本，以及《孟子新注新译》第一、第二版（均为繁体）有所不同，此为听取中山大学杨海文教授建议而改者。正文末尾有《〈孟子〉疑难词句考证索引》可供检索。改动之后，翻检考证文字较为方便，特此向杨先生致谢！

六、著者既运用计算机软件搜集语料，则所引用不能保证无误。为保证质量，所引例句，著者都参照纸质图书之善本一一核对过。

七、著者仿照《论语译注》《孟子译注》，在每一章原文前标注数字。如《梁惠王上》第一章，标以"1.1"。惟《孟子》中的某些章，字数很多；为免读者前后翻检之劳，著者将一些较长的章又分为若干节，章与节之间标以连接号。例如，将《梁惠王上》第七章分为八节，分别标以"1.7－1""1.7－2"……，直至"1.7－8"。

八、本书主要参考文献，除了赵岐《注》、朱熹《四书章句集注》、焦循《正义》、杨伯峻《译注》之外，还有邵永海《读古人书之〈孟子〉》（北京大学出版社2018）和白平《杨伯峻〈孟子译注〉商榷》（北岳文艺出版社2013），特此鸣谢！何莫邪先生不辞辛劳，屡次来函来电与笔者商讨，对一些词语的解释翻译给出了极为具体的意见，如"国人""三公"等，特此鸣谢！

九、对在本书的写作过程中帮助过著者的其他人士致以最诚挚的谢意！

十、本书当有缺失和谬误，诚恳欢迎批评指正！

梁惠王章句上

凡七章

1.1 孟子见梁惠王①。王曰:"叟不远千里而来②,亦将有以利吾国乎?"

孟子对曰:"王何必曰利?亦有仁义而已矣③。王曰:'何以利吾国?'大夫曰:'何以利吾家?'士庶人曰④:'何以利吾身?'上下交征利而国危矣⑤。万乘之国,弑其君者⑥,必千乘之家;千乘之国⑦,弑其君者,必百乘之家⑧。万取千焉,千取百焉,不为不多矣。苟为后义而先利⑨,不夺不餍⑩。未有仁而遗其亲者也,未有义而后其君者也⑪。王亦曰仁义而已矣,何必曰利?"

【译文】孟子与梁惠王见面。惠王说:"老先生不辞千里长途的辛劳而来,是不是将给我国带来利益呢?"

孟子答道:"王何必非要讲利益呢?只要有仁义就行了。如果王只是说:'怎样才有利于我的国家呢?'大夫也说:'怎样才有利于我的封地呢?'那士人和老百姓也都会说:'怎样才有利于我自己呢?'这样,上上下下都互相追逐私利,国家便危险了!在有一万辆兵车的国家里,杀掉它的国君的,一定是有一千辆兵车的大夫;在有一千辆兵车的国家里,杀掉它的国君的,一定是有一百辆兵车的大夫。在一万辆里头,他就有一千辆;在一千辆里头,他就有一百辆,这不能不说是够多的了。如果他把'义'抛在脑后而事事'利'字当先,那他不把国君的一切都剥夺掉,是不会满足的。从没有怀抱仁心的人会遗弃父母的,也没有怀抱道义的人会慢待君上的。王只要讲仁义就可以了,为什么非得要讲利益呢？"

【注释】①梁惠王：即魏惠王，名䓪（yīng），"惠"是他的谥号。公元前362年，魏国都城由安邑迁往大梁（今河南开封），所以又叫梁惠王。他在即位最初二十几年内，使魏国在战国诸雄中最为强大。本篇名为"梁惠王章句上"，是因为《孟子》的篇名和《论语》一样，不过是择取每篇开头的一个重要的词或短语而已。"章句"是汉代经学家常用的术语，即分析古书章节句读的意思。在这里，用作训解古书的题名。这里"梁惠王章句上"是东汉赵岐所著《孟子章句》的旧题，他把《孟子》七篇各分为上下两卷，所以这里题为"章句上"。 ②叟（sǒu）：老先生。 ③亦：意义较虚，有"也不过是"的意义。另外，"而已"在当时语言中不像后世那样带有轻蔑义。详见《论语新注新译》（简体版，北京大学出版社2018）4.15《考证》（二）。 ④庶（shù）人：平民。 ⑤上下交征利：交，交互，互相。征，取。 ⑥弑：以下杀上，以卑杀尊。 ⑦万乘（shèng）之国，千乘之国：兵车一辆叫一乘。春秋战国时以兵车的多少来衡量国家的大小强弱。战国七雄为万乘，宋、卫、中山、东周、西周为千乘。 ⑧千乘之家，百乘之家：古代的执政大夫有一定的封邑，拥有这种封邑的大夫叫家。有封邑即有兵车。公卿的封邑大，可以出兵车千乘；大夫的封邑小，可以出兵车百乘。 ⑨苟：假如，假设，如果。 ⑩餍（yàn）：饱，满足。 ⑪后其君：把他的君主放在后面，因此意译"后"为"慢待"。

1.2 孟子见梁惠王。王立于沼上①，顾鸿雁麋鹿②，曰："贤者亦乐此乎？"

孟子对曰："贤者而后乐此③，不贤者虽有此，不乐也。《诗》云④：'经始灵台，经之营之⑤，庶民攻之⑥，不日成之⑦。经始勿亟⑧，庶民子来⑨。王在灵囿，麀鹿攸伏⑩，麀鹿濯濯⑪，白鸟鹤鹤⑫，王在灵沼，於牣鱼跃⑬。'文王以民力为台为沼，而民欢乐之,谓其台曰'灵台',谓其沼曰'灵沼',乐其有麋鹿鱼鳖。古之人与民偕乐,故能乐也。《汤誓》曰⑭:'时日害丧⑮,予及女偕亡。'民欲与之偕亡,虽有台池鸟兽,岂能独乐哉?"

【译文】孟子与梁惠王见面。王站在池塘边,一边转头欣赏着鸟兽,一边说:"贤良的人也享受这种快乐吗?"

孟子答道:"只有成为贤良的人,才能体会到这种快乐;不贤良的人即使拥有这一切,也没法享受。〔怎么这样说呢?我拿周文王和夏桀的史实为例来说说吧。〕《诗经》说:'开始规划造灵台,仔细勘测巧安排。黎民百姓全都上,不设期限慢慢来。建台本来不着急,百姓都想出把力。大王游览灵园中,母鹿伏在深草丛。母鹿肥大毛色润,白鸟洁净羽毛丰。大王游览到灵沼,啊!满池鱼儿欢跳动。'周文王虽然用了百姓的力量筑台挖池,但百姓乐意这样做,他们叫这台作'灵台',叫这池作'灵沼',还乐意那里有许多麋鹿和鱼鳖。古时候的圣君贤王因为能与老百姓同乐,才能得到真正的快乐。〔夏桀却恰恰相反,百姓诅咒他死,他却自比太阳:'太阳什么时候消灭,我才什么时候死亡。'《汤誓》中便记载着百姓的哀歌:'太阳啊,你什么时候灭亡呢?我宁肯和你一道去死!'老百姓恨不得与他同归于尽,即便有高台深池、珍禽异兽,他又如何能独自享受呢?"

【注释】①沼(zhǎo)上:池塘边。沼,池塘。上,边。参见《论语新注新译》6.9"汶上"的《考证》。 ②顾:转动脖子看。参见《考证》087。 ③贤者而后乐此:只有成为贤者,才能体会到这种快乐。在《论语》时代,表示"然后"意义的"而后"这一词语,总是处于"(S)V(O)而后V(O)"(S代表主语,V代表谓语动词,O代表宾语,括号中的成分可以有,也可以无)这一结构中。因此,这句的"贤者"也是体词活用为谓词;故译之为"成为贤者"。 ④"《诗》云"数句:见《诗经·大雅·灵台》。译文采自程俊英《诗经译注》,有改动。 ⑤经之营之:度量测量它。经,勘测,划界。营,度量,测量。 ⑥攻:做,工作。 ⑦不日成之:不设期限,随它哪一天完成。赵岐《注》:"众民并来治作之,而不与之相期日限,自来成之也。" ⑧经始勿亟:这是文王所说。亟,急。 ⑨子:名词活用作状语,像儿子那样。 ⑩麀(yōu)鹿攸伏:麀,母鹿,母的。麀鹿,母鹿。攸,所。伏,安然不动。 ⑪濯(zhuó)濯:白而无杂质貌。 ⑫鹤鹤:羽毛洁白貌,《诗经》写作"翯翯"。参见《考证》122。 ⑬於牣(wū rèn):於,词的前缀,无实义。牣,满。 ⑭《汤誓》:《尚书》中的一篇,为商汤伐桀誓师词。 ⑮时日害丧:这个太阳什么时候灭亡。时,此,这个。害,通"曷",何,何时。

1.3-1 梁惠王曰:"寡人之于国也①,尽心焉耳矣。河内凶②,则移其民于河东③,移其粟于河内④;河东凶亦然。察邻国之政,无如寡人之用心者。邻国之民不加少⑤,寡人之民不加多,何也?"

　　孟子对曰:"王好战,请以战喻⑥。填然鼓之⑦,兵刃既接⑧,弃甲曳兵而走⑨。或百步而后止⑩,或五十步而后止。以五十步笑百步,则何如?"曰:"不可;直不百步耳⑪,是亦走也⑫。"

【译文】梁惠王〔对孟子〕说:"我对于国家,可算是操心到家了。河内地方遭了灾,我便把那里的百姓迁到河东,还把河东的粮食运到河内。河东遭了灾也这么办。细察邻国的政治,没有一个国家能像我这样费尽心思的。尽管这样,邻国的百姓并不减少,我的百姓并不增多,这是为什么呢?"

　　孟子答道:"王喜欢战争,就请让我用战争来作比喻吧。战鼓咚咚一响,双方刀枪一碰,就扔掉盔甲拖着兵器逃跑。有的一口气跑了一百步停下,有的一口气跑了五十步停下。若是跑了五十步的耻笑跑了一百步的战士〔胆小〕,那又如何?"王说:"这不行,他只不过没跑到一百步罢了,但这也是逃跑了呀。"

【注释】①寡人:古代王侯的自谦之辞。　②凶:荒年,遭遇荒年。　③河内,河东:河内,魏国的河内地,在今河南济源一带。河东,魏国的河东地,在今黄河以东,今夏县以北地区。　④粟:禾、黍的子粒。　⑤加少:更少。　⑥请:这一"请"是"请您允许我"的意思。他例如:"欲与大叔,臣请事之。"(《左传·隐公元年》)　⑦填然鼓之:填然,即"填填地(响)""咚咚地(响)"。鼓,击鼓。之,这里指击鼓的事由,指发动进攻这件事,并不是所谓"凑足一个音节"。详见郭锡良《汉语第三人称代词的起源和发展》第一部分,载《汉语史论集》(增补本),商务印书馆2005。又见《考证》017。　⑧兵:兵器,武器。　⑨走:上古跑叫"走"。这里指逃跑。　⑩或:肯定性无指代词,有的人。　⑪直:特,只是,不过,仅仅。　⑫是:代词,略同"此",多用于指代抽象事物。

1.3-2 曰:"王如知此,则无望民之多于邻国也①。不违农时,谷不可胜食也②;数罟不入洿池③,鱼鳖不可胜食也;斧斤以时入山林④,材木不可胜用也。谷与鱼鳖不可胜食,材木不可胜用,是使民养生丧死无憾也。养生丧死无憾,王道之始也。

【译文】孟子说:"王如果懂得这个道理,就不要指望老百姓比邻国多了。如果在农忙时,不去〔征兵征工,〕占用耕作的时间,那谷米便会吃不完了;不用细密的网到池塘去捕鱼,那鱼和鳖也就吃不完了;砍伐树木有固定的时间,木材也就用不尽了。谷米和鱼、鳖吃不完,木材用不尽,这就是让老百姓对生养死葬没有遗憾了。老百姓对生养死葬没有遗憾,才是王道的基础哇!

【注释】①无:通"毋",不要。按,《孟子》中的"毋"都作"无",如下一节"鸡豚狗彘之畜,无失其时""王无罪岁"的"无"。　②胜:旧读shēng,尽。　③数罟(cù gǔ)不入洿(wū)池:数,密。罟,鱼网。洿,不流动的水,池塘。数罟就是密网。赵岐《注》:"鱼不满尺不得食。"

古制,网眼在四寸(约合9.2厘米)以下的叫作密网,禁止在湖泊内捕鱼,以保留鱼种。　④斧斤以时入山林:以时,按一定的时间,按时。《荀子·王制》:"圣王之制也,草木荣华滋硕之时则斧斤不入山林。"《礼记·王制》:"草木零落,然后入山林。"

1.3-3 "五亩之宅,树之以桑,五十者可以衣帛矣①。鸡豚狗彘之畜②,无失其时,七十者可以食肉矣。百亩之田,勿夺其时,数口之家可以无饥矣③。谨庠序之教④,申之以孝悌之义⑤,颁白者不负戴于道路矣⑥。七十者衣帛食肉⑦,黎民不饥不寒,然而不王者⑧,未之有也。

"狗彘食人食而不知检⑨,涂有饿莩而不知发⑩;人死则曰:'非我也,岁也。'是何异于刺人而杀之,曰:'非我也,兵也。'王无罪岁,斯天下之民至焉⑪。"

【译文】"每家都有五亩地的宅院,院里种上桑树,五十岁以上的人就可以穿上丝织品了。鸡、狗和猪的蓄养,不要耽误繁殖的时机,七十岁以上的人就可以有肉吃了。百亩的耕地,不要和他们争夺耕种收割的时间,一家几口人就可以吃饱了。好好地办些学校,反复地用孝顺父母敬爱兄长的道理教育他们,那么,须发斑白的老人也就用不着背负、头顶着重物奔波在道路上了。七十岁以上的人有丝织品穿,有肉吃,平民百姓不受冻饿,这样做了,还不能使天下归心的,是从来没有过的事。

"〔丰收年份〕猪狗能吃上人吃的粮食,却不晓得及时收购以备荒年;道路上有饿死的人,也没想到要打开仓库赈济灾民。老百姓死了,只会说'不怪我呀,怪年成不好'。这种说法和拿刀子杀了人,却说'不怪我呀,怪兵器吧'有什么不同呢?王假如不去怪罪年成,〔而切切实实地去改革政治,〕天下的百姓就都会来投奔了。"

【注释】①衣(yì):穿,穿衣。　②鸡豚狗彘(zhì)之畜(xù):鸡和猪、狗的蓄养。彘,猪。畜,蓄养,饲养,养育。本篇第七章:"俯足以畜妻子。" ③勿夺……无饥矣:《国语·齐语》:"无夺民时,则百姓富。"可见在孟子之前已有此说法。 ④庠(xiáng)序:古代的地方学校。 ⑤申之以孝悌(tì)之义:申,一再,重复。悌,弟对兄的敬爱。 ⑥颁白者不负戴于道路:颁白,须发半白。负,背负。戴,顶在头上。 ⑦衣帛:穿丝织品。衣,旧读 yì,穿。 ⑧然而不王(wàng)者:然,这样。王,以仁义统一天下。者,助词,表示提顿。 ⑨狗彘食人食而不知检:这句中"检"当读为"敛"。这句话的意思是,丰年时,谷贱伤农,狗彘都能吃上人的食物,当政者却不平价收买,储藏之以备荒年。详见《考证》001。 ⑩涂有饿莩(piǎo)而不知发:涂,道路,这一意义也作"途"。莩,通"殍",饿死。饿殍,饿死的人。发,打开,这里指打开粮仓赈济。 ⑪斯:连词,这就。

【考证001】狗彘食人食而不知检:

这句有两种解释。《汉书·食货志·赞》:"孟子亦非'狗彘食人之食不知敛'。"颜师古注:"言岁丰孰,菽粟饶多,狗彘食人之食,此时可敛之也。"《汉书·食货志》"检"作"敛",意谓丰收时,谷贱伤农,狗彘得以食人之食,国家便应平价收买,储藏之以备荒年。但赵岐《注》云:"言人君但养犬彘,使食人食,不知以法度检敛也。"赵《注》意谓不知以法度约束之。

清初阎若璩《四书释地·三续》云:"古虽丰穰,未有以人食予狗彘者。'狗彘食人食'即下章'庖有肥肉'意,谓厚敛于民以养禽兽者耳。"按,阎说较晚,且仅仅依据"情理",说服力不强。赵岐说则值得重视。

按《管子·国蓄》云:"岁适美,则市粜(tiào,卖出粮食)无予,而狗彘食人食。岁适凶,则市籴(dí,买进粮食)釜十锲,而道有饿民。然则岂壤力固不足而食固不赡也哉?夫往岁之粜贱,狗彘食人食,故来岁之民不足也。物适贱,则半力而无予,民事不偿其本;物适贵,则什倍而不可得,民失其用。"

《韩非子·五蠹》也说:"故饥岁之春,幼弟不饟;穰岁之秋,疏客必食。"

《管子·小问》《轻重丁》《汉书·食货志·赞》也有类似记载。

可见,"狗彘食人食"在其时有其固定意义,指丰年粮多,猪狗食人食。《孟子》本文《滕文公上》则说:"贡者,挍数岁之中以为常。乐岁,粒米狼戾,多取之而不为虐,则寡取之;凶年,粪其田而不足,则必取盈焉。为民父母,使民盻盻然,将终岁勤动,不得以养其父母,又称贷而益之,使老稚转乎沟壑,恶在其为民父母也?""乐岁,粒米狼戾",因此才"狗彘食人食"。狼戾,赵岐《注》:"犹狼藉也。"

更重要的,"检"之有法度义最早见于《荀子·儒效》:"礼者,人主之所以为群臣寸尺寻丈检式也。"且用为名词。后引申出检验义(《汉书·食货志》:"均官有以考检厥实。")约束、限制义甚晚出,而首见于《论衡》:"案世间能建蹇蹇之节,成三谏之议,令将检身自勅,不敢邪曲者,率多儒生。"赵岐《注》显然是以汉代才有的意义解读《孟子》这段话了。

相反,"敛"的收藏、收敛义(不是指抽象意义的行为的"收敛",即约束),在《孟子》成书的年代则较为常见:"春省耕而补不足,秋省敛而助不给。"(《梁惠王下》,又《告子下》)"农夫春耕夏耘,秋敛冬藏,息于聆缶之乐。"(《墨子·三辩》)"敛"的"约束""节制"义却不早于汉代:"秦始皇设刑罚,为车裂之诛,以敛奸邪。"(《新语·无为》)

由此可见,"狗彘食人食而不知检"当读为"狗彘食人食而不知敛",谓丰年粮食多得连猪狗都吃,却不知收购储藏以备荒年。

1.4 梁惠王曰:"寡人愿安承教①。"孟子对曰:"杀人以梃与刃②,有以异乎?"曰:"无以异也。""以刃与政,有以异乎?"③曰:"无以异也。"

曰:"庖有肥肉④,厩有肥马⑤,民有饥色,野有饿莩,此率兽而食人也⑥！兽相食，且人恶之；为民父母，行政，不免于率兽而食人，恶在其为民父母也⑦？仲尼曰⑧：'始作俑者，其无后乎！'为其象人而用之也⑨。如之何其使斯民饥而死也⑩？"

【译文】梁惠王〔对孟子〕说："我很乐意接受您的训导。"孟子答道："杀人用棍子和用刀子，有什么不同吗？"王说："没有什么不同。""用刀子和用政治〔杀人〕，有什么不同吗？"王说："没有什么不同。"

孟子又说："厨房里有厚实的肉，马厩里有壮硕的马，老百姓却面有菜色，郊野外也饿莩横陈，这就是带领着禽兽来吃人！野兽间弱肉强食，人尚且厌恶；身为老百姓的父母来从政，还不能避免带领着禽兽来吃人，这又算哪门子老百姓的父母呢？孔子曾说：'最开始制作人俑来陪葬的人，该会断子绝孙吧！'这是因为人俑是照着大活人做出来的，却用来陪葬。〔用人俑陪葬，尚且不可，〕又怎能让老百姓活活饿死呢？"

【注释】①寡人愿安承教：寡人，古代诸侯称呼自己的谦词。安，安意，乐意。教，教令，训导。　②梃(tǐng)：直的竹、木棒。　③这段省去"曰"的话也是孟子说的，《孟子》一书中这样的地方很不少。　④肥肉：厚肉。肥，肉质丰满。肉，肌肉。可知那时的"肥肉"和现在的"肥肉"意义有所不同，因此汉高祖儿子才叫"刘肥"。下句"肥马"也当译为"壮硕的马"。　⑤厩(jiù)：马栏，马厩。　⑥率：率领，带领。　⑦恶(wū)：何。　⑧仲尼：孔子的字。　⑨象：模仿，效法。　⑩斯民：这些老百姓。斯，此。

1.5 梁惠王曰："晋国①，天下莫强焉②，叟之所知也。及寡人之身③，东败于齐，长子死焉④；西丧地于秦七百里⑤；南辱于楚⑥。寡人耻之，愿比死者壹洒之⑦。如之何则可？"

孟子对曰："地方百里而可以王⑧。王如施仁政于民，省刑罚，薄税敛，深耕易耨⑨；壮者以暇日修其孝悌忠信⑩，入以事其父兄,出以事其长上,可使制梃以挞秦楚之坚甲利兵矣⑪。

"彼夺其民时,使不得耕耨以养其父母。父母冻饿,兄弟妻子离散⑫。彼陷溺其民,王往而征之,夫谁与王敌?故曰:'仁者无敌。'王请勿疑!"

【译文】梁惠王〔对孟子〕说:"魏国的强大,天下没有比得上的,老先生您是知道的。但到我在位的时候,先是东边败给齐国,长子都死在了那里;西边割让了七百里土地给秦国;南边又被楚国所羞辱〔,被夺去八个城池〕。我为此深感屈辱,希望为死难者报仇雪恨,要怎么办才好呢?"

孟子答道:"即使方圆百里的小国也可以行仁政而使天下归服,〔何况像魏国呢?〕您如果向百姓施行仁政,减免刑罚,减轻赋税,让他们能够深翻土,勤除草;青壮年在闲暇时能讲求孝顺父母、敬爱兄长、为人忠心、诚实守信的道理,并用来在家里侍奉父兄,在朝廷服事上级,这样,就是拿着木棒也足以抗击披坚执锐的秦楚大军了。

"那秦国楚国〔却相反〕,侵夺了老百姓的生产时间,让他们不能耕种来养活父母,父母因此受冻挨饿,兄弟妻儿东逃西散。那秦王楚王让他们的百姓陷在痛苦的深渊里,您去讨伐他们,还有谁来与您为敌呢?所以说:'仁人无敌于天下。'请您不要疑虑了吧!"

【注释】①晋国:这里指魏国。因为韩赵魏三国瓜分晋国,魏国最为强大。 ②天下莫强焉:莫,没有……。焉,于是,于斯,于此。此句意为"天下没有哪个国家强于它(魏)"。 ③及寡人之身:"及(至于、至、当)+诸侯(即将成为诸侯者,或执政的权臣)+之身"这一格式,表示"在诸侯(或即将成为诸侯的世子,或执政的权臣)当政(在位、执政、统治、掌权)的时候",而"没(终)+诸侯+之身"表示"从某诸侯(王)执政开始,到他死的这一期间内"。前者如:"昔荆灵王好小要,当灵王之身,荆国之士饭不逾乎一,固据而后兴,扶垣而后行。"(《墨子·兼爱下》) ④东败于齐,长子死焉:指马陵(今河南范县县城西南)之役。魏伐韩,韩求救于齐,齐军袭魏,魏军败于马陵,主将庞涓自杀,魏太子申被俘。焉,于此。　⑤西丧地于秦七百里:马陵之役后,魏又屡败于秦,割河西之地及上郡之十五城。　⑥南辱于楚:梁惠王后元十一年(前324),楚遣柱国(武官名)昭阳统兵攻魏,破之于襄陵(河南睢县县城西),得八邑。　⑦愿比(bì)死者壹洒之:比,替。壹,副词,表示强调。洒,音、义均同今之"洗",洗雪,雪耻。洒、洗古音同部,"洒"的本义是洗涤;而"洗"的本义是洗足,与"跣"是同源字。后世假"洗"为"洒",不过后汉时这一假借尚未发生,所以赵岐没有注释。说详董洪利《孟子研究》(江苏古籍出版社1997,第189页)。　⑧地方百里:当理解为"地,方百里","方百里",意谓长宽各为百里,即一万平方里。　⑨易耨(nòu):做好除草的事。易,做好。耨,锄草。详见《考证》002。　⑩悌(tì):弟弟尊敬兄长。　⑪制:通"折",执,拿。详见《考证》003。　⑫妻子:妻子和儿女。妻,妻子。子,子女。

【考证002】易耨:

　　易耨,做好除草的事。易,做好。耨,锄草。赵岐《注》:"易耨,芸苗令简易也。"高邮王氏释"易"为"疾"(《经义述闻·左传·易之亡也》),朱熹《集注》:"易,治也。"

　　我之倾向于采纳朱说,是由于"易"训"治"的一些句子中,"易"常带宾语,且该宾语常为土地田亩之类的事物。如《左传·襄公三十一年》:"司空以时平易道路。"《国语·晋语一》:"虽获沃田而勤易之。"杨伯峻先生也说:"'易'有把事情办妥的意思。"(《论语译注》3.5注②)

　　所以我们译"易耨"为"勤除草";"耨"是"易"的宾语,直译就是"做好除草"。

　　我们不倾向采纳高邮王氏的解释,是由于王引之所援引的书证,其中的"易"并不带宾语。王氏又援引《管子·度地》"大暑至,万物荣华,利以疾耨杀草薉"、《国语·齐语》"及耕,深耕而疾耰之,以待时雨",以证明"易耨"即"疾耨",这一论证也不够坚强。我们不倾向于采纳赵岐《注》,也是因为"易"训"简易"的极少书证中,"易"都不带宾语。

【考证003】制梃以挞秦楚之坚甲利兵:

杨伯峻《孟子译注》:"当读如《诗·东山》'制彼裳衣'之'制',制作、制造之意。焦循谓读为'挚',恐误。"按,赵岐《注》:"制,作也。王如此行政,可使国人作杖以捶敌国坚甲利兵。"焦循说:"按刘熙《释名·释姿容》云:'挚,制也。制顿之使顺已也。'制,宜读为'挚',谓可使提挚木梃,以挞其坚甲利兵。"焦循所释似不可从,因为"挚"意为拉牵,词义上解释不通。如:"宓子使臣书,而时挚摇臣之肘。"(《吕氏春秋·审应览》)现代汉语"挚肘"一词即从此而来。

且《孟子》时代的语言,持兵器所用动词为"执"、为"持"、为"抚",从不用"挚"。例如:"今日我疾作,不可以执弓。"(《孟子·离娄下》)"能执干戈以卫社稷,可无殇也。"(《左传·哀公十一年》)"子之持戟之士,一日而三失伍,则去之否乎?"(《孟子·公孙丑下》)"夫抚剑疾视曰:'彼恶敢当我哉!'此匹夫之勇,敌一人者也。"(《梁惠王下》)

赵岐《注》也有两点疑问:1.制,本义是裁衣,后引申为制礼、制法度等,在此基础上产生了制度、法度等名词义。终先秦之世,未见以"梃"或其他兵器、农具或其他器具作宾语者。

2.当时语言中,在"动词+兵器+以+谓语"结构中,"兵器"之前的动词多为手持武器(或器具)的动作,未见"造作武器(或器具)来干什么"之例。如:"执鞭以出,仆析父从。"(《左传·昭公十二年》)"凡誓,执鞭以趋于前,且命之。"(《周礼·秋官司寇》)上引《左传·僖公二十三年》《哀公十一年》也属此类。"制"字若按赵岐《注》理解,则与这一规律不符。

我们曾认为,"制"与"揭"通,但二字声纽不近。吴铭先生读为"折",证据较充分。a.《说文》《集韵》等字书若干从"折"的字训"持"。b.制、折皆章纽月部字。c.《汉语大字典》《汉语大词典》为"折"立义项"握持"。d.有《左传》等文献"折镰""折斧柯""折箠""折杖""折梃"等书证支持。详见"吴铭训诂札记"微信公众号 2024—05。

1.6 孟子见梁襄王①,出,语人曰②:"望之不似人君,就之而不见所畏焉。卒然问曰③:'天下恶乎定④?'吾对曰:'定于一。''孰能一之⑤?'对曰:'不嗜杀人者能一之。''孰能与之⑥?'对曰:'天下莫不与也⑦。王知夫苗乎?七八月之间旱⑧,则苗槁矣。天油然作云⑨,沛然下雨,则苗浡然兴之矣⑩。其如是,孰能御之?今夫天下之人牧⑪,未有不嗜杀人者也。如有不嗜杀人者,则天下之民皆引领而望之矣⑫。诚如是也,民归之,由水之就下⑬,沛然谁能御之?'"

【译文】孟子谒见了梁襄王,出来后告诉别人说:"远远望去,不像个国君的样子;挨近他,也看不出哪一点值得敬畏。猛一开口就问:'天下如何才安定?'我答道:'天下一统,才会安定。'他又问:'谁能一统天下?'我又答:'不好杀人的国君,就能一统天下。'他又问:'那有谁来跟随他呢?'我又答:'普天之下没有不跟随他的。您熟悉那禾苗吗?七八月间天旱,禾苗就干枯了。过了些时候,天上慢慢卷起了乌云,接着哗啦哗啦下起了大雨,禾苗又苗壮茂盛地生长起来。在这种情势下,谁能阻挡得住那苗壮生长呢?当今那各国的君主,没有不好杀人的。如果有一位不好杀人的,那么,天下的老百姓都会伸长脖子来盼望他了。真这样的话,百姓归附他跟随他,就好像水向下奔流一般,汹涌澎湃,谁能阻挡得了它?'"

【注释】①梁襄王:梁惠王之子,名嗣。 ②语(yù):告诉。 ③卒然:同"猝然"。 ④恶(wū)乎:怎样。 ⑤孰:谁,多用于在两个或多个中表选择。 ⑥与:跟随,亲附。 ⑦莫:否定性无指代词,没有谁。 ⑧七八月:这是用的周代历法,相当于夏历的五六月,正是禾苗需要雨水的时候。 ⑨油然:舒缓貌;慢悠悠地,自然而然地。参见《考证》089。　⑩浡(bó)然兴之：浡然，兴起貌。兴之，这里的"之"类似于1.3-1"填然鼓之"的"之"的用法。　⑪人牧：治理人民的人，人民的管理者，指国君。"牧"由"牧牛""牧羊"引申出了"治理"义。　⑫引领：伸长脖子。　⑬由：通"犹"，好比。按，《孟子》中"犹"多作"由"，如3.1-2"以齐王，由反手也"、3.7"人役而耻为役，由弓人而耻为弓"。

1.7-1 齐宣王问曰①："齐桓、晋文之事可得闻乎②？"孟子对曰："仲尼之徒，无道桓文之事者，是以后世无传焉，臣未之闻也③。无以④，则王乎？"

曰："德何如则可以王矣？"曰："保民而王⑤，莫之能御也。"

曰："若寡人者，可以保民乎哉？"曰："可。"曰："何由知吾可也？"

曰："臣闻之胡龁曰⑥，王坐于堂上，有牵牛而过堂下者，王见之，曰：'牛何之⑦？'对曰：'将以衅钟⑧。'王曰：'舍之⑨！吾不忍其觳觫，若无罪而就死地⑩。'对曰：'然则废衅钟与？'曰：'何可废也，以羊易之！'不识有诸⑪？"曰："有之。"

【译文】齐宣王问孟子说："齐桓公、晋文公的事迹，我能请您讲给我听吗？"孟子答道："孔子的门徒们没有谈到齐桓公、晋文公的事迹的，所以后世没有流传，我也没听说过。王如果非要我说，就说说'王道'吧！"

宣王问道："要多高的道德才能够实行王道呢？"孟子说："通过保养百姓去实现王道，便没有人能够阻挡。"

宣王说："像我这样的人，可以保养百姓吗？"孟子说："能够。"宣王说："根据什么晓得我能够做到呢？"

孟子说："我听胡龁说，王坐在殿堂上，有人牵着牛从殿下走过，王看见了，便问：'牵牛到哪里去？'那人答道：'准备杀它来衅钟。'王便说：'放了它吧！我实在不忍心看到它那哆哆嗦嗦的样子，好像没罪的人，却被押送刑场！'那人说：'那么，就不衅钟了吗？'王又说：'这怎么可以废弃呢？用只羊来代替吧！'——有这么回事吗？"宣王说："有的。"

【注释】①齐宣王：威王之子，名辟彊。孟子大约在见了梁襄王之后便离魏来齐，这时齐宣王即位也仅两年。 ②齐桓、晋文：齐桓公名小白，晋文公名重耳，在春秋时代先后称霸。 ③臣未之闻：我没有听说这个。当时语言，如果是否定句，代词作宾语一般要放在谓语动词之前。 ④无以：以，通"已"。无以，就是"不得已""一定要这样的话"。《梁惠王下》："无已，则有一焉。"《论语·雍也》："毋以，与尔邻里乡党乎！" ⑤保：保养，保安。 ⑥胡龁(hé)：齐宣王左右近臣。 ⑦之：往，到……去。 ⑧衅(xìn)：祭礼名，宰杀一件活物来祭某种新器物或宗庙。 ⑨舍(shě)：放弃。 ⑩吾不忍……就死地：觳觫(húsù)，惊恐战抖貌。无罪，无罪之人。详见《考证》004。 ⑪诸："之乎"的合音字。

【考证004】吾不忍其觳觫若无罪而就死地：

　　传统的断句为"吾不忍其觳觫，若无罪而就死地"（下文"即不忍其觳觫，若无罪而就死地"与此相同）。俞樾《孟子平议》在"若"字后断句。杨树达《古书句读释例》（中华书局1954）："旧读以'即不忍其觳觫'六字为句，'若无罪而就死地'为句。树达按如此读，'若'字义不可通，此当以'即不忍其觳觫若无罪而就死地'十三字作一句读。'觳觫若'犹言'觳觫然'也。"这一看法实际上与俞樾是一样的。

　　我们认同前一种断句。因为：

　　1. 表示"……的样子"，《孟子》用"然"而不用"若"："为民父母，使民盻盻然。"（《滕文公上》）"观其色赧赧然。"（《滕文公下》）先秦文献中只有《诗经》偶用"若"表示"……的样子"，如："桑之未落，其叶沃若。"

郑子瑜从吴昌莹、王引之说,认为"若"训"其",指代"牛",也讲不通。因为与代词"其"类似的"若",是指代第三人称的指示代词,它与"其"一样,也处于领位(定语位置),绝不处于主位(主语位置)。

2."若"在此句中,当然是"好比""好像"的意思。杨树达先生说"'若'字义不可通",意谓牛本无罪,何须"若"字。但在《孟子》成书年代的语言中,"有罪""无罪"一定是指人或指人的社会单位如"国":"(乐正子)曰:'克有罪。'"(《孟子·离娄上》)"无罪而杀士,则大夫可以去;无罪而戮民,则士可以徙。"(《离娄下》)因此"若无罪而就死地"意谓好比无罪之人走向死地(语言学术语谓之"转指")。

1.7-2 曰:"是心足以王矣。百姓皆以王为爱也①,臣固知王之不忍也。"王曰:"然;诚有百姓者。齐国虽褊小②,吾何爱一牛?即不忍其觳觫,若无罪而就死地,故以羊易之也。"

曰:"王无异于百姓之以王为爱也③。以小易大,彼恶知之?王若隐其无罪而就死地④,则牛羊何择焉?"王笑曰:"是诚何心哉?我非爱其财而易之以羊也。宜乎百姓之谓我爱也。"

【译文】孟子说:"有这样的想法足够实行王道了。老百姓都以为王是舍不得,我早就知道王是不忍心哪!"宣王说:"对呀,确实有这样想的百姓。齐国虽狭小,我又何至于舍不得一头牛?我只是不忍心看到它不停地哆嗦,就像没犯罪的人,却被押去斩决,所以才用羊来替换它。"

孟子说:"百姓以为王舍不得,王也不必奇怪。您用小的来换取大的,那些人怎么会清楚王的想法呢?如果说可怜它'像没犯罪的人却被押去斩决',那么牛和羊又有什么好选择的呢?"宣王笑着说:"这到底是一种什么心理呀?我确实不是吝惜钱财才用羊来代替牛。〔您这么一说,似乎〕确实就该百姓说我是舍不得的。"

【注释】①爱:吝啬,舍不得。　②褊(biǎn):小。　③异:惊异,奇怪。
④隐:恻隐,怜悯。

1.7-3 曰:"无伤也①,是乃仁术也,见牛未见羊也。君子之于禽兽也,见其生,不忍见其死;闻其声,不忍食其肉。是以君子远庖厨也②。"王说③,曰:"《诗》云④:'他人有心,予忖度之⑤。'夫子之谓也。夫我乃行之,反而求之,不得吾心。夫子言之,于我心有戚戚焉⑥。此心之所以合于王者,何也?"

曰:"有复于王者曰:'吾力足以举百钧⑦,而不足以举一羽;明足以察秋毫之末⑧,而不见舆薪⑨。'则王许之乎⑩?"曰:"否。"

【译文】孟子说:"这也没什么关系。这种怜悯心正是仁爱呀。因为王只看见了牛可怜,却没有看见羊可怜。君子对于飞禽走兽,看见它们活着的可爱,便不再忍心看到它们死去;听到它们的啼叫,便不再忍心吃它们的肉。君子总是远离厨房,就是这个道理。"宣王很高兴,说:"有两句诗说:'别人想的啥,我能猜到它。'原来就是说的您哪!我只是这样做了,再反躬自问,却想不出个所以然来。经您老这么一说,我的心里便豁然敞亮了。但我的这种想法合于王道,又是为什么呢?"

孟子说:"假如有个人向王报告说:'我的臂力能够举起三千斤,却拿不起一根羽毛;我的眼力能把鸟儿秋天生的毫毛的末端看得一清二楚,却看不见眼前的一车柴火。'您会同意这话吗?"宣王说:"不会。"

【注释】①无伤也:没有关系。《尽心下》:"貉稽曰:'稽大不理于口。'孟子曰:'无伤也。士憎兹多口。'"　②君子远庖厨:君子,有时指有德之人,有时指有位(官职)之人,参见《论语新注新译》2.14《考证》。这里的"君子"大约指有德者。远,使动用法,使……离得远,远离。

③说:"悦"的古字。　④《诗》云"两句:见《诗经·小雅·巧言》。
⑤忖度(cǔnduó):揣测。　⑥戚戚:心动的样子。　⑦钧:三十斤。
⑧秋毫之末:鸟尾上细毛的末端,形容极为细小的东西。　⑨舆薪:一车薪柴。　⑩许:同意。

1.7-4 "今恩足以及禽兽,而功不至于百姓者,独何与？然则一羽之不举,为不用力焉；舆薪之不见,为不用明焉；百姓之不见保,为不用恩焉。故王之不王,不为也,非不能也。"

　　曰:"不为者与不能者之形何以异？"曰:"挟太山以超北海①,语人曰:'我不能。'是诚不能也。为长者折枝②,语人曰:'我不能。'是不为也,非不能也。故王之不王,非挟太山以超北海之类也；王之不王,是折枝之类也。

【译文】"如今王的好心好意足以推广到禽兽,却不能推广到百姓,这是为什么呢？这样看来,一根羽毛都拿不起,只是不肯下力气的缘故；一车子柴火都看不见,只是不肯用眼睛的缘故；老百姓不被保养,只是不肯施恩的缘故。所以,王的未曾实行王道,只是不肯干,不是干不了。"

　　宣王说:"不肯干和干不了的样子有什么不同呢？"孟子说:"把泰山夹在胳膊下跳过北海,告诉别人说:'这个我办不到。'这是真干不了。为老年人按摩肢体,告诉别人说:'这个我办不到。'这是不肯干,不是干不了。王的不行仁政不是属于把泰山夹在胳膊下跳过北海一类的,而是属于为老年人按摩肢体一类的。

【注释】①挟太山以超北海:太山即泰山,北海即渤海。《墨子·兼爱下》:"夫挈泰山以超江河,自古之及今,生民而来未尝有也。"由此可见这在当时是常用譬喻。　②折枝:按摩肢体。枝,同"肢"。详见《考证》005。

【考证005】为长者折枝:

杨伯峻先生注此句云："古来有三种解释：甲、折取树枝，乙、弯腰行礼，丙、按摩搔痒。译文取第一义。"按，丙义最早，赵岐《注》云："折枝，案摩折手节解罢枝也。"甲、乙义均晚起。焦循《孟子正义》："《音义》引陆善经云：'折枝，折草树枝。'赵氏佑《温故录》云：'《文献通考》载陆筠解为"罄折腰枝"，盖犹今拜揖也。'"我们认为丙义即赵岐说可取，甲、乙两义均误。

先看甲说：折取树枝。如为此义，"折"即为"折断"义。周秦文献中的"折"，固然有"折断"的义位，但是，当其宾语或受事主语为树木、兽或人、兽身体一部分以及弓等物体时，该义位特征有二：a. 宾语或受事主语兽或人、兽身体一部分时，该"折断"带有伤害性。b. 宾语或受事主语为树木或物体时，该"折断"不是人类的自主行为，例如为风所摧折——往往隐含言说者也认为是伤害之意（也即，"折"是马庆株先生所谓"非自主动词"）。例如：

"吾闻致师者，右入垒，折馘，执俘而还。"（《左传·宣公十二年》）"子于郑国，栋也，栋折榱崩，侨将厌焉，敢不尽言？"（襄公三十一年》）"张匄抽殳而下，射之，折股……又射之，死。"（《昭公二十一年》）"敢告无绝筋，无折骨，无面伤。"（《哀公二年》）"羊起而触之，折其脚。"（《墨子·明鬼下》）"夫柤、梨、橘、柚、果、蓏之属，实熟则剥，剥则辱；大枝折，小枝泄。此以其能苦其生者也，故不终其天年而中道夭。"（《庄子·内篇·人间世》）"风曰：'……夫折大木，蜚大屋者，唯我能也。'"（《外篇·秋水》）

因"折"的该义位意义上有此特点，故后来产生"折伤""毁折""夭折""挫折"等短语，有的进而发展成为词。例如："善者……与时迁徙，与世偃仰，缓急嬴绌，府然若渠匽檃栝之于己也，曲得所谓焉，然而不折伤。"（《荀子·非相》）"兵革器械者，彼将日日暴露毁折之中原。"（《王制》）"乐易者常寿长，忧险者常夭折。"（《荣辱》）"控弦之民，旃裘之长，莫不沮胆，挫折远遁，遂乃振旅。"（《盐铁论·诛秦》）

马庆株先生在其《自主动词和非自主动词》（《中国语言学报》

1988年第1期)一文中指出,现代汉语中,非自主动词不能受"甭"修饰。上引例句中,有几处"折"受"不"修饰的例子,但我们遍搜周秦典籍,未见一例"折断"义的"折"受"勿""毋"修饰的。

"为长者折枝"之"折枝"如为折取树枝(给长者作拐杖),显然是人的自主行为;虽然事实上对树枝有伤害,但体会不出言说者(孟子)隐含这层意思。这就与上举各例不符,故我们不取。

乙说为"罄折腰枝,盖犹今拜揖也"。"腰肢"若为定中结构,指腰,其意义则甚晚起,《孟子》时代无此义也;若为并列结构,则原文明为"折枝",并无"腰"或其古字"要",且当时"枝"也无"腰肢"义。此说也不可取。

丙说甚早,且古人多理解"折枝"为按摩,其中"折"的意义自然不是非自主的"折断",而是另一义位。刘孝标《广绝交论》:"虽共工之蒐慝,欢兜之掩义,南荆之跋扈,东陵之巨猾,皆为匍匐逶迤,折枝舐痔。"《太平广记·谄妄二》:"唐太子少保薛稷、雍州长史李晋、中书令崔湜、萧至忠、岑羲等,皆外饰忠鲠,内藏谄媚,胁肩屏气,而舐痔折肢,阿附太平公主。"二文皆以"折枝"(折肢)——按摩与"舐痔"并列,以形容谄媚丑态。这些书证虽晚出,却可证古人从来都是这样理解的。

1.7-5 "老吾老,以及人之老;幼吾幼,以及人之幼①。天下可运于掌。《诗》云②:'刑于寡妻,至于兄弟③,以御于家邦④。'言举斯心加诸彼而已。故推恩足以保四海,不推恩无以保妻子。古之人所以大过人者,无他焉⑤,善推其所为而已矣。今恩足以及禽兽,而功不至于百姓者,独何与?

"权,然后知轻重;度,然后知长短。物皆然,心为甚。王请度之!

"抑王兴甲兵⑥,危士臣⑦,构怨于诸侯,然后快于心与?"

【译文】"敬重我家里的长辈,并把这敬重推广到别人家的长辈;呵护我家里的儿女,并把这呵护推广到别人家的儿女。〔如果一切施政措施都基于这一点,〕治理好这天下简直易如反掌。《诗经》上说:'文王以礼待正妻,对待兄弟也相同,以此治国事事通。'就是说把这样的好想法推广到其他方面就行了。所以由近及远地把恩惠推广开,便足以保有天下;不这样,甚至连自己的妻子儿女都保护不了。古代的圣贤之所以远远地超过一般人,没有别的诀窍,只是他们善于推广他们的好行为罢了。如今您的恩情足以推广到动物,百姓却得不到好处,这是为什么呢?

"称一称,才晓得轻重;量一量,才知道短长。什么东西都如此,人的心更是这样。王考虑一下吧!

"或者说,动员全国军队,让战士、臣子冒着危险,去和别国结仇构怨,这样做您心里才痛快吗?"

【注释】①老吾老,以及人之老:尊敬自己的长辈,并把这尊敬延及他人的长辈。第一个"老"活用为动词,尊敬的意思。及,推及,延及,推广。人,别人,他人。下句第一个"幼"也是活用,慈爱,爱护之意。 ②"《诗》云"三句:见《大雅·思齐》。译文采自程俊英《诗经译注》。刑,同"型",示范。寡妻,嫡妻。 ③至于:扩展到,推广到。详见《论语新注新译》(简体版)2.7《考证》。 ④家:指卿大夫之有采(cài)邑者。 ⑤他:别的,其他的。 ⑥抑:还是。表示选择。 ⑦士臣:战士与臣子。

1.7-6 王曰:"否;吾何快于是?将以求吾所大欲也。"曰:"王之所大欲可得闻与?"王笑而不言。

曰:"为肥甘不足于口与?轻暖不足于体与①?抑为采色不足视于目与②?声音不足听于耳与?便嬖不足使令于前与③?王之诸臣皆足以供之,而王岂为是哉?"曰:"否;吾不为曰:"然则王之所大欲可知已④,欲辟土地⑤,朝秦楚⑥,莅中国而抚四夷也⑦。以若所为,求若所欲⑧,犹缘木而求鱼也。"王曰:"若是其甚与⑨?"

曰:"殆有甚焉⑩。缘木求鱼,虽不得鱼,无后灾。以若所为,求若所欲,尽心力而为之,后必有灾。"

【译文】宣王说:"不,我为什么非要这样做才快活呢?这样做,不过是追求满足我的最大愿望啊。"孟子说:"我可以听听王的最大愿望吗?"宣王只是笑,不作声。

孟子接着说:"是为了肥美的食物不够吃吗?是为了轻便暖和的衣服不够穿吗?或者是为了鲜艳的色彩不够看吗?是为了曼妙的音乐不够听吗?是为了贴身的小臣不够您使唤吗?这些,您的臣下都能尽量供给,但是王真的是为了这些吗?"宣王说:"不,我不是为了这些。"

孟子说:"那么,您的最大愿望可以知道了。您是想要广辟疆土,您是想要秦楚来朝,您是想要治理华夏而据有四夷;不过,以您这样的作为来满足您这样的愿望,就好比爬到树上去抓鱼一样。"宣王说:"难道有这样严重吗?"

孟子说:"恐怕比这还更严重呢!爬上树去抓鱼,虽然抓不到,却没有灾祸。以这样的作为去追求满足这样的欲望,费尽心机干了,〔不但达不到目的,〕还定有灾祸在后头。"

【注释】①轻暖:又轻又暖和的衣服。这是古汉语的修辞方法,以事物的质地或性状代表事物本身。见杨树达《古书疑义举例续补》(《古书疑义举例五种》,中华书局 1956)和徐仁甫《广古书疑义举例》(中华书局 1990)。 ②采色:即"彩色"。 ③便嬖(piánbì):得到王的宠幸且朝夕相伴者。 ④已:语气词,略同于"矣"。 ⑤辟:开辟。 ⑥朝:使其朝觐。 ⑦莅(lì)、抚:莅,莅临,亲临。抚,安抚,据有。

⑧若:如此,这样,后来写作"偌"。王引之《经义述闻·〈礼记〉中》:"若,亦'此'也。" ⑨若是其甚与:竟然这样严重吗。甚,过分,严重。参见3.1-1注⑪、《考证》138。 ⑩殆:大概,恐怕,可能。

【考证006】殆有甚焉:

焦循《孟子正义》:"王氏引之《经传释词》云:'有,犹"又"也。'言殆又甚焉。"杨伯峻先生注此句也说:"有,同又。"似乎不确。

1. 周秦典籍中未见"殆又",而其他"殆有"之"有"均本字。如:"吾闻胜也好复言,而求死士,殆有私乎?"(《左传·哀公十六年》)"古者不为,殆有为也。"(《晏子春秋·内篇杂上》)

2. 此句为孟子回答王所言"若是其甚与"所说,"有甚"作谓语。当时语言中,"有甚"常见,且常作谓语,如:"今又有甚于此。"(《左传·襄公二十六年》)"上有好者,下必有甚焉者矣。"(《孟子·滕文公上》)"生亦我所欲,所欲有甚于生者,故不为苟得也;死亦我所恶,所恶有甚于死者,故患有所不辟也。"(《告子上》)

3. 如果分析上引"上有好者,下必有甚焉者矣"句之"有"为谓语动词,"甚焉者"为其宾语,而与"殆有甚焉"之"有甚"为一个整体有所不同的话,那么"殆有甚焉"的"有"就是王力先生所说的"类似于词头的前附成分"(《汉语史稿》第三章第三十二节),它除了位于单音名词之前外,还常位于单音形容词、动词之前。如"大舜有大焉"(《公孙丑上》)"耳有闻,目有见"(《滕文公下》)。如此,它也不同"又"。

1.7-7 曰:"可得闻与?"曰:"邹人与楚人战①,则王以为孰胜?"曰:"楚人胜。"

曰:"然则小固不可以敌大,寡固不可以敌众,弱固不可以敌强。海内之地,方千里者九,齐集有其一②。以一服八,何以异于邹敌楚哉?盖亦反其本矣③。今王发政施仁,使天下仕者皆欲立于王之朝,耕者皆欲耕于王之野,商贾皆欲藏于王之市,行旅皆欲出于王之涂,天下之欲疾其君者皆欲赴愬于王④。其若是,孰能御之?"

王曰:"吾惛⑤,不能进于是矣。愿夫子辅吾志⑥,明以教我。我虽不敏,请尝试之。"

【译文】宣王说:"〔这是什么道理呢?〕可以让我听听吗?"孟子说:"假如邹国和楚国打仗,王以为谁会胜利呢?"宣王说:"楚国会胜。"

孟子说:"这样看来,小国本来就不可以抗拒大国,人少的国家也不可以抗拒人多的国家,弱国不可以抗拒强国。现在华夏的土地,有九个纵横各一千里那么大,齐国不过占有它的九分之一。凭九分之一想叫九分之八归服,这跟邹国抗拒楚国有什么不同呢?〔既然这条路根本行不通,那么,〕为什么不从根基着手呢?现在王如果能发布政令,广施仁德,使天下的士大夫都想站立在齐国的朝廷,庄稼汉都想耕种在齐国的田野,行商坐贾都想把货物囤积在齐国的市场,来往旅客都想奔走在齐国的路途,各国痛恨本国君主的人也都想到王这儿来一吐苦水。若能做到这样,又有谁能抵挡得住呢?"

宣王说:"我头脑昏乱,不能达到这样的高度了;但希望您老人家协助我实现我的想法,明明白白地训导我。我虽不聪明,也不妨试它一试。"

【注释】①邹:国名,就是邾国,国土极小;今山东有邹城市,即其故地。②集:会集。 ③盖:通"盍","何不"的合音字。 ④愬(sù):告诉,诉说。 ⑤惛:同"惽""昏",昏乱,糊涂。 ⑥辅吾志:辅,辅佐,协助。吾志,我的想法,我的心意。参见《论语新注新译》14.36《考证》。

1.7-8 曰:"无恒产而有恒心者①,惟士为能。若民②,则无恒产,因无恒心。苟无恒心,放辟邪侈③,无不为已。及陷于罪,然后从而刑之,是罔民也④。焉有仁人在位罔民而可为也?是故明君制民之产⑤,必使仰足以事父母,俯足以畜妻子,乐岁终身饱⑥,凶年免于死亡⑦;然后驱而之善,故民之从之也轻⑧。今也制民之产,仰不足以事父母,俯不足以畜妻子;乐岁终身苦,凶年不免于死亡。此惟救死而恐不赡⑨,奚暇治礼义哉⑩?

【译文】孟子说:"没有固定的产业而有恒定的操守,只有士人才能够做到。如果是一般人,没有固定的产业,因而也没有恒定的操守。若没有恒定的操守,就会胡作非为违法乱纪,什么事都干得出来。等到他犯了法,然后再处以刑罚,这等于陷害。哪有仁爱的人坐了朝廷却做出陷害老百姓的事呢?所以贤明的君主规划人们的产业,一定要使他们上足以赡养父母,下足以抚养妻儿;好年成,总能吃饱肚子;即便是坏年成,也不至于饿死或逃亡;然后督促他们往善良的路上走,这样老百姓要听从教导呢也就容易了。现在呢,规定人民的产业,上不足以赡养父母,下不足以抚养妻儿;即使遇到好年成,也总是困苦;遇到坏年成,要么死要么逃。这样,每个人要活一口气都怕做不到,哪有闲工夫学习礼义呢?

【注释】①恒心:赵岐《注》:"人所常有之善心也。"故我们译为"恒定的操守"。 ②若:至于,言及。 ③放辟邪侈:放,放逸,放荡。辟邪,邪僻,不走正路。侈,过分。 ④罔:同"网",网罗,陷害。 ⑤制:规划……制度,制定……法令。《尽心上》:"制其田里。" ⑥终身:总是,长久的(地),参见《论语新注新译》(第二版)9.27《考证》。 ⑦死亡:死去和逃亡。详见《考证》008。 ⑧轻:轻易,容易。 ⑨赡(shàn):足够。 ⑩奚暇:哪有空闲。奚,何。暇,有空闲。

【考证007】若民则无恒产因无恒心:

杨伯峻先生注云:"则,假设连词,假若。"似为千虑之失。此句的"若",释为连词,义为"至于""言及"(《王力古汉语字典》)。如此"则"完全不必随文释义解为"假若"。

类似句子多见于《孟子》,《左传》《论语》《荀子》等书中也有:"若是,则弟子之惑滋甚。"(《孟子·公孙丑上》,杨伯峻《孟子译注》:"照您这样讲来,我便更加不懂了。")"若是,则夫子过孟贲远矣。"(同上,杨译:"这么看来,老师比孟贲强多了。")"若臣,则不可以入矣。"(《左传·哀公十四年》,沈玉成《左传译文》:"像我,那是不能再回来了。")"若圣与仁,则吾岂敢。"(《论语·述而》,《论语译注》:"讲到圣和仁,我怎么敢当?")"若其义,则不可须臾舍也。"(《荀子·劝学》)

考察以上书证可知,紧接"若"后的,以体词性成分居多。至于"若",有些译文译为"像",有些则译为"至于",其实都不错。其实"像"是"若"的较早的意义,进一步虚化后则为"至于";在《论语》《孟子》成书时代,大约"若"还处在由"像"向"至于"虚化而尚未完成的阶段。

但无论如何,从以上各例"若……则……"来看,"则"当无"假若"的意义。

【考证008】死亡:

《孟子译注》译本节"凶年免于死亡""凶年不免于死亡"为"坏年成,也不致饿死""坏年成,只有死路一条",恐有未安。《论语》《左传》《孟子》时代,"死亡"似为一短语,死去与逃亡的意思。例如:"鲁、卫谏曰:'齐疾我矣!其死亡者,皆亲暱也。'"(《左传·成公二年》,沈玉成《左传译文》:"他们死去和溃散的,都是宗族亲戚。")"君民者,岂以陵民?社稷是主。臣君者,岂为其口实,社稷是养。故君为社稷死,则死之;为社稷亡,则亡之。"(《襄公二十五年》,沈译后四句:"所以君主为国家而死,那么也就为他而死;为国家而逃亡,那么也就为他而逃亡。")"公曰:'司马以吾故,亡其良子。死亡有命,吾不可以再亡之。'对曰:'君若爱司马,则如亡。死如可逃,何远之有?'"(《昭公二十一年》,沈译:"宋公说:'司马由于我的缘故,使他的好儿子逃亡。死和逃亡都是命中注定,我不能第二次让他的儿子逃亡。'华多僚回答说:'君主如果爱惜司马,就应当逃亡。死如果可以逃避,哪有什么远不远?'")

《昭公二十一年》这一段中除"死亡有命"句,其余部分都是"死""亡"分开说,沈玉成译为"死""逃亡",是准确的。

即使成书远较《孟子》为晚的《吕氏春秋》,下面这段文字的"死亡",依然可以肯定是"死去和逃亡":"郑君问于被瞻曰:'闻先生之义,不死君,不亡君,信有之乎?'被瞻对曰:'有之。夫言不听,道不行,则固不事君也。若言听道行,又何死亡哉?'故被瞻之不死亡也,贤乎其死亡者也。"(《士容论》)

汉代,"亡"依然多用为"逃亡"义:"孔子卒,原宪遂亡在草泽中。子贡相卫……过谢原宪,宪摄敝衣冠见子贡。"(《史记·仲尼弟子列传》)

1.7-9 "王欲行之,则盍反其本矣①:五亩之宅,树之以桑,五十者可以衣帛矣。鸡豚狗彘之畜,无失其时,七十者可以食肉矣。百亩之田,勿夺其时,八口之家可以无饥矣。谨庠序之教,申之以孝悌之义②,颁白者不负戴于道路矣③。老者衣帛食肉,黎民不饥不寒,然而不王者,未之有也。"

【译文】"王如果要施行仁政,那为什么不从根基着手呢?每家都有五亩地的宅院,院里种上桑树,五十岁以上的人就可以穿上丝织品了。鸡、狗和猪的蓄养,不要耽误繁殖的时机,七十岁以上的人就可以有肉吃了。每家都有百亩田地,不耽误他的农时,八口之家就可以吃饱肚子了。好好地办些学校,反复地用孝顺父母敬爱兄长的道理教育他们,那么,须发斑白的老人也就用不着背负、头顶着重物奔波在道路上了。七十岁以上的人有丝织品穿,有肉吃,平民百姓不受冻饿,这样做了,还不能使天下归服的,是从来没有过的事。"

【注释】①盍:"何不"的合音。 ②申:重申,一再地说。 ③颁白者不负戴于道路:颁白者,须发花白的老者。负戴,背负和用头顶着物体。按,至今朝鲜、缅甸、非洲及我国吉林延边和云南仍有头顶重物习俗。

梁惠王章句下

凡十六章

2.1-1 庄暴见孟子,曰:"暴见于王①,王语暴以好乐②,暴未有以对也。"曰③:"好乐何如?"

孟子曰:"王之好乐甚,则齐国其庶几乎④!"他日,见于王曰:"王尝语庄子以好乐,有诸?"

王变乎色⑤,曰:"寡人未能好先王之乐也,直好世俗之乐耳⑥。"曰:"王之好乐甚,则齐其庶几乎!今之乐由古之乐也。"

曰:"可得闻与?"曰:"独乐乐,与人乐乐⑦,孰乐?"曰:"不若与人⑧。"

曰:"与少乐乐,与众乐乐,孰乐?"曰:"不若与众。"

【译文】〔齐国的大臣〕庄暴来见孟子,说:"我去朝见王,王告诉我,他爱好音乐,我不知道该怎样回答。"又说:"爱好音乐好不好?"

孟子说:"王如果爱好音乐很投入,那齐国便会不错了。"过了些时候,孟子谒见齐王,问道:"您曾经告诉庄先生,说您爱好音乐,有这回事吗?"

齐王变得严肃起来,说:"我没能爱好先王的雅乐,只是爱好当今世上流行的音乐罢了。"孟子说:"只要您爱好音乐很投入,那齐国便会不错了。当今的音乐和古代的音乐其实是一样的。"

齐王说:"这道理我可以听听吗?"孟子说:"一个人欣赏音乐快乐,和别人一道欣赏音乐也快乐,哪一种更快乐呢?"齐王说:"跟别人一道欣赏更快乐。"

孟子说:"跟少数人欣赏音乐快乐,跟多数人欣赏音乐也快乐,哪一种更快乐呢?"齐王说:"跟多数人一起欣赏更快乐。"

【注释】①暴见于王:庄暴被王接见。介词"于"表被动,句式同"劳力者治于人"(《滕文公上》)。 ②好乐(hào yuè):爱好音乐。 ③曰:一个人的话中间又加一"曰"字,表示讲话人有所停顿后又说。 ④庶几:不错,较好。 ⑤王变乎色:齐王(脸上)变得严肃起来。详见《考证》009。 ⑥直:只不过。 ⑦独乐(yuè)乐(lè),与人乐(yuè)乐(lè):独自欣赏音乐快乐,和别人一道欣赏音乐也快乐。下文"与少乐乐,与众乐乐"类似。 ⑧不若与人:这句承前省略了谓语"乐乐",下文"不若与众"也是这样。

【考证009】王变乎色:

赵岐《注》:"变乎色,愠恚庄子道其好乐也。"朱熹《集注》:"变色者,惭其好之不正也。"杨伯峻先生译"王变乎色"为"齐王很不好意思",是从朱注。我们以为赵说近之。我们在先秦古籍中找到若干"变色"(变乎色、色变)如下:

"齐侯与蔡姬乘舟于囿,荡公。公惧,变色;禁之,不可。公怒,归之。"(《左传·僖公三年》)"有盛馔,必变色而作。迅雷风烈必变。"(《论语·乡党》)"(孟子)曰:'君有大过则谏,反复之而不听,则易位。'王勃然变乎色。曰:'王勿异也。王问臣,臣不敢不以正对。'王色定,然后请问异姓之卿。"(《万章下》)"公出,晏子不起;公入,不起,交举则先饮。公怒,色变。"(《晏子春秋·内篇谏上》)

由以上各例不难归纳,变色(变乎色、色变)的共同特点是表情变得严肃,笑容消失,脸上的肉由堆起变为平整,变得僵硬。如果以上归纳尚不足采信,至少,其中未见一例是惭愧之色的。

与"色变"相反的是"色不变":"喜怒以物而色不变。"(《逸周书·官人解》)更多的是"颜色不变":"彼何人者邪?修行无有,而外其形骸,临尸而歌,颜色不变,无以命之。彼何人者邪?"(《庄子·内篇·大宗师》)"臣与其使者言,三辱其君,颜色不变。"(《管子·小问》)"以鼎生烹文挚,爨之三日三夜,颜色不变。"(《吕氏春秋·仲冬纪》)"色不变"与"颜色不变"都指脸上表情不改变,自然而然而不僵硬。

当时语言中,形容各种表情的有怨色、忧色、愠色、喜色、不豫色、恶色、令色等等。如:"伊尹放大甲而相之,卒无怨色。"(《左传·襄公二十一年》)"君淹恤在外十二年矣,而无忧色。"(《襄公二十六年》)"巧言令色,鲜矣仁!"(《论语·学而》)"令尹子文三仕为令尹,无喜色;三已之,无愠色。"(《公冶长》)"百姓闻王钟鼓之声,管籥之音,举欣欣然有喜色而相告。"(《孟子·梁惠王下》)"夫子若有不豫色然。"(《公孙丑下》)"伯夷,目不视恶色,耳不听恶声。"(《万章下》)

当然,表示惭愧的,也有愧色、惭色、怍色等:"子贡逡巡而有愧色。"(《庄子·杂篇·让王》)"昔者桀、纣贵为天子,富有天下;今谓臧聚曰'汝行如桀、纣',则有怍色,有不服之心者。"(《杂篇·盗跖》)"管仲曰:'君之揖朝也恭,而言也徐,见臣而有惭色,臣是以知之。'"(《吕氏春秋·审应览》)

也即,当时语言中,表示惭愧之色的,有其他形式,不用"变色"来表示。故赵岐、朱熹两说中,赵说近之。但我们也没把握"王变乎色"非得是由于"愠恚庄子道其好乐也",故我们译之为"齐王变得严肃起来",庶几近似。

2.1-2 "臣请为王言乐①。今王鼓乐于此,百姓闻王钟鼓之声,管籥之音②,举疾首蹙頞而相告曰③:'吾王之好鼓乐,夫何使我至于此极也——父子不相见,兄弟妻子离散。'今王田猎于此④,百姓闻王车马之音,见羽旄之美⑤,举疾首蹙頞而相告曰:'吾王之好田猎,夫何使我至于此极也——父子不相见,兄弟妻子离散。'此无他,不与民同乐也。

"今王鼓乐于此,百姓闻王钟鼓之声,管籥之音,举欣欣然有喜色而相告曰:'吾王庶几无疾病与?何以能鼓乐也?'今王田猎于此,百姓闻王车马之音,见羽旄之美,举欣欣然有喜色而相告曰:'吾王庶几无疾病与?何以能田猎也?'此无他,与民同乐也。今王与百姓同乐,则王矣。"

【译文】孟子马上说:"请让我为王谈谈音乐。如果王在这里奏乐,老百姓听到敲钟打鼓的声音,听到吹奏箫管的声音,大家全都头痛地皱着眉头奔走相告:'我们的王这样爱好音乐,那为什么使我困苦到这样这步田地呢——父子不能相见,兄弟妻儿东逃西散?'如果王在这里打猎,老百姓听到车马的声音,看到旗帜的鲜丽,大家全都头痛地皱着眉头奔走相告:'我们的王这样爱好打猎,为什么使我困苦到这步田地呢——父子不能相见,兄弟妻儿东逃西散?'这没有别的原因,就因为王〔只图自己快活而〕不和大家一道娱乐的缘故。

"如果王在这里奏乐,老百姓听到敲钟打鼓的声音,听到吹奏箫管的声音,全都眉开眼笑奔走相告:'我们的王大概很健康吧?要不怎么能够奏乐呢?'如果王在这里打猎,老百姓听到车马的声音,看到旗帜的鲜丽,全都眉开眼笑奔走相告:'我们的王大概很健康吧?要不怎么能够打猎呢?'这没有别的原因,只是因为王和百姓一道娱乐罢了。如果王和百姓一道娱乐,就可以使天下归服了。"

【注释】①乐:《孟子译注》译此"乐"为"音乐和娱乐",则此"乐"为双关;但上古"音乐"的"乐"和"娱乐"的"乐"并不同音,不能双关,故我们只以"音乐"译之。　②管籥(yuè):古代吹奏乐器,类似今之箫笙。　③举疾首蹙(cù)頞(è):举,全都,多接谓词性成分。蹙,皱着。頞,鼻梁。　④田猎:打猎。田,后作"畋",打猎。　⑤羽旄:旗帜。羽,鸟的羽毛。旄,旄牛尾。古代旗帜常以鸟羽和旄牛尾装饰,故以羽、旄来指代旗帜。

2.2 齐宣王问曰:"文王之囿方七十里①,有诸?"孟子对曰:"于传有之②。"

曰:"若是其大乎?"曰:"民犹以为小也。"曰:"寡人之囿方四十里,民犹以为大,何也?"

曰:"文王之囿方七十里,刍荛者往焉③,雉兔者往焉④,与民同之。民以为小,不亦宜乎?臣始至于境⑤,问国之大禁⑥,然后敢入。臣闻郊关之内有囿方四十里⑦,杀其麋鹿者如杀人之罪,则是方四十里为阱于国中⑧。民以为大,不亦宜乎?"

【译文】齐宣王〔问孟子〕说:"听说周文王有一处猎场,横直各七十里,有这回事吗?"孟子答道:"史书上记载着呢。"

宣王说:"竟然这么大吗?"孟子说:"老百姓还嫌小呢。"宣王说:"我的猎场横直只有四十里,老百姓还嫌大了,为什么呢?"

孟子说:"文王的猎场横直各七十里,割草打柴的去,打鸟捕兽的也去,和老百姓一道用。老百姓以为太小,不理所当然吗?〔而您恰恰相反。〕我刚到边界,就打听齐国的大禁忌,然后才敢入境。我听说首都四关之内的郊区有一处猎场,横直各四十里,谁要宰了里头的麋鹿,就如同犯了杀人之罪。那么,这就相当于在国都里面挖了一个横直各四十里的大陷阱。百姓们觉得太大了,不理所当然吗?"

【注释】①囿(yòu):没围墙的猎场叫"囿"。 ②传(zhuàn):典籍文献。 ③刍荛(chúráo):刍,草。荛,柴。这里指打草砍柴。 ④雉(zhì)兔:雉,野鸡。雉兔,名词活用为动词,狩猎之意。 ⑤境:疆界,国境线。 ⑥大禁:严厉禁止的,大禁忌。 ⑦郊关:四郊之门——古代城邑四郊起拱卫防御作用的关门。《白虎通》:"近郊五十里,远郊百里。"即有的郊关距离都城五十里,有的郊关距离都城百里。郊关之内即称"郊",也即东西南北四郊。 ⑧是方四十里为阱于国中:这是个判断句(例如"陈胜,阳城人")——是,方四十里为阱于国中。国中,这里指国都(包括四郊)之中。详见《考证》010。

【考证010】国中:

焦循《孟子正义》说:"此'国中'指郊之内;囿在郊关之内,故为阱于国中也。"《孟子译注》则将"则是方四十里为阱于国中"译为"那么，这为方四十里的地面，对百姓来说，是在国内布置一个陷阱"。我们以为焦说可从，因为当时典籍中的"国中"一般都指都城之内，而非国境之内。例如：

"小司徒之职，掌建邦之教法，以稽国中及四郊都鄙之夫家九比之数。"（《周礼·地官司徒》）"国中自七尺以及六十，野自六尺以及六十有五，皆征之。"（同上）"徙于国中及郊，则从而授之。"（同上）"凡治质剂者，国中一旬，郊二旬，野三旬，都三月，邦国期。"（同上）"惠子相梁，庄子往见之。或谓惠子曰：'庄子来，欲代子相。'于是惠子恐，搜于国中三日三夜。"（《庄子·外篇·秋水》）"子不闻夫越之流人乎？去国数日，见其所知而喜；去国旬月，见所尝见于国中者喜。"（《杂篇·徐无鬼》）

《孟子》其余3处"国中"也指都城之内："请野九一而助，国中什一使自赋。"（《滕文公上》）"从许子之道，则市贾不贰，国中无伪。虽使五尺之童适市，莫之或欺。"（同上）"蚤起，施从良人之所之，遍国中无与立谈者。"（《离娄下》）

"国"本指国都，后指国家。"国中"本指国都之内；汉以后渐指"国内"。例如："子圉之立，畏秦之伐也，乃令国中诸从重耳亡者与期，期尽不到者尽灭其家。"（《史记·晋世家》）"于是齐王以驷钧为相，魏勃为将军，祝午为内史，悉发国中兵。"（《齐悼惠王世家》）那么，它的引申途径是由国都之内，到包括四郊，到指整个国家。也就是说，《孟子》本章"国中"看似偶然的包括四郊，是符合该短语的引申途径的。

当然，避讳"刘邦"的"邦"也是促成这一变化的因素之一。

而且，当时语言中表达"国内"这一概念的，有"邦域之中""四封""四封之内"，而以后者为多见："夫颛臾，昔者先王以为东蒙主，且在邦域之中矣，是社稷之臣也。"（《论语·季氏》）"四封之内，百姓之事，蠢不如种也；四封之外，敌国之制，立断之事，种亦不如蠢也。"（《国

语·越语下》)"此剑一用,如雷霆之震也,四封之内,无不宾服而听从君命者矣。此诸侯之剑也。"(《庄子·杂篇·说剑》)

表达"天下"这一概念的,除"天下"外,还有"四海之内""海内":"四海之内皆兄弟也。"(《论语·颜渊》)"苟行王政,四海之内皆举首而望之。"(《孟子·滕文公下》)"海内之地,方千里者九,齐集有其一。"(《孟子·梁惠王上》)"尧治天下之民,平海内之政。"(《庄子·内篇·逍遥游》)

也即,"国中"表达都城内(有时包括四郊,如本章),"邦域之中""四封之内"表达国内,"天下""四海之内""海内"表达古人知识范围内的世界;分工明确,迥不相混。

2.3-1 齐宣王问曰:"交邻国有道乎?"

孟子对曰:"有。惟仁者为能以大事小,是故汤事葛[1],文王事昆夷[2]。惟智者为能以小事大,故太王事獯鬻[3],句践事吴[4]。以大事小者,乐天者也;以小事大者,畏天者也。乐天者保天下,畏天者保其国。《诗》云[5]:'畏天之威,于时保之。'"

王曰:"大哉言矣[6]!寡人有疾,寡人好勇。"对曰:"王请无好小勇。夫抚剑疾视曰:'彼恶敢当我哉!'此匹夫之勇[7],敌一人者也。王请大之!

【译文】齐宣王问道:"和邻国打交道有什么方法途径吗?"

孟子答道:"有的。只有仁爱的人才能够以大国的身份服事小国,所以商汤服事葛伯,文王服事昆夷。只有聪明的人才能够以小国的身份服事大国,所以太王服事獯鬻,勾践服事夫差。以大国身份服事小国的,是乐行天命的人;以小国身份服事大国的,是敬畏天命的人。乐行天命者能保有天下,敬畏天命者能保有本国。《诗经》说得好:'敬畏老天大威灵,保卫国家长太平。'"

宣王说:"这话真伟大!不过,我有个小毛病,就是太喜爱勇武。"

孟子答道:"那么,请王不要喜好这小勇。有种人,只会手按着剑柄圆睁怒眼说:'那人怎么敢抵挡我呢!'这只是凡夫俗子的勇武,只能对付一个人。希望王能把它扩大。

【注释】①汤事葛:《滕文公下》第五章论之较详,可参。 ②昆夷:亦作"混夷",周代前后的西戎国名。 ③太王事獯鬻(xūnyù):"太王"即古公亶父(dǎnfǔ)。獯鬻即猃狁(xiǎnyǔn),也即本篇第十五章之狄人,当时北方的少数民族。十五章"太王居邠狄人侵之",或指"太王事獯鬻"。 ④句践事吴:句,同"勾"。越王勾践惨败于吴,卑辞厚礼求和,替吴王当马前卒。后返国,十年生聚,十年教训,终于兴国灭吴。 ⑤"《诗》云"两句:见《诗经·周颂·我将》。译文采自向熹《诗经译注》。保,安定。 ⑥大哉言矣:这话真伟大呀!详见《考证》011。 ⑦匹夫:平民,一般人,凡夫俗子。

【考证011】大哉言矣:

赵岐《注》:"王谓孟子之言大,不合于其意。"焦循《正义》:"王问交邻,孟子比以古圣贤之所履,故以为夸大也。"其实这是一句赞美的话,是说,这话真伟大呀;而不是说这话太夸大其词了(《孟子译注》译作"您的话真高明呀",近之)。许多书证可以证明这点:"林放问礼之本。子曰:'大哉问!'"(《论语·八佾》)"大哉尧之为君也!"(《泰伯》)"大哉孔子!博学而无所成名。"(《子罕》)"居移气,养移体,大哉居乎!"(《孟子·尽心上》)"大哉乾元!万物资始,乃统天。"(《周易·乾》)

先秦未见"大言"表示夸大其词者,汉时产生了"夸大其词之言"的意义。如《庄子·外篇·知北游》:"至道若是,大言亦然。"(陈鼓应《庄子今注今译》译后一句为"最伟大的言论也是这样")汉初"大言"也并非一定指夸大其言:"不观大义者,不知生之不足贪也;不闻大言者,不知天下之不足利也。"(《淮南子·精神训》)但这时"大言"已经渐有夸大其词之例了:"萧何曰:'刘季固多大言,少成事。'"(《史记·高祖本纪》)"(栾)大为人长美,言多方略,而敢为大言,处之不疑。大

言曰:'臣尝往来海中,见安期、羡门之属……'"(《孝武本纪》)

但"言大"和"大言"义有不同:"故见不远者,不可与言大;知不博者,不可与论至。"(《文子·自然》)"察一曲者,不可与言化;审一时者,不可与言大。"(《淮南子·缪称训》)"(贾复)说嘉曰:'今汉室中兴,大王以亲戚为藩辅,天下未定而安守所保,所保得无不可保乎?'嘉曰:'卿言大,非吾任也。大司马刘公在河北,必能相施,第持我书往。'"(《后汉书·贾复传》)前两例"言"是动词,与"孟子之言大"和第三例不同,但核心意义相近。故赵岐"孟子之言大"是说"孟子说的是宏图大略",与"大哉言矣"相去并不远,不是焦循理解的"夸大"。

2.3-2 "《诗》云:'王赫斯怒①,爰整其旅②,以遏徂莒③,以笃周祜④,以对于天下。'此文王之勇也。文王一怒而安天下之民。

"《书》曰⑤:'天降下民,作之君,作之师⑥,惟曰其助上帝宠之⑦。四方有罪无罪惟我在⑧,天下曷敢有越厥志⑨?'一人衡行于天下⑩,武王耻之。此武王之勇也。而武王亦一怒而安天下之民。今王亦一怒而安天下之民,民惟恐王之不好勇也。"

【译文】"《诗经》说:'文王勃然大震怒,整顿军队去抵抗,阻止敌人向莒闯。周族福气才巩固,民心安稳定四方。'这便是文王的勇武。文王一发怒便使天下的百姓生活安定。

"《书经》说:'天降生了芸芸众民,也为他们降生了君主,也为他们降生了师傅,这些君主和师傅的唯一职责,就是帮助上帝来爱护人民。因此,四面八方之人无论有罪或无罪,都由我一人来承担责任;普天之下有谁敢忽略这一想法呢?'当时有个人在世上横行霸道,武王便认为是奇耻大辱。这便是武王的勇。武王也一发怒而使天下的百姓生活安定。如今王若是也一怒而安定天下的百姓,那么,百姓还生怕王不喜爱勇武呢。"

【注释】①赫斯:勃然大怒的样子。此诗见《诗经·大雅·皇矣》。今本《诗经》第三句作"以按徂旅"。译文采自程俊英《诗经译注》。 ②爰:句首语气词,可译为"于是"。 ③以遏(è)徂(cú)莒(jǔ):赵岐《注》:"以遏止往伐莒者。"遏,止。徂,往。莒,国名。 ④以笃周祜(hù):笃,增厚,增加。祜,福。 ⑤"《书》曰"数句:为《尚书》逸文,《伪古文尚书》采入《泰誓》上篇。 ⑥作之君,作之师:为他们造作君主,为他们造作师长。 ⑦上帝:天,天帝。 ⑧惟我在:意谓惟我在此,则我一人承担之。《左传·成公五年》:"婴曰:'我在,故栾氏不作。我亡,吾二昆其忧哉!'"《论语·尧曰》:"朕躬有罪,无以万方;万方有罪,罪在朕躬。" ⑨厥:略同"其"。 ⑩衡:同"横"。一人,指商纣王。

2.4-1 齐宣王见孟子于雪宫①。王曰:"贤者亦有此乐乎②?"

孟子对曰:"有。人不得,则非其上矣。不得而非其上者,非也;为民上而不与民同乐者,亦非也。乐民之乐者,民亦乐其乐;忧民之忧者,民亦忧其忧。乐以天下,忧以天下③,然而不王者,未之有也。

【译文】齐宣王在他的别墅雪宫里接见孟子。宣王问道:"贤人也有这种快乐吗?"

孟子答道:"有的,老百姓要是得不到这种快乐,就会非议他们的头儿。得不到快乐就讲头儿的坏话,固然不对;作为老百姓的头儿有快乐而不与老百姓分享,也是不对的。把老百姓的快乐当作他自己的快乐的,老百姓也会把他的快乐当作自己的快乐;把老百姓的忧愁当作他自己的忧愁的,老百姓也会把他的忧愁当作自己的忧愁。以天下万民之乐为乐,以天下万民之忧为忧,这样做了,还不能让天下归服的,是从来没有的事。

【注释】①雪宫:齐宣王的离宫(别墅)。 ②此乐:这种快乐。这处的"乐"只能释为"快乐",不能释为"爱好"。因为后者一定要作谓语,且要带宾语。字和词的各个意义都有不同的上下文特征,弄清楚这些特征,按图索骥即可。不能仅仅从所谓"事理"来推求。因为,事理与词义没有直接联系;况且,今人的事理未必合于古人的事理。　③乐以天下,忧以天下:乐,以天下(民之乐),忧,以天下(民之忧)。也即,以天下民之乐为乐,以天下民之忧为忧。

2.4-2 "昔者齐景公问于晏子曰①:'吾欲观于转附朝儛②,遵海而南③,放于琅邪④,吾何修而可以比于先王观也?'晏子对曰:'善哉问也!天子适诸侯曰"巡狩"。巡狩者,巡所守也。诸侯朝于天子曰"述职"。述职者,述所职也。无非事者。春省耕而补不足,秋省敛而助不给。夏谚曰:"吾王不游,吾何以休?吾王不豫⑤,吾何以助?一游一豫,为诸侯度。"今也不然:师行而粮食⑥,饥者弗食⑦,劳者弗息。睊睊胥谗⑧,民乃作慝⑨。方命虐民⑩,饮食若流。流连荒亡,为诸侯忧。从流下而忘反谓之"流",从流上而忘反谓之"连",从兽无厌谓之"荒",乐酒无厌谓之"亡"。先王无流连之乐,荒亡之行。惟君所行也。'⑪

【译文】"当年齐景公问晏子说:'我想到转附山和朝儛山去视察,然后沿着海岸南行,一直到琅邪山,我该如何修为才能够比得上过往圣王贤君的视察呢?'晏子答道:'问得好哇!天子到诸侯国去叫作巡狩。巡狩,就是巡视诸侯职守的意思。诸侯去朝见天子叫作述职。述职就是报告份内工作的意思。这一切都是工作。春天巡视耕种,补助贫穷农户;秋天考察收获,补助缺粮农户。夏朝的歌谣唱道:"我王不出来巡游,我就劳作不休;我王不下来走走,我的补助哪有?我王从不歇脚步,给诸侯设立法度。"如今就不同了:国王仪仗还没动,官吏四处筹粮米。饿汉越发没饭吃,苦力累死难休息。大家切齿又骂娘,铤而走险揭竿起。既违天命又害民,成天大摆流水席。流连荒亡无节制,诸侯如何不着急!〔流连荒亡是什么意思呢?〕顺流而下地游玩,乐而忘返叫作流;溯流而上地游玩,乐而忘返叫作连;打猎从不厌倦叫作荒;喝酒不知节制叫作亡。过去的圣王贤君没有这种流连的乐趣、荒亡的行为。〔视察工作的出巡和只知自己快乐的流连荒亡,〕您从事哪一种,您自己选择吧!'

【注释】①昔者齐景公问于晏子曰:齐景公,春秋时齐国之君,姓姜名杵臼。晏子,齐国贤臣,名婴。 ②观于转附朝儛(cháowǔ):转附疑即今之芝罘(fú)山(即芝罘岛,在今山东烟台市区北部的海面上)。朝儛,大约即今山东荣城东之召石山。 ③遵海而南:沿着海岸往南行。遵,循,沿着。 ④放(fǎng)于琅邪(lángyá):放于,至于。琅邪,山名,在今山东诸城市区东南。 ⑤豫:意义略同"游"。 ⑥粮食:这里是筹措粮食的意思。 ⑦饥者弗食:受饿者吃不上饭。弗,不;但"弗"修饰的及物动词一般不带宾语。 ⑧睊(juàn)睊胥谗:睊睊,因忿恨侧目而视的样子。胥,都。谗,毁谤。 ⑨慝(tè):邪恶。 ⑩方命:抗命。方,违抗,违反。命,指上帝意旨。 ⑪晏子所言,见《晏子春秋·内篇问下》篇首,文字有所不同。

2.4-3 "景公悦,大戒于国①,出舍于郊。于是始兴发补不足②。召大师曰③:'为我作君臣相说之乐!'盖《徵招》《角招》是也④。其诗曰:'畜君何尤⑤?'畜君者,好君也⑥。"

【译文】"景公听了,大为高兴。先在都城发布命令,然后驻扎郊外。这时便发布补助贫户的命令,并付诸实施。景公又把乐官长叫来,对他说:'给我创作君臣同乐的乐曲!'这乐曲就是《徵招》《角招》。歌词说:'畜君有什么不对呢?'畜君,就是喜爱国君的意思。"

【注释】①大戒于国:谓将更始决心遍告国中。详见《考证》012。 ②兴发:大约即《墨子·节用上》所谓"发令兴事"。 ③大师:即"太师",古代乐官之长。 ④《徵招》《角招》:徵(zhǐ)和角是古代五音(宫、商、角、徵、羽)中的两个;招,通"韶";韶,古乐的通称。 ⑤尤:错误,过失。 ⑥畜(xù)君者,好(hào)君也:"畜"本字为"慉",又作"嬌",喜好。详见杨树达《积微居小学述林·〈诗〉"不我能慉"解》。

【考证012】大戒于国:

赵岐《注》:"戒,备也。大修戒备于国。"朱熹《集注》:"戒,告命也。"按,朱注得之。戒,告诫也,发布命令也。大戒于国,谓将更始决心遍告于国都。《滕文公上》:"五月居庐,未有命戒。"即没有发号施令。《仪礼·聘礼》:"戒上介亦如之。"郑玄注:"戒,犹'命'也。"或作"戒命"。《周礼·秋官司寇》:"遂士掌四郊,各掌其遂之民数而纠其戒命。"《逸周书·职方解》:"王将巡狩,则戒于四方,曰各修平乃守,考乃职事,无敢不敬戒。"此段承上"齐景公问于晏子曰:'吾欲观于转附朝儛,遵海而南,放于琅邪,吾何修而可以比于先王观也?'晏子对曰:'善哉问也!天子适诸侯曰"巡狩"。巡狩者,巡所守也。诸侯朝于天子曰"述职"。述职者,述所职也。无非事者。春省耕而补不足,秋省敛而助不给'"而言,正所谓巡守述职也,于是"大戒于国"。《逸周书·周书序》:"周公陈武王之言以赞己言,戒乎成王,作《大戒》。"《国语·吴语》:"吴王夫差既许越成,乃大戒师徒,将以伐齐。""越王曰:'善哉!'乃大戒师,将伐吴。""戒乎成王",谓告诫成王;"大戒师徒""大戒师",犹今之所谓誓师也。

2.5-1 齐宣王问曰:"人皆谓我毁明堂①,毁诸?已乎②?"孟子对曰:"夫明堂者,王者之堂也。王欲行王政,则勿毁之矣。"

王曰:"王政可得闻与?"对曰:"昔者文王之治岐也③,耕者九一④,仕者世禄,关市讥而不征⑤,泽梁无禁⑥,罪人不孥⑦。老而无妻曰鳏⑧,老而无夫曰寡,老而无子曰独,幼而无父曰孤。此四者,天下之穷民而无告者⑨。文王发政施仁,必先斯四者。《诗》云:'哿矣富人,哀此茕独⑩。'"

王曰:"善哉言乎!"曰:"王如善之,则何为不行?"

【译文】齐宣王问道:"别人都劝我拆掉明堂,到底是拆了它呢,还是不拆?"孟子答道:"那明堂呢,是有志于天下大同的王者的殿堂。您如果要实行王政,就不要把它给拆了。"

王说:"实行王政的事,我可以听听吗?"答道:"从前周文王治理岐地,对农夫九分抽一征税;做官的人能世袭俸禄;关卡和市场只稽查,不征税;湖泊任意捕鱼,没有禁令;罪犯只惩罚本人,不株连家属。老了没妻子的叫鳏夫,老了没丈夫的叫寡妇,没有儿女的老人叫孤独者,死了父亲的儿童叫孤儿——这四种人是世上最穷苦无依的人。周文王发布政令,施行仁德,一定最先照顾这四种人。《诗经》说:'那有钱人生活真美好,可怜这些人无依无靠!'"

宣王说:"这话说得真好!"孟子说:"您如果认为这话好,那为什么不实行呢?"

【注释】①明堂:明堂是天子召见诸侯的处所,此处之明堂在齐国境内,可能是准备天子东巡召见诸侯时用的。 ②已:停止。"已"非强调不必带宾语,故先秦典籍中多"已乎"而无"已之乎""已诸"。 ③岐:在今陕西岐山一带。 ④耕者九一:这话可能是指孟子理想的土地制度井田制而言。在每方里中画一"井"字,分为九块,每块百亩。八家各一百亩,叫作私田。当中一百亩,叫作公田,八家共同耕种。详见《滕文公上》。 ⑤讥:同"稽",查。 ⑥泽梁:在流水中拦鱼的一种装置。 ⑦孥(nú):妻室儿女。这里指不株连妻室儿女。 ⑧鳏(guān):老而无妻者。 ⑨穷民而无告者:走投无路无可哀告之民。 ⑩哿(gě)矣富人,哀此茕(qióng)独:哿,可。茕,单独。这两句诗见《小雅·正月》。

2.5-2 王曰:"寡人有疾,寡人好货。"

对曰:"昔者公刘好货①,《诗》云②:'乃积乃仓③,乃裹糇粮④,于橐于囊⑤。思戢用光⑥。弓矢斯张,干戈戚扬⑦,爰方启行⑧。'故居者有积仓,行者有裹粮也⑨。然后可以'爰方启行'。王如好货,与百姓同之,于王何有?"

王曰:"寡人有疾,寡人好色。"

对曰:"昔者太王好色,爱厥妃。《诗》云⑩:'古公亶甫⑪,来朝走马,率西水浒⑫,至于岐下,爰及姜女⑬,聿来胥宇⑭。'当是时也,内无怨女,外无旷夫⑮。王如好色,与百姓同之,于王何有⑯?"

【译文】宣王说:"我有个毛病,我喜爱财物〔,实行王政怕有困难〕。"

孟子说:"从前公刘也喜爱财物,《诗经》说:'积好谷物修好仓,准备干粮细细裹,盛满小袋和大囊。百姓团结国有光。张弓上箭武装好,干戈斧钺都带上,开始出发向前方。'留在家里的人都有存粮,行军的人都有干粮,这样才能'开始出发向前方'。王如果喜爱财物,能跟百姓一道,对您实行王政有什么困难呢?"

王又说:"我有个毛病,我喜爱女色〔,实行王政怕有困难〕。"

孟子答道:"从前太王也喜爱女色,娇宠他那个妃子。《诗经》说:'古公亶父迁居忙,清早快马离豳乡。沿着渭水向西走,岐山脚下土地广。他与妻子名太姜,勘察地址好建房。'这一时代,家中没有老处女,野外也找不到单身汉。王如果喜爱女人,能跟老百姓一道,对您实行王政有什么困难呢?"

【注释】①公刘:后稷的后代,周朝创业的始祖。 ②"《诗》云"数句:见《大雅·公刘》。译文采自向熹《诗经译注》。 ③仓:装满仓。 ④糇(hóu)粮:糇和粮都是干粮的意思,这里是同义词连用。 ⑤橐(tuó)囊:两种口袋。橐两端有底,旁边开口。囊则无底,物件盛于其中,捆扎两头。 ⑥思戢(jí)用光:思,想要。戢,和,安,这里指百姓安居乐业。用,因而。光,发扬光大,这里指国家威名远扬。 ⑦干戈戚扬:干、戈、戚、扬都是兵器。其中"干"一般释为盾牌,杨树达《积微居小学述林》释为一种顶部叉开的进攻性武器。　⑧爰(yuán)：句首语气词。　⑨行者有裹粮：有的注本从焦循《孟子正义》之说将这句改为"行者有裹囊"，我们不从。详见《考证》013。⑩"《诗》云"数句：见《大雅·绵》。译文采自程俊英《诗经译注》。⑪古公亶甫(dǎnfǔ)：即古公亶父，周文王的祖父。　⑫率西水浒：率，沿着。浒，水涯，指漆水沿岸。小说《水浒》之名，典出于此。⑬爰及姜女：爰，句首语气词，无实义。姜女，即太姜，太王之妃。⑭聿(yù)来胥(xū)宇：聿，语气助词。胥，省视，视察。宇，屋宇。⑮内无怨女，外无旷夫：古代女子居内，男子居外。　⑯何有："何难之有"的意思。

【考证013】居者有积仓行者有裹粮：

焦循《正义》云："阮氏元《校勘记》云：'宋本、孔本同。石经，闽、监、毛三本，韩本"囊"作"粮"。'按《盐铁论》：'公刘好货，居者有积，行者有囊。'与'裹囊'合。臧氏琳《经义杂记》云：'孟子以"积"与"裹"对，"仓"与"囊"对，谓积谷于仓，裹粮于囊也。《诗》云："乃积乃仓，乃裹糇粮，于橐于囊。"有三"乃"字，二"于"字；曰"糇"又曰"粮"，曰"橐"又曰"囊"，皆重文以助句。至孟子释《诗》，止"积仓""裹囊"四言也。俗本改"裹囊"为"裹粮"，则《诗》"于橐于囊"句似赘矣。旧疏释孟子之言云："故居者有谷积于仓，行者有粮裹于囊。"则北宋作疏时，尚作"行者有裹囊"。'"

《诗经·大雅·公刘》"迺裹糇粮，于橐于囊"郑《笺》："乃裹粮食于橐囊之中，弃其余而去。"

我们认为，焦循、臧琳所云未足采信，还是从石经、闽监毛三本、韩本作"裹粮"较为妥当。理由如下：

1. 除此例有争议外，"裹囊"作为一个短语，晚出于宋代，且只有3例，其中《容斋随笔》《鹤林玉露》2例是引用《孟子》原文。另一例为："胡只闻得一句，便归叫仆众数斗米，造饭裹囊，夜出候城门。"（《朱子语类·本朝一·高宗朝》）这例与宋本所出现的时期高度一致,恐非偶然。

王力先生曾指出旧时代的经生有一"远绍"的毛病,就是假定某一语言现象,在周秦两汉出现过一次,然后沉寂数百年再次出现,"这种神出鬼没的怪现状,语言史上是不会有的。"《孟子》该例如果是"裹囊",则是一千四五百年后才再次出现,难道不奇怪吗?

但"裹粮"却在典籍中绵延不绝,且最早见于《左传》,其余诸例也远较宋代为早:"裹粮坐甲,固敌是求,敌至不击,将何俟焉?"(《左传·文公十二年》)"螝与骥致千里而不飞,无裹粮之资而不饥。"(《文子·上德》)"人有滨河而居者,习于水,勇于泅,操舟鬻渡,利供百口。裹粮就学者成徒,而溺死者几半。"(《列子·说符》)"数百里中,裹粮潜进,方出平地,攻贼坚城。"(《宋书·刘勔传》)

2. 焦循《正义》主张为"裹囊"的理由有三:a.《盐铁论》:"公刘好货,居者有积,行者有囊。"与"裹囊"合。b. 旧疏释孟子之言云:"故居者有谷积于仓,行者有粮裹于囊。"c. 文气。

《盐铁论》之"公刘好货,居者有积,行者有囊"作为证据,尚嫌薄弱。因为《孟子》原文为"居者有积仓,行者有裹粮(囊)",《盐铁论》却进行了改写,一旦改写就不知伊于胡底了。试比较《三国志·魏书·辛毗传》:"连年战伐,而介胄生虮虱,加以旱蝗,饥馑并臻,国无囷仓,行无裹粮,天灾应于上,人事困于下,民无愚智,皆知土崩瓦解,此乃天亡尚之时也。""国无囷仓,行无裹粮"更可能直接出典于"居者有积仓,行者有裹粮"。

旧疏"故居者有谷积于仓,行者有粮裹于囊",更不能说明"北宋作疏时,尚作'行者有裹囊'"。因为旧疏第二句"行者有粮裹于囊",与其说它可证"行者有裹囊",不如说它可证"行者有裹粮",它作为证据对双方都是较为薄弱的。

至于臧琳《经义杂记》所谓"孟子以'积'与'裹'对;'仓'与'囊'对"云云,乃以骈文兴起后"务尚工整"的"排偶之文"范围古人——清末姚永概早已指陈其弊(参见《考证》096);且支离缴绕,何如说"居者有积仓,行者有裹粮"对应"乃积乃仓,乃裹糇粮"来得直截了当?

　　总之,焦循《正义》所列理由,均不坚强;而短语"裹粮"之绵延不绝,"裹囊"之晚出于宋代,更能证明"行者有裹粮"是较为可信的。

2.6 孟子谓齐宣王曰:"王之臣有托其妻子于其友而之楚游者①,比其反也②,则冻馁其妻子③,则如之何?"王曰:"弃之。"

　　曰:"士师不能治士④,则如之何?"王曰:"已之。"

　　曰:"四境之内不治⑤,则如之何?"王顾左右而言他⑥。

【译文】孟子对齐宣王说:"您有一个臣子把老婆孩子托付给朋友照顾,自己前往楚国了。等他回来的时候,他的老婆孩子却在挨饿受冻。这样的朋友,该拿他怎么办?"王说:"和他一刀两段。"

　　孟子说:"司法长官不能约束他的下级,该拿他怎么办?"王说:"撤他的职!"

　　孟子说:"整个国内不太平,那该怎么办?"齐王一边扭头东张西望,一边东拉西扯讲些不着边际的话。

【注释】①第二个"之":到……去。　②比(bì)其反也:比,及,至,等到。反,同"返"。　③馁(něi):饥饿。　④士师:古代的司法官。　⑤不治:治理得不好,不太平。参见《考证》049。　⑥顾左右而言他:往左看看,往右看看,说些别的话。他,其他的,别的。

2.7 孟子见齐宣王,曰:"所谓故国者,非谓有乔木之谓也①,有世臣之谓也。王无亲臣矣,昔者所进,今日不知其亡也②。"王曰:"吾何以识其不才而舍之?"

　　曰:"国君进贤,如不得已,将使卑逾尊,疏逾戚,可不慎与?左右皆曰贤,未可也;诸大夫皆曰贤,未可也;国人皆曰贤③,然后察之;见贤焉,然后用之。左右皆曰不可,勿听;诸大夫皆曰不可,勿听;国人皆曰不可,然后察之;见不可焉,然后去之④。左右皆曰可杀,勿听;诸大夫皆曰可杀,勿听;国人皆曰可杀,然后察之;见可杀焉,然后杀之。故曰,国人杀之也。如此,然后可以为民父母。"

【译文】孟子谒见齐宣王,说:"我们所说的'故国',并不是说那儿有高大的树木〔年头久了〕的意思,而是说那儿有世代功勋的老臣的意思。您现在没有亲信的臣子了,过去所进用的,今天都不知逃哪儿去了。"

王问:"我怎样去识别那些没用的人好放弃他呢?"

孟子答道:"国君选拔贤人,如不得已要起用新人,就不得不把卑贱者提拔到尊贵者之上,把疏远的人提拔到亲近者之上,这种事能不慎重吗?因此,周围亲近的人都说某人好,还不行;各位大夫都说某人好,还不行;国内的人都说某人好,然后考察他;发现他真的不错,然后起用他。周围亲近的人都说某人不可用,不要听信;各位大夫都说某人不可用,也不要听信;国内的人都说某人不可用,然后考察他;发现他真的不可用,再罢免他。周围亲近的人都说某人该杀,不要听信;各位大夫都说某人该杀,也不要听信;国内的人都说某人该杀,然后审查他;发现他真的该杀,再杀他。所以说,他是国内的人杀的。这样,才能做百姓的父母。"

【注释】①乔木:大树。乔,高。 ②亡:流亡,逃亡。 ③国人:以前注为"全国的人",不妥。沈玉成《左传译文》译为"国内的人",近之。《左传》《孟子》等书中,"国人"意义很宽泛,有时指许多人(《左传·闵公二年》"将战,国人受甲者皆曰:'使鹤,鹤实有禄位,余焉能战!'"),有时指一小部分有决策权的人(能"盟于大宫",能决定立、废国君)。从《左传·哀公元年》"(陈)怀公朝国人而问焉,曰'欲与楚者右,欲与吴者左'"看,"国人"人数不会太少,也不会太多,数百人左右,应该是有贵族身份的人。我以前没有注意这一点,是何莫邪先生反复叮嘱我,我才注意及之。何先生以《公孙丑下》"诸大夫国人皆有所矜式"大夫、国人并列等例,认为"国人"是"乡土领导"。经何先生提醒,我仿佛忆及晁福林先生说过,"国人"为国君同一宗族之人。姑从沈玉成先生之译,读者心知可也。　④去之:使之离去,也即开除他,罢免他。去,离开,这里是使动用法。2.11 的"去之"不是使动用法,是"离开那里"的意思。可参宋亚云《汉语作格动词的历史演变研究》(北京大学出版社 2014)。

2.8 齐宣王问曰:"汤放桀①,武王伐纣②,有诸?"孟子对曰:"于传有之。"曰:"臣弑其君③,可乎?"曰:"贼仁者谓之'贼',贼义者谓之'残'。残贼之人谓之'一夫'④。闻诛一夫纣矣⑤,未闻弑君也。"

【译文】齐宣王问道:"商汤放逐夏桀,周武王讨伐商纣王,有这回事吧?"孟子答道:"史书上有这样的记载。"宣王说:"做臣子的杀害他的君主,可以吗?"孟子说:"破坏仁爱的人叫作'贼',破坏道义的人叫作'残'。残贼俱全的人,叫作'一夫'。我只听说过武王诛杀了一夫殷纣,没有听说过他是以臣弑君的。"

【注释】①汤放桀:汤,商代开国君主。夏桀暴虐,汤兴兵讨伐他,把桀流放到南巢(今安徽巢湖)。　②武王伐纣:商纣王无道,周武王伐之。纣王兵败,自焚而死。　③弑:臣下无理地杀死君主,儿女杀死父母都叫作"弑"。　④一夫:"独夫"的意思。　⑤诛:合乎正义地杀掉罪犯叫作"诛"。

2.9 孟子见齐宣王,曰:"为巨室,则必使工师求大木①,工师得大木,则王喜,以为能胜其任也。匠人斲而小之②,则王怒,以为不胜其任矣③。夫人幼而学之,壮而欲行之,王曰:'姑舍女所学而从我。'则何如? 今有璞玉于此④,虽万镒⑤,必使玉人雕琢之。至于治国家,则曰:'姑舍女所学而从我。'则何以异于教玉人雕琢玉哉?"

【译文】孟子谒见齐宣王,说:"比如建筑一幢大屋,一定要派工师去寻找大树。工师物色到了大树,王就高兴,认为他能够尽职尽责。可是当木匠把木料加工成形的时候,王却生气了,认为他胜任不了他的工作。某人从小学习一门手艺,长大了便想要运用它。可是王却对他说:'暂时放下你所学的,照我说的干吧!'那会怎样呢?假如这里有一块没雕琢过的玉石,即使它非常值钱,也一定要请玉工来雕琢它。可是一到了治国理政,您却〔对政治家〕说:'暂时放下你所学的,照我说的干吧!'这跟您要教导玉工雕琢玉石,又有什么不同呢?"

【注释】①工师求大木:工师,古代官名,主管各种工匠。大木,大树。不能理解为大木料。详见《考证》014。 ②斲(zhuó):又作"斫""斵",砍削。 ③不胜其任矣:《老子·七十四章》:"夫代司杀者杀,是谓代大匠斲。夫代大匠斲者,希有不伤其手矣。"可见这一比方是当时就有的。 ④璞(pú)玉:玉之在石中者。 ⑤万镒(yì):表示极为贵重。二十两为一镒。

【考证014】大木:

《孟子译注》将这章的"大木"译为"大的木料",一些古汉语字典在列出"木"的"木材、木料"义时,也将本章"工师得大木"作为书证。我们不否定周秦时代语言中"木"有"木材、木料"义,但是,凡"大木"连言者,该"大木"均指大树:

"天大雷电以风,禾尽偃,大木斯拔,邦人大恐。"(《尚书·金縢》)"山林之畏隹,大木百围之窍穴,似鼻,似口,似耳,似枅,似圈,似臼,似洼者,似污者。"(《庄子·内篇·齐物论》)"南伯子綦游乎商之丘,见大木焉有异,结驷千乘,隐将芘其所藾。"(《内篇·人间世》)"风曰:'……夫折大木,蜚大屋者,唯我能也。'"(《外篇·秋水》)"庄子行于山中,见大木,枝叶盛茂,伐木者止其旁而不取也。"(《山木》)

"工师求大木"也与那时的历史事实吻合。当时木匠与今之木匠不同,其第一道工序,是到山林中物色大树。《庄子·人间世》:"匠石之齐,至乎曲辕,见栎社树。其大蔽数千牛,絜之百围,其高临山十仞而后有枝,其可以为舟者旁十数。观者如市,匠伯不顾,遂行不辍。弟子厌观之,走及匠石,曰:'自吾执斧斤以随夫子,未尝见材如此其美也。先生不肯视,行不辍,何邪?'曰:'已矣,勿言之矣! 散木也。以为舟则沉,以为棺椁则速腐,以为器则速毁,以为门户则液樠,以为柱则蠹。是不材之木也,无所可用,故能若是之寿。'"

金立鑫《语言类型学探索》(商务印书馆 2017,第 15 页)指出:"古汉语又是另一种概念分类,'树'称之为'木'(如:木秀于林,风必摧也),木头称之为'材'(如:'无所取材'〔论语〕'此木以不材成其天年'〔庄子〕)。木材下面分两个小类:'薪'和'柴'(大者可析谓之'薪',小者合束谓之'柴'),树林和森林都用'林'概而言之。"

2.10 齐人伐燕,胜之①。宣王问曰:"或谓寡人勿取,或谓寡人取之。以万乘之国伐万乘之国,五旬而举之,人力不至于此。不取,必有天殃②。取之,何如?"

孟子对曰:"取之而燕民悦,则取之——古之人有行之者,武王是也。取之而燕民不悦,则勿取——古之人有行之者,文王是也③。以万乘之国伐万乘之国,箪食壶浆以迎王师④,岂有他哉? 避水火也。如水益深,如火益热⑤,亦运而已矣⑥。"

【译文】齐国攻打燕国,战胜了它。齐宣王问道:"有些人劝我别兼并燕国,也有人劝我兼并它。〔我想,〕以一个万乘之国去讨伐另一个万乘之国,五十天便打下来了,光靠人力达不到这一目的〔,一定是天意如此〕。如果不去兼并,上天会〔认为我们违反了他的旨意而〕降下灾害来。兼并它,怎么样?"

孟子答道:"如果兼并它,燕国百姓高兴,就兼并它——古人有这样做的,周武王就是个例子。如果兼并它,燕国百姓不高兴,就不要兼并它——古人有这样做的,周文王就是个例子。以一个万乘之国去讨伐燕国这个万乘之国,燕国的百姓却用筐盛着饭食,用壶盛着酸汁来欢迎王的军队,难道会有别的意思吗？只不过想躲开那水深火热之苦罢了。假如反而是像水越深,像火越大,燕国百姓也会奔逃一空的。"

【注释】①齐人伐燕,胜之:事在齐宣王五年(前315),燕王哙把燕国让给他的相国子之,国人不服,将军市被、太子平攻子之;子之反攻,杀市被、太子平。齐宣王派匡章乘机攻打燕国。燕士卒不战,城门不闭,燕君哙死,齐速胜。 ②不取,必有天殃:类似文字常见于先秦古籍,应是当时流行的观念。 ③文王是也:《论语·泰伯》说周文王三分天下有其二,仍服事殷商。 ④箪(dān)食壶浆:箪,古代盛饭的竹筐。食,饭。浆,用米熬成的酸汁,古人用以代酒。 ⑤如水益深,如火益热:这两句的"如",是"好像……那样"的意思,不是"如果"的意思。详见《考证》015。 ⑥运:赵岐《注》:"则亦运行犇(奔)走而去矣。"

【考证015】如水益深如火益热:

　　这两句的"如",是"好像……那样"的意思,不是"如果"的意思(《孟子译注》译此两句为"如果他们的灾难更加深了")。

　　表示"好像……那样"的"如",其后所接是一主谓结构时,主谓之间常有一"之"字(也即通常所说的"取消句子的独立性",也即名词性单位的标记成分):"如川之流,绵绵翼翼。"(《诗经·大雅·常武》)"孟施舍之守气,又不如曾子之守约也。"(《孟子·公孙丑上》)"中心悦而诚服也,如七十子之服孔子也。"(同上)无"之"字者也较常见:"诛其君,吊其民,如时雨降。"(《滕文公下》)"为不顺于父母,如穷人无所归。"(《万章上》)

　　由此,我们可以总结这些句子的共同特征为"如＋主谓结构"。这一意义的"如",还常出现在有两个以上"如"的排比句中。如:"如月之恒,如日之升。如南山之寿,不骞不崩。"(《诗经·小雅·天保》)"如水益深,如火益热"就是如此。

　　若"如"表示"如果",则为"如＋(非主谓结构的)谓词性成分";而且,这种意义的"如"还位于假设复句的第一个分句,也可归纳为"(S)如……,(则)……。"(S,指主语)例如:"富而可求也,虽执鞭之士,吾亦为之。如不可求,从吾所好。"(《论语·述而》)"王如知此,则无望民之多于邻国也。"(《孟子·梁惠王上》)"如耻之,莫若师文王。"(《离娄上》)

指出这种"如"必须出现在假设复句中,是为了与另一种"如+(非主谓结构的)谓词性成分"相区别;后者表示对情况的模拟、揣测、估计,意为"好像""彷彿""似乎"。例如:"战战兢兢,如临深渊,如履薄冰。"(《诗经·小雅·小旻》)"祭如在,祭神如神在。子曰:'吾不与祭,如不祭。'"(《论语·八佾》)"从之者如归市。"(《孟子·梁惠王下》)"今之与杨、墨辩者,如追放豚。"(《尽心下》)

2.11 齐人伐燕,取之。诸侯将谋救燕。宣王曰:"诸侯多谋伐寡人者,何以待之?"

孟子对曰:"臣闻七十里为政于天下者,汤是也。未闻以千里畏人者也。《书》曰:'汤一征,自葛始①。'天下信之,东面而征,西夷怨;南面而征,北狄怨,曰:'奚为后我?'民望之,若大旱之望云霓也②。归市者不止,耕者不变,诛其君而吊其民③,若时雨降。民大悦。《书》曰:'徯我后④,后来其苏⑤。'

"今燕虐其民,王往而征之,民以为将拯己于水火之中也,箪食壶浆以迎王师。若杀其父兄,系累其子弟⑥,毁其宗庙,迁其重器⑦,如之何其可也?天下固畏齐之强也,今又倍地而不行仁政,是动天下之兵也。王速出令,反其旄倪⑧,止其重器,谋于燕众,置君而后去之,则犹可及止也。"

【译文】齐国讨伐燕国,占领了它。别的国家在谋划救助燕国。宣王问道:"许多国家正在谋划要讨伐我,要怎样对待呢?"

孟子答道:"我听说过,凭着方圆七十里土地最终号令天下的,商汤就是,还没听说过拥有方圆一千里土地而害怕别国的。《书经》说过:'商汤首次出征,是从葛国开始的。'天下人都相信他,因此,往东出征,西夷埋怨;往南出征,北狄埋怨。都说:'为什么把我们排到后边呢?'人们盼望他,就好像久旱以后盼望乌云和虹霓似的。〔汤征伐时,〕做买卖的依然熙来攘往,种庄稼的照样埋头耕耘,因为他们知道这军队是来诛杀那暴虐的国君是来抚慰那被残害的百姓的。真像下了场及时雨呀,百姓们高兴极了。《书经》又说:'盼望我的主上,他来了,我们才重获新生!'

"如今燕国的君主虐待百姓,王去征伐他,那里的百姓认为您是要把他们从水深火热中拯救出来,因此都用筐提着饭食、用壶盛着酸汤来欢迎王的军队。如果您却杀掉他们的父兄,掳掠他们的子弟,毁坏他们的宗庙祠堂,搬走他们的传世宝器,那又怎么能行呢?天下各国本来就害怕齐国的强大,如今它的土地又扩大了一倍,而且还暴虐无道,这等于引发各国兴兵动武。您赶快发布命令,遣送回俘虏中的老幼者,停止搬运燕国的宝器,再与燕国人士商量,择立一位君主,然后撤离那儿。这样做了,要让各国停止兴兵,还是来得及的。"

【注释】①汤一征,自葛始:《滕文公下》引作"汤始征,自葛载"。载,也是'始'的意思。　②霓:虹。雨后虹霓始现,是望虹霓犹望雨至也。　③吊:抚恤、慰问。　④徯(xī)我后:徯,等待。后,君主。　⑤苏:苏醒,复活。　⑥系累:束缚、捆绑。　⑦重器:宝器,鼎彝。　⑧旄倪(mào ní):旄,通"耄",八九十岁的老人。倪,与"儿"义同,小孩。

2.12 邹与鲁哄①。穆公问曰②:"吾有司死者三十三人③,而民莫之死也④。诛之,则不可胜诛;不诛,则疾视其长上之死而不救⑤,如之何则可也?"

孟子对曰:"凶年饥岁,君之民老弱转乎沟壑⑥,壮者散而之四方者,几千人矣⑦;而君之仓廪实⑧,府库充,有司莫以告⑨，是上慢而残下也⑩。曾子曰⑪：'戒之戒之⑫！出乎尔者，反乎尔者也。'夫民今而后得反之也⑬。君无尤焉⑭！君行仁政，斯民亲其上，死其长矣。"

【译文】邹国和鲁国发生了争斗。邹穆公问孟子说："我的官员死难了三十三人，老百姓却没有一人为这事儿而死的。责罚他们吧，又法不责众；不责罚吧，又憎恨他们瞪着两眼看着长官被杀却不去救。该怎么办才好呢？"

孟子答道："灾荒年岁，您的百姓，年老的死在沟壑中，年轻力壮的四处逃难，这样的几乎有一千人了。而您的谷仓里堆满了粮食，库房里装满了财宝。这种情形，您的官员们谁也不来报告，这就是在上位的人对百姓漠然视之，甚至还残害他们。曾子说过：'当心哪当心！你做了什么，报应随时会上身！'那百姓今儿个可逮着报复的机会了。您不要责备他们吧！您如果实行仁政，您的百姓自然就会爱护他们的上级，情愿为他们的长官牺牲了。"

【注释】①哄(hòng)：争斗。 ②穆公：当是邹穆公。孟子是邹人，所以穆公问他。 ③有司：有关部门。 ④莫之死：可理解为"莫死之"。意为"没有人为他们牺牲"。因为这是个否定句，所以作宾语的代词，要放置在谓语动词前边。汉代以后，以前在前边的代词就逐渐在后面了。 ⑤疾视其长上之死而不救："疾"是主要动词，痛恨的意思。其他都是"疾"的宾语。 ⑥转乎沟壑：转于沟壑，转死于沟壑。参见《考证》054。 ⑦几：近，几乎。 ⑧仓廪(lǐn)：粮仓。"仓"和"廪"都是粮仓。 ⑨有司莫以告：有司莫以之告，有关部门没有谁把以上情况告诉(给您)。介词"以"的宾语经常省略，这里省略的宾语"之"指"凶年饥岁，君之民老弱转乎沟壑，壮者散而之四方者，几千人矣。而君之仓廪实，府库充"等情形。 ⑩是上慢而残下也：这是在上者怠慢于政事使得下民遭到残害。《周易·系辞上》："上慢下暴，盗思伐之矣。"是，此。慢，骄慢，怠慢，轻慢。残，残害。 ⑪曾子：孔子弟子曾参。　⑫戒之戒之：警惕呀警惕，当心哪当心。祈使句的"戒之"都是警惕戒备的意思。《左传·成公十六年》："君幼，诸臣不佞，何以及此？君其戒之！"重叠形式正可表达祈使语气，《诗经·周颂·敬之》："敬之敬之，天维显思，命不易哉！"　⑬今而后：今天，现在，从今往后。　⑭君无尤焉：无，同毋，不要。尤，责备，怪罪。详见《考证》016。

【考证016】君无尤焉：

　　杨伯峻先生注云："尤，动词，责备，归罪之意。"他在此句后标以惊叹号，译为："您不要责备他们吧！"如此，则此句"无"通"毋"。但中华书局焦循《孟子正义》沈文倬先生点校本此句作："君无尤焉？"——标为问号。然则，此句当译为"您难道没有过错吗？""无"意为"没有"。

　　我们以为杨译得之，因为句末语气词"焉"并不表疑问语气。诚然，有些句末为"焉"的句子是疑问句，但该句的疑问语气是句中的"何""奚"等疑问代词来表达的，与"焉"恐怕无涉。例如："王若隐其无罪而就死地，则牛羊何择焉？"（《孟子·梁惠王上》）"于禽兽又何难焉？"（《离娄下》）"万钟于我何加焉？"（《告子上》）"孔子奚取焉？取非其招不往也。"（《滕文公下》，又《万章下》）"有庳之人奚罪焉？"（《万章上》）

　　也有例外："善郑以劝来者，犹惧不蔇，况不礼焉？"（《左传·隐公六年》）这句是用"况"来表反问。这一条件，"君无尤焉"并不具备。

2.13 滕文公问曰①："滕，小国也，间于齐、楚②。事齐乎？事楚乎？"

　　孟子对曰："是谋非吾所能及也。无已，则有一焉：凿斯池也③，筑斯城也④，与民守之。效死而民弗去⑤，则是可为也⑥。"

【译文】滕文公问道："滕国是一个弱小的国家，夹在齐、楚两大国中间。是服事齐国呢，还是服事楚国呢？"

孟子答道:"这个问题不是我的能力所能回答的。如您定要我说,就只有一个主意:把护城河挖深,把城墙筑牢,与百姓一道来保卫它。如果百姓宁愿死,也不离去,这样,还是可以试一试的。"

【注释】①滕文公:滕,周朝一小国,故城在今山东滕州市区西南。 ②间(jiàn)于齐、楚:夹在齐国、楚国中间。 ③池:护城河。 ④城:城墙;"长城"的"城"就是"城墙"的意思。 ⑤效:献。 ⑥则是可为也:是,代词。可为,还可以有所作为,还可以试一试。

2.14 滕文公问曰:"齐人将筑薛①,吾甚恐,如之何则可?"

孟子对曰:"昔者大王居邠②,狄人侵之③,去之岐山之下居焉④。非择而取之,不得已也。苟为善,后世子孙必有王者矣。君子创业垂统⑤,为可继也。若夫成功,则天也。君如彼何哉?强为善而已矣。"

【译文】滕文公问道:"齐国人准备修筑薛邑的城郭,我很害怕,怎么办才好呢?"

孟子答道:"从前太王住在邠地,狄人来侵犯,他便搬迁到岐山下定居。他并不是主动选取了这个地方,完全是出于不得已。要是一个君主能实行仁政,后代子孙一定会有成为帝王的。有德君子创立功业,并将其传统流传下去,正是为了能让后世有所继承。至于成不成功,自有天命。您奈何得了齐人吗?只有努力实行仁政罢了。"

【注释】①薛:周初一小国,姓任,故城在今山东滕州市区东南,后为齐所灭,以之封田婴。 ②邠(bīn):同"豳",在今陕西旬邑县城西。 ③狄:即獯鬻(xūnyù),参见2.3-1注③。 ④岐山:即今陕西岐山县城凤鸣镇东北六十里之箭括山。 ⑤垂统:将传统流传下去。垂,流传后代。统,(政治文化等方面的)一脉相传的系统。

2.15 滕文公问曰:"滕,小国也;竭力以事大国,则不得免焉①,

如之何则可?"

孟子对曰:"昔者大王居邠,狄人侵之。事之以皮币②,不得免焉;事之以犬马,不得免焉;事之以珠玉,不得免焉。乃属其耆老而告之曰③:'狄人之所欲者,吾土地也。吾闻之也:"君子不以其所以养人者害人④。"二三子何患乎无君?我将去之⑤。'去邠,逾梁山⑥,邑于岐山之下居焉⑦。邠人曰:'仁人也,不可失也。'从之者如归市⑧。

"或曰:'世守也,非身之所能为也⑨。效死勿去。'君请择于斯二者。"

【译文】滕文公问道:"滕是个小国,尽心竭力服事大国,仍然难免于祸害,怎么办才好呢?"

孟子答道:"从前太王住在邠地,狄人来侵犯他。用皮裘和布帛去讨好,不能幸免;用好狗名马去讨好,不能幸免;用珍珠宝玉去讨好,仍然不能幸免。太王便召集邠地德高望重的老年人,向他们宣布:'狄人所要的,乃是我们的土地。我听说过这个:有德行的人不让本来用以养人的东西成为祸害。你们何必害怕没有君主呢?我得离开了。'于是离开邠地,翻过梁山,在岐山之下重新盖了个庄子住了下来。邠地的老百姓说:'仁德之人哪,我们不能失去他。'追随而去的人像赶集似的络绎不绝。

"也有人说:'土地是祖宗传下世世代代必须守住的基业,不是我本人能擅自把它丢弃的,毋宁死,不离开。'以上两条道路,您可以从中选择。"

【注释】①免:幸免。 ②皮币:皮,裘皮衣。币,缯帛。 ③属(zhǔ)其耆(qí)老:属,集合,汇合。耆老,一地之年长者。 ④君子不以其所以养人者害人:这是当时习语,类似的话又见《庄子·杂篇·让王》《吕氏春秋·开春论》《淮南子·道应训》。 ⑤去之:离开我们的土地。去,离开。 ⑥梁山:在今陕西乾县县城西北五里。由邠至岐,梁山是必经之地。　⑦邑:这里活用为建筑村落、城邑。　⑧归市:归,归向,趋向。市,集市。　⑨身:本身,本人。

2.16-1 鲁平公将出①,嬖人臧仓请曰②:"他日君出,则必命有司所之③。今乘舆已驾矣④,有司未知所之,敢请⑤。"

公曰:"将见孟子。"曰:"何哉,君所为轻身以先于匹夫者⑥?以为贤乎?礼义由贤者出;而孟子之后丧逾前丧⑦。君无见焉!"公曰:"诺。"

乐正子入见⑧,曰:"君奚为不见孟轲也?"曰:"或告寡人曰:'孟子之后丧逾前丧。'是以不往见也。"

【译文】鲁平公准备外出,他所宠幸的小臣臧仓来请示说:"平日您外出,一定要告诉管事的人您到哪儿去。现在车马都预备好了,管事的人还不知道您要去的地方,因此我才冒昧来请示。"

平公说:"我要去拜访孟子。"臧仓说:"您纡尊降贵先去拜访一介平民,是为了什么呢?您以为他是贤德之人吗?礼义都是以贤者为标杆的,而孟子办他母亲丧事的规格超过他从前办父亲丧事的规格,[这是贤德之人所应有的行为吗?]您不要去看他!"平公说:"好吧。"

乐正子入宫见平公,问道:"您为什么不去看孟轲呀?"平公说:"有人告诉我,'孟子办他母亲丧事的规格超过他以前办父亲丧事的规格。'所以不去看他了。"

【注释】①鲁平公:景公之子,名叔。　②嬖人:被宠幸的人。有时指姬妾,此处则指亲信的小臣。　③命:上对下的命令式的告知。　④乘舆:天子及诸侯的车马。乘,旧读 shèng。　⑤敢:谦敬副词,无实义。　⑥何哉,君所为轻身以先于匹夫者:倒装句,下文之"何哉,君所谓逾者"类似。不倒装,则为:"君所为轻身以先于匹夫者何哉?"　⑦后丧逾前丧:后丧指其母丧,前丧指其父丧。　⑧乐(yuè)正子:孟子的学生,姓乐正,名克。就是孟子在《尽心下》二十五章所说的

"善人""信人"。

2.16-2 曰:"何哉,君所谓'逾'者? 前以士,后以大夫;前以三鼎,而后以五鼎与①?"曰:"否;谓棺椁衣衾之美也②。"曰:"非所谓逾也,贫富不同也。"

乐正子见孟子,曰:"克告于君,君为来见也③。嬖人有臧仓者沮君④,君是以不果来也⑤。"曰:"行,或使之;止,或尼之⑥。行止,非人所能也。吾之不遇鲁侯,天也。臧氏之子焉能使予不遇哉?"

【译文】乐正子说:"是什么意思呢,您所说的'超过'? 是指父丧用士礼,母丧用大夫礼吗? 是指父丧用三只鼎摆放祭品,而母丧用五只鼎摆放祭品吗?"平公说:"不,我指的是棺椁衣衾的精美。"乐正子说:"那便不能叫'超过',只是前后贫富不同罢了。"

乐正子去见孟子,说:"我跟鲁君说了您的事,鲁君为此要来看您,可是有一个受宠的小臣名叫臧仓的阻止了他,所以他没有来成。"孟子说:"某人要干件事情,会有种力量在推动他;要想不干,也有种力量在阻止他。干与不干,不是单凭人力所能做到的。我和鲁君之不能遇合,是由于天命。臧家那小子,怎能阻止我见不到鲁君呢?"

【注释】①三鼎,五鼎:鼎是古代的一种器皿,祭祀时用以盛祭品者。祭礼,天子九鼎,诸侯七,卿大夫五,元士三。三鼎五鼎体现了士礼和卿大夫礼的差别。 ②棺椁(guǒ)衣衾:内棺曰棺,外棺曰椁(古代士以上的人常用两层以上的棺木)。衣衾,死者装殓的衣被。 ③为(wèi):这一"为"后面的宾语省略了。详见《考证》017。 ④沮:一本作"阻",阻止。 ⑤不果来:没有来成。 ⑥尼(nì):即今之所谓"扯后腿"。

【考证017】君为来见也:

王引之《经传释词》说:"为,犹'将'也。《孟子·梁惠王篇》曰:'克告于君,君为来见也。'赵《注》曰:'君将欲来。'是也。《史记·卢绾传》曰:'卢绾妻子亡降汉,会高后病,不能见。舍燕邸,为欲置酒见之。高后竟崩,不得见。'言高后将欲置酒见之,会高后崩,不得见也。《卫将军骠骑传》曰:'骠骑始为出定襄,当单于,捕虏,虏言单于东,乃更令骠骑出代郡。'言始将出定襄,后更出代郡也。"杨伯峻《孟子译注》注"君为来见也":"为,去声,将也。"盖本于此。

上古汉语,介词"以""与"及使令动词"使",当宾语所指的事物在前文出现过时,其宾语常不出现。

介词"为"也是如此。例如:"王曰:'礼,为旧君有服,何如斯可为服矣?'曰:'谏行言听,膏泽下于民……如此,则为之服矣。'"(《孟子·离娄下》)"可为动者为之动,可为谋者为之谋。"(《国语·齐语》)"禹之时十年九潦,而水弗为加益;汤之时八年七旱,而崖不为加损。"(《庄子·外篇·秋水》)

王引之所举"为,犹'将'也"的3例,"为"都是介词,都省略了宾语。"君为来见也","为"后省略的"之",指"克告于君"这事。"为欲置酒见之","为"后省略的"之",指"卢绾妻子亡降汉"。"骠骑始为出定襄","为"后省略的"之",指前文的"上令大将军青、骠骑将军去病将各五万骑,步兵转者踵军数十万,而敢力战深入之士皆属骠骑"。其共同特点,是"为"后省略的"之",指代的是一至几个句子。

但是,第一,介词"为"宾语的省略,其出现频率,与介词"以""与"及使令动词"使"相比,并不是很高,尤其在先秦时期。例如,《论语》中未见一例这种省略。第二,"君为来见也"这类句子中"之"所指代的,比较特殊——不是指某人,而是指某事;这"某事"一般是一个或几个句子。这类句子的误读,大约与此两点有关。

"为之 VP"(VP ,verb phrase 的缩写,动词性词语)的"之"指事而由一个或几个句子充当者,并不罕见:"冬,京师来告饥。公为之请籴于宋、卫、齐、郑。"(《左传·隐公六年》)公为"京师来告饥"事请籴于宋、卫、齐、郑也。"楚人灭江,秦伯为之降服、出次、不举、过数。"(《文公四年》)秦伯为楚人灭江事而降服、出次、不举、过数也。"反自召陵,郑子大叔未至而卒。晋赵简子为之临,甚哀。"(《定公四年》)赵简子为郑子大叔未至而卒临丧哀哭且甚悲哀也。"每至于族,吾见其难为,怵然为戒,视为止,行为迟,动刀甚微,謋然已解,如土委地。提刀而立,为之四顾,为之踌躇满志,善刀而藏之。"(《庄子·养生主》)为之四顾,为之踌躇满志者,即为"动刀甚微,謋然已解,如土委地"而四顾,而踌躇满志也。

因此,把《经传释词》所举《孟子》《史记》等3例"为VP"句解为"为eVP"(e指未出现的"之")格式句,e指代前文一至几个句子,这比解"为"为没有来由的"将",其解释力无疑要强得多。

11.9"使弈秋诲二人弈,其一人专心致志,惟弈秋之为听",末句可变换为"为听弈秋",指为"弈秋诲二人弈"这事而专听弈秋之教诲。

郭锡良先生在《汉语第三人称代词的起源和发展》(《汉语史论集》增补本,第3页)一文中指出,先秦不少用作宾语的"之",只能理解为指示代词,如"姜氏欲之,焉辟害";"否则上古有许多用作宾语的'之'不好理解",如"战于长勺,公将鼓之""齐师败绩,公将驰之"。

郭先生说:"'鼓之'是'击鼓进攻齐军',还是'击鼓激励将士'呢?也就是说'之'是称代'齐军',还是称代'鲁军的将士'呢?莫衷一是。其实'之'就是指示'发动进攻'这件事。……'驰之'不是'赶着兵车',而是'赶着兵车追击齐军','之'是指示'追击齐军'这件事。"

我们这篇《考证》中的"之",由于同时受主语、介宾结构的介词以及谓语的限定,它所指代的,较之"公将鼓之""公将驰之"中的"之"所指代的,明确一些;可以用以证明郭先生的观点。

公孙丑章句上

凡九章

3.1-1 公孙丑问曰①:"夫子当路于齐②,管仲、晏子之功③,可复许乎④?"

孟子曰:"子诚齐人也,知管仲、晏子而已矣。或问乎曾西曰⑤:'吾子与子路孰贤⑥?'曾西蹴然曰⑦:'吾先子之所畏也⑧。'曰:'然则吾子与管仲孰贤?'曾西艴然不悦⑨,曰:'尔何曾比予于管仲⑩?管仲得君如彼其专也,行乎国政如彼其久也,功烈如彼其卑也⑪;尔何曾比予于是?'"

曰⑫:"管仲,曾西之所不为也,而子为我愿之乎⑬?"

【译文】公孙丑问道:"您如果在齐国当权,管仲、晏子的功业,您会期许它再现吗?"

孟子说:"你真是个齐国人,仅仅知道管仲、晏子而已。曾经有人问曾西:'您和子路相比,谁强些?'曾西不安地说:'他是先父所敬畏的人。'那人又问:'那么,您和管仲相比,谁强些?'曾西马上变了脸色,不高兴地说:'你为什么竟把我和管仲相比?管仲得到君上的信赖是那样地专一,操持国家的大政是那样地长久,而功绩却那样地卑微。你为什么竟把我和他相比?'"

停了一会儿,孟子又说:"管仲,曾西都不愿做他这样的人,你以为我愿意吗?"

【注释】①公孙丑:孟子弟子。 ②当路:当权,当政。 ③管仲、晏子:管仲,齐桓公之相。晏子即晏婴,齐景公之相。二人都以贤能闻名。 ④可复许乎:能够期许它再现吗?复,再次。许,期许。 ⑤曾西:曾申,字子西,鲁人,曾参次子。 ⑥吾子与子路孰贤:吾子,对对方表亲密的称谓词。子路,孔子弟子,即仲由。 ⑦蹵(cù)然:不安貌。蹵,即"蹴"字。 ⑧先子:古人用以称其已逝世的长辈。此处指曾参(孔子弟子,与子路为同学,年辈晚于子路)。 ⑨艴(bó)然:就是"勃然",愤怒貌。 ⑩曾(zēng):竟然。 ⑪管仲得君……如彼其卑也:我们在《论语新注新译》13.15对"言不可以若是其几也"的《考证》中说:"'若是其'为当时习语,其后通常接形容词(以单音节形容词为常见),表示'如此……''像这样地……'。"并说:"与'若是其'类似的,还有'如是其''若此其''如此其''如彼其'",并举了《孟子》中的几处例子,包括本例。当然,"如彼其"当译为"像那样地……"。参见《考证》138。 ⑫曰:仍是孟子所说,重复"曰"字,表示孟子说话有停顿。 ⑬为:以为。

【考证018】管仲晏子之功可复许乎:

赵岐《注》:"许,犹'兴'也。"朱熹《集注》:"许,犹'期'也。"我们以为朱熹之说近之,赵岐之说缺乏文例的支撑。

当时文献中,"许"的"许可""许诺""答应""允许""期许"义是最常见的,《左传》中,"许之"出现99次,"不许"出现39次,"弗许"出现20次,共158次。其中的"许"都是上述意义,如:"(荀息)曰:'……敢请假道以请罪于虢。'虞公许之。"(《僖公二年》)"楚子厚赂之,使反其言,不许,三而许之。"(《宣公十五年》)"(武姜)爱共叔段,欲立之。亟请于武公,公弗许。"(《隐公元年》)

"可复许乎"的"许"应该也是上述意义。以下两例书证其实与"可复许乎"类似,可证前者的"许"也是这种意义:"明足以察秋毫之末,而不见舆薪。则王许之乎?"(《梁惠王上》)"公曰:'削人之居,残人之墓,凌人之丧而禁其葬,是于生者无施,于死者无礼也。诗云:"谷则异室,死则同穴。"吾敢不许乎?'"(《晏子春秋·内篇谏下》)但是,"可复许乎"的"许"之前既无否定副词,何以也不带宾语呢(参见《论语新注新译》17.15《考证》〔二〕)?因为受"可"修饰的动词一般是不带宾语的:"左右皆曰可杀,勿听;诸大夫皆曰可杀,勿听;国人皆曰可杀,然后察之。见可杀焉,然后杀之。故曰国人杀之也。"(《梁惠王下》)

3.1-2 曰:"管仲以其君霸,晏子以其君显①。管仲、晏子犹不足为与?"曰:"以齐王②,由反手也。"

曰:"若是,则弟子之惑滋甚③。且以文王之德④,百年而后崩,犹未洽于天下⑤;武王、周公继之⑥,然后大行。今言王若易然⑦,则文王不足法与?"

曰:"文王何可当也?由汤至于武丁,贤圣之君六七作⑧,天下归殷久矣,久则难变也。武丁朝诸侯,有天下,犹运之掌也。纣之去武丁未久也⑨,其故家遗俗,流风善政,犹有存者;又有微子、微仲、王子比干、箕子、胶鬲——皆贤人也⑩——相与辅相之⑪,故久而后失之也。"

【译文】公孙丑说:"管仲凭借桓公而令齐国称霸天下;晏子凭借景公而让自己名扬诸侯。管仲、晏子难道还不值得学习吗?"孟子说:"以齐国来统一天下,易如反掌。"

公孙丑说:"像您这样说,我的疑惑便更深了。何况像文王那样的德行,活了百年才崩殂,他推行的德政,还没有沾溉于天下;武王、周公继承了他的事业,然后才大大地推行了王道〔,统一了天下〕。现在你把统一天下说得那么容易,那么,文王也不值得效法了吗?"

孟子说:"文王谁又能比得上呢?从汤而到武丁,贤明之君兴起多达六七次,天下的人归服殷朝已经很久了,时间一久便很难转变。武丁使诸侯来朝并治理这天下,就好像在手掌中运转它一样。纣王的年代距武丁时并不太久,当时的世家耆老、善良习俗、先王遗风、仁惠政教还有幸存的,又有微子、微仲、王子比干、箕子、胶鬲——都是贤德的人——共同辅佐他,所以历久经年才亡国。"

【注释】①以：凭借。　②以齐王："以齐王王（wàng）"之省——据前文"管仲以其君霸，晏子以其君显"可知。赵岐《注》："孟子言以齐国之大而行王道，其易若反手耳。"　③滋甚：更厉害。滋，愈加，更加。④且：况且。　⑤洽：沾润、沾溉。　⑥周公：姓姬，名旦，武王之弟。助武王伐纣，一统天下。后又辅助成王安定天下。他是鲁国的始祖。⑦王若易然：统一天下这样容易似的。若，如此，这样。然，……的样子，……似的。　⑧作：兴起。　⑨纣之去武丁未久也：由武丁至纣，共九王，但时间并不长。　⑩皆贤人也：这属于杨树达《古书疑义举例续补》中所谓"文中自注例"。又如："阳货欲见孔子而恶无礼——大夫有赐于士，不得受于其家，则往拜其门——阳货瞰孔子之亡也，而馈孔子蒸豚。"（《滕文公下》）"水逆行谓之'洚水'——'洚水'者，洪水也——仁人之所恶也。"（《告子下》）　⑪又有……相与辅相（xiàng）之：微子名启，纣的庶兄。微仲，微子之弟，名衍。王子比干，纣的叔父，屡次向纣进谏，纣说："吾闻圣人心有七窍。"于是剖之以观。箕（jī）子，也是纣的叔父，比干被杀，箕子装疯为奴，又被囚。武王灭商后，他被释放。胶鬲（gé），纣王之臣。相与，共同。辅相，辅佐。

3.1-3 "尺地，莫非其有也①；一民，莫非其臣也；然而文王犹方百里起，是以难也。齐人有言曰：'虽有智慧，不如乘势；虽有镃基，不如待时②。'今时则易然也：夏后、殷、周之盛③，地未有过千里者也，而齐有其地矣；鸡鸣狗吠相闻，而达乎四境，而齐有其民矣。地不改辟矣，民不改聚矣④，行仁政而王，莫之能御也。

【译文】"当时，没有哪一尺土地不是纣王所拥有，没有哪一个百姓不是纣王的臣仆，即便这样，文王还能凭着方圆一百里的土地而兴旺发达，所以这是非常困难的。齐国有句俗话：'即使很聪明，还须趁势而起;即使有锄头,还得等待农时。'当今之世要推行王政,就容易了:即便在夏、商、周最兴旺发达的时候,也没有哪个国家的土地超过方圆一千里的,现在齐国有这么辽阔的国土了;鸡鸣狗叫的声音,此起彼伏,处处相闻,一直传到四方边境,齐国有这样稠密的人口了。国土不必再开拓了,百姓也不必再增加了,只要实行仁政来统一天下,就没谁能够阻挡得了。

【注释】①尺地,莫非其有也:即使一尺的土地,也没有哪一块不是他(商纣王)所拥有的。 ②虽有镃(zī)基,不如待时:镃基,锄头。时,农时。 ③夏后:夏代的君主。后,君主。 ④改辟,改聚:改,更,再。辟,开辟。聚,人会合,人众多。

3.1—4"且王者之不作,未有疏于此时者也;民之憔悴于虐政,未有甚于此时者也。饥者易为食,渴者易为饮①。孔子曰:'德之流行,速于置邮而传命②。'当今之时,万乘之国行仁政,民之悦之,犹解倒悬也。故事半古之人,功必倍之,惟此时为然。"

【译文】"而且一统天下的贤明君主的不兴起,从来没有像如今这样间隔久长;老百姓被暴虐的政治所摧残所折磨,也从来没有像如今这样变本加厉。肚子饥饿的人容易为他置办食品,口干舌燥的人容易为他置办饮料。孔子说过:'德政的流行,比设置驿站传达政令还要快。'如今这个时代,拥有万辆兵车的大国实行仁政,老百姓欢迎它,就如同倒挂着的人被解救了一般。所以,用古人一半的事功,必将完成两倍于他们的伟业,这也只有现如今才做得到。"

【注释】①为食,为饮:置办吃的,置办喝的。为,做,置办。 ②置邮而传命:设置驿站来传达政令。详见《考证》019。

【考证019】置邮而传命:

　　赵岐《注》:"德之流行,疾于置邮传书命也。"注文与原文无大差别。朱熹《集注》:"置,驿也;邮,驲(rì)也;所以传命也。"焦循《正义》更广征博引,证明"马递曰置,步递曰邮"。因而杨伯峻《译注》总结说:"'置'和'邮'都是名词,相当于后代的驿站传递,因之古代的驿站也叫'置'或者'邮'。'命',国家的政令。"我们遍查《左传》《国语》《逸周书》《论语》《孟子》《荀子》《韩非子》等书,除此一例外,未见其他"置"为驿站的书证;而仅此一例,也是迟至《广雅》才有此说;盖后起义也。

《史记·曹相国世家》:"取砀、狐父、祁善置。"裴骃《集解》引孙检曰:"汉谓'驿'曰'置'。"《后汉书·郭太列传》:"知范特祖邮置之役。"李贤注引《风俗通》曰:"汉改邮为置,'置'者,度其远近之间置之也。"

《汉书·刘屈氂传》:"丞相、长史乘疾置以闻。"《冯奉世传》:"燔烧置亭。"《文帝纪》:"余皆以给传置。"颜师古分别注之:"谓所置驿也""谓置驿之所也""置传驿之所,因名'置'也"。颜师古清楚无误地表明了,《后汉书》虽有"邮置之役"连文似乎与《孟子》"置邮而传命"类似,但"置"为传命机构,是汉代以后才有的。

先秦文献中,"置"为"设置"义者多见,"置邮"当为谓宾结构,"置邮而传命"也即所谓"以邮传命"。《吕氏春秋·离俗览》:"故曰德之速,疾乎以邮传命。""置"为"设置"义书证极多:"王速出令,反其旄倪,止其重器,谋于燕众,置君而后去之,则犹可及止也。"(《孟子·梁惠王上》)"故天子建国,诸侯立家,卿置侧室。"(《左传·桓公二年》)"于是秦始征晋河东,置官司焉。"(《僖公十五年》)"天之所置,其可废乎?"(《僖公二十八年》)

"而"的功能是连接两个谓词性成分。如"置邮"是谓宾结构,则"而"在此文从字顺;如"置邮"为同义短语,就必须用名词活用才能解释了。

3.2-1 公孙丑问曰:"夫子加齐之卿相①,得行道焉,虽由此霸王②,不异矣③。如此,则动心否乎?"孟子曰:"否;我四十不曰："若是，则夫子过孟贲远矣④。"曰："是不难，告子先我不动心⑤。"

【译文】公孙丑问道："老师若被任命为齐国的卿相，能够实现自己的主张，即使从此而成就霸业、王业，也是不足为奇的。果然能这样，您是不是〔有所惶恐〕而心有所动呢？"孟子说："不，我四十岁以后就不再心有所动了。"

公孙丑说："像这样看来，老师比孟贲强多了。"孟子说："这个不难，告子能做到不心有所动比我还早呢。"

【注释】①加：加官。　②霸王(wàng)：成就霸业王业。　③异：以为奇异。　④孟贲：古代勇士，卫国人，另一说为齐国人。　⑤告子：墨子的弟子，较孟子年长三四十岁。

3.2-2 曰："不动心有道乎？"

曰："有。北宫黝之养勇也①：不肤挠②，不目逃；思以一豪挫于人③，若挞之于市朝④；不受于褐宽博⑤，亦不受于万乘之君；视刺万乘之君若刺褐夫；无严诸侯⑥，恶声至，必反之。孟施舍之所养勇也⑦，曰：'视不胜犹胜也；量敌而后进，虑胜而后会⑧，是畏三军者也。舍岂能为必胜哉？能无惧而已矣。'孟施舍似曾子，北宫黝似子夏⑨。夫二子之勇，未知其孰贤，然而孟施舍守约也⑩。昔者曾子谓子襄曰⑪：'子好勇乎？吾尝闻大勇于夫子矣⑫：自反而不缩⑬，虽褐宽博，吾不惴焉⑭；自反而缩，虽千万人，吾往矣。'孟施舍之守气，又不如曾子之守约也。"

【译文】公孙丑说："不动心有方法吗？"

孟子说："有。北宫黝培养勇气，肌肤被刺不后退，眼睛被刺也不眨。想着输给对手一毫毛,也像在大庭广众中遭鞭挞。既不能忍受卑贱之人的侮辱,也不能忍受大国君主的侮辱;他看待刺杀大国君主如同刺杀卑贱之人一样;对各国的君主毫不敬畏,挨了骂,一定回敬。孟施舍培养勇气的方法〔又有所不同〕,他说:'我看待不能战胜的敌人,跟看待足以战胜的敌人一样〔无所畏惧〕。如果先估量敌人的力量才进攻,先考虑胜败才交锋,是害怕强敌大军的人。我岂能做到遇敌必胜呢?能做到无所畏惧罢了。'——孟施舍像曾子,北宫黝像子夏。这两个人的勇气,我不知道谁更胜一筹;即便如此,孟施舍所奉行的主张却是简易可行的。从前曾子对子襄说:'你喜欢勇敢吗?我曾经从我的先生那里听到过什么叫"大勇":反躬自问,自己不占理,对方即便是最下贱的人,我不去恐吓他;反躬自问,自己占了理,即便有千军万马,我也勇往直前。'孟施舍坚守勇气的方法,又不如曾子所奉行的主张简易可行。"

【注释】①北宫黝(yǒu):其人已不可考。焦循以为,或许是齐国人,后人称之为漆雕子,即儒分为八,其中之一的"漆雕氏之儒"。《韩非子·显学》:"漆雕之议,不色挠,不目逃。" ②挠(náo):屈服。详见《考证》020。 ③豪:毫毛。 ④市朝:市,买卖之所。朝,朝廷。此处"市朝"只有"市"义。顾炎武、阎若璩言之甚详,见焦循《孟子正义》。 ⑤褐(hè)宽博:也就是下文的"褐夫",地位低下的人。褐,地位低下者所穿的粗衣。 ⑥严:尊敬;此处译为"敬畏"。 ⑦孟施舍:已无可考。赵岐《注》:"孟,姓。舍,名。施,发音也。"所谓"发音",就是杨树达《古书疑义举例续补》"人姓名之间加助字例"的"助字"。参见8.24-2注①。 ⑧会:会战,交战。 ⑨孟施舍似曾子,北宫黝似子夏:赵岐解释说,曾子在孝行上做得好,而百善孝为先;子夏跟孔子学,门门都学到了。所以,孟子把处处显出英勇的北宫黝比作"全面发展"的子夏,把坚守无所畏惧这一点的孟施舍比作在孝行这一点上特别突出的曾子。子夏,孔子弟子卜商。 ⑩约:简约。 ⑪子襄:曾子弟子。 ⑫夫子:指孔子。 ⑬缩:理直,占理。详见

《考证》021。　　⑭惴(zhuì)：使……惊惧。

【考证020】不肤挠：

　　挠，又作"桡"。赵岐《注》："人刺其肌肤，不为挠却。"朱熹《集注》："挠，肌肤被刺而挠屈也。"焦循《正义》则力图证明赵《注》"挠却"之"挠"为屈服义："成公二年《左传》云'师徒挠败'，注云：'挠，曲也。'曲，犹屈也。《广雅·释言》云：'却，退也。'……黝不畏其刺，是不因肤被刺而屈，不因目被刺而屈也。"。杨伯峻《译注》："或本作挠，却也。却，退也。"

　　综上，诸家解"挠"为屈服，为退避。我们取前一义。

　　《说文》："桡，曲木。"引申为弯曲："栋桡，凶。"(《周易·大过》)，再引申为屈从、屈服："重死持义而不桡，是士君子之勇也。"(《荀子·荣辱》)挠，亦为弯曲义："栋挠，本末弱也。"(《周易·大过》)引申为屈从、屈服："秦王色挠，长跪而谢之。"桡、挠当为同源字。

　　我们遍查先秦典籍，多见"桡"(挠)为屈曲、屈服义的，未见它为退避义的："挠志以从君，为废人以自利也，利方以求成人，吾不能。"(《国语·晋语二》)"贞而不挠，说在胜。"(《墨子·经下》)"折而不挠，勇也。"(《法行》，又见《管子·水地》)"法不阿贵，绳不挠曲。"(《韩非子·有度》)

　　由此可见赵、焦之释较为可信。

【考证021】自反而不缩：

　　赵岐《注》："缩，义也。"《积微翁回忆录》1933年10月6日："《孟子》'自反而缩'，'缩'训'直'。《礼记》云：'古者冠缩缝，今也衡缝。''缩'与'衡'对言，可证《孟子》义。"又见《四书章句集注》《孟子译注》。

　　1.《诗经·大雅·绵》："其绳则直，缩版以载。"陈子展《诗经直解》译为："那些施工用的绳尺就该要直，筑墙用的两边直版因而树立。"马瑞辰《毛诗传笺通释》："盖古者筑墙，短版用于两端，为横版；长版用于两边，为直版。古以'直'为'缩'，《礼记》'古者冠缩缝'、《孟子》'自反而缩'，皆谓'直'也。"

2.《韩非子·显学》:"漆雕之议,不色挠,不目逃,行曲则违于臧获,行直则怒于诸侯,世主以为廉而礼之。"漆雕即本节的北宫黝。显然,"行曲则违于臧获,行直则怒于诸侯"是"自反而不缩,虽褐宽博,吾不惴焉;自反而缩,虽千万人,吾往矣"的另一种表述。这种表述上的差异,可为我们考证词语的意义提供旁证。违,避开。臧获,奴婢,对应"褐宽博"。然则"自反而缩"对应"行直";"缩"也即"直",也就是赵岐所谓"义"了。

"直"由平直义引申出正直义,与"缩"由平直义引申出正直义,是所谓平行的词义发展,这种发展是常见的。

3.2-3 曰:"敢问夫子之不动心与告子之不动心,可得闻与?"

"告子曰:'不得于言,勿求于心;不得于心,勿求于气①。'不得于心,勿求于气,可;不得于言,勿求于心,不可。夫志,气之帅也;气,体之充也。夫志至焉,气次焉②;故曰:'持其志③,无暴其气④。'"

"既曰'志至焉,气次焉',又曰'持其志,无暴其气'者,何也?"曰:"志壹则动气⑤,气壹则动志也,今夫蹶者趋者⑥,是气也,而反动其心。"

【译文】公孙丑说:"我冒昧地问问,老师您的不动心和告子的不动心,可以让我听听吗?"

孟子说:"告子曾说:'言语上表达不顺畅,就不表达了,而不要在心里头再梳理一遍;心里头还没想明白,就应该克制自己,而不要求助于意气情感。'〔我认为:〕心里头还没想明白,就克制自己,而不求助于意气情感,这是对的;言语上表达不顺畅,就不表达了,而不在心里头再梳理一遍,这不对。因为心中的意志统帅着意气情感,意气情感充斥体内〔并表现在外〕。心中意志到了哪里,意气情感也跟着洋溢在哪里。所以我说:'要坚定心中意志,也不要任意宣泄意气情感。'"

公孙丑说:"您既然说'心中意志到了哪里,意气情感也跟着洋溢在哪里',可是您又说'要坚定心中意志,也不要任意宣泄意气情感',这是为什么呢?"孟子说:"心志专一,就会影响意气情感;意气情感专一,心中意志也必然受到影响。比如跌倒与奔跑,这是意气情感波动导致的,但必然影响到思想,引起心志的波动。"

【注释】①不得于言,勿求于心;不得于心,勿求于气:译文根据的是朱熹的解释。他说:"告子谓于言有所不达,则当舍置其言,而不必反求其理于心。于心有所不安,则当力制其心,而不必更求其助于气。"气,意气,情感。详见《考证》022。 ②至,次:至,到。次,止,停留。详见《考证》023。 ③持:保持。 ④暴其气:乱用其气。暴,乱。 ⑤壹:专一。 ⑥蹶(jué):跌倒。

【考证022】不得于心勿求于气:

赵岐《注》:"告子知人之有恶心,虽以善辞气来加己,亦直怒之矣;孟子以为是则可,言人当以心为正也。"然则赵岐解"心"为他人之心,解"气"为"辞气"。朱熹《集注》:"于心有所不安,则当力制其心,而不必更求其助于气。"是朱熹解"心"为己心,而他对"气"则未有所解释。

先看"心"是指己心,还是他人之心。

"抑王兴甲兵,危士臣,构怨于诸侯,然后快于心与?"(《梁惠王上》,这里指王自己的"心")"行有不慊于心,则馁矣。"(《公孙丑上》,这里指"行"者之心)"昔者孟子尝与我言于宋,于心终不忘。"(《滕文公上》,这里指"我心")"人恒过,然后能改;困于心,衡于虑,而后作。"(《告子下》,这里指"人"之心)以此例彼,"不得于心"是说话者谓不得于自己之心。至于他人之心,又是另外的表达法:"他人有心,予忖度之。"(《诗经·小雅·巧言》)"古者大事,必乘其产,生其水土而知其人心。"(《左传·僖公十五年》)

再看"气"何所指。

气,无疑是上古汉语中意义最为纷繁复杂的单词之一。我们这里只想弄清楚两点:1."勿求于气"的"气"是否赵岐所谓"辞气"? 2.这一"气"以及下文的好几个"气"到底应作何解? "勿求于气"的"气",我们以为《汉语大字典》"气"的诸义项中"意气,情感"最为贴切。《左传·昭公十年》:"凡有血气,皆有争心。"《荀子·劝学》:"有争气者,勿与辩也。"赵岐注下文"气,体之充也":"气,所以充满形体为喜怒也。"这3例中的"气"都应释为"意气,情感";而释为"意气,情感",也颇能一气贯穿下文的好几个"气"字。

我们不采"辞气"之说,因为先秦文献中,除赵岐所注此例外,找不到可释为"辞气"的"气";要表达"辞气"的概念,一般都直接用这两个字:"出辞气,斯远鄙倍矣。"(《论语·泰伯》)

【考证023】志至焉气次焉:

这两句,东汉赵岐和清人毛奇龄有不同说法。

赵岐说:"'志'为至要之本,'气'为其次。"是赵岐以"首要""其次"义解释"至"和"次",应该译为:"'志'是首要的,'气'是次要的。"但清人焦循《孟子正义》说:"赵氏以'至'为'至极','次'为《说文》'不前'之义,谓'次于志'也。毛氏奇龄《逸讲笺》云:'此"次"字……言"舍止"也。'若然,则'至'为'来至'之'至';志之所至,气即随之而止,正与赵氏下注'志向义随'之意合。"按焦循(也部分包括毛奇龄)的意思,"夫志至焉,气次焉"应该译为"'志'到了哪里,'气'也跟着停留在哪里"。

杨柳岸认为(《〈孟子〉词语考证四则》,《人文论丛》2020年第1辑)焦、毛之说可从。因为:

第一,"焉"相当于"于此",而《孟子》时代的语言中,"至于PO"(PO指处所宾语)"次于PO"极多,其中的"至"都是"到达"义,"次"都是"临时驻扎""停留"义(参见《王力古汉语字典》)。例如:"大叔又收贰以为己邑,至于廪延。"(《左传·隐公元年》)"赐我先君履,东至于海,西至于河,南至于穆陵,北至于无棣。"(《僖公四年》)"夫子至于是邦也,必闻其政。"(《论语·学而》)"三年春,曲沃武公伐翼,次于陉庭。"(《左传·桓公三年》)"冬,公次于滑,将会郑伯,谋纪故也。"(《庄公三年》)"夏六月,齐师、宋师次于郎。"(《庄公十年》)

第二,虽然"次焉"周秦文献仅见于《孟子》1例,但"至焉"(即"至于此")多见,且其中的"至"都是"到达"的意思;而在"夫志至焉,气次焉"这两句中,"至焉"如果是"到了这里","次焉"的"次"也就只能是"临时驻扎""停留"义。例如:"秦、晋为成,将会于令狐。晋侯先至焉,秦伯不肯涉河,次于王城。"(《左传·成公十一年》)这一例很有说服力。"晋侯先至焉"(晋侯先至于此),秦伯便"次于王城"(临时驻扎在王城)。"王无罪岁,斯天下之民至焉。"(《孟子·梁惠王上》)"苟中心图民,智虽弗及,必将至焉。"(《国语·鲁语上》)按,后一例"至焉"意义已趋于抽象。

第三,表示"到达了极点""极点"的"至",其书证如:"至矣哉!直而不倨,曲而不屈……德至矣哉!大矣!如天之无不帱也!如地之无不载也!"(《左传·襄公二十九年》)表示"次序在后的""差一等的"的"次"(参见《王力古汉语字典》),可以出现的体词的位置上,如:"多见而识之,知之次也。"(《论语·述而》)"曰:'敢问其次。'曰:'宗族称孝焉,乡党称弟焉。'曰:'敢问其次。'曰:'言必信,行必果,硁硁然小人哉!抑亦可以为次矣。'"(《子路》)

也可以出现在谓词的位置上:"生而知之者上也,学而知之者次也;困而学之,又其次也。"(《论语·季氏》)"次国地方七十里。"(《孟子·万章下》)"民为贵,社稷次之,君为轻。"(《尽心下》)

综上,表示"到达了极点""极点"的"至";以及表示"次序在后的""差一等的"的"次",其后从不出现"焉",以及"于""自"等介词;即,这些意义的"至""次",其后从不带介宾结构。故赵岐之说不可从。

3.2-4 "敢问夫子恶乎长?"曰:"我知言①,我善养吾浩然之气。""敢问何谓浩然之气?"

曰："难言也。其为气也，至大至刚，以直养而无害②，则塞于天地之间。其为气也，配义与道③；无是，馁也。是集义所生者，非义袭而取之也。行有不慊于心④，则馁矣。我故曰，告子未尝知义，以其外之也⑤。必有事焉，而勿正⑥；心勿忘⑦，勿助长也，无若宋人然。宋人有闵其苗之不长而揠之者⑧，芒芒然归⑨，谓其人曰⑩：'今日病矣⑪！予助苗长矣！'其子趋而往视之，苗则槁矣⑫。天下之不助苗长者寡矣。以为无益而舍之者，不耘苗者也⑬；助之长者，揠苗者也——非徒无益，而又害之。"

【译文】公孙丑问道："请问，老师擅长哪一方面？"孟子说："我说话得体，还善于培养我的浩然之气。""请问，什么叫作'浩然之气'呢？"

孟子说："很难讲清楚。它作为一种气呀，最浩大，最坚强。用正直去培养它，让它没有损害，就会充沛洋溢在天地之间。这种气呀，必须配合辅助道和义；而缺乏它，道和义就没有力量了。这种气是由正义汇聚而产生的，不是由正义继承并取代它而产生的。只要做一次问心有愧的事，它就疲软了。所以我说，告子是不懂义的，因为他把它看作心外之物。〔其实义是心内固有的。〕一定要慎重对待它，却不刻意扶持它；时刻惦记它，却不刻意助它成长——不要学那个宋国人的样。宋国有一个担心禾苗生长不快而去把它拔高的人，傻乎乎地回到家中，对家人说：'今天累坏了！我帮助禾苗生长了！'他儿子赶快跑去一看，禾苗都枯槁了。其实天下不帮助禾苗生长的人是很少的。认为〔锄草〕没好处而放弃不干的，就是种庄稼不锄草的懒汉；'帮助'它生长的，就是拔苗的人——非但没有好处，反而伤害了它。"

【注释】①知言：说话得体。参见《论语新注新译》20.3《考证》（二）。②无害：没有损害，没有危害。详见《考证》024。　③配义与道：配合辅助义和道。配，配合。详见《考证》025。　④慊（qiè）：同"惬"，满足，畅快。　⑤外之：把它看作外在的。　⑥必有事焉，而勿正：必有事焉,一定要慎重对待它。正,使正,扶正它。详见《考证》026。　⑦心勿忘:焦循《孟子正义》说:"'忘'通'妄',即《易》'无妄'之'妄'。"不确。详见《考证》027。　⑧闵其苗之不长而揠(yà)之:闵,今作"悯",忧虑。揠,拔。　⑨芒芒然:茫然若失的样子,傻乎乎的样子。详见《考证》028。　⑩其人:其家人。　⑪病:疲倦。　⑫苗则槁矣:这句"则"字所连接的两项中,第二件事情的出现,不是第一件事情的施事者所预料的。类似者如:"使子路反见之,至则行矣。"　⑬耘:又作"芸",除草。

【考证024】无害:

"以直养而无害",赵岐《注》:"养之以义,不以邪事干害之。"杨伯峻先生译为:"用正义去培养它,一点不加伤害。"这似乎容易使人理解这一"无害"的"无"读为"毋"(《无》常常读为"毋","不要"的意思;《孟子》书中"毋"全作"无")。我们以为这里的"无"如字读较为妥当。因为"害"是及物动词,由"毋"(无)来否定它,是要带宾语的。例如:"无害我田稚。"(《诗经·小雅·大田》)"是月也,驱兽无害五谷,无大田猎。"(《吕氏春秋·孟夏纪》,《礼记·月令》作"是月也,驱兽毋害五谷,毋大田猎。")

当"无害"不带宾语时,"无"一般都如字读。例如:"不坼不副,无菑无害。"(《诗经·大雅·生民》)"表里山河,必无害也。"(《左传·僖公二十八年》,沈玉成《左传译文》:"我国外有大河,内有高山,一定没有什么害处。")"不可,收师而退,可以无害,君亦无辱。"(《襄公十八年》,沈译:"如果不行,收兵而退回去,可以没有损害,君主也不会受到羞辱。")

本章"无害"并未带宾语,自应如字读。

【考证025】其为气也配义与道:

周秦时代的"配"字,其宾语所指往往为主要的,而主语(或未出现的主语)所指则为次要的,用来配合宾语,或与宾语"配得上"的某些事物。所以,该"配"字应译为"配合""辅助",而不能单纯译为"和……

相配"。例如:"山岳则配天,物莫能两大。"(《左传·庄公二十二年》)"日月之会是谓辰,故以配日。"(《昭公七年》)"思文后稷,克配彼天。"(《国语·周语上》)"帝王之德配天地。"(《庄子·外篇·天道》)"明主,配天地者也。"(《管子·形势解》)"以修身自名则配尧、禹。"(《荀子·修身》)

【考证026】必有事焉而勿正:

杨伯峻《译注》说:"朱熹《集注》引《公羊》僖公二十六年《传》'战不正胜',云:'正,预期也。'按《公羊传》之'正',当依王引之《经义述闻》之言'正之言定也,必也',《穀梁传》正作'战不必胜',尤可证。朱熹之论证既落空,则此义训不足取矣。王夫之《孟子稗疏》谓'正'读如《士昏礼》'必有正焉'之'正','正者,征也,的也,指物以为征准使必然也。'译文依此说。或云:《毛诗·终风·序》笺云:'正犹止也','而勿正'即'而勿止',亦通。"并译之为:"一定要培养它,但不要有特定的目的。"

今按,"必有事焉"意谓"必须慎重对待它"。《淮南子·主术训》:"得失之道,权要在主。是绳正于上,木直于下,非有事焉,所缘以修者然也。"后两句谓,其直也,非有心于此,绳墨使之然也。《说林训》:"城成于土,木直于下,非有事焉,所缘使然。"谓非有心于此,土与绳墨使城与木如此也。以此例彼,"必有事焉"谓必须用心于此。参见《论语新注新译》(第二版)16.1《考证》(一)。

"而勿正"的"正",由其受"勿"修饰可知,它在句中作谓语。《孟子》时代语言中"正"作谓语者,绝大多数都是"使正"的意思。我们穷尽考察《论语》《孟子》中"正"作谓语者共17例,除去《论语》中"恭己正南面而已矣"(《卫灵公》)"其犹正墙面而立也与"(《阳货》)两例意为"正面向"以外,其余15例均为"使正"。例如:

"仁者如射,射者正己而后发。"(《孟子·公孙丑上》)"我亦欲正人心,息邪说,距诐行,放淫辞。"(《滕文公下》)"有大人者,正己而物正者也。"(《尽心上》)"征之为言正也,各欲正己也。"(《尽心下》)"正

颜色,斯近信矣。"(《论语·泰伯》)"君赐食,必正席先尝之。"(《乡党》)"必也正名乎!"(《子路》)

"就多数上古史料看来,特别是就多数的先秦史料看来,'弗'和'勿'后面的动词不带宾语是无可争辩的事实。"(王力《汉语史稿》第三十八节)所以,这一"正"后没有像上引各例一样带宾语。下文"心勿忘"之不带宾语,道理也是这样。

"必有事焉而勿正"的"正",解作"使正"也无问题。"必有事焉,而勿正;心勿忘,勿助长也。"意谓,对于"义",一定要慎重对待它,却不刻意扶持它;时刻惦记它,却不刻意助它成长。然后以"拔苗助长"故事为比喻,可谓一气贯通。

【考证027】心勿忘:

焦循《正义》:"'忘'通'妄',即《易》'无妄'之'妄'。"但"勿"为表意志的否定副词,不能修饰"妄"这种不受意志控制的性质形容词;修饰"忘"是可以的,因为"忘"是及物动词,可带宾语,在某种程度上是可由意志控制的。故而未见"勿妄"连文,而"勿忘"连文较为常见。《国语·晋语三》:"志道者勿忘,将及矣。"《管子·禁藏》:"近之不能勿欲,远之不能勿忘,人情皆然。"《桓公问》:"齐桓公问管子曰:'吾念有而勿失,得而勿忘,为之有道乎?'对曰:'……此古圣帝明王所以有而勿失,得而勿忘者也。'"因此,这里"勿忘"的"忘",当然是其本字而非"妄"的借字。

【考证028】芒芒然:

赵岐《注》:"芒芒,罢倦之貌。"朱熹《集注》:"芒芒,无知之貌。"我们以为朱熹说近之。因为赵岐之说缺乏书证,而朱熹之说多有书证的支持。"芒"或作"汒""茫""萌""蒙""矇""懵""罔""惘""望",例如:

"民,众萌也。"(《说文解字·民部》)"与乡人立,其冠不正,望望然去之,若将浼焉。"(本篇第九章)"人之生也,固若是芒乎?其我独芒,而人亦有不芒者乎?"(《庄子·内篇·齐物论》)"今吾闻庄子之言,汒焉异之。"(《外篇·秋水》)"文吏自谓知官事,晓簿书。问之曰:

'晓知其事,当能究达其义,通见其意否?'文吏必将罔然。"(《论衡·谢短》)

"芒芒然"的类似书证如:"芒芒昧昧,因天之威,与元同气。"(《吕氏春秋·有始览》)"彼方且与造物者为人,而游乎天地之一气……忘其肝胆,遗其耳目;反复终始,不知端倪;芒然彷徨乎尘垢之外,逍遥乎无为之业。"(《庄子·内篇·大宗师》)"孔子再拜趋走,出门上车,执辔三失,目芒然无见,色若死灰,据轼低头,不能出气。"(《杂篇·盗跖》)"文王芒然自失。"(《杂篇·说剑》)

朱熹说"芒芒"为"无知",也就是所谓"脑子瞬间短路"。译为"茫然若失",近之。

3.9 "望望然"即本章的"芒芒然",也即"茫然""罔然"。故译之为"怅然若有所失"。

3.2-5 "何谓知言?"曰:"诐辞知其所蔽①,淫辞知其所陷②,邪辞知其所离③,遁辞知其所穷④——生于其心,害于其政;发于其政,害于其事。圣人复起,必从吾言矣⑤。"

"宰我、子贡善为说辞⑥,冉牛、闵子、颜渊善言德行⑦。孔子兼之,曰:'我于辞命,则不能也。'然则夫子既圣矣乎?"

曰:"恶⑧!是何言也⑨?昔者子贡问于孔子曰:'夫子圣矣乎?'孔子曰:'圣则吾不能,我学不厌而教不倦也。'子贡曰:'学不厌,智也;教不倦,仁也。仁且智,夫子既圣矣。'夫圣,孔子不居——是何言也?"

【译文】公孙丑问:"什么叫作'说话得体'?"孟子答道:"说得不全面的话我知道它哪里有偏颇;说得过头的话我知道它哪里有缺陷;不合正道的话我知道它哪里有偏离;躲躲闪闪的话我知道它哪里有阻碍。这四种话,从思想中产生,必然会危害政事;如果由执政者说出,一定会危害具体工作。如果圣人重现世间,也一定认同我这话。"

公孙丑说:"宰我、子贡善于讲话,冉牛、闵子、颜渊善于阐述德行,孔子兼而有之,但他依然说:'我对于辞令,太不擅长。'〔而您既说话得体,又善于养浩然之气,言语道德兼而有之,〕那么,您已经是位圣人了吗?"

孟子说:"哎呀!这叫什么话!从前子贡问孔子说:'老师已经进入"圣"的境界了吗?'孔子说:'超凡入圣,我做不到;我不过学习不知满足,教人不知疲倦罢了。'子贡便说:'学习不知满足,这是智;教人不知疲倦,这是仁。仁而且智,老师已经进入"圣"的境界了。'圣人,孔子都不自居,〔你却说我是,〕这叫什么话呢!"

【注释】①诐(bì)辞知其所蔽:诐,偏颇。蔽,蒙蔽,局限。 ②淫辞知其所陷:淫,过度,过分。陷,失陷,犯错误。 ③邪辞知其所离:离于正则为邪。 ④遁辞知其所穷:遁,逃,躲避。遁辞犹今之所谓"闪烁其辞"。穷,不通,梗阻。 ⑤从:听从。 ⑥宰我、子贡:孔子弟子宰予、端木赐。 ⑦冉牛、闵子、颜渊:孔子弟子冉耕(字伯牛)、闵损(字子骞)、颜回(字子渊)。 ⑧恶(wū):叹词,表惊讶不安。 ⑨是何言也:这叫什么话。当时习语,是轻微而友好地反驳。

3.2-6"昔者窃闻之①:子夏、子游、子张皆有圣人之一体②,冉牛、闵子、颜渊则具体而微③,敢问所安④?"

曰:"姑舍是⑤。"

曰:"伯夷、伊尹何如⑥?"

曰:"不同道。非其君不事,非其民不使;治则进,乱则退,伯夷也。何事非君?何使非民?治亦进,乱亦进,伊尹也。可以仕则仕,可以止则止⑦,可以久则久,可以速则速,孔子也。皆古圣人也。吾未能有行焉,乃所愿⑧,则学孔子也。"

【译文】公孙丑说:"从前我曾听说过,子夏、子游、子张都各有孔子的一些长处;冉牛、闵子、颜渊大体近于孔子,却不如他那样博大精深。请问老师,您以其中哪一位自命?"

孟子说:"暂且不谈他们。"

公孙丑又问:"伯夷和伊尹怎么样?"

孟子答道:"他俩人生态度不同。不是他所理想的君主,他不去服事;不是他所理想的百姓,他不去使唤;天下太平就出仕,天下昏乱就隐居,伯夷就是这样。服事谁不是服事君主?使唤谁不是使唤百姓?天下太平也出仕,天下昏乱也出仕,伊尹就是这样。能够出仕就出仕,能够辞职就辞职,能够继续干就继续干,能够马上走就马上走,孔子就是这样。他们都是古代的圣人。〔这样的伟业,〕我都没有创造过。至于我所希望的,是学习孔子。"

【注释】①窃:私下,用以表谦虚。 ②子夏、子游、子张皆有圣人之一体:子游、子张,孔子弟子言偃、颛孙师。一体,四肢叫作"四体",一体就是一条胳膊或一条腿。"皆有圣人之一体"是比喻的说法。 ③具体而微:具备四体,但小一些。这也是比喻的说法。 ④所安:以之安身立命。这里译为"自命"。参见《论语新注新译》2.10《考证》。 ⑤姑舍是:姑,暂且。是,此。孟子自负,于子夏等,有不屑之意,故避而不谈。下文云"乃所愿,则学孔子也",则似乎以当代孔子自居。 ⑥伯夷、伊尹:伯夷,与其弟叔齐为孤竹国君之二子,互相让位,终于逃去。周武王伐纣,两人叩马而谏。周既一统,不食其粟,饿死于首阳山。伊尹,商汤之相。 ⑦止:居处,住家里;即辞职不干。 ⑧乃:"至于"的意思。

3.2-7 "伯夷、伊尹于孔子,若是班乎①?"曰:"否;自有生民以来,未有孔子也。"

曰:"然则有同与?"曰:"有。得百里之地而君之②,皆能以朝诸侯,有天下;行一不义,杀一不辜,而得天下,皆不为也。是则同。"

【译文】公孙丑问:"伯夷、伊尹相较于孔子,竟是这样地相似吗?"孟子答道:"不;自有人类以来,没有比得上孔子的。"

公孙丑又问:"那么,他们三人有相同的地方吗?"孟子答道:"有。如果得到方圆一百里的土地而君临它,他们都能够令诸侯来朝并一统天下;即使叫他们做一件不义之事,杀一个无辜之人,便能得到天下,他们也都不会干的。这就是他们相同的地方。"

【注释】①若是班乎:若是,像这样地。班,同等,一样。这句话可以直译为:"伯夷、伊尹相较于孔子,竟是这样地相似吗?"参见《考证》138。②君:成为君主的意思。

3.2-8 曰:"敢问其所以异?"

曰:"宰我、子贡、有若①,智足以知圣人,污不至阿其所好②。宰我曰:'以予观于夫子③,贤于尧、舜远矣④。'子贡曰:'见其礼而知其政,闻其乐而知其德,由百世之后,等百世之王⑤,莫之能违也。自生民以来,未有夫子也。'有若曰:'岂惟民哉?麒麟之于走兽,凤凰之于飞鸟,太山之于丘垤⑥,河海之于行潦⑦,类也。圣人之于民,亦类也。出于其类⑧,拔乎其萃⑨——自生民以来,未有盛于孔子也。'"

【译文】公孙丑说:"请问,孔子和他俩不同的地方又是什么呢?"

孟子说:"宰我、子贡、有若三人,他们的聪明才智足以了解圣人,〔即使〕他们再不好,也不致偏袒他们所爱好的人。〔但他们都不约而同地称颂孔子。〕宰我说:'以我来看老师,比尧、舜都强多了。'子贡说:'看见一国的礼制,就了解它的政治;听到一国的音乐,就知道它的德教。从现在到百代以后,衡量这百代君王的高下,其标准都不能背离孔子之道。自有人类以来,没有人能够比得上他老人家的。'有若说:'难道只有百姓如此吗?麒麟相比于走兽,凤凰相比于飞鸟,泰山相比于土堆,河海相比于溪涧,何尝不是同类?圣人相比于百姓,也是同类;虽然他来自民间,却远远超出大众——自有人类以来,还没有比孔子更伟大的。'"

【注释】①有若:孔子弟子,鲁人。　②污:卑劣,不好。　③予:宰我之名,古人常自称其名以示谦。　④贤于尧、舜:贤于,胜过,强过。尧、舜,古代传说中上古的两位圣君。　⑤等百世之王:等,确定……的高下,确定……的级别,厘定……的位阶。此句意谓衡量此百代君王之高下。详见《考证》029。　⑥垤(dié):小土堆,小山头。　⑦行潦(hánglǎo):小水流。　⑧出于其类:出自他的同类。详见《考证》030。　⑨萃:群,聚。

【考证029】等百世之王:

杨伯峻先生说:"朱熹解为'差等',是也。译文是意译。赵岐解为'等同',误。"赵岐原文为:"从孔子后百世,上推等其德于前百世之圣王,无能违离孔子道者。"朱熹原文为:"是以我从百世之后,差等百世之王,无有能遁其情者。"杨伯峻先生译为:"即使从百代以后去评价百代以来的君王,任何一个君王都不能违离孔子之道。"从《孟子》时代典籍中"等"作及物动词的情况来看,它的意义为"确定……的高下""确定……的级别""厘定……的位阶"的意思。《王力古汉语字典》给出的义项为"衡量"(其例句包括"等百世之王"),大致是准确的。

例如:"故尚贤使能,等贵贱,分亲疏,序长幼。"(《荀子·君子》)"霸王之形,象天则地,化人易代,创制天下,等列诸侯,宾属四海,时匡天下。"(《管子·霸言》)"大行人,掌诸侯之仪,以等其爵。故贵贱有别,尊卑有序,上下有差也。"(《大戴礼记·朝事》)"等贵贱,分亲疏"谓使贵和贱有等第,使亲和疏有分别;"等列诸侯"谓确定诸侯的等第。

【考证030】出于其类:

赵岐未注。朱熹《集注》云:"出,高出也。拔,特起也。"杨伯峻《孟子译注》因而译"圣人之于民,亦类也。出于其类,拔乎其萃"为

"圣人对于百姓,亦是同类;但远远超出了他那一类,大大高出了他那一群"。

出,在《孟子》时代语言中,已有"超出"义:"祭肉不出三日。"(《论语·乡党》)但是,凡言"出于"者,都是"出自"的意思。如:"行旅皆欲出于王之涂。"(《孟子·梁惠王上》)"吾闻出于幽谷迁于乔木者。"(《滕文公上》)"夫子教我以正,夫子未出于正也。"(《离娄上》)我们调查了《左传》《国语》《论语》《孟子》《墨子》《庄子》《晏子春秋》《荀子》《吕氏春秋》等书中的数百例,未见例外。故"出于其类"意谓出自同类。

那时语言中,如要用"出于"表示"超出",要在"出于"前加上别的词。如:"于子之属,有拳勇股肱之力秀出于众者,有则以告。"(《国语·齐语》,又见《管子·小匡》)"宙合之意,上通于天之上,下泉于地之下,外出于四海之外,合络天地,以为一裹。"(《管子·宙合》)

至于成语"出类拔萃"的"出"为"超出"义,那是经过"重新分析"之后的意义了,不能反证《孟子》原文"出于其类"也如此。

3.3 孟子曰:"以力假仁者霸,霸必有大国;以德行仁者王,王不待大——汤以七十里,文王以百里①。以力服人者,非心服也,力不赡也②;以德服人者,中心悦而诚服也,如七十子之服孔子也③。《诗》云④:'自西自东,自南自北,无思不服⑤。'此之谓也。"

【译文】孟子说:"仗着实力假借仁义征伐天下,可以称霸诸侯,称霸者一定要是大国家;依靠道德来实行仁义的,可以使天下归心,这样做的却不必是个大国——汤就仅仅用他方圆七十里的土地,文王也就仅仅用他方圆百里的土地〔实行了仁政,而使人心归服〕。仗着实力来使人服从的,人家不会心悦诚服,只是因为人家本身实力不够;依靠道德来使人服从的,人家才会心悦诚服,就好像七十多位弟子归服孔子一样。《诗经》说过:'四方诸侯来瞻仰,无论东西或南北,谁人敢不服周邦?'正是这个意思。"

【注释】①汤以七十里,文王以百里:两句"里"后都承前省略了主要动词"王"(wàng)字。　②赡:足够。　③七十子:《史记·孔子世家》:"孔子以诗书礼乐教弟子,盖三千焉。身通六艺者七十有二人。"通称为"七十子"。　④"《诗》云"数句:见《大雅·文王有声》。译文采自向熹《诗经译注》。　⑤无思不服:《毛诗》郑笺说:"心无不归服者。"没有哪种想法不心悦诚服。

3.4-1 孟子曰:"仁则荣,不仁则辱;今恶辱而居不仁,是犹恶湿而居下也。如恶之,莫如贵德而尊士,贤者在位,能者在职①;国家闲暇,及是时,明其政刑②。虽大国,必畏之矣。《诗》云③:'迨天之未阴雨,彻彼桑土④,绸缪牖户⑤。今此下民⑥,或敢侮予?'孔子曰:'为此诗者,其知道乎!能治其国家,谁敢侮之?'

【译文】孟子说:"如果实行仁政,就会无上荣光;如果不行仁政,就会招致屈辱。假设现在有个人,害怕受屈辱,却依然处在不仁的境地;这正好比害怕潮湿,却依然处在低洼之地一样。若真害怕受屈辱,最好是崇尚道德而尊敬士人,让贤人居于高位,让能人担任要职。国家既无内忧外患,趁着这时修明政治、刑罚,这样即便是大国也敬畏它了。《诗经》说:'趁雨没下来云没起,桑树根上剥些皮,窗子房门都修理。下面的人们,何人岂敢把我欺!'孔子说:'这诗的作者真懂道理呀!能治理好他的国家,谁敢侮辱他?'

【注释】①贤者在位,能者在职:让贤人居于高位,让能人担任要职;并非互文见义。详见《考证》031。　②明其政刑:明,显明,彰明,修明。政,政治、政事、政令。刑,刑罚、刑狱。详见《考证》032。　③"《诗》云"数句:见《豳风·鸱鸮》。　④彻彼桑土:彻,取。桑土,桑根。《方言》:"东齐谓根曰杜。"桑土,即桑杜;这里指桑根之皮,可作绳索用。⑤绸缪(móu):缠结。 ⑥下民:百姓,人民。站在天的角度,故称下民。

【考证031】贤者在位能者在职:

杨伯峻《译注》说:"赵岐和朱熹都以为'贤'和'能','位'和'职'都有所区别。但饶鲁以为'天下岂有无能之贤,无职之位;只是并合说,于"贤""能""位""职"四字尚未分晓。'译文仍取赵、朱之说。"此说至确。典籍中固然有互文见义者,如:"君贤者其国治,君不能者其国乱。"(《荀子·议兵》)但当"贤者""能者"并列时,二者是有区别的。例如:"上以无法使,下以无度行,知者不得虑,能者不得治,贤者不得使。"(《荀子·正论》)"其舍者,国中贵者、贤者、能者、服公事者、老者、疾者皆舍,以岁时入其书。"(《周礼·地官司徒·乡大夫》)

【考证032】明其政刑:

赵岐《注》:"以是闲暇之时,明修其政教,审其刑罚。"朱熹《集注》:"有才者使之在职,则足以修政而立事。"我们以为赵岐之说可从。请看以下书证:

"君子谓:'郑庄公失政刑矣。政以治民,刑以正邪,既无德政,又无威刑,是以及邪。'"(《左传·隐公十一年》)"敝邑以政刑之不修,寇盗充斥,无若诸侯之属辱在寡君者何?"(《襄公三十一年》)"夫君政刑,是以治民。不闻命而擅进退,犯政也;快意而丧君,犯刑也。"(《国语·晋语三》)"菽粟藏深,而怨积于百姓。君臣交恶,而政刑无常。臣恐国之危失,而公不得享也。"(《晏子春秋·内篇问上》)

《周礼·地官司徒·司市》"司市掌市之治教、政刑、量度禁令。……以政令禁物靡而均市……以刑罚禁虣而去盗",贾公彦《疏》:"政者,即下文云'以政令禁物靡'等是也。刑者,即下文云'以刑罚禁虣'是也。"

由"政以治民,刑以正邪,既无德政,又无威刑""夫君政刑,是以治民。不闻命而擅进退,犯政也;快意而丧君,犯刑也"及贾公彦《疏》

可知,"政"指政治、政事、政令(包括军事、军令),"刑"指刑罚、刑狱。

3.4-2"今国家闲暇,及是时,般乐怠敖①,是自求祸也。祸福无不自己求之者②。《诗》云③:'永言配命④,自求多福。'《太甲》曰⑤:'天作孽,犹可违⑥;自作孽,不可活⑦。'此之谓也。"

【译文】"如今国家没有内忧外患,趁这时候,追求享乐,懒惰游玩,这等于自己找祸上身。祸害和幸福没有不是从自己那儿找来的。《诗经》说:'天命永远须配合,自己多多求福气。'《太甲》也说:'天造作的罪孽,还可以逃掉;自己造作的罪孽,却无处可逃。'正是这个意思。"

【注释】①般(pán)乐怠敖:般乐,快活。怠,怠惰。敖,同"遨",出游。②自己求之者:从自己那儿获得的。自,从。己,自己。③"《诗》云"两句:见《大雅·文王》。译文采自向熹《诗经译注》。④永言配命:永,长。配命,周朝之命与天命相配。言,词缀,无实义。⑤《太甲》:《尚书》篇名,今已亡佚。⑥违:避。⑦活:《礼记·缁衣》引作"逭(huàn)"。逭,逃。"《太甲》曰……此之谓也"这段话又见《离娄上》。

3.5 孟子曰:"尊贤使能,俊杰在位①,则天下之士皆悦,而愿立于其朝矣;市,廛而不征②,法而不廛③,则天下之商皆悦,而愿藏于其市矣;关,讥而不征④,则天下之旅皆悦⑤,而愿出于其路矣;耕者,助而不税⑥,则天下之农皆悦,而愿耕于其野矣;廛⑦,无夫里之布⑧,则天下之民皆悦,而愿为之氓矣⑨。信能行此五者⑩,则邻国之民仰之若父母矣⑪。率其子弟,攻其父母,自生民以来未有能济者也。如此,则无敌于天下。无敌于天下者,天吏也⑫。然而不王者,未之有也。"

【译文】孟子说:"尊重贤人,使用能人,杰出的人物都有官位,那么天下的士人都会高兴,都愿意到这个朝廷来效力了。在市场,拨出房屋储藏货物,却不征税;如果滞销,依法收购,不让它长久积压;那么天下的商人都会高兴,愿意把货物存放在这个市场了。关卡,只稽查而不收税,那么天下的旅客都会高兴,愿意经过这里的道路了。对种田人实行井田制,只助耕公田,不再收税,那么天下的农夫都会高兴,愿意到这里的田野来耕种了。空宅空地,不征空置税;无业者,也不派发劳役,那么天下的百姓都会高兴,愿意到这里来定居了。确实能够做到这五项,那么邻近国家的百姓都会像仰望父母一样举头仰望他了。〔如果邻国之君要率领人民来攻打他,就好比〕率领儿女去攻打他们的父母;从有人类以来,这种事没有能够成功的。真要这样,就会天下无敌。天下无敌的人叫作'天吏'。这样做了,还不能一统天下,是从来没有过的事情。"

【注释】①俊杰:才能、德行出众者。 ②廛(chán)而不征:廛,指市中公家所建储藏、堆积货物的栈房,这里指用栈房储藏。征,征税。 ③法而不廛:依法收购,使不积压于廛。 ④讥:通"稽",稽查,稽核。 ⑤旅:行旅,旅客。 ⑥助:上古九百亩为一井,状如囲,八家各有一百亩,中为公田,公事毕然后敢治私事,这种制度叫"助"。 ⑦廛:一家所居的宅地,这是"廛"的另一意义。 ⑧夫里之布:即夫布、里布。布,币,钱。不能助耕公田,以钱相抵,就是"夫布"。里布,即土地税。 ⑨氓(méng):外来之民,故从民从亡。亡,流亡。 ⑩信:真的,的确;表假设。 ⑪仰:仰望。引申为爱戴,依赖。 ⑫天吏:上天授权或派遣的王者。

3.6 孟子曰:"人皆有不忍人之心。先王有不忍人之心,斯有不忍人之政矣。以不忍人之心,行不忍人之政,治天下可运之掌上。所以谓人皆有不忍人之心者,今人乍见孺子将入于井①,皆有怵惕恻隐之心②——非所以内交于孺子之父母也③,非所以要誉于乡党朋友也④,非恶其声而然也⑤。由是观之,无恻隐之心,非人也;无羞恶之心⑥,非人也;无辞让之心,非人也;无是非之心,非人也。恻隐之心,仁之端也⑦;羞恶之心,义之端也;辞让之心,礼之端也;是非之心,智之端也。人之有是四端也,犹其有四体也。有是四端而自谓不能者,自贼者也;谓其君不能者,贼其君者也。凡有四端于我者,知皆扩而充之矣,若火之始然⑧,泉之始达。苟能充之,足以保四海⑨;苟不充之,不足以事父母。"

【译文】孟子说:"人人都有同情心。先王因为有同情心,于是就有同情他人的政治了。凭着同情心来贯彻实行同情他人的政治,治理好这天下就好像在手掌里转动它一样。我之所以说人人都有同情心,道理就在于:现在忽然看见一个小孩子将要掉到井里去了,每个人都会产生惊骇同情的心情——不是要用这义举来和小孩的爹妈攀上交情,不是要用这义举在乡里朋友间博得声誉,也不是因为厌恶那幼儿的哭闹声才这样的。从这一点来看,没有同情心,不是人;没有羞恶心,不是人;没有推让心,不是人;没有是非心,不是人。同情之心是仁的起点,羞恶之心是义的起点,推让之心是礼的起点,是非之心是智的起点。人具备了这四种善心的起点,就好比他有手足四肢一般自然。拥有这四种善心的起点却认为自己不行的人,是自暴自弃的人。认为他的君主不行的人,是残害那君主的人。凡是具有这四种善心起点的人,若明白把它们都扩充起来,就会像火苗刚开始燃烧,〔终成燎原之势,〕就会像泉水刚开始流动〔,终必汇成江河〕。真的能够扩充,足以安定天下;如果不肯扩充,〔让它自生自灭,〕最终连赡养爹妈都办不到。"

【注释】①乍:忽然。 ②怵惕(chùtì)恻隐:怵惕,惊惧。恻隐,哀痛。 ③非所以内交于孺子之父母:所以内交,以此内交;"所"是介词"以"的前置宾语。内,同"纳"。纳交,即结交。 ④要(yāo):要求,求取。 ⑤非恶其声而然也:也不是因为厌恶那幼儿的哭闹声才这样的。详见《考证》033。　⑥羞恶（wù）之心：对错误感到羞愧和厌恶的心情。　⑦端：发端，开始，起点。　⑧然："燃"的本字。　⑨保：安定。

【考证033】非恶其声而然也：

　　赵岐《注》："非恶有不仁之声名。"朱熹《集注》于此无说。杨伯峻《孟子译注》译为"也不是厌恶那小孩的哭声而如此的"。杨柳岸《〈孟子〉词语考证四则》认为，赵注恐误。

　　首先，看周秦时代"声"表"名声"意义的例子："故声闻过情，君子耻之。"（《孟子·离娄下》）"兵胜于外，福生于内，用力甚少而名声章明，种亦不如蠡也。"（《国语·越语下》）"心和而出，且为声为名，为妖为孽。"（《庄子·内篇·人间世》）"枝于仁者，擢德塞性，以收名声。"（《外篇·骈拇》）由此可以归纳，"声"表"名声"义必须和"闻""名"等词组成同义词短语，或"声""名"并列。

　　13.14"仁声"也不是朱熹所谓"仁闻"，《孟子》自有"仁闻""令闻"的表达："今有仁心仁闻而民不被其泽，不可法于后世者，不行先王之道也。"（《离娄上》）"令闻广誉施于身，所以不愿人之文绣也。"（《告子上》）

　　第二，"非恶其声而然也"的"其"，是个代词，意为"……的"，它常常回指前面已经出现过的某一名词或代词。例极多，仅举"其声"连文的："彼何人斯？胡逝我陈？我闻其声，不见其身。"（《诗经·小雅·何人斯》）"君子之于禽兽也，见其生，不忍见其死；闻其声，不忍食其肉。"（《孟子·梁惠王上》）"守者曰：'此非吾君也，何其声之似我君也？'"（《尽心下》）因此，本章的"其声"，当然是"孺子"发出的声音，即哭声。

　　为什么赵岐会认为"非恶其声而然也"的"声"是名声义呢？因为到了东汉，当时语言中的"声"表名声义时，已经可以单独出现。如："此人皆身至王侯将相，声闻邻国，及罪至罔加，不能引决自财。"（《汉书·司马迁传》）这里虽然"声""闻"相连，但"声闻邻国"是"声闻于邻国",即名声为邻国所闻知的意思。"声"在这句中单用表名声义。赵岐大概是用他那时语言的语感来理解《孟子》了。

3.7 孟子曰:"矢人岂不仁于函人哉①?矢人唯恐不伤人,函人唯恐伤人。巫匠亦然②。故术不可不慎也。孔子曰:'里,仁为美。择不处仁,焉得智③?'夫仁,天之尊爵也,人之安宅也。莫之御而不仁④,是不智也。不仁、不智、无礼、无义,人役也。人役而耻为役,由弓人而耻为弓,矢人而耻为矢也。如耻之,莫如为仁。仁者如射:射者正己而后发;发而不中,不怨胜己者,反求诸己而已矣⑤。"

【译文】孟子说:"制箭师难道比造甲师要残忍吗?——制箭师生怕他的箭伤不了人,而造甲师生怕箭射穿他造的甲而伤人。巫师和棺材匠也是这样。可见一个人选择安身立命的技能不能不慎重。孔子说:'居住,仁字大院最美好。若不住在仁字院里,怎么能算聪明呢?'仁,是天最尊贵的爵位,是人最安逸的住宅。没有人横加阻拦,你却不仁,这不明智。不仁、不智、无礼、无义,这种人只能做仆役。作为仆役而自以为耻,就好比造弓师以造弓为耻,制箭师以制箭为耻。如果真的以它为耻,不如好好去践行仁义。行仁者如同弓箭手;弓箭手必先端正姿式然后开弓;开弓没有射中,不埋怨那些胜过自己的人,只是反躬自问罢了。"

【注释】①函人:制造铠甲的工匠。函,铠甲。 ②巫匠:巫,巫师。匠,木匠。这里特指造棺材的木匠。 ③焉得智:引语见《论语·里仁》。 ④莫之御:可理解为"莫御之"。莫,没有人。御,抵御,抗拒。上古汉语的否定句,当宾语为代词时,一般要放置在谓语动词之前。 ⑤诸:"之于"的合音字。

3.8 孟子曰:"子路,人告之以有过,则喜。禹闻善言①,则拜。

大舜有大焉②，善与人同，舍己从人，乐取于人以为善。自耕稼、陶、渔以至为帝③，无非取于人者。取诸人以为善，是与人为善者也。故君子莫大乎与人为善④。"

【译文】孟子说："子路，别人指出他的错误，他便高兴。禹听到了有益处有价值的话，就给人下拜。大舜的伟大有超过这两人的地方——他善于和别人偕同〔行善〕；即放弃自己的观点，而听从别人有益的话，乐于从别人那儿吸取优点来行善。他从干农活、制陶器、打渔直到做天子，没有哪一优点不是取自于人。优点取自于人而用来行善，就是和别人一道行善。君子最高的德行就是和别人一道行善。"

【注释】①禹：古代历史传说中开创夏朝的天子，也是中国第一位治理洪水的伟大人物。 ②焉：于此。此，指前文的"子路"和"禹"。 ③耕稼、陶、渔：《史记·五帝本纪》云："舜耕历山，历山之人皆让畔；渔雷泽，雷泽上人皆让居；陶河滨，河滨器皆不苦窳。一年而所居成聚，二年成邑，三年成都。" ④故君子莫大乎与人为善：故，这句的"故"不表示"因此""所以""于是"，而与"夫"类似，可以不译。与，偕同。杨伯峻《译注》说"与，偕同之意"。详见《考证》034。

【考证034】与人为善：

赵岐《注》未作解释。杨伯峻《译注》说："与，偕同之意。朱熹《集注》云：'与，犹许也，助也。取彼之善而为之于我，则彼益劝于为善矣，是我助其为善也。'亦通。"我们理解杨伯峻先生所谓"偕同"，是将"与"理解为介词。与人为善，和别人一道行善；而朱熹所谓"许也，助也"，是动词。我们以为，"与"在这里只能是介词。

首先，在《论语新注新译》一书中，我们在考证"吾与女弗如也"的"与"到底是连词还是朱熹《集注》所说"与，许也"时写道："在《论语》时代以迄后来很长一段时间，'与'为动词表'赞同'义时，它后面的宾语都很简单，如'与其进也，不与其退也……与其洁也'（《述而》）'吾与点也'（《先进》），从未见'女弗如也'这样结构复杂的宾语。"然则，

"人为善"这一谓词性宾语似不能出现在动词"与"之后。

与此相反,如理解这一"与"为杨伯峻先生所谓表"偕同"的介词,则类似文例不胜枚举。仅举《孟子·滕文公下》以上的数例:"与民偕乐""与之皆亡"(《梁惠王上》)"与民同乐""与百姓同乐""与民守之"(《梁惠王下》)"与民并耕而食""与百工交易"(《滕文公上》)"与民由之"(《滕文公下》)。

《滕文公下》:"在于王所者,长幼卑尊皆薛居州也,王谁与为不善?在王所者,长幼卑尊皆非薛居州也,王谁与为善?""谁与为善""谁与为不善"和"与人为善"结构类似,仅仅因为"谁"是疑问代词而置于"与"之前。这一段中两个"与"显然是表"偕同"的介词。这里不可能是王"赞同"或"帮助"谁"为善",而只能是王和谁一道"为善"。这也说明"与人为善"的"与"是介词。

3.9 孟子曰:"伯夷,非其君,不事;非其友,不友。不立于恶人之朝①,不与恶人言;立于恶人之朝,与恶人言,如以朝衣朝冠坐于涂炭。推恶恶之心②,思与乡人立,其冠不正,望望然去之③,若将浼焉④。是故诸侯虽有善其辞命而至者,不受也。不受也者,是亦不屑就已。柳下惠不羞污君⑤,不卑小官;进不隐贤⑥,必以其道;遗佚而不怨⑦,厄穷而不悯⑧。故曰:'尔为尔,我为我,虽袒裼裸裎于我侧⑨,尔焉能浼我哉?'故由由然与之偕而不自失焉⑩。援而止之而止⑪。援而止之而止者,是亦不屑去已。"孟子曰:"伯夷隘,柳下惠不恭。隘与不恭,君子不由也⑫。"

【译文】孟子说:"伯夷,不是他理想的君主,不去服事;不是他理想的朋友,不去结交。不站在坏人的朝堂上,不和坏人交谈;站在坏人的朝堂上,和坏人交谈,就好比穿戴着礼服礼帽坐在淤泥和炭灰里。把这种厌恶坏人坏事的心情推广开来,他便觉得即便和世俗之人站在一块,若那人的帽子没有戴正,他也会怅然若有所失地走开,好像自己会被弄脏似的。所以当时诸侯即便有用好言好语来招致他的,他也不接受。他之所以不接受,就是因为他不屑于去就职。柳下惠却不以为侍奉坏君主为耻,不以自己官职小为卑下;在朝做官,不隐蔽贤人,但荐举他人一定要按自己的原则来办;不被起用,也不怨尤;艰难困苦,也不愤懑。他心里说:'你是你,我是我,你就是赤身露体在我身边晃,又怎能玷污我呢?'所以什么人他都轻松自然地与之相处,从来不失常态。牵住他,叫他留住,他就留住。叫他留住就留住,也是因为他不屑于离开的缘故。"孟子又说:"伯夷太狭隘,柳下惠不大严肃,狭隘和不严肃,都是君子所不取的。"

【注释】①不立于恶人之朝:不在坏人的朝廷做官。恶人,既指身材、相貌丑陋的人,又指坏人;这里是指后者。　②恶恶(wù è):厌恶恶人,讨厌坏人。　③望望然:怅然若失的样子。参见《考证》028。　④浼(měi):弄脏。　⑤柳下惠:鲁大夫展获,其采邑曰柳下,谥曰惠,后世因称柳下惠。　⑥进不隐贤:见贤人不隐蔽而进用。详见《考证》036。　⑦遗佚:即遗逸,不被用。　⑧厄(è)穷而不悯:厄,困厄。悯,忧愤。　⑨袒裼裸裎(tǎnxī-luǒchéng):裸体。　⑩由由然与之偕而不自失:(柳下惠)轻松自然地与袒裼裸裎之人一道而不失常态。由由然,自然而然的样子。之,指袒裼裸裎之人。参见《考证》089。偕,一道。　⑪援而止之:扯住他不让走。援,牵引,扯。止,使动用法,使……停止不动。　⑫由:行,走。

【考证035】思与乡人立:

赵岐《注》:"思,念也。"杨伯峻先生将此句译为:"他便这样想,同乡下佬一块站着……"但焦循却说:"按《毛诗·大雅》'思皇多士',《传》云:'思,辞也。'此'思与乡人立','思'当亦语辞,非有义也。"按,焦说不确。

首先,"思"用为助词也即焦循所谓"语辞",多见于《诗经》《尚书》等早期文献;通观《孟子》全书,除引文或有例外,其正文部分的"思"

没有此种用法。

其次,"思与乡人立"与"思皇多士"结构不一样,前者"思"后是谓词性成分,后者"思"后是体词性成分,前者《孟子》中最为常见,"思"都是"想要""想着"的意思;下引各句中之"思",焦循均不认为是"语辞":"北宫黝之养勇也:不肤挠,不目逃;思以一豪挫于人,若挞之于市朝。"(《公孙丑上》)"夷子思以易天下,岂以为非是而不贵也?"(《滕文公上》)"思诚者,人之道也。"(《离娄上》)"思以一豪挫于人""夷子思以易天下"均为"思+介宾结构+V(O)",焦循也未说它是"语辞"。

【考证036】进不隐贤:

杨伯峻《译注》说:"《韩非子·难三》云:'故群臣公正而无私,不隐贤,不进不肖。'则'不隐贤'为见贤人而不隐蔽之意。但赵《注》以为'进不隐己之贤才,必欲行其道也',此说甚是。"从对《孟子》《论语》中作主语、宾语的"贤"所作全面考察来看,我们倾向于不认同赵《注》,而倾向于将"不隐贤"理解为"见贤人而不隐蔽"。

因为,如按赵《注》,"贤"在此句中为自指,指一种好品德;而如果《孟子》"不隐贤"义同《韩非子》的"不隐贤","贤"则为转指,指贤人、贤者。在《论语》《孟子》中,我们找到作主语、宾语的"贤"21例,其中20例为转指,仅1例为自指。例如:

"国君进贤,如不得已,将使卑逾尊,疏逾戚,可不慎与?"(《孟子·梁惠王下》)"尊贤使能,俊杰在位。"(《公孙丑上》)"天下有道,小德役大德,小贤役大贤。"(《离娄上》)"至于禹而德衰,不传于贤而传于子……天与贤,则与贤;天与子,则与子。"(《万章上》)"用上敬下,谓之'尊贤'。"(《万章下》)仅以下1例"贤"为自指,指品德:"挟贵而问,挟贤而问,挟长而问,挟有勋劳而问,挟故而问,皆所不答也。"(《孟子·尽心上》)这里的"贤"受诸多"挟……而问"句的制约,显然是有标的特例。

《韩非子·难三》"不隐贤,不进不肖","不肖"转指"不肖之人",

"贤"显然也如此。张觉译"不隐贤"为"不埋没贤人"(《韩非子译注》,上海古籍出版社2007,第567页),当然是对的。依据语言的社会性原则,本章"不隐贤"也应如此译,否则必须解释例外形成的原因。

公孙丑章句下

凡十四章

4.1 孟子曰:"天时不如地利,地利不如人和①。三里之城,七里之郭②,环而攻之而不胜③。夫环而攻之,必有得天时者矣;然而不胜者,是天时不如地利也④。城非不高也,池非不深也,兵革非不坚利也⑤,米粟非不多也;委而去之⑥,是地利不如人和也。故曰:域民不以封疆之界⑦,固国不以山谿之险⑧,威天下不以兵革之利⑨。得道者多助,失道者寡助。寡助之至,亲戚畔之⑩;多助之至,天下顺之。以天下之所顺,攻亲戚之所畔;故君子有不战,战必胜矣。"

【译文】孟子说:"天时比不上地利,地利比不上人和。比如有一座城池,它的每一边有三里长,外郭每边有七里。敌人围攻它,却不能取胜。能够围而攻之,一定是得到了天时,既如此,而不能取胜,这就说明得天时不如占地利。〔有时〕城墙不是不高,护城河不是不深,兵器甲胄不是不便利,粮食不是不多;最终却放弃这些而逃走,这就说明占地利不如得人和。所以说,限制人民不光靠国家的疆界,巩固国家不光靠山川的险阻,威慑天下不光靠兵器盔甲的便利。行仁政的人,大家都来帮助他;不行仁政的人,很少有人帮助他。帮助的人少到了顶点,就连亲戚都背叛他;帮助的人多到了顶点,普天之下都顺从他。用普天之下顺从的力量去攻打连亲戚都背叛的人,那么,君子要么不战,若要一战,就必定胜利。"

【注释】①天时,地利,人和:当时常用短语,多见于《逸周书》《管子》《荀子》等书,亦有不作"地利"而作"地宜""地形"者。 ②郭:外城。

③环:围绕。　④是天时不如地利:略同"此天时不如地利"。是,代词。　⑤革:皮革,指甲胄。　⑥委:丢弃,放弃。　⑦域:界限,限定。　⑧谿:同"溪",山间河沟。　⑨利:该"利"字恐不能以"锐利"译之,否则,兵固然可锐利,革又如何锐利?《墨子·节用中》:"甲为衣则轻且利,动则兵且从,此甲之利也。"《老子·十九章》"绝巧弃利"王弼注:"用之善也。"近之。　⑩畔:通"叛"。

4.2-1 孟子将朝王,王使人来曰:"寡人如就见者也①,有寒疾,不可以风。朝,将视朝,不识可使寡人得见乎?"对曰:"不幸而有疾,不能造朝。"明日,出吊于东郭氏②。公孙丑曰:"昔者辞以病③,今日吊,或者不可乎④?"曰:"昔者疾,今日愈,如之何不吊?"

　　王使人问疾,医来。孟仲子对曰⑤:"昔者有王命,有采薪之忧⑥,不能造朝。今病小愈,趋造于朝,我不识能至否乎?"使数人要于路⑦,曰:"请必无归,而造于朝!"不得已而之景丑氏宿焉⑧。

【译文】孟子正要去朝见齐王,这时王派了个人来传话:"我本来应该去你那儿看你,但是得了风寒,不能吹风。如您肯上朝,我也会临朝办公,不知道能让我看见您吗?"孟子答道:"很不幸,我也有病,不能上朝。"第二天,孟子到东郭大夫家去吊丧。公孙丑说:"昨天假托有病辞掉了王的召见,今天又去吊丧,大概不行吧?"孟子说:"昨天有病,今天好了,凭什么不去吊丧呢?"

　　齐王派人来探病,医生也来了。孟仲子对来人说:"昨天王有命令来,他得了小病,不能奉命上朝。今天刚好一点,就急忙上朝去了,但我不晓得他能否走到?"然后孟仲子派了好几个人分别在路上拦截孟子,说:"您一定不要回家,要赶快上朝去。"孟子没有办法,就去景丑家住一宿。

【注释】①如就见:应该上门去拜见您。如,宜,应当。就,往……去,这里指去孟子处。 ②东郭氏:齐国大夫东郭牙家。 ③昔者:以前。不过古人的"昔者"和现代汉语的"以前""从前"稍有不同,前者指昨天以前,包括昨天;后者指较长一段时间以前。这里的"昔者"可译为"昨天"。详见杨树达《积微居小学述林·〈孟子〉"昔者"说》。 ④或者:大概。 ⑤孟仲子:大约是孟子的堂兄弟。 ⑥采薪之忧:疾病的委婉说法,为当时交际上的习惯用语。 ⑦要(yāo):遮拦。 ⑧景丑氏:其人已不可考。

4.2-2 景子曰:"内则父子,外则君臣,人之大伦也。父子主恩,君臣主敬。丑见王之敬子也,未见所以敬王也。"曰:"恶①!是何言也!齐人无以仁义与王言者,岂以仁义为不美也?其心曰'是何足与言仁义也'云尔,则不敬莫大乎是。我非尧舜之道,不敢以陈于王前;故齐人莫如我敬王也。"

景子曰:"否,非此之谓也。《礼》曰:'父召,无诺②;君命召,不俟驾③。'固将朝也,闻王命而遂不果④,宜与夫《礼》若不相似然⑤。"

【译文】景丑说:"在家父子,出门君臣,这是人际间最重大的伦常。父子之间以德惠为主,君臣之间以恭敬为主。我只看见了王对您的尊敬,却没见到您拿什么去敬王的。"孟子说:"哎,这算什么话呀!齐国人中,没有一个跟王讲求仁义的,他们难道以为仁义不好吗?〔不是的。〕他们心里不过是想着'这人哪值得和他谈仁义呢'罢了。那么,对王不敬,没有比这更厉害。我呢,除非尧舜之道,不敢拿来在王面前陈述。所以说,齐国人中间没有谁比我更崇敬王的。"

景丑说:"不,我说的不是这个。《礼经》上说,父亲召唤,〔'唯'一声就起身,〕不会说'诺';君主召唤,不等车马驾好〔就先走〕。你却本来准备朝见王,一听到王召见你,反而不去了。这该是和那《礼经》所说有点不相合吧?"

【注释】①恶(wū):叹词。 ②父召,无诺:应答时一般用"诺",十分恭敬则用"唯"。 ③君命召,不俟(sì)驾:这是当时大家都遵守的礼节。俟,等待。 ④不果:事情不合于预期的叫作"不果"。 ⑤宜与夫《礼》若不相似然:这事应该和那《礼经》所说好像合不上吧?宜,应该。夫,那。若,好像。详见《考证》037。

【考证037】宜与夫礼若不相似然:

赵岐释为:"事宜与夫《礼》若不相似然乎?"我们理解为,"这事应该和那《礼经》所说好像合不上吧?"但焦循却说:"《尔雅·释诂》云:'事,宜也。'(赵岐)故以'事'释'宜'。'宜与夫礼',谓夫子之事,与《礼》所云若不相似。"如此,焦循是将赵岐所说"事宜"理解为同义短语了,类似今日文书中常说的"未尽事宜"。这也是不对的。虚词训释必须"揆之本文而协,验之他卷而通","宜"在这句的意思还是由它的本义"合适"产生的直接引申义"应该""应当"。"宜与夫《礼》若不相似然"——应该与《礼经》所载好像合不上。"失礼违命,宜其为禽也。"——失礼违命,我被逮起来,是应该的。"宜乎百姓之谓我爱也"——老百姓说我舍不得,是应该的。

像"宜与夫《礼》若不相似然"这样的"宜"后接一谓词性成分的句子则比比皆是:"宜乎百姓之谓我爱也。"(《孟子·梁惠王上》)"沐则心覆,心覆则图反,宜吾不得见也。"(《左传·僖公二十四年》)"德以柔中国,刑以威四夷,宜吾不敢服也。"(《僖公二十五年》)"失礼违命,宜其为禽也。"(《宣公二年》)

王引之《经传释词》:"家大人曰,宜,犹'殆'也。成二年《左传》曰:'宜将窃妻以逃者也。'六年《传》曰:'不安其位,宜不能久。'《孟子·公孙丑篇》曰:'宜与夫《礼》若不相似然。'《滕文公篇》曰:'不见诸侯,宜若小然。'又曰:'枉尺而直寻,宜若可为也。'《离娄篇》曰:'宜若无罪焉。'《尽心篇》曰:'宜若登天然。'《齐策》曰:'救赵之务,宜若奉漏瓮,沃燋釜。''宜'字并与'殆'同义。"

王引之给出的 8 例书证,"宜将窃妻以逃者也""不安其位,宜不能久"两例之"宜",结合上下文看,释为"应当""应该"也毫无问题。

第一例:"申叔跪从其父将适郢,遇之,曰:'异哉!夫子有三军之惧,而又有《桑中》之喜,宜将窃妻以逃者也。'及郑,使介反币,而以夏姬行。"先预言"宜将窃妻以逃者也",后来果然"以夏姬行"。前句译为"应该会带着老婆逃跑"有何不可?

第二例:"郑伯其死乎?自弃也已!视流而行速,不安其位,宜不能久。"先预言"郑伯其死乎",后指出原因"不安其位,宜不能久"。那么译为"不安于其位,应该不能长久"有何不可?剩下 6 例,有 5 例是"宜若"连言。"若"意谓"好像",表不定,表推测,这一点和"殆"类似。剩下就是"宜与夫《礼》若不相似然",这一句的"若"也表不定和推测,和"殆"类似,但这不是"宜"的意义。郭锡良、胡明扬、陆俭明等先生一再强调不要将整个句子或格式的意义当作该句中某一个词的意义,就是这个意思。

要之,《经传释词》以及各字典、词典给"宜"所列的"大概""好像"义项似乎是值得斟酌的。

4.2-3 曰:"岂谓是与?曾子曰:'晋楚之富,不可及也;彼以其富,我以吾仁;彼以其爵,我以吾义,吾何慊乎哉①?'夫岂不义而曾子言之?是或一道也②。天下有达尊三:爵一,齿一,德一。朝廷莫如爵,乡党莫如齿,辅世长民莫如德③。恶得有其一以慢其二哉?故将大有为之君,必有所不召之臣;欲有谋焉,则就之。其尊德乐道,不如是,不足与有为也。故汤之于伊尹,学焉,而后臣之,故不劳而王;桓公之于管仲,学焉,而后臣之,故不劳而霸。今天下地丑德齐④,莫能相尚,无他,好臣其所教⑤,而不好臣其所受教。汤之于伊尹,桓公之于管仲,则不敢召。管仲且犹不可召,而况不为管仲者乎?"

【译文】孟子说:"难道是说的这个吗!曾子说过:'晋国和楚国的财富,我们是赶不上的。但他凭他的财富,我凭我的仁;他凭他的爵位,我凭我的义,我有什么想不开的呢?'难道不义的话曾子能说吗?我的不去见王,或许〔和曾子说的〕是一个道理。天下公认尊贵的有三件:爵位是一个,年龄是一个,道德是一个。在朝堂上,没什么比得上爵位;在乡党中,没什么比得上年龄;至于辅助君主统治百姓自然是没什么比得上道德。他凭什么拿他拥有的一种来轻慢我所拥有的两种呢?所以,将有大作为的君主必定有他不能召见的臣子;如有什么要商量,就到臣那儿去。这君主要崇尚道德,追求真理,如果他不这样做,〔臣子〕便不足以和他一道有所作为。因此,商汤对于伊尹,先向他学习,然后以他为臣,所以不费大力气便一统天下;桓公对于管仲,也是先向他学习,然后以他为臣,所以不费大力气而称霸诸侯。当今天下各大国土地大小相当,行为作风也差不多,没有谁能够超过许多,这没有其他原因,就因为这些国家的君主喜欢用听他说教的人为臣,不喜欢能教导他的人为臣。商汤对于伊尹,桓公对于管仲,就不敢召见。管仲尚且不可以召见,何况不屑于做管仲的我呢?"

【注释】①慊(qiàn):遗憾,不满足。 ②是或一道:这或许〔和曾子的不慊于晋、楚〕是一个道理。是,与上文"岂谓是与"的"是"所指相同,指孟子的不去见王。一道,一种方法,一个道理或真理。 ③天下有达尊三……莫如德:《庄子·外篇·天道》:"夫天地至神,而有尊卑先后之序,而况人道乎!宗庙尚亲,朝廷尚尊,乡党尚齿,行事尚贤,大道之序也。"可见孟子所言,为当时一般观念,非孟子所首倡。另外,在一个社会中,当对年龄和道德的尊崇衰退时,对"爵"的尊崇就相对凸显了,"官本位"或许与此有关。可参11.16。 ④丑:相同。 ⑤好(hào)臣其所教:好,喜好。臣,以……为臣。

4.3 陈臻问曰①:"前日于齐,王馈兼金一百而不受②;于宋,馈七十镒而受;于薛③,馈五十镒而受。前日之不受是④,则今日之受非也;今日之受是,则前日之不受非也;夫子必居一于此矣。"

孟子曰:"皆是也。当在宋也,予将有远行,行者必以赆⑤;辞曰:'馈赆。'予何为不受?当在薛也,予有戒心,辞曰:'闻戒,故为兵馈之⑥。'予何为不受?若于齐,则未有处也⑦。无处而馈之,是货之也⑧。焉有君子而可以货取乎⑨?"

【译文】陈臻问道:"过去在齐国,齐王馈赠上等金一百镒,您不接受;后来在宋国,宋君馈赠七十镒,您受了;在薛,田家馈赠五十镒,您也受了。如果过去不接受是对的,那今天接受就错了;如果今天接受是对的,那过去不接受就错了。这里的对与错,老师必居其一。"

孟子说:"都是对的。当在宋国的时候,我正要远行,远行之人一定要用些盘缠,他说:'奉上些盘缠。'我为什么不接受?在薛的时候,我听说路上有危险要戒备,他说:'听说您要戒备,奉上些钱买兵器吧。'我为什么不接受?至于在齐国,却没什么理由。没什么理由却奉送钱财,这是贿赂我。哪里有正人君子会被贿赂收买呢?"

【注释】①陈臻:孟子弟子。 ②馈(kuì)兼金一百:馈,赠送。兼金,好金,其价两倍于一般者。古之所谓金,实际上是铜。一百,一百镒(yì)。一镒重二十两。 ③薛:在今苏北睢宁县北,齐靖郭君田婴封邑;薛地本来是春秋时代的薛国,后亡于齐。 ④是:对,正确。 ⑤以赆(jìn):赆,送行者赠给别离者的礼物。这句话省略了谓语中心成分"馈",因为"馈"字在前后文都出现了。参见何乐士《左传虚词研究》之《两种与介词"以"有关的省略式》,见该书183—184页。 ⑥为兵馈之:为了(购买)兵器而馈赠兼金。为,读去声。 ⑦处(chù):由"处所"引申出的"理由"义。 ⑧货:贿赂。 ⑨可以货取:读作"可·以货取",能够被贿赂收买。

4.4 孟子之平陆①,谓其大夫曰②:"子之持戟之士③,一日而三失伍④,则去之否乎⑤?"曰:"不待三。"

"然则子之失伍也亦多矣。凶年饥岁,子之民,老羸转于沟壑,壮者散而之四方者,几千人矣⑥。"曰:"此非距心之所得为也⑦。"曰:"今有受人之牛羊而为之牧之者,则必为之求牧与刍矣⑧。求牧与刍而不得,则反诸其人乎?抑亦立而视其死与?"曰:"此则距心之罪也。"

他日,见于王曰:"王之为都者⑨,臣知五人焉。知其罪者,惟孔距心。"为王诵之⑩。王曰:"此则寡人之罪也。"

【译文】孟子到了平陆,对当地长官说:"如果你的战士一天几次擅离职守,你去掉他吗?"答道:"用不着几次〔,我就去掉他了〕。"

孟子说:"那么,你自己的失职也很多了。灾荒之年,你的百姓,年老体弱者到沟壑中去等死的,青壮年到四面八方去流浪的,将近一千人了。"答道:"〔赈灾之事,是王掌管的,〕这不是距心力所能及的。"孟子说:"比如有人接受别人的牛羊而替人放牧,那一定要替牛羊寻找牧场和草料了。找牧场和草料没找到,是把牛羊退还原主呢,还是站在那儿看着它们一个个饿死呢?"答道:"这就是距心的错误了。"

过了些时候,孟子朝见齐王,说:"王的地方长官,我认识了五位。明白自己的错误的,只有孔距心。"并将和孔距心的谈话对王复述一遍。王说:"这个也是我的错误呢!"

【注释】①平陆:齐边境城邑名,在今山东汶上县城之北。 ②大夫:战国时的地方首长亦称大夫,相当现在的县长。当时平陆大夫为孔距心。 ③持戟(jǐ)之士:战士。戟,古代兵器的一种。 ④失伍:落伍,掉队。 ⑤去之:赵岐《注》及朱熹《集注》都注"杀之也",《左传》类似文例沈玉成译为"去掉",从之。 ⑥几千人:几乎有一千人。几,几乎。 ⑦此非距心之所得为也:直译为:"这事儿不是我孔距心能够做得到的。" ⑧牧:牧地。 ⑨都:凡邑,有宗庙先君牌位者为都,无曰邑。但都、邑多通称。 ⑩诵:背诵,复述。

4.5 孟子谓蚳鼃曰①:"子之辞灵丘而请士师②,似也③,为其可以言也。今既数月矣,未可以言与?"蚳鼃谏于王而不用,致为臣而去④。齐人曰:"所以为蚳鼃则善矣;所以自为,则吾不知也。"

公都子以告⑤。曰:"吾闻之也:有官守者,不得其职则去;有言责者,不得其言则去。我无官守,我无言责也,则吾进退岂不绰绰然有余裕哉⑥?"

【译文】孟子对蚳鼃说:"你辞去灵丘县长,要去做司法官,这是不错,因为可以向王进言。现在,已经好几个月了,你还不能向王进言吗?"蚳鼃向王进谏不被采纳,因此辞职离去。齐国有人说:"孟子替蚳鼃打主意打得不错;但是他如何替自己打主意,那我还不知道。"

公都子把这话转告孟子。孟子说:"我听说过这样的话:有官职的,不能尽其职责,便应该离去;有进言责任的,进谏不被采纳,也应该离去。我既无官职,又无言责,那么我是留下还是离去,不是有很大的回旋余地吗?"

【注释】①蚳(chí)鼃:齐大夫。鼃,即"蛙"字。 ②灵丘:齐国边境邑名。 ③似也:像那么回事,是对的,是不错的。《礼记·哀公问》:"公曰:'寡人虽无似也,愿闻所以行三言之道,可得闻乎?'"郑玄《注》:"无似,犹言'不肖'。"《论衡·自然》:"不肖者,不似也。""寡人虽无似也",意谓"我虽然没什么出息"。"则有似也"《庄子·外篇·秋水》,意谓"像是那么回事"。 ④致:放弃。 ⑤公都子:孟子弟子。 ⑥绰绰:宽松的样子。

4.6 孟子为卿于齐,出吊于滕①,王使盖大夫王驩为辅行②。王驩朝暮见③,反齐滕之路,未尝与之言行事也。

公孙丑曰:"齐卿之位,不为小矣;齐滕之路,不为近矣,反之而未尝与言行事,何也?"曰:"夫既或治之,予何言哉?"

【译文】孟子在齐国作卿,奉命到滕国去吊丧,齐王还派盖邑长官王驩当副使同行。王驩和孟子朝夕相处,但在齐滕两国来回的旅途中,孟子没和他谈过公事。

公孙丑说:"齐国卿的官位,也不算小了;齐滕间的路途,也不算近了;但来回一趟,却没和他谈过公事,为什么呢?"孟子答道:"那事儿大约已经有人管着,我还用说什么呢?"

【注释】①出吊于滕:吊滕文公之丧。 ②盖(gě)大夫王驩为辅行:盖,齐国邑名,故城在山东沂水县城西北八十里。王驩,齐国的谄媚之臣,有宠于齐王,后官至右师。孟子甚厌其人,不愿与之过多交流。辅行,副使。 ③王驩朝暮见:王驩白天夜晚总在孟子跟前晃来晃去。见,同"现"。

4.7 孟子自齐葬于鲁,反于齐,止于嬴①。充虞请曰②:"前日不知虞之不肖③,使虞敦匠④。事严⑤,虞不敢请。今愿窃有请也:木若以美然⑥。"

曰:"古者棺椁无度,中古棺七寸⑦,椁称之。自天子达于庶人,非直为观美也,然后尽于人心。不得⑧,不可以为悦;无财,不可以为悦。得之为有财,古之人皆用之,吾何为独不然?且比化者无使土亲肤⑨,于人心独无恔乎⑩?吾闻之也:'君子不以天下俭其亲。'"

【译文】孟子从齐国到鲁国料理丧事,然后返回齐国,停在了嬴县。充虞请问道:"承您看得起我,让我总管棺椁的制造工作。事情很急迫,我便不敢请教。今天才敢来请教:我觉得棺木似乎豪华了些。"

孟子答道:"上古棺椁的尺寸,并没有什么规范;到了中古,才规定棺厚七寸,椁的厚度与棺相称。从天子一直到老百姓,讲究棺椁,不单单为了美观,而是必须这样,才算尽了孝子之心。好材料不能得到,当然不称心;没有财力买那好材料,还是不称心。好材料最终到手了,当然就是有财力;古人又都这样做了,我为什么单单不这样做呢?而且,为了做到不让死者的遗体挨着泥土,对孝子来说,难道就不能痛痛快快随心所欲〔操办〕一回吗?我听说过:君子不会将普天之下能找到的丧葬用品,俭省在父母身上。"

【注释】①嬴:在今山东莱芜西北。 ②充虞:孟子弟子。 ③不知虞之不肖(xiào):这是客气话。不肖,不行,不好。肖,类似;"不肖"本来是不像父亲的意思(《说文解字》:"肖,骨肉相似也"),引申为"不好"的意思,经常与"贤"相对而言(如8.7、9.6－1、12.6－1)。 ④敦匠:敦,治。匠,指木工。 ⑤事严:事情急迫。详见《考证》038。 ⑥木若以美然:棺木似乎感觉太豪华了。若,似乎。以,以为,认为,觉得。参见《考证》057。译文将"觉得"挪到句首。 ⑦中古:谓周公制礼以来。 ⑧不得:得不到上文所说的七寸之棺及与之相称的椁。详见《考证》039。 ⑨且比(bì)化者无使土亲肤:比,为了。化,死。无,毋。亲,挨着。此句意谓,况且为了死者不要让泥土挨着身体。详见《考证》040。 ⑩㤥(xiào):快意。

【考证038】使虞敦匠事严:

赵岐《注》:"敦匠,厚作棺也。事严,丧事急。"可见赵岐是在"敦匠"后点断。阎若璩、周广业均读作:"敦匠事,严,虞不敢请。"(见焦循《孟子正义》)杨伯峻《孟子译注》从之。

我们以为赵岐《注》较为可从。因为:

1. 赵岐《注》较早,且阎、周均未对其说提出反驳意见。

2. 百工,包括梓、匠、轮、舆等。如:"子何尊梓匠轮舆而轻为仁义者哉?"(《孟子·滕文公下》)"梓匠轮舆能与人规矩,不能使人巧。"(《尽心下》)周秦时代文献中,除《周礼》《管子》《慎子》中有"工事"外,未见"梓事""轮事""舆事";当然,也未见"匠事"。

3. 周秦文献中,未见"严"单独为句者;而与"事严"这种"抽象名词＋严"结构类似者却并不鲜见:"不然,则赏明可信而罚严足畏也。"(《墨子·备城门》)"不然,则罚严而可畏也。"(《管子·九变》)"吾赏厚而信,罚严而必。"(《韩非子·内储说上》)"简公在上位,罚重而诛严,厚赋敛而杀戮民。"(《外储说右下》)"故罚薄不为慈,诛严不为戾,称俗而行也。"(《五蠹》)

《说文》训"严"为"教命急",词义扩大为"紧急","事严"即此义,赵岐已说得很明白;而"罚严""诛严"的"严"的"严重"义乃"紧急"义的引申,故其分布(上下文条件)与前者相似。

可见,赵岐《注》较为可信。

【考证039】不得不可以为悦:

赵岐《注》:"王制所禁,不得用之,不可以悦心也。"朱熹《集注》说:"不得,谓法制所不当得。"杨伯峻先生总结说:"旧注皆以'不得''谓法制所不当得',译文所本。"我们以为,"不得",谓得不到上文所说的七寸之棺及与之相称的椁。

我们考察同时期文献中的"不得"以及常与之同时出现的"得之",发现它们要么泛指得到或得不到某种东西,要么指得到或得不到前文所出现的那种事物。例如:

"是故君子……卑己而尊人,小心而畏义,求以事君。得之自是,不得自是,以听天命。"(《礼记·表记》,"得之"泛指能够得到某种东西,"不得"泛指不能够得到某种东西;以下两例类似。)"心之官则思,思则得之,不思则不得也。"(《孟子·告子上》)"求则得之,舍则失之,是求有益于得也,求在我者也。求之有道,得之有命,是求无益于得也,求在外者也。"(《尽心上》)

以下各例为"得之""不得"的"之"指上文所出现的事物:"求牧与刍而不得。"(《公孙丑下》)"君子深造之以道,欲其自得之也。"(《离娄下》)"仁义礼智,非由外铄我也,我固有之也,弗思耳矣。故曰:'求则得之,舍则失之。'"(《告子上》)"今夫弈之为数,小数也;不专心致志,则不得也。"(同上)"一箪食,一豆羹,得之则生,弗得则死。"(同上)

"不得,谓法制所不当得"谓"不应得",我们未见"不得"有此用法者。而上文明言"古者棺椁无度,中古棺七寸,椁称之",则此处"不得",依据上引各例,当谓得不到七寸之棺以及与之相称的椁。

【考证040】且比化者无使土亲肤:

赵岐《注》:"棺椁敦厚,比亲体之变化。"意谓棺椁的厚度,要比照父母遗体骨化所需时间而定。焦循《正义》与赵说近之:"比,犹'至'也。"意谓棺椁的木材,要厚到(至)父母遗体能在其中骨化为止。朱熹《集注》:"比,犹'为'也。"杨伯峻《译注》从之。

赵岐认为此句之"比"为"比照"义,问题是,先秦两汉文献中"比"的"比照"义出现较晚,且其宾语多为结构较简单的体词性成分:"人之救火者死,比死敌之赏。"(《韩非子·内储说上》)"食之,比门下之客。"(《战国策·齐四》)未见以"化者无使土亲肤"这样长的谓词性成分作宾语者。焦循说随文释义,未见类似文例。

我们以为朱熹说较为可据。《梁惠王上》:"寡人耻之,愿比死者壹洒之。"赵岐未出注,朱熹亦无说。焦循则说:"比,代也。""代"与介词"为"意义接近。杨伯峻《译注》:"比,bì,介词,替、代、给的意思。""替""代""给"和介词"为"意思接近。以上两句的"比"后面的成分都是较为复杂的谓词性成分。

另外,《晏子春秋·内篇谏上》:"比死者勉为乐乎!吾安能为仁而愈黥民耳矣。"这里的"比"也与上引两例相同。"比死者勉为乐乎"意谓"替早死者努力行乐吧"。

《孟子》和《晏子春秋》记录的都是齐鲁一带的语言,且都成书于战国时期,时代上相差不大。可以推测,表"为""代""替""给"的"比"大约是齐鲁一代的方言词。

4.8 沈同以其私问曰[①]:"燕可伐与?"孟子曰:"可;子哙不得与人燕,子之不得受燕于子哙。有仕于此[②],而子悦之,不告于王而私与之吾子之禄爵;夫士也,亦无王命而私受之于子,则可乎?——何以异于是?"

齐人伐燕。或问曰:"劝齐伐燕,有诸?"曰:"未也;沈同问燕可伐与,吾应之曰:'可。'彼然而伐之也③。彼如曰:'孰可以伐之?'则将应之曰:'为天吏,则可以伐之。'今有杀人者,或问之曰:'人可杀与?'则将应之曰:'可。'彼如曰:'孰可以杀之?'则将应之曰:'为士师,则可以杀之。'今以燕伐燕,何为劝之哉?"

【译文】沈同凭着他与孟子的私交问道:"燕国可以讨伐吗?"孟子答道:"可以;子哙不可以把燕国让给别人;子之也不可以从子哙那儿接受燕国。比如有个士人,你很喜欢他,便不跟王说一声就把你的俸禄官位都送给他;那士人呢,也没得到王的任命就从你那儿接受了俸禄官位,这样可以吗?——子哙、子之私相授受的事和这件事有什么不同呢?"

齐国讨伐了燕国。有人问孟子说:"你曾劝齐国伐燕国,有这回事吗?"孟子答道:"没有;沈同问过我,说'燕国可以讨伐吗',我答应说:'可以。'他们觉得我说得对,就去讨伐燕国了。他如果问谁可以去讨伐它,那我会回答说:'是天吏,才可以讨伐它。'比如现在有个杀人犯,有人问道:'这犯人该杀吗?'那我会说:'该杀。'如果他再问:'谁可以杀他?'那我会回答:'司法官才可以杀他。'如今却是如同另一个燕国去讨伐燕国,我为什么去劝他呢?"

【注释】①沈同:齐国大臣。 ②仕:通"士"。 ③彼然而伐之也:即"彼然之而伐之也",也就是他们认为说得对,就去攻伐燕国了。然,以为然。详见《考证》041。

【考证041】彼然而伐之也:

赵岐《注》、朱熹《集注》、焦循《正义》均无说。杨伯峻《孟子译注》亦无说,但译之为:"他们就这样地去打燕国了。"该书所附《孟子词典》说"然而"是"转折连词",意为"如此而、但是",是将本例算入"14例"的总数的。白平《杨伯峻〈孟子译注〉商榷》说:"'彼然而伐之也'

当译为'他认为我说得对,就讨伐了燕国'。原文的'然'不能理解为'就这样地',而是'认为……合理'的意思。"(98—99页)

经过全面考察后,我们赞同白平的说法。

首先,复合虚词"然而"是个连接句与句的连词,它总是位于分句之首。如:"吾友张也,为难能也,然而未仁。"我们调查了《左传》《国语》《论语》《孟子》《墨子》《老子》《庄子》《晏子春秋》《吕氏春秋》《荀子》《韩非子》《管子》等 12 部古籍的全部数百例"然而",未见例外。所以,"彼然而伐之也"的"然而"不可能是这种连词。

"然"作为代词,位于名词、代词之后,是"如此""这样"的意思,在句中充当述语:"司马则然。"(《左传·桓公二年》)"子之马然也?"(《宣公二年》)"晋御其上,戎亢其下,秦师不复,我诸戎实然。"(《襄公十四年》)"何必高宗,古之人皆然。"(《论语·宪问》)"物皆然,心为甚。"(《孟子·梁惠王上》)

"彼然而伐之也"的"然"正位于代词之后,杨伯峻先生将这句译为"他们就这样地去打燕国了",大约正是考虑到这一点。

但是,以上这些"然"的出现,都是有一定条件的:要么主语述语之间有连词"则",要么"然"后有语气词"也",要么"然"之前有"实""皆"等充当状语。我们所见到的这种意义的"然"基本上都要满足这些条件。而"彼然而伐之也"却不具备其中任何一个条件。故这一句的"然"恐不能以此意义释之。

"然"有"认为……是对的"的意义;它的这一意义,必须带宾语。如:"闵子马见之,曰:'子无然!祸福无门,唯人所召。为人子者,患不孝,不患无所……'公鉏然之。"(《左传·襄公二十三年》)"或说沛公曰:'……可急使兵守函谷关,无内诸侯军,稍征关中兵以自益,距之。'沛公然其计,从之。"(《史记·高祖本纪》)

我们在《论语新注新译》5.19《考证》(二)解释"弃而违之"时说:"两个动词共享宾语同指的固然多,但不同指的也不少。"例如:

"崔子弑齐君,陈文子有马十乘,弃而违之。"(《论语·公冶长》)

弃而违之——舍弃马并离开它齐国。"楚师方壮,若萃于我,吾师必尽,不如收而去之。"(《左传·宣公十二年》)收而去之——收兵离开这里。"楚之边邑曰卑梁,其处女与吴之边邑处女桑于境上,戏而伤卑梁之处女。卑梁人操其伤子以让吴人,吴人应之不恭,怒,杀而去之。"(《吕氏春秋·先识览》)杀而去之——杀吴人然后离开这里。

但以上各例的第二个动词,限于"违""去"等词,都具有"移动"的义素。其实,先秦汉语中"V 而 V 之"且"之"分指两个名词概念的例证,并不局限于此。例如以下 5 例,其第二个动词,都不具有"移动"的义素:

"齐侯陈诸侯之师,与屈完乘而观之。"(《左传·僖公四年》)"白圭曰:'惠子之遇我尚新,其说我有大甚者。'惠子闻而诽之。"(《吕氏春秋·审应览·不屈》)"晏子对曰:'……(灵公)并断其头而葬之,命曰五丈夫之丘,此其地邪?'公令人掘而求之。"(《晏子春秋·内篇杂下》)"弥子瑕母病,人闻,有夜告弥子,弥子矫驾君车以出。君闻而贤之。"(《韩非子·说难》)"今轻刑罚,民必易之。犯而不诛,是驱国而弃之也;犯而诛之,是为民设陷也。"(《六反》)

上文说,"'然'有'认为……是对的'的意义;它的这一意义,必须带宾语。"这种宾语,也常以代词"之"充当。除上举《左传·襄公二十三年》一例外,他如:"世俗之所谓然而然之。"(《庄子·外篇·天地》)"以趣观之,因其所然而然之,则万物莫不然。"(《外篇·秋水》)"因然而然之。"(《吕氏春秋·有始览》)"因其固然而然之,此天地之数也。"(《不苟论》)

"彼然而伐之也"就属于共宾而不同指的"V 而 V 之"式,意为"彼以我之言为然而伐燕"。

4.9 燕人畔①。王曰:"吾甚惭于孟子②。"陈贾曰③:"王无患焉。王自以为与周公孰仁且智?"王曰:"恶!是何言也!"曰:

"周公使管叔监殷④,管叔以殷畔⑤;知而使之,是不仁也;不知而使之,是不智也。仁智,周公未之尽也,而况于王乎?贾请见而解之。"

见孟子,问曰:"周公何人也⑥?"曰:"古圣人也。"曰:"使管叔监殷,管叔以殷畔也,有诸?"曰:"然。"曰:"周公知其将畔而使之与?"曰:"不知也。""然则圣人且有过与?"曰:"周公,弟也;管叔,兄也。周公之过,不亦宜乎?且古之君子,过则改之;今之君子,过则顺之。古之君子,其过也,如日月之食,民皆见之;及其更也,民皆仰之⑦。今之君子,岂徒顺之,又从为之辞。"

【译文】燕国人反叛齐国。齐王说:"对孟子,我感到很惭愧。"陈贾说:"王不要忧虑。王自己想想,您和周公比比,谁更仁更智呢?"齐王说:"哎!这算什么话呀!〔我怎敢和周公相比?〕"陈贾说:"周公派管叔监督殷国遗民,管叔却率领他们叛乱;如果周公事先知道而派管叔去,那便是不仁;如果周公没能预知而派他去,那便是不智。仁和智,连周公都没有完全做到,何况您呢?我请求您让我去见见孟子,以便解释解释。"

陈贾来见孟子,问道:"周公是何等人物呢?"答道:"他是古代的圣人。"陈贾说:"他派管叔监督殷朝遗民,管叔却率领他们叛乱,有这回事吗?"答道:"有的。"问道:"周公是料到他会叛乱而派他去的吗?"答道:"没有料到的。"陈贾说:"如此说来,圣人也会犯错吗?"孟子答道:"周公是弟弟,管叔是哥哥,〔难道弟弟会疑心哥哥吗?〕周公的错误,不是合情合理的吗?而且,古代的君子,有了错误,随时改正;今天的君子,有了错误,还将错就错。古代的君子,他的过错,就像日食月食一般,老百姓人人都看得到;当他改正时,人人都心存敬仰。今天的君子,又何止将错就错,还要紧跟着为这错误振振有词说他一大通呢!"

【注释】①燕人畔:齐破燕,燕王哙死,子之亡。赵召燕公子职,遣乐池护送入燕而立为王。齐宣王志在吞并燕国,故云"畔"(叛)。 ②吾甚惭于孟子:孟子曾劝齐王"速出令,反其旄倪,止其重器,谋于燕众,置君然后去之"(见2.11)。齐宣王不听。 ③陈贾:齐国大夫。 ④周公使管叔监殷:武王既克纣,乃封叔鲜于管,是为管叔。封叔度于蔡,是为蔡叔。使二人监纣子武庚,治殷遗民。 ⑤管叔以殷畔:《史记·管蔡世家》:"武王既崩,成王少,周公旦专王室,管叔、蔡叔疑周公之为不利于成王,乃挟武庚以作乱。周公旦奉成王命伐诛武庚,杀管叔而放蔡叔,迁之。" ⑥周公何人也:周公是何等人物呢?周公有多了不起呢?参见《考证》044。 ⑦仰:抬头望;这里语义双关,翻译却无能为力。《荀子·议兵》:"上足印(仰),则下可用也;上不印(仰),则下不可用也。"谓在上位者值得敬仰,在下位者才会出力;否则不出力。所以译为"敬仰"。

4.10-1 孟子致为臣而归①。王就见孟子,曰:"前日愿见而不可得,得侍同朝,甚喜②;今又弃寡人而归,不识可以继此而得见乎?"对曰:"不敢请耳,固所愿也。"

他日,王谓时子曰③:"我欲中国而授孟子室④,养弟子以万钟⑤,使诸大夫国人皆有所矜式⑥。子盍为我言之!"

【译文】孟子辞去官职准备回老家,齐王到孟子家中相见,说:"过去希望看到您,未能如愿;后来能够同朝共事,我真高兴;现在您又扔下我回去了,不晓得一别之后还可以见面?"答道:"这个,我只是不敢请求罢了,本来是很希望的。"

过了些时候,齐王对时子说:"我想在国都中央给孟子一幢房屋,用万钟之粟来养育他的学生,使各位大夫和国内人士有个榜样。你何不为我去和孟子说说这事呢?"

【注释】①孟子致为臣而归:致,送出,献出。为臣,做官。致为臣,辞官,指辞去齐卿职位。归,返回家乡。　②得侍同朝,甚喜:有的《孟子》注本标点为"得侍,同朝甚喜",不可从。详见《考证》042。　③时子:齐国大臣。　④我欲中国:我要在国都之中……欲,想要;作状语。中,方位名词作谓语。当时语言中,方位名词作谓语是其固有功能,并非"活用"。据任荷研究,现代汉语中,名词动用占比最高的是表示空间的名词,动用率高达46.7%(任荷《"名词动用"与上古汉语名词和动词的语义属性》,中国社会科学出版社2020)。国,国都,作"中"的宾语。　⑤钟:古容量单位。　⑥矜式:尊重并效法。矜,尊重。式,效法,以为榜样。

【考证042】得侍同朝甚喜:

　　中华书局朱熹《四书章句集注》标点为:"得侍,同朝甚喜。"焦循《孟子正义》及杨伯峻《孟子译注》标点为"得侍同朝,甚喜。"我们以为后者得之。因为,当"侍"表"陪从于尊长之侧"及"侍候"意义时,"得侍,同朝甚喜"不管是"得侍"抑或"同朝甚喜"都文不成义;而由于这一意义的"侍"能带处所宾语,故"得侍同朝,甚喜"是文从字顺的。

　　"侍"的处所可直接连接于"侍"之后。如:"开之操拔篲以侍门庭,亦何闻于夫子!"(《庄子·外篇·达生》)"卒侍大门中者,曹无过二人。"(《墨子·号令》)"吏侍守所者,财足、廉信,父母、昆弟、妻子有在葆宫中者,乃得为侍吏。"(《杂守》)"执荐者百人侍西房。"(《荀子·正论》)

　　故"得侍同朝"文从字顺,即"得侍于同朝"也;而承之以"甚喜",也同样文从字顺。类似文例如:"王子应之曰:'吾闻太师将来,甚喜。'"(《逸周书·太子晋解》)"初,上年二十九乃得太子,甚喜。"(《汉书·戾太子据传》)

　　"甚喜"前可有主语。如:"候者载禺者,与见章子。章子甚喜。"(《吕氏春秋·似顺论》)"臣之始得鱼也,臣甚喜,后得又益大,今臣直欲弃臣前之所得矣。"(《战国策·魏四》)但"甚喜"前紧接一表示处所的成分类似"同朝"者,则从未之见。

可见,读为"得侍同朝,甚喜"可从,而读为"得侍,同朝甚喜"不可从。

4.10-2 时子因陈子而以告孟子,陈子以时子之言告孟子。孟子曰:"然;夫时子恶知其不可也? 如使予欲富,辞十万而受万,是为欲富乎? 季孙曰:'异哉子叔疑①! 使己为政,不用,则亦已矣,又使其子弟为卿。人亦孰不欲富贵? 而独于富贵之中有私龙断焉②。'古之为市也,以其所有易其所无者,有司者治之耳。有贱丈夫焉③,必求龙断而登之,以左右望,而罔市利。人皆以为贱,故从而征之。征商自此贱丈夫始矣。"

【译文】时子便托陈臻把齐王的话转告孟子;陈臻也就把时子托付的话告诉了孟子。孟子说:"就是,那时子哪晓得这事是做不得的呢? 假如我想发财,辞去十万钟的俸禄来接受这一万钟的赠予,有这种发财法吗? 季孙说过:'奇怪呀子叔疑! 自己要执政,别人不用,也就算了,却还要让他的儿子兄弟来做卿大夫。是人嘛,谁不想又富又贵? 而偏偏有人想把富贵的事儿都"垄断"起来。'〔什么叫"垄断"呢?〕古代设立市场,是拿自己有的去换自己没有的,有关部门只是管理管理罢了。却有那么个贱男人,一定要找个小山头登上去,左边望望,右边望望,想把整个市场的利润一口独吞。别人都觉得这家伙卑劣,因此征他的税。向商人征税就是从这个贱男人开始的。"

【注释】①季孙,子叔疑:不知何许人。 ②龙断:垄断。下文"必求龙断而登之"的"龙断",指小山头。《列子·汤问》:"自此,冀之南,汉之阴,无陇断焉。" ③丈夫:成年男子的通称。

4.11 孟子去齐,宿于昼①。有欲为王留行者,坐而言。不应,隐几而卧②。客不悦曰:"弟子齐宿而后敢言③,夫子卧而不听,请勿复敢见矣。"

曰:"坐!我明语子。昔者鲁缪公无人乎子思之侧,则不能安子思④;泄柳、申详无人乎缪公之侧,则不能安其身⑤。子为长者虑⑥,而不及子思;子绝长者乎?长者绝子乎⑦?"

【译文】孟子离开齐国,在昼地过夜。有一位想为齐王挽留孟子的人坐着对孟子谈话,孟子不理睬他,伏在坐几上打瞌睡。来人不高兴地说:"为了和您谈话,我昨天就整洁身心,想不到您竟打瞌睡,不听我说,请允许我今后再不敢和您见面了。"〔说着,起身要走。〕

孟子说:"坐下来!我明明白白地告诉你。过去,〔鲁缪公是如何对待贤者的呢?〕他如果没有人在子思身边,就不能使子思安心;如果泄柳、申详不在鲁缪公身边,也就不能使缪公安心。你为我这老人家考虑,比不上缪公为子思考虑周详,〔你不去劝齐王改变态度,却来挽留我,〕那么,是你在跟我这老人家绝交呢?还是我这老人家在跟你绝交呢?"

【注释】①昼:齐都临淄西南地名。 ②隐几(jī)而卧:隐,靠着,伏着。几,即居几、坐几,为老年人坐时所倚靠的一种家具。卧,伏身休息。 ③齐宿:先一日斋戒。齐,通"斋"。 ④"昔者鲁缪公"句:缪,通"穆"。鲁缪公,名显,在位三十三年。子思,孔子之孙,名伋(jí)。缪公尊敬子思,经常派人向子思表达他的诚意,子思于是能安心地留下来。 ⑤"泄柳、申详"句:泄柳即《告子下》第六章之子柳,鲁缪公时贤人。申详,孔子学生子张之子,子游之婿。 ⑥长者:孟子年老,故自称长者。 ⑦子绝长者乎?长者绝子乎:这两句是承上段"夫子卧而不听,请勿复敢见矣"而说的。意思是,你说从此不再相见的话来跟我绝交,好像是因我"卧而不听"对不起你似的;但是你的为我考虑,比不上缪公为子思考虑周详;因为你不去劝齐王改变态度,却来挽留我。那么,是你先在用行动跟我绝交,我只好跟着用"卧而不听"来跟你绝交了。

4.12 孟子去齐。尹士语人曰①:"不识王之不可以为汤武,则是不明也;识其不可,然且至,则是干泽也②。千里而见王,不遇故去,三宿而后出昼,是何濡滞也③?士则兹不悦④!"

高子以告⑤。曰:"夫尹士恶知予哉?千里而见王,是予所欲也;不遇故去,岂予所欲哉?予不得已也。予三宿而出昼,于予心犹以为速。王庶几改之⑥!王如改诸,则必反予。夫出昼,而王不予追也⑦,予然后浩然有归志⑧。予虽然,岂舍王哉!王由足用为善;王如用予,则岂徒齐民安,天下之民举安。王庶几改之!予日望之!予岂若是小丈夫然哉⑨?谏于其君而不受,则怒,悻悻然见于其面⑩,去则穷日之力而后宿哉?"

尹士闻之曰:"士诚小人也!"

【译文】孟子离开了齐国,尹士对别人说:"不晓得齐王不能够做商汤、周武,那就是他孟子糊涂;晓得齐王做不到,还要跑来,那就是来求取富贵的。大老远跑来,话不投机而离开,在昼地住了三晚才走,为什么这样拖拖拉拉呢?这样子我可不喜欢!"

高子把这话告诉了孟子。孟子说:"那尹士哪能了解我呢?大老远跑来和齐王见面,是我所希望的;话不投机而离去,难道是我所愿意的吗?我只是不得已罢了。我在昼地住了三晚才离开,我心里觉得还是太快了。我总是希望王或许会改变态度的;王如果改变态度,就一定会让我返回。我出了昼地,王还没有追回我,我才铁定了回乡的念头。即便这样,我难道肯抛弃王吗?王仍然足以行仁政;王如果用我,又何止齐国的百姓得享太平,天下的百姓都将得享太平。王或许会改变态度的!我天天盼哪盼哪!我难道非要像那小肚鸡肠的男人一般:向王进谏,王不接受,便生闷气,失望不满在脸上一览无余;一旦离开,就跑得精疲力竭才肯歇脚吗?"

尹士听了这话后说:"我尹士真是个小人哪!"

【注释】①尹士:齐国人。 ②然且至,则是干(gān)泽也:然,这样。且,而且。参见12.8注④。则是,那这就是。参见2.13注⑥。干泽,求禄位。干,求。泽,禄位。 ③濡(rú)滞:停留,迟滞。 ④兹不悦:兹,此。"兹不悦"即"不悦此"。 ⑤高子:孟子弟子。 ⑥庶几:或许。 ⑦不予追:不追回我。予,我。 ⑧浩然:水流汹涌的样子,这里表示去意已决。 ⑨是:此,这。 ⑩悻悻然见于其面:悻悻然,猥琐器量狭小的样子。见,同"现"。

4.13 孟子去齐,充虞路问曰:"夫子若有不豫色然①。前日虞闻诸夫子曰:'君子不怨天,不尤人②。'"

曰:"彼一时,此一时也。五百年必有王者兴,其间必有名世者③。由周而来,七百有余岁矣④。以其数,则过矣;以其时考之,则可矣。夫天未欲平治天下也;如欲平治天下,当今之世,舍我其谁也!吾何为不豫哉?"

【译文】孟子离开齐国,在路上,充虞问道:"您的脸色好像不太高兴似的。可从前我听您讲过,'君子不抱怨天,不责怪人'。"

孟子说:"那是一个时候,现在又是一个时候,〔情况不同了。从历史上看来,〕每过五百年一定有位圣君兴起,这期间还会有闻名于一世的贤人产生。从周武王以来,已经七百多年了。论年数,已过了五百,论时势,也该有圣君贤臣出来了。除非上苍还没想到要让天下太平,如果他想要让天下太平,当今这个时代,除了我,又有谁呢!我为什么要不高兴呢?"

【注释】①豫:喜悦,快活。 ②不怨天,不尤人:这是孟子向他的学生转述孔子的话,见于《论语·宪问》。 ③名世者:名于一世(三十年)的德业闻望皆隆的贤人,如皋陶、后稷、伊尹、太公望等人。 ④七百有余岁:从武王克商至孟子说这话时,大约隔了七百二三十年。

4.14 孟子去齐,居休①。公孙丑问曰:"仕而不受禄,古之道乎?"曰:"非也;于崇,吾得见王,退而有去志;不欲变②,故不受也。继而有师命③,不可以请。久于齐,非我志也。"

【译文】孟子离开齐国,住在休地。公孙丑问道:"做官却不受俸禄,合乎古道吗?"孟子说:"不;在崇地,我见到了齐王,回来便有离开的想法;不想改变,所以不接受俸禄。不久,齐国有战事,这时不宜请求离开。然而长久淹留在齐国,并不是我的心意。"

【注释】①休:故城在今山东滕州市区北十五里,距孟子家约百里。 ②不欲变:改变离去的想法。详见《考证》043。 ③师命:师旅之命。

【考证043】不欲变:

赵岐《注》:"吾始见齐王,知其不能纳善,退出,志欲去矣;不欲即去,若为变诡,见非泰甚,故且宿留。"杨伯峻《译注》:"以'变诡'释'变',意思是以为孟子之欲走而不马上走者,乃是不想作诡异之行,被别人责骂得太甚。此说恐非。朱熹《集注》云:'变,谓变其去志。'是也。"两说孰是孰非? 不能遽从;因二说皆未提供证据,必须加以考察。

《孟子》成书时代,当"变"独用时,不管带不带宾语,一般都是改变的意思,有时特指改变仪容。

先看《孟子》本文:"归市者不止,耕者不变,诛其君而吊其民,若时雨降。"(《梁惠王下》,又《滕文公下》)"天下归殷久矣,久则难变也。"(《公孙丑上》)"周公方且膺之,子是之学,亦为不善变矣。"(《滕文公上》)"由今之道,无变今之俗。"(《告子下》)

再看《论语》《左传》《国语》等书:"齐一变,至于鲁;鲁一变,至于道。"(《论语·雍也》)"齐,必变食;居,必迁坐。"(《乡党》)"见齐衰者,虽狎,必变。"(同上,变,谓变其仪容)"亡而不变,何以复国?"(《左传·襄公十四年》)"民不迁,农不移,工贾不变。"(《昭公二十六年》)"天地成而不变。"(《国语·楚语下》)

以上四部古籍中未见"变"有"变诡"义之例,大约此义晚出。故我们依据《孟子·公孙丑上》之"天下归殷久矣,久则难变也"(时久则难变归殷之事实)与《国语·楚语下》之"天地成而不变"(不变天地之成),认为"不欲变"为"不欲变其去志",朱熹说是对的。

滕文公章句上

凡五章

5.1 滕文公为世子①,将之楚,过宋而见孟子。孟子道性善,言必称尧舜。世子自楚反,复见孟子。

孟子曰:"世子疑吾言乎?夫道,一而已矣。成覸谓齐景公曰②:'彼③,丈夫也;我,丈夫也;吾何畏彼哉?'颜渊曰:'舜,何人也?予,何人也④?有为者亦若是。'公明仪曰⑤:'文王,我师也;周公岂欺我哉?'今滕,绝长补短,将五十里也,犹可以为善国。《书》曰⑥:'若药不瞑眩,厥疾不瘳。'"

【译文】滕文公做太子的时候,要到楚国去,经过宋国,会见了孟子。孟子和他讲人性本是善良的道理,开口不离尧舜。太子从楚国回来,又来见孟子。

孟子说:"太子怀疑我的话吗?天下的道理是一样的!成覸对齐景公说:'那人是个男子汉,我也是个男子汉,我凭什么怕那人呢?'颜渊说:'舜是何等人物呢?我又是何等人物呢?有大作为的人也该像他那样。'公明仪说:'文王是我的老师,周公难道会骗我吗?'现在的滕国,截长补短,还有将近方圆五十里的土地,还可以治理成一个好国家。《书经》说:'如果那药吃了却不晕头涨脑,那种病是好不了的。'"

【注释】①滕文公为世子:滕文公,滕国国君。滕国在今山东滕州。世子,即"太子"。 ②成覸(jiàn):齐之勇臣。 ③彼:那人,设想的某人。"彼"是远指代词,不是第三人称代词。 ④舜,何人也?予,何人也:这两句又见《论衡·案书》《盐铁论·执务》《新书·劝学》,意谓舜是多了不起的人呢？我又是多了不起的人呢？详见《考证》044。 ⑤公明仪：曾子弟子。　⑥"《书》曰"两句：为古《尚书》佚文，又见《国语·楚语上》；伪《古文尚书》收入《说命上》。瞑眩（míngxuàn），就是眼花。瘳（chōu），病愈。

【考证044】舜何人也予何人也：

赵岐《注》："言欲有所为，当若颜渊。"朱熹《集注》无说。杨伯峻《孟子译注》译为："舜是什么样的人，我也是什么样的人。"

我们注意到，战国时期语言中的"何人也（邪、哉）"，其所问的，一般不会是说话者所认为的"反面人物"，也不会是芸芸众生中的一员，而是说话者认为的杰出人物、伟大人物。例如：

"（子贡）入曰：'伯夷、叔齐何人也？'曰：'古之贤人也。'"（《论语·述而》）"（陈贾）见孟子，问曰：'周公何人也？'曰：'古圣人也。'"（《孟子·公孙丑下》）"浩生不害问曰：'乐正子何人也？'孟子曰：'善人也，信人也。'"（《尽心下》）"公文轩见右师而惊曰：'是何人也，恶乎介也？天与，其人与？'曰：'天也，非人也。'"（《庄子·内篇·养生主》）"常季问于仲尼曰：'王骀，兀者也，从之游者与夫子中分鲁。立不教，坐不议，虚而往，实而归。固有不言之教，无形而心成者邪？是何人也？'仲尼曰：'夫子，圣人也，丘也直后而未往耳。丘将以为师，而况不若丘者乎！奚假鲁国！丘将引天下而与从之。'"（《内篇·德充符》）"子贡反，以告孔子，曰：'彼何人者邪？……彼何人者邪？'孔子曰：'彼，游方之外者也；而丘，游方之内者也。外内不相及，而丘使女往吊之，丘则陋矣。彼方且与造物者为人，而游乎天地之一气……'"（《内篇·大宗师》）"云将东游，过扶摇之枝而适遭鸿蒙。鸿蒙方将拊髀雀跃而游。云将见之，倘然止，贽然立，曰：'叟何人邪？叟何为此？'"（《外篇·在宥》）"啮缺问道乎被衣……言未卒，啮缺睡寐。被衣大说，行歌而去之，曰：'形若槁骸，心若死灰，真其实知，不以故自持。媒媒晦晦，无心而不可与谋。彼何人哉！'"（《外篇·知北游》）

可见,那一时期语言中的"何人也(邪、哉)"并非单纯问某人(或感叹某人)"是什么人",而是问某人(或感叹某人)"是多了不起的人""是何等人物"。

至于问到一般人怎么样,则用"何如"。如:"子贡问曰:'赐也何如?'子曰:'女,器也。'"(《论语·公冶长》)"'求也何如?'……'赤也何如?'"(同上)"(子贡)曰:'今之从政者何如?'子曰:'噫!斗筲之人,何足算也!'"(《子路》)"公行子之之燕,遇曾元于涂,曰:'燕君何如?'曾元曰:'志卑。'"(《荀子·大略》)

但"何如"不是排他性的。有时问到说话者所认为的杰出人物时,尤其是当问到该杰出人物的某一具体问题或某一具体方面时,也可用"何如"。如:

"(公孙丑)曰:'伯夷、伊尹何如?'曰:'不同道。非其君不事,非其民不使;治则进,乱则退,伯夷也。'"(《孟子·公孙丑上》)

"齐景公问晏子曰:'孔子为人何如?'晏子不对。公又复问,不对。景公曰:'以孔某语寡人者众矣,俱以"贤人"也。今寡人问之,而子不对,何也?'晏子对曰:'婴不肖,不足以知贤人……今孔某深虑同谋以奉贼,劳思尽知以行邪,劝下乱上,教臣杀君,非贤人之行也。'"(《墨子·非儒下》)墨家不认可孔子,而且是问到具体的"为人",虽然齐景公倾向于认为孔子是"贤人",依然不用"何人也"而用了"何如"。

"哀公曰:'敢问何如斯可谓大圣矣?'孔子对曰:'所谓大圣者,知通乎大道,应变而不穷,辨乎万物之情性者也。'"(《荀子·哀公》)这也是问要具体怎样才"可谓大圣"。

随着时间的推移,"何人也(邪)"逐渐变成单纯问"是什么人"了。如上引《论语·公冶长》:"子贡问曰:'赐也何如?'子曰:'女,器也。'"《史记·仲尼弟子列传》改写为:"子贡既已受业,问曰:'赐何人也?'孔子曰:'汝,器也。'"这一变化也可旁证战国时"何人也"与"何如"是有区别的。

对这一问题的探讨,也可与伪书的研究结合起来。《列子·天瑞》:"有人去乡土、离六亲、废家业、游于四方而不归者,何人哉?世必谓之为狂荡之人矣。又有人钟贤世,矜巧能,修名誉,夸张于世而不知已者,亦何人哉?世必以为智谋之士。此二者,胥失者也。"这两类人既然"胥失者也",当然不是说话者所认为的贤人、伟人、杰出之士了。而作者两用"何人哉",则诚如杨伯峻先生所说:"伪造者……无论如何仍然不可能完全阻止当日的语言的向笔底侵袭。"(《〈列子〉著述年代考》,见《列子集释》之《附录三》,中华书局1979,第323页)

　　颜渊说"舜何人也?予何人也?有为者亦若是",这表现了他的自负。

5.2-1 滕定公薨①,世子谓然友曰②:"昔者孟子尝与我言于宋,于心终不忘。今也不幸至于大故③,吾欲使子问于孟子,然后行事。"然友之邹问于孟子④。

　　孟子曰:"不亦善乎! 亲丧,固所自尽也⑤。曾子曰:'生,事之以礼;死,葬之以礼,祭之以礼,可谓孝矣⑥。'诸侯之礼,吾未之学也;虽然,吾尝闻之矣:三年之丧,齐疏之服⑦,飦粥之食⑧,自天子达于庶人,三代共之。"

【译文】滕定公去世,太子对他的师傅然友说:"过去在宋国,孟子曾和我谈话,我一直难以忘怀。现在不幸父亲去世,我想请您到孟子那里问问,然后再办丧事。"然友便到邹国去问孟子。

　　孟子说:"这不是很对吗! 父母去世,本来就应该尽心竭力去操办丧事的。曾子说:'父母健在时,依礼去奉侍;他们去世了,依礼去埋葬,依礼去祭祀。这才可算是尽到孝心了。'诸侯的礼节,我没有学过它;即便如此,却也听说过:从天子直到老百姓,实行三年的丧礼,穿着粗布缝边的孝服,吃着稀粥——夏、商、周三代都是这样的。"

【注释】①滕定公:文公的父亲。　②然友:世子的师傅。　③大故:重大的不幸,此处指父丧。详见《考证》045。　④然友之邹问于孟子:

邹,即今山东济宁邹城市,孟子故里。　⑤亲丧,固所自尽也:父母亲去世,本来就应该尽心竭力办好这件事(丧事)。详见《考证》046。⑥"曾子曰"诸句:据《论语·为政》,乃孔子对孟孙所言。孟子或另有所本。　⑦齐(zī)疏之服:齐,缝边。疏,粗,这里指粗布。　⑧飦(zhān):同"馆",粥。《礼记·檀弓上》孔颖达疏云:"厚曰馆,希(稀)曰粥。"即黏粥为馆,稀粥为粥。

【考证045】大故:

《论语·微子》:"故旧无大故,则不弃也。"孔安国注:"大故,谓恶逆之事也。"我们同意此说。《微子》此章的"大故",确实"指"的是"恶逆之事"。现在我们进一步认为,这是一种委婉的说法,它可以指恶逆之事,也可以指某些不便直说的大变故。《孟子·尽心上》:"父母俱存,兄弟无故,一乐也。"显然,此处的"故"指疾病等不好的事。

又如:"女子许嫁,缨,非有大故,不入其门。"(《礼记·曲礼上》)郑玄注:"宫中有灾变若疾病,乃后入也。""是故君子非有大故,不宿于外。"(《檀弓上》)郑玄注:"大故,谓有丧。""七十者,不有大故不入朝。若有大故而入,君必与之揖让,而后及爵者。"(《祭义》)孙希旦曰:"大故,谓兵寇。""故朋友之交,主人不在,不有大故,则不入其门。"(《坊记》)郑玄注:"大故,丧、病。"按:上古大病谓"病"。

《周礼·春官宗伯第三·大祝》:"掌国事,国有大故、天裁(灾),弥祀社稷,祷祠。"郑玄注:"大故,兵寇也;天裁,疫疠水旱也。"但"凶灾"属于"大故":"国有大故,则旅上帝及四望。"郑玄注:"大故,谓凶灾。"《礼记·月令》:"雷将发声,有不戒其容止者,生子不备,必有凶灾。"孔颖达疏:"言此时夫妇交接,生子支节性情必不备,其父母必有凶灾也。"可见,"凶灾"并非天灾。

【考证046】亲丧固所自尽也:

赵岐无说。朱熹《集注》注《论语》"人未有自致者也"云:"致,尽其极也。盖人之真情所不能自已者。"杨伯峻《孟子译注》:"《论语·子张篇》:'曾子曰,吾闻诸夫子:人未有自致者也,必也亲丧乎!'此孟子所本。'自致'即'自尽'。"并译这两句为:"父母的丧事,本应该自动地尽情竭心的。"赵岐之无说,或许是在东汉语言中,这两句太过通俗,无须解释。

"自致",我们在《论语新注新译》(第二版)中考证为"竭尽自我""竭尽全力""尽心竭力",本章的"自尽"也是这个意思。例如:

"唯祭祀之礼,主人自尽焉尔,岂知神之所飨,亦以主人有齐敬之心也。"(《礼记·檀弓下》)自尽焉,竭尽全力于此(指祭祀之礼)。"腥肆爓腍祭,岂知神之所飨也?主人自尽其敬而已矣。"(《郊特牲》)自尽其敬,将敬做到极致。"既内自尽,又外求助,昏礼是也。"(《祭统》)婚礼,既要自己竭尽全力,又要向外求助。

自尽,《管子·立政》作"自尽竭",尤能说明问题:"未之令而为,未之使而往,上不加勉,而民自尽竭,俗之所期也。"谓在上者即使未加劝勉,而百姓犹竭尽全力。

"亲丧,固所自尽"的"所"指"亲丧",此两句可改写为:"亲丧,固当自尽于此。""自尽"已归纳于上,则此两句意谓,父母亲去世,本来就应该尽自己的心力去操办这件事。这件事,自然是丧事,也即下文"恐其不能尽其大事"的"大事"。"恐其不能尽其大事"正和"亲丧,固所自尽"相呼应。

本《考证》可与《论语新注新译》(第二版)19.17《考证》互参。

5.2-2 然友反命,定为三年之丧。父兄百官皆不欲,曰:"吾宗国鲁先君莫之行[①],吾先君亦莫之行也,至于子之身而反之,不可。且《志》曰[②]:'丧祭从先祖。'曰吾有所受之也。"

谓然友曰:"吾他日未尝学问,好驰马试剑。今也父兄百官不我足也[③],恐其不能尽于大事[④],子为我问孟子!"

然友复之邹问孟子。

【译文】然友回国传达了孟子的话,太子便决定行三年的丧礼。父老官吏都不愿意,说:"我们宗主国鲁国的历代君主没有实行过,我国的历代君主也没有实行过,到您即将执政的时候却返回到那种古礼,这不可行。而且《志》说过:'丧礼祭礼一律依照祖宗成法。'这叫作我们有成法可依。"

太子又对然友说:"我过去不曾好好学习,只喜欢跑马舞剑。现在,父老们官吏们都对我的主张不满,恐怕这一丧礼不能够让我尽心竭力做去,您再为我去问问孟子吧!"

于是,然友又到邹国去问孟子。

【注释】①宗国:周朝重宗法,鲁、滕诸国的始封祖都是周文王之子。其中周公封鲁,行辈较长,因之其余姬姓诸国均以鲁为宗国。 ②《志》:记录国家大事的书。 ③不我足:不足我,不满我。足,满。 ④恐其不能尽于大事:其,回指上句的"我"。大事,指定公的丧事(参见《论语新注新译》第二版13.17对"大事"的考证)。《礼记·檀弓上》:"夏后氏尚黑,大事敛用昏……殷人尚白,大事敛用日中……周人尚赤,大事敛用日出。"郑玄注:"此'大事',谓丧事也。"

5.2-3 孟子曰:"然,不可以他求者也。孔子曰:'君薨,听于冢宰①,歠粥②,面深墨,即位而哭,百官有司莫敢不哀③,先之也。'上有好者,下必有甚焉者矣。君子之德,风也;小人之德,草也。草尚之风,必偃④。是在世子。"

然友反命。世子曰:"然,是诚在我。"

五月居庐⑤,未有命戒⑥。百官族人可谓曰"知"⑦。及至葬,四方来观之;颜色之戚,哭泣之哀,吊者大悦。

【译文】孟子说:"你说得对!这种事不能再依据别的什么。孔子说过,'君主去世,政务任由首相处理,世子喝着粥,面色墨黑,走近孝子之位便哭,大小官吏没有人敢不悲哀,这是因为世子带了头。'上位者有所爱好,下位者一定爱好得更厉害。君子的德行好像风,小人的德行好像草，风向哪边吹，草就向哪边倒。这件事完全取决于太子。"

然友回来向太子转达。太子说："对，这事真的取决于我。"

于是太子居于丧庐中五月，不曾发布过任何命令。官吏同族可说是都明白了孝子是懂礼的。等到举行葬礼的时候，四方人都来观礼，世子容貌的憔悴，表情的悲戚，哭泣的哀痛，使来吊丧的人都很满意。

【注释】①孔子曰："君薨，听于冢宰"：《论语·宪问》："子张曰：'《书》云，高宗谅阴，三年不言。何谓也？'子曰：'何必高宗？古之人皆然。君薨，百官总己以听于冢宰三年。'"冢宰，约相当于后之相国、宰相。　②歠(chuò)：饮，喝。　③有司：有关部门，下级官吏。　④"君子之德"等数句：《论语·颜渊》孔子曰："子欲善而民善矣。君子之德风，小人之德草。草上之风，必偃。"尚，同"上"。草上之风，谓草上之以风，即草加以风。　⑤五月居庐：诸侯薨五月乃葬，未葬前，孝子必居凶庐——土砖砌成，覆之以草。　⑥未有命戒：没有发号施令。《仪礼·聘礼》："戒上介亦如之。"郑玄注："戒，犹'命'也。"或作"戒令"。《周礼·秋官司寇》："遂士掌四郊，各掌其遂之民数而纠其戒令。"　⑦百官族人可谓曰"知"：官吏同族可说是都明白了孝子是懂礼的。详见《考证》047。

【考证047】百官族人可谓曰知：

杨伯峻先生《孟子译注》："朱熹《集注》云：'可谓曰知，疑有阙误。'可见他也不甚了解，赵岐《注》也没说明白，暂且以我们的意思译出。"按，赵岐《注》云："异姓同姓之臣可谓曰知世子之能行礼也。"朱熹在"疑有阙误"后说："或曰：'皆谓世子之知礼也。'"我们认为，赵岐《注》和朱熹的"或曰"都是对的。理由如下：

1. 先看"百官族人可谓……"。"可谓"这一词语前常有人物主语，其后多接一谓词性结构："宋宣公可谓知人矣。"（《左传·隐公三年》）"鬻拳可谓爱君矣。"（《庄公十九年》）"宁子可谓不恤其后矣。"（《襄公二十五年》）"鲁叔孙豹可谓能矣。"（《昭公元年》）"泰伯，其可谓至德也已矣。"(《论语·泰伯》)据以上书证,可总结为"人物宾语+可谓+谓词性结构(或体词性结构)","百官族人可谓曰知"与上举各句应属同一类型。

2. 再看"……曰知"。据前所述,"曰知"为可以成立的谓词性结构,是"百官族人可谓曰知"句可以成立的前提。

动词"知"在非否定式中常带宾语,在否定式中常不带宾语。如:"知之为知之,不知为不知。"(《论语·为政》)"知"常常读为"智",如:"君子一言以为知,一言以为不知。"(《论语·子张》)但有时,在非否定式中的"知"(不读作"智"的)也可不带宾语(尤其在表示类指而非表示具体知道某件事时),如:"吾闻之,虫莫知于龙,以其不生得也。谓之知,信乎?"(《左传·昭公二十九年》)"君子不可小知,而可大受也;小人不可大受,而可小知也。"(《论语·卫灵公》)(以上"谓之知""小知"的"知",《经典释文》均未注"音智")"天之生此民也,使先知觉后知,使先觉觉后觉也。"(《孟子·万章上》)据宋亚云研究,上古汉语及物动词作主宾语常不能带宾语(《汉语作格动词的历史演变研究》,第 42 页)。这是因为,主宾语位置是及物动词的"非典型位置",因而处在这一位置上的及物动词是受限的,有标的。参见万群《〈国语〉名动关系研究》(北京大学博士论文 2015,第 26 页)。

"曰知"也见于其他共时文献。《逸周书·大匡解》:"昭明九则,九五自齐。齐则曰知,悖则死勇。"《谥法解》:"致戮无辜曰厉。官人应实曰知。凶年无谷曰糠。""曰"在此为"叫作""称为"义。

据 1、2 两点可知,a."曰知"是谓词性结构,有可能是一固定结构。b."百官族人可谓曰知"应读作"百官族人·可谓·曰知";"曰知"是"叫作'知'""称为'知'"的意思。c. 这里的"知",指赵岐所谓"知世子之能行礼也"、朱熹所谓"谓世子之知礼也"。d. 由于"曰知"罕见,非否定式中的"知"常带宾语,不带宾语的又常读作"智",所以朱熹说"疑有阙误",杨伯峻先生感到困惑,都是有道理的。e."百官族人可谓曰知"可译为"官吏同族可说是都明白了孝子是懂礼的"。

5.3-1 滕文公问为国。孟子曰:"民事不可缓也①。《诗》云②:'昼尔于茅③,宵尔索绹④;亟其乘屋⑤,其始播百谷。'民之为道也,有恒产者有恒心,无恒产者无恒心。苟无恒心,放辟邪侈,无不为已。及陷乎罪,然后从而刑之,是罔民也。焉有仁人在位罔民而可为也?是故贤君必恭俭礼下,取于民有制⑥。阳虎曰⑦:'为富不仁矣,为仁不富矣。'

【译文】滕文公请教怎样治理国家。孟子说:"老百姓的大事是拖延不起的。《诗经》上说:'白天出外割茅草,晚上搓绳长又长;急急忙忙盖屋顶,开春要播各种粮。'老百姓的规律是:有固定产业的人才有一定的原则,没有固定产业的人便不会有一定的原则。没有一定原则的人,就会胡作非为违法乱纪,什么事都做得出来。等到他们犯了罪,然后加以处罚,这等于陷害。哪有仁人在位却做出陷害老百姓的事呢?所以贤明的君主一定要谦恭,节制,礼遇臣下,取之于民要依照一定的制度。阳虎曾经说过:'要想发财就不能仁爱,要想仁爱就不能发财。'

【注释】①民事:当时的常见词语,指老百姓的大事,主要指农事。②"《诗》云"数句:见《豳风·七月》。译文采自程俊英《诗经译注》。③于茅:于,往。茅,取茅草。 ④索绹(táo):索,搓。绹,绳索。⑤亟其乘屋:亟,急。乘,登上。 ⑥有制:有制度,不是有节制。《荀子·礼论》:"师旅有制,刑法有等。" ⑦阳虎:就是阳货,是鲁国正卿季氏的总管,事迹多见于《论语》《左传》。

5.3-2"夏后氏五十而贡,殷人七十而助,周人百亩而彻,其实皆什一也。彻者,彻也①;助者,藉也②。龙子曰③:'治地莫善于助,莫不善于贡。'贡者,校数岁之中以为常④。乐岁,粒米狼戾⑤,多取之而不为虐,则寡取之;凶年,粪其田而不足⑥,则必取盈焉。为民父母,使民盻盻然⑦,将终岁勤动,不得以养其父母,又称贷而益之⑧,使老稚转乎沟壑,恶在其为民父母也?夫世禄,滕固行之矣。《诗》云⑨:'雨我公田,遂及我私。'惟助为有公田。由此观之,虽周亦助也。

【译文】"古代的税收制度:夏朝每家五十亩地而行'贡'法,商朝每家七十亩地而行'助'法,周朝每家一百亩地而行'彻'法。这三法的实质都是十分抽一。'彻'是'拿'的意思,'助'是'借助'的意思。龙子说过:'田税最好的是助法,最不好的是贡法。'贡法是综合若干年的收成得一个平均数。丰年,谷米撒得遍地都是,多征收一点也不算暴虐,却并不多收。灾年,即使努力施肥,尚且不能糊口,却非收足那个平均数不可。作为百姓父母的君主,却让他们一年到头辛苦劳顿,结果连自己的父母都养不活,还不得不靠借贷来交足赋税,最终使老的小的只能到沟壑中去等死,这怎么能算是'为民父母'呢?大官的子弟享受世袭的田租收入,滕国早就实行了。〔为什么老百姓却不能有一定的田地收入呢?〕有首诗说:'雨点落在公田里,同时洒到我私田。'只有助法才有公田也有私田〔,而能兼顾官员和百姓〕。这样看来,即使周朝,也是实行助法的。

【注释】①彻:彻取,拿去一些。 ②藉(jí):借,借助。 ③龙子:上古之贤人。 ④挍:校,较。 ⑤粒米狼戾:粒米,即米粒。狼戾,狼藉。 ⑥粪其田而不足:在努力施肥的情况下(吃的都)不够。 ⑦盻(xì)盻然:勤苦劳顿的样子。 ⑧称:举借。 ⑨"《诗》云"两句:见《小雅·大田》。译文采自程俊英《诗经译注》。

5.3-3"设为庠序学校以教之①。庠者,养也;校者,教也;序者,射也。夏曰'校',殷曰'序',周曰'庠';'学'则三代共之,皆所以明人伦也。人伦明于上,小民亲于下。有王者起,必来取法,是为王者师也。《诗》云②:'周虽旧邦,其命惟新。'文王之谓也。子力行之,亦以新子之国!"

【译文】"要兴办'庠''序''学''校'来教育人民。'庠'是教养的意思,'校'是教导的意思,'序'是教射箭的意思。夏代叫'校',商代叫'序',周代叫'庠';'学'这个名称,三代都这么叫。学习的目的都是为了让人明白人间的伦常。贵族都明白了人间的伦常,小老百姓自然会一团和气亲密无间了。这时如有圣王兴起,也一定会来学习效法,这等于做了圣王的老师。《诗经》说:'岐周虽是旧邦国,接受天命新气象。'这是赞美文王的诗。你努力实行吧,也来让你的国家气象一新!"

【注释】①设为庠(xiáng)序学校以教之:庠、序、校等见于《左传》《仪礼》《周礼》《礼记》等书,都是地方上的学校。 ②"《诗》云"两句:见《大雅·文王》。译文采自程俊英《诗经译注》。

5.3-4 使毕战问井地①。孟子曰:"子之君将行仁政,选择而使子,子必勉之!夫仁政,必自经界始②。经界不正,井地不钧③,谷禄不平④,是故暴君污吏必慢其经界。经界既正,分田制禄可坐而定也。夫滕,壤地褊小,将为君子焉,将为野人焉⑤。无君子,莫治野人;无野人,莫养君子。请野九一而助,国中什一使自赋。卿以下必有圭田⑥,圭田五十亩;余夫二十五亩。死徙无出乡,乡田同井,出入相友,守望相助,疾病相扶持,则百姓亲睦。方里而井,井九百亩⑦,其中为公田。八家皆私百亩,同养公田;公事毕,然后敢治私事,所以别野人也。此其大略也;若夫润泽之⑧,则在君与子矣。"

【译文】滕文公派毕战来问井田制。孟子说:"你的国君准备实行仁政,选中你来问我,你一定要好好干哪!实行仁政,一定要从划分整理田界开始。田界划分得不正确,井田的大小就不均匀,作为俸禄的田租收入也就不会公平合理,所以暴虐的君主和贪官污吏总是轻视田间界限的划分。田间界限正确了,人民土地的分配,官吏俸禄的厘定,都可以毫不费力地决定了。〔尽管〕滕国土地狭小,也会〔有人〕作为贵族,也会〔有人〕作为农夫。没有贵族,便没人治理农民;没有农民,也没人养活贵族。郊野用九分抽一的助法,请实行它;都城用十分抽一的贡法,也实行它。公卿以下的官吏一定有圭田,每家五十亩;如有剩余的劳动力,每人再给二十五亩。无论埋葬或搬家,都不必离开本乡本土而四处奔波。一井田中的各家,平日出出进进,互相友爱;防御盗贼,互相帮助;罹患疾病,互相照顾。如此一来,百姓便亲爱和睦。每一平方里划为一个井田,每一井田划为九百亩,当中一百亩是公田,八家都有私田百亩。这八家共同耕种公田,先把公田料理完毕,才敢去干私田的农活,这是区别官员和农夫的办法。这不过是一个大略,至于如何去充实完善它,那就在于你的国君和你本人了。"

【注释】①毕战问井地:毕战,滕国大夫。井地,即井田。 ②经界:丈量土地的意思。 ③钧:同"均"。 ④谷禄:相当于"俸禄"。 ⑤为:意义同"其为人也"(《论语·学而》《述而》《孟子·告子下》《尽心下》)的"为","作为"的意思;不必如《经传释词》所释"犹'有'也"。详见《考证》048。 ⑥圭田:供祭祀用的田地。 ⑦井九百亩:今一方里为375亩,因此古之一亩较今为小。 ⑧润泽之:指使之丰满,使之充实,使之成熟,使之经看。之,指上文的"大略"。

【考证048】将为君子焉将为野人焉:

这两句杨伯峻先生《孟子译注》译为"滕国的土地狭小,却也得有官吏和劳动人民"。并出注:"为,赵岐《注》云:'为,有也。'"但似乎杨先生对赵说也不甚满意,故直接引述而未作评价。王引之《经传释词》对"将"有"有"义有专门论证:

"家大人曰,为,犹'有'也。《孟子·滕文公篇》曰:'夫滕,壤地褊小,将为君子焉,将为野人焉。'赵《注》曰:'为,有也。虽小国,亦有君子,亦有小人也。'又曰:'夷子怃然为间。'《注》曰:'为间,有顷之间也。'《尽心篇》曰:'为间不用,则茅塞之矣。'《注》曰:'为间,有间也。'《晏子·外篇》曰:'孔子之不逮舜为间矣。'为间,亦'有间'也。故《庄子·大宗师篇》曰:'莫然有间。'《释文》曰:'本亦作"为间"。'又僖三十三年《左传》曰:'秦则无理,何施之为?'言何施之有也。(《汉书·张汤传》曰:'何厚葬为?')成二年《传》曰:'臣,治烦去惑者也,是以伏死而争。今二子者,君生则纵其惑,死又益其侈,是弃君于恶也。何臣之为?'言何臣之有也。(杜《注》曰:'若言何用为臣。'失之。)十二年《传》曰:'若让之以一矢,祸之大者,其何福之为?'言何福之有也。(桓六年《左传》曰:'其何福之有?')……"

以上论述的第一条书证,即"将为君子焉,将为野人焉。"赵岐采用的办法是,先翻译或理解这段话为"虽小国,亦有君子,亦有小人",在此基础上得出"为,有也"的结论。王力先生说:"用翻译的方法去研究古代汉语是很危险,很容易产生错误的。"(《漫谈古汉语的语音、语法和词汇》,载《王力文集》第十六卷,山东教育出版社1990,第189－190页)简言之,即使翻译和理解是对的,也不能将原文和译文的具体词语一一对应,而说某词有某义。下文的几则"为间""有间"也是如此。正如"白薯"就是"红薯""番薯","白"和"红""番"却并非同义词一样,"为间""有间"意义相近,也不能得出"为"有"有"义。

紧接着列出的十几例"何(胡)某之为",说即"何(胡)某之有",看上去是十分具有说服力的。但我们仔细考察就会发现,"何某之为"和"何某之有"其实不是对立而是互补的,也就是说,"何某之为"与"何某之有"中的"某"其实并不重叠,也即并不相同。

"何某之为"的"某",王氏列出了"施""臣""福""卫""国""免""政令""善""良""美""雠""宝"等12个词语。如果我们在文献中能找到诸如"何施之有""何臣之有""何福之有""何卫之有""何国之有"等等与"何施之为""何臣之为""何福之为""何卫之为""何国之为"等等并存,则王氏此一论证的说服力或许将得以加强(但仍不能在此基础上得出"为"有"有"义的结论)。但我们只见到一例"何福之有"(《左传·桓公六年》);而且,尚有"何福之求"(《墨子·公孟》)。正如我们不能据此得出"为"有"求"义一样,也不能据此得出"为"有"有"义。

"何某之有"的"某",仅《左传》中即有厌、福、继、后、震、强、治、利、力、荣、盟、时、贰、常、长、与政令、世、患、日、敌、上、不可、辟、厉、迩封、齐、远、迟、贱、戎等29个词语。上文已经说过,只有"福"既可以出现在"何福之为",也可以出现在"何福之有"中;但它也可出现在"何福之求"中。其余的28个,都未见出现在"何某之为"中。

但是,"何某之为"却大多有"为某"与之对立,即,既有"何施之为",又有"为施",既有"何臣之为",又有"为臣"。在"施""臣""福""卫""国""免""政令""善""良""美""雠""宝"等12个词语中,存在"何某之为"与"为某"对应关系的,有10个词语,只有"卫""免"未见"为卫""为免"与"何卫之为""何免之为"对应。仅举一例:"王孙围聘于晋,定公飨之,赵简子鸣玉以相,问于王孙围曰:'楚之白珩犹在乎?'对曰:'然。'简子曰:'其为宝也,几何矣。'曰:'未尝为宝。'楚之所宝者,曰观射父,能作训辞,以行事于诸侯,使无以寡君为口实……此楚国之宝也。若夫白珩,先王之玩也,何宝之为?"(《国语·楚语下》)

"为宝"与"何宝之为"出现在同一上下文中;事实上,"何宝之为"即"何为宝"的强调式,意谓"这算什么宝贝呢?"

总之,"何某之为"中的"某"一般不与"何某之有"中的"某"重叠,而恰恰大都与"为某"这一形式中的"某"相重叠;这说明"何某之为"的"为"和"何某之有"的"有"是"两股道上跑的车",并不是一回事儿。

那么,"将为君子焉,将为野人焉"中的"为",其意义究竟是什么呢?"为"有"作为"的意义,其后常接"人"及表示人身份的"君子""小人""君",例如:"其为人也孝弟,而好犯上者,鲜矣。"(《论语·学而》)"钧是人也,或为大人,或为小人,何也?"(《孟子·告子上》)"其为人也好善。"(《告子下》)"天或启之,必将为君。"(《左传·宣公三年》)"女为君子儒,无为小人儒。"(《论语·雍也》)

因此,"将为君子焉,将为野人焉"中的"为"也没有理由不是这一意义。至于"将",一般字典、词典都记载着它有"会""当"的意义。那么,"将为君子焉,将为野人焉"意谓"也会有人作为君子,也会有人作为农夫",大约是没有什么问题的。

5.4-1 有为神农之言者许行[1],自楚之滕,踵门而告文公曰[2]:"远方之人闻君行仁政,愿受一廛而为氓。"文公与之处。其徒数十人,皆衣褐[3],捆屦织席以为食[4]。

陈良之徒陈相与其弟辛负耒耜而自宋之滕[5],曰:"闻君行圣人之政,是亦圣人也,愿为圣人氓。"

陈相见许行而大悦,尽弃其学而学焉。

【译文】有一位研习神农氏学说叫许行的人,从楚国到滕国,登门谒见滕文公,告诉他说:"我这远方之人听说您实行仁政,希望得到一处宅地,做您的编外之民。"文公给了他住处。他的门徒好几十人,都穿着粗麻编成的衣服,以打草鞋织席子为生。

陈良的门徒陈相和他弟弟陈辛背着农具,从宋国到滕国,也对文公说:"听说您实行圣人的政治,那您也是圣人了。我愿意做圣人的编外之民。"

陈相见了许行,非常高兴,完全抛弃了以前所学的而向许行学习。

【注释】①有为神农之言者许行:神农,上古传说中的人物,三皇之一,重农学派托神农以自重。许行,不见于他书。 ②踵:至,到。 ③褐:以未绩之麻制成的短衣。 ④捆屦(jù):捆,敲击使牢固("捆绑"义是晚起的)。屦,草鞋。 ⑤耒耜(lěisì):耜是古代一种类似锹的农具,当"耜"和"耒"在上下文中一道用的时候,耜则分指该农具下端铲土的部分,耒则分指耜柄。耒耜合指铲土的农具,甚至泛指农具。

5.4-2 陈相见孟子,道许行之言曰:"滕君则诚贤君也;虽然,未闻道也。贤者与民并耕而食,饔飧而治[1]。今也滕有仓廪府库,则是厉民而以自养也②,恶得贤?"

孟子曰:"许子必种粟而后食乎?"曰:"然。""许子必织布而后衣乎?"曰:"否;许子衣褐。"

"许子冠乎③?"曰:"冠。"曰:"奚冠?"曰:"冠素。"曰:"自织之与?"曰:"否;以粟易之。"曰:"许子奚为不自织?"曰:"害于耕。"

曰:"许子以釜甑爨④,以铁耕乎⑤?"曰:"然。""自为之与?"曰:"否;以粟易之。"

"以粟易械器者,不为厉陶冶;陶冶亦以其械器易粟者,岂为厉农夫哉?且许子何不为陶冶,舍皆取诸其宫中而用之⑥?何为纷纷然与百工交易?何许子之不惮烦?"

【译文】陈相来看孟子,转述许行的话说:"滕君确实是个贤明的君主,就算这样,还没有闻知真正的大道。贤人要和人民一道种地才吃饭,而且自己做饭,通过这种方式做到境内大治。如今滕国有谷仓,有存财物的府库,那这就是损害百姓来奉养自己,怎么能叫作贤明呢?"

孟子说:"许子一定要自己种粮食才吃饭吗?"陈良说:"对。""许子一定要自己织布才穿衣吗?""不,许子只穿粗麻编织的衣。"

"许子戴帽子吗?"答道:"要戴的。""戴什么帽子?"答道:"戴白绸帽子。""是自己织的吗?"答道:"不,用粟米换来的。""许子为什么不自己织呢?"答道:"因为妨碍干农活。"

"许子也用铁锅瓦罐做饭,用铁器耕种吗?"答道:"是这样的。""自己做的吗?"答道:"不,用粟米换来的。"

"农夫用粟米换取锅碗瓢盆和农具,不能说损害了瓦匠铁匠;那瓦匠铁匠用他们的产品来换取粟米,又难道损害了农夫吗?况且许子为什么不亲自干瓦匠活铁匠活?而放弃把各种器物储备在家里随时取用的生活方式呢?为什么许子要一件一件地和各种工匠做买卖?为什么许子这样不怕麻烦?"

【注释】①饔飧（yōngsūn）而治：饔飧，熟食。这里指自己做饭。治，治理得好，太平。详见《考证》049。　②则是厉民而以自养也：是，此。厉，使病，摧残，折磨，损害。以，后面省略了指代"厉民"的宾语"之"。③冠（guàn）：戴帽。　④以釜甑（zèng）爨（cuàn）：釜，金属锅。甑，蒸饭的瓦制炊具。爨，烧火做饭。　⑤铁：这里指农具。杨树达《古书疑义举例续补》卷首即为《以制物之质表物例》，其第一条例句即为本例。以某物的制造材料作某物的代称，是古代一种常用的修辞手段。　⑥"舍皆取诸其宫中"句：舍，放弃；谓许子何以放弃"皆取诸（之于）其宫中而用之"的做法。详见《考证》050。宫，上古无论贵贱，住所都叫作宫。

【考证049】饔飧而治：

　　这句的"治"，应该是《王力古汉语字典》"治"的第二个义项"治理得好，太平"；故《孟子译注》译"饔飧而治"为"自己做饭，而且也要替百姓办事"，恐未达一间。类似句子为："无为而治者，其舜也与？"（《论语·卫灵公》，杨伯峻《论语译注》："自己从容安静而使天下太平的人大概只有舜罢？"）"天下之乱也，将安可得而治与？"（《墨子·非乐上》）"上古结绳而治，后世圣人易之以书契。"（《周易·系辞下》）"圣人南面而听天下，向明而治。"（《说卦》）"居下位而不获于上，民不可得而治也。"（《孟子·离娄上》，杨伯峻《孟子译注》："是不能够把百姓治理好的。"）

　　《孟子》成书时代，"治"用为"治理"义时，一般要带宾语："昔者文王之治岐也，耕者九一，仕者世禄。"（《孟子·梁惠王下》）"曰：'士师不能治士，则如之何？'王曰：'已之。'"（同上）"至于治国家，则曰'姑舍女所学而从我'。"（同上）

　　二者古音也有区别：治理义，带宾语的"治"为直之切，平声；治理得好义，不带宾语的"治"为直吏切，去声（详见孙玉文《汉语变调构词考辨》，商务印书馆 2015，第 7—13 页）。

【考证050】舍皆取诸其宫中而用之：

舍,放弃。此句承上句,谓何不放弃皆取之于其宫中而用之的做法。宫,上古无论贵贱,住所都叫作宫。章太炎说,这一句的"舍"当读为"啥",相当于后世的"啥";"舍皆"就是"啥都"。不确。"疑问代词+都"表周遍意义如"谁都不信""什么东西都买"的格式产生甚晚,《孟子》成书时代不可能有这种表达方式。参见《考证》100。

赵岐《注》:"舍者,止也。止不肯皆自取之其宫宅中而用之。"朱熹《集注》:"舍,去声。……舍,止也;或读属上句——舍,谓作陶冶之处也。"或读为"许子何不为陶冶舍,皆取诸其宫中而用之"不可通,因为"舍"是客舍,泛指人所居之地,而不指工场。显然,"陶冶舍"的说法,是后世人对上古"舍"的意义已经隔膜所致。

赵岐、朱熹认为"舍"是"舍止"义,去声;由客舍义、居止义引申而来。但这意义的"舍",我们未能找到带较为复杂的谓词性宾语的书证。而义为"舍弃""废止",读上声的"舍",其后带一较为复杂的谓词性宾语却并不罕见。如:"君子疾夫舍曰欲之而必为之辞。"(《论语·季氏》)"夫不能行圣人之术,则舍为天下役何事哉?"(《史记·李斯列传》)"若居君子之位,当君子之行,则舍公仪休之相鲁,亡可为者矣。"(《汉书·董仲舒传》)所以我们译"舍"为"放弃"。

5.4-3 曰:"百工之事固不可耕且为也。"

"然则治天下独可耕且为与?有大人之事①,有小人之事。且一人之身,而百工之所为备;如必自为而后用之,是率天下而路也②。故曰,或劳心,或劳力;劳心者治人,劳力者治于人;治于人者食人③,治人者食于人,天下之通义也。

"当尧之时,天下犹未平,洪水横流,泛滥于天下,草木畅茂,禽兽繁殖,五谷不登,禽兽偪人④,兽蹄鸟迹之道交于中国。尧独忧之,举舜而敷治焉⑤。舜使益掌火,益烈山泽而焚之⑥,禽兽逃匿。禹疏九河⑦,瀹济漯而注诸海⑧,决汝汉,排淮泗而注之江⑨,然后中国可得而食也。当是时也,禹八年于外,三过其门而不入,虽欲耕,得乎?

【译文】陈相答道:"各种工匠的活计本来就不可能一边种地一边又来干的。"

"难道治理天下的活计就独独能够一边种地一边来干的吗?有道德君子的工作,有芸芸众生的工作。一个人活在世上,各种工匠生产的产品对他来说是必备的;如果每件东西都要自己制造才去用它,那是带领天下的人疲于奔命而赢弱不堪。所以我说,有的人劳动脑力,有的人劳动体力;脑力劳动者管理人,体力劳动者被人管理;被管理者向别人提供吃穿用度,管理者的吃穿用度仰仗于别人,这是普天之下的通则。

"当尧的时候,天下还是一片洪荒,大水乱流,泛滥全天下,草木茂密地生长,鸟兽快速地繁殖,谷物却没有收成,飞禽走兽威逼人类,华夏大地遍布它们的足迹。只有尧一个人为这事忧虑,于是选拔舜来总管治理工作。舜命令伯益主持放火工作,伯益便将山野沼泽分割成块逐片焚烧,迫使鸟兽逃跑隐匿。禹又疏浚九河,把济水漯水疏导入海,挖掘汝水汉水,疏通淮水泗水,引导众水流入长江,华夏的人民才可以种地吃上饭。在这一时期,禹八年奔波在外,好几次经过自己家门都忙得不能进去,他即使想种地,做得到吗?"

【注释】①大人:道德品行超过一般"君子"的人。参见《考证》126。 ②路:同"露""潞",赢弱疲惫。 ③食(sì)人:提供给别人吃。食,给……吃。 ④偪:即"逼"字。 ⑤敷:同"溥""普",普遍。 ⑥益烈山泽而焚之:伯益将山野沼泽分割成块而焚烧之。烈,通"裂",分割。详见《考证》051。 ⑦九河:分别为徒骇、大史、马颊、覆釜、胡苏、简、絜、钩盘、鬲津。 ⑧瀹(yuè)济漯(tà)而注诸海:瀹,疏导。济、漯,都是水名。 ⑨决汝汉,排淮泗而注之江:除汉水外,汝与淮、泗都不入江。其实孟子这里不过申述禹治水之功。

【考证051】益烈山泽而焚之：

　　这句话颇不好理解。赵岐《注》："烈，炽也。益视山泽草木炽盛者而焚烧之。"然则，"烈"在这里是表示"茂盛"的形容词的意动用法，即认为哪处山泽茂盛即焚烧哪处。旧题孙奭《疏》（下文称"伪孙奭《疏》"或"伪疏"）无说；朱熹《集注》只有三字："烈，炽也。"焦循仅申说赵岐《注》。杨伯峻《译注》于此句未出注，今译为"益便将山野沼泽地带的草木用烈火焚烧"。《王力古汉语字典》："火猛。《左传·昭公二十年》：'夫火烈，民望而畏之。'又为动词，放火烧。《孟子·滕文公上》：'益烈山泽而焚之。'"

　　但无论赵岐说，还是《字典》所说，都缺乏书证支持。赵岐《注》"烈，炽也"虽不乏其例，但未见意动用法者。在先秦文献中，"烈"的"火猛"义、"猛烈"义、"光明""显赫"义、"功烈"义、"节操"义（如"烈士"）以及叠音形容词"烈烈"均各有多例，唯独动词"放火烧"这一义项仅此一例书证。况且，这仅有的一例书证，还与赵岐所说相左，也与后面的"焚"相重复——应当译为"伯益放火焚烧山泽而焚烧山泽"，或者"伯益放火点燃山泽而焚烧之"。

　　"义有不合，则活用其字形，借助于文法，乞灵于声韵，以假读通之。"（杨树达《积微居金文说·自序》）我们以为，此句的"烈"或当读为"裂"。

1. 两字先秦多有相通者。《说文·衣部》《玉篇·衣部》："裂，缯余也。"即缯帛的残余。段玉裁注："引申为凡分散残余之称，或假'烈'为之。"段注"𢾃"字时又说："'裂'训'缯余'，引申之，凡'余'皆曰'裂'。"《国语·齐语》："戎车待游车之裂。"韦昭注："裂，残也。"《诗经·大雅·云汉序》："承厉王之烈。"郑玄笺："烈，余也。"《尔雅·释诂》《玉篇·火部》："烈，余也。"《方言》卷一："烈，余也。晋、郑之间曰'烈'。"《尔雅·释诂下》："烈、𢾃，余也。"郝懿行《义疏》："'烈'者，'裂'之假音也。"

2. 更为重要的是，"裂"的文例与"益烈山泽而焚之"相合。"裂"

常出现在"V_1O+ 而(以)$+V_2O$"格式中的 V_1 的位置上,这一点与"益烈山泽而焚之"句中"烈"所处的语法位置相同;而且,"裂"也以"地""田""故吴之地方五百里"等为宾语,和"益烈山泽而焚之"句以"山泽"为"烈"的宾语类似。

例如:"召使者,裂裳帛而与之。"(《左传·昭公元年》)"将裂田以与蛮子而城之。"(《哀公四年》)"般爵以贵之,裂地以封之,终身不厌。"(《墨子·尚贤中》)"请裂故吴之地方五百里以封子墨子。"(《鲁问》)"大败越人,裂地而封之。"(《庄子·内篇·逍遥游》)"君裂地而封之,疏爵而贵之。"(《晏子春秋·内篇问上》)

"裂"的意义:《尔雅·释言》:"盖、割,裂也。"《王力古汉语字典》:"剪裁,撕破。《左传·昭公元年》:'召使者,裂裳帛而与之。'引申为'割','分'。《晏子春秋·内篇问上》一九:'裂地而封之,疏爵而贵之。'"

然则,"益烈山泽而焚之"意为"伯益将山野沼泽分割成块而焚烧之",或"伯益将山野沼泽划分区块,令各部落分别焚烧之"。

近现代的烧山依循的正是"裂山泽而焚之"的原理;当然,如果能找到史书的相关记载就更好了。

5.4-4 "后稷教民稼穑①,树艺五谷②;五谷熟而民人育。人之有道也③——饱食、暖衣、逸居而无教,则近于禽兽。圣人有忧之④,使契为司徒⑤,教以人伦——父子有亲,君臣有义,夫妇有别,长幼有叙,朋友有信。放勋曰⑥:'劳之来之⑦,匡之直之,辅之翼之,使自得之,又从而振德之。'圣人之忧民如此,而暇耕乎?

【译文】"后稷教导百姓种庄稼,栽培谷物。谷物成熟了,老百姓便得到了养育。人类的规律是这样的:光是吃得饱,穿得暖,住得安逸,却没有教育,那也和禽兽差不多。圣人为这事忧虑深重,便让契做了司徒,教育人民明白人际的伦常关系——父子间的骨肉之亲,君臣间的礼义之道,夫妻间的内外之别,老少间的尊卑之序,朋友间的诚信之德。尧说道:'慰劳勉励他们,引导纠正他们,帮扶保护他们,使他们各得其所,然后再赈济困穷施以恩惠。'圣人为百姓考虑达到这样的程度,还挤得出时间来种地吗?"

【注释】①后稷:名弃,周朝的始祖,帝尧时为农师。 ②五谷:稻(水稻)、黍(小米之黏者)、稷(小米)、麦(小麦)、菽(豆类)。 ③人之有道也:句式同"人之有是四端也,犹其有四体也"(《公孙丑上》)、"人之有德慧术知者,恒存乎疢疾"(《尽心上》)、"人之有学也,犹木之有枝叶也"(《国语·晋语九》)。有道,有规律。 ④有:动词词头(动词前缀),可不译。 ⑤契:殷之祖先。 ⑥放勋曰:有的古本作:"放勋日劳之来之……"但在这样的一段韵文前加上主语和状语,未见其例。而当时人说话常引韵文,以《孟子》为例:"曾子曰:'不可,江汉以濯之,秋阳以暴之,皜皜乎不可尚已。'"(《滕文公上》)放勋,尧之名。 ⑦劳(lào)之来(lài)之:即慰劳勉励之。详见《考证》052。

【考证052】劳之来之:

赵岐《注》:"放勋,尧号也。遭水灾,恐其小民放辟邪侈,故劳来之,匡正直其曲心……"朱熹《集注》:"劳、来,皆去声。"

杨伯峻《孟子译注》先引王念孙《广雅疏证》:"《说文》:'勑,劳也。'《尔雅》:'劳、来,勤也。'《大雅·下武篇》'昭兹来许'《郑笺》:'劳、来,皆谓勤也。'《史记·周纪》:'日夜劳来,定我西土。'《墨子·尚贤篇》:'垂其股肱之力,而不相劳来。'皆谓勤也。《孟子·滕文公篇》'放勋曰"劳之来之",亦谓圣人之勤民也。'"接着又说:"王棻《柔桥文钞·"劳之来之"解》谓'来'当作'勑',实即'敕'字。与下文'直''翼''得''德'叶韵。案此言实误。下文'匡''直'同义,'辅''翼'同义,则'劳''来'不当分为二义。即以韵而论,'来'与'直''翼'诸字亦平入相通,何必改字而后叶哉?"

我们赞同"'劳''来'不当分为二义",一是典籍中"劳来""劳勑"

常见,故训极多,为同义词连用;二是"下文'匡''直'同义,'辅''翼'同义",则"劳来"无理由分立。但《孟子译注》译"劳之来之"为"督促他们",则似有未逮。

　　劳、来(勑)连用,为慰劳、劝勉之意,故训具在,字典明载,不烦赘引。即便《尔雅》"劳、来,勤也"之"勤",亦可以"慰劳、劝勉"释之。《尚书·康诰》"侯甸男邦采卫,百工播民和,见士于周,周公咸勤"孔《传》:"周公皆劳勉五服之人。"《左传·僖公三年》"楚人伐郑,郑伯欲成。孔叔不可,曰:'齐方勤我,弃德不祥'"杜预《注》:"勤,恤郑难。"类似者还有《左传·成公二年》之"五伯之霸也,勤而抚之,以役王命"。至于同义词"劳""来"的细微差别,《正字通》的解释可为参考:"勑,勑劳也。答其勤曰'劳',抚其至曰'勑'。"谓酬答民人之勤于王事为"劳",而抚慰其不远千里而至为"勑"。"劳、来,勤也"之"勤"如作他释,则无文例以为支撑。然则王念孙之所谓"放勋曰'劳之来之',亦谓圣人之勤民",非谓圣人之勤于民事,而谓其恤民之劳也。

　　劳、勤均由"辛劳"义发展出"慰劳劝勉"义,这一现象,是所谓"平行的词义发展";而"来"则另由"使到来"义发展出"对别人的辛劳报以恩惠以使其来归附"的意义(详见孙玉文《汉语变调构词考辨》,第295—298页、第16—20页)。换言之,只有当"劳"为"慰劳劝勉"义而"来"为"对别人的辛劳报以恩惠以使其来归附"义时,"劳""来"才从两条线交汇而成为近义词,从而得以连用,也才能用同样为"慰劳劝勉"义的"勤"来解释它们。反之,它们便是"两股道上跑的车"。

　　按,《尔雅·释诂》原文为:"劳、来、强、事、谓、翦、篲,勤也。""劳""来"无疑对应的都是"勤"的"慰劳劝勉"义。郝懿行《义疏》:"'劳'者,谓叙其勤苦以慰勉之,故《诗序》云《出车》以劳还,《杕杜》以勤归',是其义也。《旱麓》云'神所劳矣',《孔子闲居》云'奉三无私以劳天下',毛、郑并云:'劳,劳来。'皆与《尔雅》合。"《义疏》又云:"'来'者,'勑'之假音也。《说文》'勑'训'劳',此'勑'训'勤','勤、劳'一耳。《孟子》引'放勋曰劳之来之',此盖古《尚书》文……"郝懿行的意思很明显:"劳"是"叙其勤苦以慰勉之","勤"也是这个意思,"来"(勑)同样是这个意思;《孟子》"放勋曰劳之来之"的"劳""来"当然也不例外。

5.4-5 "尧以不得舜为己忧,舜以不得禹、皋陶为己忧①。夫以百亩之不易为己忧者②,农夫也。分人以财谓之'惠',教人以善谓之'忠',为天下得人者谓之'仁'。是故以天下与人易③,为天下得人难。孔子曰:'大哉尧之为君!惟天为大,惟尧则之,荡荡乎民无能名焉!君哉舜也!巍巍乎有天下而不与焉④!'尧舜之治天下,岂无所用其心哉?亦不用于耕耳⑤。"

【译文】"尧为得不到舜而忧虑,舜为得不到禹和皋陶而忧虑。为了自己百亩的田地种得不好而忧虑的,那是农夫。把财物分给别人,叫作惠;教导大家都学好,叫作忠;为天下找到好人才,叫作仁。因此,把天下禅让给人家容易,为天下找到好的当家人很难。所以孔子说:'尧作为君主真是伟大!只有天最伟大,也只有尧能效法天。尧的圣德浩荡无边,老百姓日日受其恩惠习焉不察都不知有这人存在了!舜真是个好君主!天下坐得稳如泰山,却不去享受它,占有它!'尧舜的治理天下,难道不用心思吗?只是不把这心思用在如何种地上罢了。

【注释】①皋陶(gāoyáo):虞舜时的司法官。 ②易:治理得好。 ③与人:给予别人。 ④"孔子曰"数句:见《论语·泰伯》。与,即"参与"之"与",含"私有""享受"之意。 ⑤亦不用于耕:也不把这种心思用在耕作上。

5.4-6 "吾闻用夏变夷者,未闻变于夷者也。陈良,楚产也,悦周公、仲尼之道,北学于中国。北方之学者,未能或之先也①。彼所谓豪杰之士也。子之兄弟事之数十年,师死而遂倍之②!

【译文】"我只听说用中国的方式来改变四夷的,没有听说过用四夷的方式来改变中国的。陈良土生土长在楚国,却喜欢周公和孔子的学说,北上中国来求学。北方的学者,还没有谁能超过他的,那真是所谓豪杰之士啊!你们兄弟向他学习了几十年,老师一死,竟然背弃了他!

【注释】①未能或之先:未能有人领先于他。或,有人。之先,先之,领先于他。 ②倍:同"背"。

5.4-7"昔者孔子没①,三年之外,门人治任将归②,入揖于子贡,相向而哭,皆失声,然后归。子贡反,筑室于场,独居三年,然后归。子夏、子张、子游以有若似圣人,欲以所事孔子事之,彊曾子③。曾子曰:'不可;江汉以濯之,秋阳以暴之④,皜皜乎不可尚已⑤。'今也南蛮𫛢舌之人⑥,非先王之道,子倍子之师而学之,亦异于曾子矣。吾闻出于幽谷迁于乔木者,未闻下乔木而入于幽谷者。《鲁颂》曰:'戎狄是膺⑦,荆舒是惩⑧。'周公方且膺之,子是之学,亦为不善变矣。"

【译文】"从前,孔子死了,守孝三年之后,门徒们在收拾行李准备回去前,走进子贡住处作揖告别,相对而哭,都泣不成声,这才回去。子贡又回到墓地重新筑屋,独自住了三年,这才回去。过了些时候,子夏、子张、子游觉得有若有些像圣人,便想像服事孔子那样服事他,勉强曾子同意。曾子说:'不行;比如曾经用江汉之水洗涤过,曾经在夏日之下暴晒过,真是白得不能再白了。〔谁还能与孔子相比呢?〕'如今许行这南蛮子,说话就像鸟叫,也敢来非议我们祖先圣王之道,而你俩却违背师道去向他学,那就和曾子大不相同了。我只听说过鸟儿飞出幽暗的山谷迁往高大的树木,没听说过离开高大的树木再飞进幽暗山谷的。《鲁颂》说过,'戎和狄,要抵抗它们;荆和舒,要惩罚它们'。〔荆和舒这样的国家,〕周公还要抗击它,你却向它学,真是变得每况愈下了。"

【注释】①没(mò)：死；后来写作"殁"。　②任：包袱、行李。　③彊：一般写作"强"，勉强。　④秋阳以暴(pù)之：周历正月相当于夏历的十一月，所以周历的秋阳，实为夏日之阳。暴，同"曝"(pù)，晒。⑤皜(hào)皜：很白的样子。　⑥鴃(jué)：即伯劳鸟。　⑦戎狄是膺(yīng)：也即"膺戎狄""戎狄膺之"，抵抗戎狄的意思。这两句诗见《鲁颂·闷宫》。膺，抵抗，抗击。　⑧荆舒是惩：即"惩荆舒""荆舒惩之"，惩罚荆国、舒国的意思。荆，楚国的别名。舒，楚国的仆从国，在今安徽庐江。

5.4-8 "从许子之道，则市贾不贰①，国中无伪；虽使五尺之童适市②，莫之或欺③。布帛长短同，则贾相若；麻缕丝絮轻重同，则贾相若；五谷多寡同，则贾相若；屦大小同，则贾相若。"

曰："夫物之不齐，物之情也；或相倍蓰④，或相什百，或相千万。子比而同之⑤，是乱天下也。巨屦小屦同贾⑥，人岂为之哉？从许子之道，相率而为伪者也，恶能治国家？"

【译文】（陈相说：）"如果遵从许子的学说，市场上的物价就能一致，都城之中没有欺诈，即使让一个小孩子上市场，也没有人会欺骗他。布匹丝绸的长短相同，价钱便一样；麻线丝棉的轻重相同，价钱便一样；粮食的多少相同，价钱便一样；鞋的大小相同，价钱也一样。"

孟子说："各种物品不一样，是物品的真实情形——有的相差一倍五倍，有的相差十倍百倍，有的相差千倍万倍；你将它们等量齐观而让它们价钱一致，只会扰乱天下罢了。〔你说鞋的大小相同，价钱也一样；那〕大鞋小鞋一样的价钱，人们肯干吗？〔同理，材料上乘做工精致的鞋和材料窳劣做工粗糙的鞋价钱一样，人们也是不会干的。〕按许子说的办，是带领大家去弄虚作假；这样干，哪能够治理国家呢？"

【注释】①贾：同"价"。　②五尺之童：古人尺短，五尺只合今之三尺半。

③莫之或欺：莫或欺之，没有人会欺骗他。否定句中，代词作宾语一般要前置于谓语动词。莫，没有人。或，句中语气词，和否定性的无指代词"莫"一道用时，起加强语气的作用。　④倍蓰(xǐ)：两倍和五倍。是原先的两倍，就是比原先的多出一倍，或原先的比后来的相差一倍。不能说"是原先的一倍"，这是病句。蓰，五倍。　⑤比(bì)：并列，放在一道。　⑥巨屦小屦：大鞋小鞋。

5.5－1 墨者夷之因徐辟而求见孟子①。孟子曰："吾固愿见，今吾尚病，病愈，我且往见。"夷子不来②。

　　他日，又求见孟子。孟子曰："吾今则可以见矣。不直，则道不见③；我且直之④。吾闻夷子墨者，墨之治丧也，以薄为其道也；夷子思以易天下⑤，岂以为非是而不贵也？然而夷子葬其亲厚，则是以所贱事亲也。"

【译文】墨家信徒夷之凭着徐辟的关系要求见孟子。孟子说："我本来愿意见他，不过我现在正病着；病好了，我打算去看他。"夷子便没有来。

　　过了一段时间，他又要求见孟子。孟子说："我现在可以见他了。但不直截了当地说，真理不能大白于天下。我就把它直接说出来吧！我听说夷子是墨家信徒，墨家的办理丧事，以薄葬为合理；夷子也想用这一套来改革天下，难道不会认为薄葬很对而推崇这一套吗？这样一来，夷子埋葬父母亲很丰厚，就是拿他所看不上的那一套来对待父母亲了。"

【注释】①"墨者夷之因徐辟"句：墨者，信奉墨子学说的人。夷之，已无可考。徐辟，孟子弟子。　②夷子不来：有的注本将此四字放在引号内，译为孟子对夷之的使者说让夷子别来，不确。这句话当从赵岐《注》，置于引号之外。详见《考证》053。　③见：同"现"。　④直之：把道直接说出来。之，指上一句的"道"。　⑤夷子思以易天下：夷子思以之治天下。之，指薄葬。

【考证053】夷子不来：

《孟子》的今注本多将这句话紧接"我且往见"，当作孟子所说，而将其置于引号内。这样做的源头，不是来自赵岐——观他在"吾固愿见，今吾尚病，病愈，我且往见"后作注"我常愿见之，今值我病，不能见也。病愈，将自往见。以辞却之"可知；而是来自焦循："赵氏以'夷子不来'是记其实事，近时通解谓亦孟子言。谓我病愈，往见夷子，夷子不必来。王氏引之《经传释词》云：'不，毋也，勿也。'言我将往见夷子，夷子勿来也。"

如果这句话是孟子所说，让夷子别来，就该是祈使句，否定副词应该是表禁止或劝阻可译为"不要"的"勿"，而非"不"。"不"和"勿"在《孟子》中是井然有别的。

除"夷子不来"外，《孟子》中"不"出现1083次，没有表禁止、劝阻的（有若干"不可"，可理解为表禁止，但其中的"不"不表禁止）；"勿"出现25次，全部是表禁止、劝阻的。

以下是几例"S不来"的书证，全都是叙述事实的："尾生与女子期于梁下，女子不来，水至不去，抱梁柱而死。"（《庄子·杂篇·盗跖》）"今凤凰麒麟不来，嘉谷不生，而蓬蒿藜莠茂，鸱枭数至。"（《管子·封禅》）"故人至暮不来，吴起至暮不食而待之。"（《韩非子·外储说左上》）

因此，"夷子不来"意为"夷子没有来"，是叙述句而非祈使句，应该置于引号之外。

可见，1.较早的赵岐《注》并没有错，"近时通解"往往不大可信。2.《经传释词》的："不，毋也，勿也"表明，传统训诂学，尤其是其中的虚词书，对同义词往往喜言其同，而忽视辨其异，像段玉裁《说文解字注》那样较为注重辨异的著作并不多见。这种喜同轻异的做法用在虚词研究上尤其危险。因为虚词或一些半虚词如介词、连词、否定代词、人称代词都是较为封闭的系统，其中成员往往"一个萝卜一个坑"，各司其职，各个词的差异往往使得其用法井然有别。关于"不"

"弗"与"勿""毋"的区别,可参王力《汉语史稿》《汉语语法史》相关部分。

5.5-2 徐子以告夷子。夷子曰:"儒者之道,古之人'若保赤子^①',此言何谓也?之则以为爱无差等,施由亲始^②。"

  徐子以告孟子。孟子曰:"夫夷子信以为人之亲其兄之子为若亲其邻之赤子乎?彼有取尔也。赤子匍匐将入井,非赤子之罪也。且天之生物也,使之一本,而夷子二本故也^③。盖上世尝有不葬其亲者,其亲死,则举而委之于壑^④。他日过之,狐狸食之^⑤,蝇蚋姑嘬之^⑥。其颡有泚^⑦,睨而不视^⑧。夫泚也,非为人泚,中心达于面目。盖归反虆梩而掩之^⑨。掩之诚是也,则孝子仁人之掩其亲,亦必有道矣。"

  徐子以告夷子,夷子怃然为间曰^⑩:"命之矣^⑪。"

【译文】徐子把这话转达给夷子。夷子说:"儒家的学说认为,古代君主爱护百姓就好像爱护婴儿一般。这话是什么意思呢?我以为便是,人们之间的爱没有亲疏厚薄的区别,只是由双亲开始实行罢了。〔这样看来,墨家的兼爱之说和儒家学说并不矛盾,而我厚葬父母,也没有什么说不过去了。〕"

  徐子又把这话告诉了孟子。孟子说:"夷子真正以为人们爱他的侄儿和爱他邻居家的婴儿一样的吗?夷子只不过抓住了一点:婴儿在地上爬行,快要跌到井里去了,这不是婴儿的过错。〔这时候,无论是谁的孩子,无论谁看见了,都会去救的,夷子以为这就是爱无等差。其实,这是人的恻隐之心。〕况且天生某物,只让它有一个本源〔,所以爱有等差〕。夷子却〔以为爱无等差,那就等于〕认为每一物有两个本源。大概上古曾经有不埋葬父母的人,父母死了,就托举着扔到山沟里。过了些时候,再经过那里,就发现狐狸、狸猫在撕咬着,苍蝇、蚊子在咀吮着那遗体。那个人不禁额头上冒出了汗,斜着眼睛,不敢正视。这一种汗,不是流给别人看的,而是心中的悔恨在面目上的流露。大概后来他回家取了篓筐铲子把遗体埋了。埋葬遗体诚然是对的,那么,孝子仁人埋葬他的父母,这其中也定然蕴含着一定的道理。"

　　徐子把这话又转达给夷子,夷子惆怅地想了一会儿说:"受教了。"

【注释】①古之人"若保赤子":《尚书·康诰》:"若保赤子,惟民其康乂。"赤子,初生的婴儿。　②施由亲始:施,实行。亲,父母。　③天之生物也,使之一本,而夷子二本:天生万物,每物只有一个本源(父母)。《礼记·哀公问》:"身也者,亲之枝也,敢不敬与?不能敬其身,是伤其亲;伤其亲,是伤其本。"而夷子以为爱无等差,把别人的父母,和自己的父母同等看待;那对于每个人来说,就是有两个以上本源了。④举而委之于壑:举,执持,托举。委,抛弃。壑,沟壑。详见《考证》054。　⑤狐狸:狐狸和狸猫。狐,狐狸。狸,狸猫。详见《考证》070。⑥蝇蚋(ruì)姑嘬(chuài)之:蚋,蚊类昆虫。姑,应读为"盬(gǔ)",咀吮。嘬,凑在一起吃。　⑦泚(cǐ):出汗的样子。　⑧睨(nì)而不视:斜着眼睛,不敢正视。睨,斜视。视,正视。　⑨藁梩(lěisì):藁,土筐。梩,类似铲子的工具。　⑩怃(wǔ)然为间:怃然,茫然自失的样子。为间,一会儿。　⑪命之:受教了。命,教。之,夷子自指。

【考证054】盖上世尝有不葬其亲者其亲死则举而委之于壑:

　　人类文化学的研究表明,早期人类确实有不葬父母者。父母将死或已死,则由儿子背往山中抛弃。近世南美、非洲仍有此遗风;日本亦有之,电影《楢山节考》讲述的就是以此为背景的故事。

　　上古典籍不乏记载之者,例如:"小人老而无子,知挤于沟壑矣。"(《左传·昭公十三年》)"今宫室无量,民人日骇,劳罢死转,忘寝与食。"(《昭公十九年》,杜预注:"迁徙也。")"子为我死,子之父母将转于沟壑。"(《国语·吴语》)"凶年饥岁,君之民老弱转乎沟壑,壮者散而之四方者,几千人矣。"(《梁惠王下》《公孙丑下》)"使老稚转乎沟壑,恶在其为民父母也?"(《滕文公上》)"志士不忘在沟壑,勇士不忘丧其元。"(《滕文公下》《万章下》)"今岁有疠疫,万民多有勤苦冻馁,转死沟壑中者,既已众矣。"(《墨子·兼爱下》)"以此饥寒冻馁疾病,而转死沟壑中者,不可胜计也。"(《非攻下》)"所重所爱,死而弃之沟壑,人之情不忍为也,故有葬死之义。"(《吕氏春秋·孟冬纪》)

赵岐注《公孙丑下》"老羸转于沟壑":"转尸于沟壑也。"按:"转尸"见于《淮南子·主术训》:"春伐枯槁,夏取果蓏,秋畜疏食,冬伐薪蒸,以为民资。是故生无乏用,死无转尸。"《墨子·兼爱下》"转死沟壑中",孙诒让《墨子间诂》以为"转死"即《淮南子》之"转尸"。高诱注:"转,弃也。""举而委之于壑"朱熹注:"委,弃也。"又谓之"传尸":"因其土宜,以为民资,则生无乏用,死无传尸。此谓仁德。"(《逸周书·大聚解》)

综上,《墨子》"转死"即《淮南子》"转尸""传尸",也即"弃尸"(高诱注、朱熹注);"转乎沟壑""转于沟壑"(《孟子》)即"转死沟壑"(《墨子》),也即赵岐《注》之"转尸于沟壑也",也即"死而弃之沟壑"(《吕氏春秋》),也即本章"举而委之于壑"。是则"上世尝有不葬其亲者",其远古遗俗之载记欤?

可知,"挤于沟壑""转于沟壑""填沟壑"既是战国时"死"的另一种说法,也特指流离失所,死于野外而无人埋葬;故《淮南子·主术训》在列举一系列"以为民资"的措施后,归纳其好处为"生无乏用,死无转尸"——活着不缺用度,死了不至于没人埋葬。

《左传·昭公十九年》:"今宫室无量,民人日骇,劳罢死转,忘寝与食,非抚之也。"杜预注"转":"迁徙也。"杨伯峻先生《春秋左传注》:"转,即《孟子·梁惠王下》'老弱转乎沟壑'之'转',尸体抛弃也;亦作'转尸',《淮南子·主术训》云:'死无转尸。'死转,即死而转尸也。"按,杨说至碻。

又《荀子·荣辱》"沟壑中瘠者",王念孙曰:"瘠,读为'掩骼埋胔'之'胔'。露骨曰'骼',有肉曰'胔'。"故而"狐狸食之,蝇蚋姑嘬之"。

又《周易·系辞下》:"古之葬者,厚衣之以薪,葬之中野,不封不树。"《说文》在引用这段文字之前说:"葬,藏也。从死在茻中。"这可与《列子·杨朱》"衣薪而弃诸沟壑"互证。

高诱注"转,弃也"很关键,它能证明不是死者弥留前自己去死在沟壑的,而是他于弥留之际或已死之后被抛弃在沟壑的,这样才能与"举而委之于壑"挂起钩来;《吕氏春秋》"死而弃之沟壑"更可为证。不过,"转"的意义当是"移动",而"转尸""转死"的意义是移动将死或已死者而抛弃之。

滕文公章句下

凡十章

6.1-1 陈代曰①:"不见诸侯,宜若小然②。今一见之,大则以王,小则以霸③。且《志》曰:'枉尺而直寻④。'宜若可为也。"

　　孟子曰:"昔齐景公田,招虞人以旌⑤,不至,将杀之。志士不忘在沟壑,勇士不忘丧其元⑥。孔子奚取焉?取非其招不往也。如不待其招而往,何哉⑦?且夫枉尺而直寻者,以利言也。如以利,则枉寻直尺而利,亦可为与?

【译文】陈代说:"不去谒见诸侯,似乎只是小事一桩;可如今见一次诸侯,大则可以凭它在天下实行仁政,小则可以凭它统领诸侯。〔可见,现如今见不见诸侯,可不是小事了。〕而且《志》上说:'通过弯曲一尺,便能伸直一寻。'好像应该试一试。"

　　孟子说:"从前齐景公田猎,用旌去召唤掌管山泽田猎的小吏,小吏不去,景公便准备杀他——志士坚守气节,不怕死在沟壑;勇士见义勇为,不怕抛却头颅。孔子到底看重这小吏哪一点呢?就是看重他不是自己所应接受的召唤之礼,硬是不去。如果不等诸侯的召唤便去,究竟要干什么呢?而且所谓通过弯曲一尺,便能伸直一寻,完全是从利的方面说的。如果唯利是图,那么就是弯曲一寻去伸直一尺,也有小利可图,不也可以干干吗?

【注释】①陈代:孟子弟子。　②不见诸侯,宜若小然:不去谒见诸侯,似乎并不是什么大了不起的事儿。宜若,似乎,大概。详见《考证》055。③以王,以霸:以之王,以之霸;凭它实行王政,凭它统领诸侯。之,指前文"见诸侯"。　④寻:合当时的八尺。　⑤招虞(yú)人以旌

(jīng):虞人,掌管山泽田猎的官名。旌,用五色羽毛装饰的旗帜。《左传·昭公二十年》:"齐侯田于沛,招虞人以弓,不进。公使执之。辞曰:'昔我先君之田也,旃以招大夫,弓以招士,皮冠以招虞人。臣不见皮冠,故不敢进。'"要之,召唤虞人,只能用皮冠。　⑥勇士不忘丧其元:勇士要时刻不忘准备掉脑袋。元,首,头颅。　⑦何哉:想要干什么呢,意欲何为。

【考证 055】不见诸侯宜若小然:

赵岐《注》:"代见诸侯有来聘请孟子,孟子有所不见,以为孟子欲以是为介,故言此介得无为狭小乎。"朱熹《集注》:"小,谓小节也……枉尺直寻,犹屈己一见诸侯,而可以致王霸,所屈者小,所伸者大也。"杨伯峻《孟子译注》从之,译之为"不去谒见诸侯,似乎只是拘泥于小节吧";本书初版也曾译为"不去谒见诸侯,似乎太小气了吧"。

我们遍察周秦文献,未见"小"单用有表达"小节"这一意义的;而赵岐之说又颇不好懂。本书初版所译的"小气"也有未逮。

根据下列例句,主语表示抽象意义的,如"管仲之器""罪""德之休明""事"等,也可使用"小"作谓语来描写:

"管仲之器小哉!"(《论语·八佾》)"长君之恶其罪小,逢君之恶其罪大。"(《孟子·告子下》)"德之休明,虽小,重也。"(《左传·宣公三年》)"利之中取大,非不可得已也。害之中取小,不得已也。"(《墨子·大取》)"道虽迩,不行不至;事虽小,不为不成。"(《荀子·修身》)

《论语·八佾》一例,是说"管仲之器""小",《孟子·告子下》一例是说,若"长君之恶",其过错尚"小",《荀子·修身》一例,是说"事小"。以此例彼,"不见诸侯,宜若小然",是说"不见诸侯"这事"小"。

《古代汉语虚词词典》(中国社会科学院语言研究所古代汉语研究室编,商务印书馆 1999)解释"宜若"为用作副词的复合虚词,"用在谓语前,表示对所述事实的推测。可译为'似乎''大概'等。"

因此,"不见诸侯,宜若小然"是说,不去谒见诸侯这事儿,大概只是小事一桩。回过头来看赵岐《注》,"此介得无为狭小乎"不也是说,介绍孟子和诸侯见面这事,难道不是小事一桩吗?朱熹"小节"说也可作此理解。

另外,时间副词"今"常用以表示前后两种事实、行为或结果是相反的。由此可知,"不见诸侯,宜若小然。今一见之,大则以王,小则以霸"是说,不去谒见诸侯,〔过去〕似乎只是小事一桩;可如今见一次诸侯,大则可以凭它实行仁政于天下;小则可以凭它统领诸侯。〔可见,如今见不见诸侯,可不是什么小事了。〕

6.1-2"昔者赵简子使王良与嬖奚乘①,终日而不获一禽。嬖奚反命曰:'天下之贱工也。'或以告王良。良曰:'请复之。'强而后可,一朝而获十禽。嬖奚反命曰:'天下之良工也。'

"简子曰:'我使掌与女乘②。'谓王良。良不可,曰:'吾为之范我驰驱③,终日不获一;为之诡遇④,一朝而获十。《诗》云⑤:"不失其驰,舍矢如破。"我不贯与小人乘⑥,请辞。'御者且羞与射者比⑦;比而得禽兽虽若丘陵,弗为也。如枉道而从彼,何也?且子过矣;枉己者,未有能直人者也。"

【译文】"从前,赵简子让王良替他的宠幸小臣叫'奚'的驾车打猎,一整天也没打到一只猎物。奚向简子汇报说:'王良是天底下最没本事的驾车人。'有人把这话告诉了王良。王良说:'请求再来一次。'反复劝说,奚才答应去,结果一早上就打中十只猎物。奚又汇报说:'王良是天底下最有本事的驾车人。'

"赵简子便说:'我让他专门给你驾车好了。'又把这话告诉王良,王良不肯,说:'我帮他按照规矩驾车,整天打不着一只;而帮他违背规矩驾车,一早上就打中了十只。可是《诗经》上说:"往来驰驱有章法,一箭射出就杀伤。"我不习惯为小人驾车,请允许我辞掉这差事。'驾车者尚且羞于与坏的射手为伍;与他为伍,即便获得的禽兽堆积如山,也不肯干。如果先委屈自己的理想与主张而追随诸侯,那到底图个什么？况且你错了；容忍自己不正直的人，从来就不能让别人正直。"

【注释】①昔者赵简子使王良与嬖(bì)奚乘：赵简子，晋国正卿赵鞅。王良，春秋末年的驾车能手。嬖，受宠幸的小人。奚，嬖人名。 ②我使掌与女乘：我使之掌与汝乘，我让他负责给你驾车。"使"的宾语常常不出现。掌，掌管。 ③范我驰驱：规范我的奔驰。 ④诡遇：不依法驾御。 ⑤"《诗》云"两句：见《小雅·车攻》。译文采自程俊英《诗经译注》。如破，而破。 ⑥贯：即今之"惯"字。 ⑦御者且羞与射者比(bǐ)：射者，语义双关：明指嬖奚，暗指射利之徒与射利之事，如四处求见诸侯以干禄之苏秦、张仪辈，亦表明自己不愿主动谒见诸侯之志。比，并立，并列。

6.2 景春曰①："公孙衍、张仪岂不诚大丈夫哉②？一怒而诸侯惧，安居而天下熄③。"

孟子曰："是焉得为'大丈夫'乎④？子未学礼乎？丈夫之冠也，父命之⑤；女子之嫁也，母命之，往送之门，戒之曰：'往之女家，必敬必戒，无违夫子！'以顺为正者，妾妇之道也⑥。居天下之广居，立天下之正位，行天下之大道⑦；得志，与民由之；不得志，独行其道；富贵不能淫，贫贱不能移，威武不能屈⑧，此之谓'大丈夫'。"

【译文】景春说："公孙衍和张仪难道不算'大丈夫'吗？他们一生气，诸侯都心惊胆战；安居度日时，天下便战火全熄。"

孟子说："就这样，怎么算作大丈夫呢？你没有学过礼吗？男子行加冠礼时，父亲要叮嘱他；女子出嫁的时候，母亲要叮嘱她，把她送到门口，告诫她说：'到了你的夫家，一定要严肃认真，一定要时刻上心，不要违背丈夫！'以顺从为原则的，是做妇人的道理。居住在天下这么广阔的空间，站立在天下最正确的位置，走着天下最宽广的仁义之路;得志之日,带领百姓一同走这条路;不得志之时,一个人也要坚持走下去。富贵不能放纵他,贫贱不能改变他,威武不能压服他,这样的人,才真正算是'大丈夫'!"

【注释】①景春:纵横家,与孟子同时。　②公孙衍、张仪:公孙衍,即魏人犀首,当时著名的说客。张仪,魏人,游说六国连横去服从秦国的大政客。　③熄:烽火熄灭。　④是焉得为"大丈夫"乎:仅仅这样,又怎能叫作"大丈夫"呢?因为"是"是指代前文景春说的那段话的。⑤丈夫之冠也,父命之:古时男子到了二十岁,便可算作成年人,行加冠礼。命,教诲。　⑥妾妇之道:朱熹认为这句是指公孙衍、张仪的,恐非。实际上是说,妾妇尚能"以顺为正",能遵守"父母之命、媒妁之言"而"由其道",而公孙衍、张仪却以邪慝游说诸侯,是"不由其道""不待其招而往"的"钻穴隙"之徒,自不如妾妇远矣。详见《考证》056。　⑦广居,正位,大道:杨伯峻《孟子译注》:"朱熹《集注》云:'广居,仁也。正位,礼也。大道,义也。'按之《论语》'立于礼'、《孟子》'居仁由义'(13.33)、'仁,人之安宅也'(3.7又7.11)、'义,人路也'(11.11)诸语,《集注》所释,最能探得孟子本旨。"　⑧"富贵不能淫"三句:《庄子·外篇·田子方》:"古之真人,知者不得说,美人不得滥,盗人不得劫,伏戏、黄帝不得友。"陈鼓应《庄子今注今译》:"古时的真人,智者不能游说他,美人不能淫乱他,强盗不能劫持他,伏戏、黄帝不能和他交游。"《礼记·儒行》亦有类似表述。

【考证056】以顺为正者妾妇之道也:

这两句,朱熹《集注》认为是暗指公孙衍、张仪不过是"妇人女子":"女子从人,以顺为正道也。盖言二子阿谀苟容,窃取权势,乃妾妇顺从之道耳,非丈夫之事也。"细读赵岐《注》,此意似已隐约其中:"孟子以礼言之,男子之道,当以义匡君,女子则当婉顺从人耳。男子之冠,则命曰就尔成德。今此二子,从君顺指,行权合从,无辅弼之义,安得为大丈夫也?"前言"女子当婉顺从人",后言"今此二子,从君顺指",二"顺"字,似乎能将两者联系在一起,而此似又为朱熹说所本。朱熹这一说法影响很大。杨伯峻《孟子译注》未采此说,从其未给这两句出注可知。我们以为这并非杨先生的疏忽,而是他并不认同,一时未便详证罢了。

1."丈夫之冠也,父命之;女子之嫁也,母命之,往送之门,戒之曰:'往之女家,必敬必戒,无违夫子'",这都是符合"礼"的,所以孟子以"子未学礼乎"引出这段话;并总结说:"以顺为正者,妾妇之道也。"《孟子》一书,常引《礼经》以证其说,如下一章;又如《公孙丑下》第二章,景丑氏即举《礼经》以相诘难。

2.《孟子》一书的行文,喜欢铺垫。如上一章"昔者赵简子使王良与嬖奚乘",下一章"丈夫生而愿为之有室,女子生而愿为之有家";又如《尽心上》:"孟子自范之齐,望见齐王之子,喟然叹曰:'居移气,养移体,大哉居乎!夫非尽人之子与?'孟子曰:'王子宫室、车马、衣服多与人同,而王子若彼者,其居使之然也。况居天下之广居者乎?'"以彼例此,孟子此处,不过是其说理的铺垫。

3.同样,《孟子》一书行文,驳斥对方都是直截了当酣畅淋漓的,从不以隐晦形式出之。例如:当景丑氏以"内则父子,外则君臣,人之大伦也。父子主恩,君臣主敬。丑见王之敬子也,未见所以敬王也"(《公孙丑下》)责难孟子时,孟子首先说:"恶!是何言也!"最后说:"故齐人莫如我敬王也。"孟子回答充虞的"君子不以天下俭其亲"(同上),也是直截了当的。陈贾下了个套让孟子钻,孟子直截了当地回击他:"周公,弟也;管叔,兄也。周公之过,不亦宜乎?且古之君子,过则改之;今之君子,过则顺之。古之君子,其过也,如日月之食,民皆见,及其更也,民皆仰之;今之君子,岂徒顺之,又从为之辞。"(同上)孟子离开齐国时,面对"欲为王留行者"的抱怨,孟子依然说:"子为长者虑,而不及子思;子绝长者乎?长者绝子乎?"

4.结合下章看,就更加显豁了:"丈夫,生而愿为之有室;女子,生而愿为之有家;父母之心,人皆有之。不待父母之命、媒妁之言,钻穴隙相窥,逾墙相从,则父母国人皆贱之。古之人未尝不欲仕也,又恶不由其道。不由其道而往者,与钻穴隙之类也。"显然,"丈夫之冠也,父命之;女子之嫁也,母命之",与"父母之命、媒妁之言"是一脉相承的,那么,公孙衍、张仪之所为,在孟子看来,岂不就是"钻穴隙之类"了吗?

5. 孟子说:"古之人未尝不欲仕也,又恶不由其道。"这才是问题的实质。"以顺为正者,妾妇之道也",在孟子看来,显然是"由其道",符合礼的。而公孙衍、张仪之所为,才是"不由其道"。但这"不由其道",主要不是指的形式,而主要是指的内容。如果主要是指形式,那孟子本人也"后车数十乘,从者数百人,以传食于诸侯"(6.4)。"不由其道"的内容,是指不以仁义游说诸侯。所以当宋牼将以"言其不利"劝说秦楚罢兵时,孟子才说"先生之志则大矣,先生之号则不可"(《告子下》);所以,孟子才说"善战者服上刑,连诸侯者次之,辟草莱、任土地者次之"(《离娄上》)。"连诸侯者",就是公孙衍、张仪一流。

6. 即使形式上,孟子之说诸侯,也较公孙衍、张仪之流合乎"礼"。结合本篇第一章:"孟子曰:'昔齐景公田,招虞人以旌,不至,将杀之。志士不忘在沟壑,勇士不忘丧其元。孔子奚取焉?取非其招不往也。如不待其招而往,何哉?'"孟子虽然也"传食于诸侯",但他是被诸侯请去的,不是如公孙衍、张仪一般"不待其招而往"的。正如女子出嫁是通过"父母之命、媒妁之言",而又"母命之,往送之门,戒之曰:'往之女家,必敬必戒,无违夫子'",因而是"以顺为正"的,合乎礼的;则公孙衍、张仪之所为,是不顺的,不正的,不合乎礼的,乃是"钻穴隙之类"的。

7. 综上,孟子并未将公孙衍、张仪比作"妾妇",而是说妾妇尚能"以顺为正",公孙衍、张仪之流却以邪慝游说诸侯;妾妇尚且能遵守"父母之命、媒妁之言"而"由其道",公孙衍、张仪之流却是"不由其道""不待其招而往"的"钻穴隙"之徒,自不如妾妇远矣。

我的朋友许英国和我讨论这一章,他不认同孟子是以"妾妇之道"指公孙衍、张仪,并说:"因为孟子提'妾妇之道'的出发点在

'礼'。"受他的启发,我写了这一《考证》。特此鸣谢!

6.3-1 周霄问曰①:"古之君子仕乎?"孟子曰:"仕。《传》曰:'孔子三月无君,则皇皇如也②,出疆必载质③。'公明仪曰:'古之人三月无君,则吊。'"

"三月无君则吊,不以急乎④?"曰:"士之失位也,犹诸侯之失国家也。《礼》曰:'诸侯耕助,以供粢盛⑤;夫人蚕缫⑥,以为衣服⑦。牺牲不成⑧,粢盛不絜⑨,衣服不备,不敢以祭。惟士无田,则亦不祭。'牲杀、器皿、衣服不备,不敢以祭,则不敢以宴,亦不足吊乎?"

【译文】周霄问道:"古代的君子做官吗?"孟子答道:"做官。《传》上说:'孔子要是一连几个月没有君主任用他,就焦急不安;离开一个国家,一定要带着见面礼〔,以便和别国国君见面〕。'公明仪也说:'古代的人一连几个月没有君主任用,就要去安慰他。'"

周霄便说:"一连几个月没君主任用就去安慰他,不觉着急了些吗?"孟子答道:"士失掉官位,就好像诸侯失去国家。《礼》说过:'诸侯亲自参加耕种,是为了供给祭品;夫人亲自养蚕缫丝,是为了供给祭服。牛羊不肥壮,祭品不洁净,祭服不齐备,不敢用来祭祀。士若没有〔供祭祀用的〕田地,那也不能祭祀。'牛羊、祭具、祭服不齐备,也就不敢用这些来祭祀,也就不敢用这些来请客吃饭,这难道不应该安慰他吗?"

【注释】①周霄:魏国人。　②皇皇:后世作"惶惶",不安的样子。　③质:通"贽""挚(zhì)"。古代初相见,须携礼物以示诚意,谓之"贽",士人一般用雉。　④不以急乎:(您)不觉得急切了些吗? 以,以为,认为,觉得。详见《考证》057。　⑤诸侯助耕,以供粢盛(zīchéng):"助"即"藉",借助的意思。古代天子于每年孟春,率三公九卿诸侯大夫躬耕。因仍须假借他人之手才得以收获,故谓之"藉田"。粢盛,就是六谷(黍、稷、稻、粱、麦、苽)。 ⑥夫人蚕缫(sāo):"夫人"指诸侯正妻。缫,抽茧出丝。 ⑦衣服:专指祭祀穿用的衣服。 ⑧牺牲不成:祭祀所杀的牛羊猪等都叫"牺牲",也叫"牲杀"。成,肥壮。 ⑨絜:同"潔(洁)",清洁,洁净。

【考证057】不以急乎:

赵岐《注》:"周宵怪乃吊于三月无君,何其急也。"朱熹《集注》:"以、已通,太也。后章放(仿)此。"杨伯峻《孟子译注》因而译"三月无君则吊,不以急乎"为:"三个月没有找到君主便去安慰他,不也太急了些吗?"

既然朱熹说"后章放此",我们不妨看看下一章:"彭更问曰:'后车数十乘,从者数百人,以传食于诸侯,不以泰乎?'孟子曰:'非其道,则一箪食不可受于人。如其道,则舜受尧之天下,不以为泰——子以为泰乎?'"前文言"不以泰乎",后文言"不以为泰",可知此"以"即"以为""认为""觉得"义。"不以急乎"和"不以泰乎"都是"不+介词'以'+形容词+乎"格式,"不以急乎"的"以"也应该是"以为"的意义。

那么,介词"以"是如何逐步变化出动词义认为、以为、觉得的意义的呢?

其原始形式为上古汉语中常见的"以……为……"格式:"天将以夫子为木铎。"(《论语·八佾》)"二三子以我为隐乎?"(《述而》)"吾以女为死矣!"(《先进》)"吾以子为异之问,曾由与求之问。"(同上)"赐也,女以予为多学而识之者与?"(《卫灵公》)

第二步,当"以"的宾语在紧接着的上一句出现过时,很自然地,下文便应为"以之为":"是以先王为天下设教,因人所有,以之为训;道人之情,以之为真。"(贾谊《新书·六术》)由于在上古汉语中,"以"的宾语经常省略,所以,先秦文献中很难找到"以之为"的例子,直到汉代文献,才可零星见到。大量出现的,是"以为……"格式:

"为大子城曲沃,赐赵凤耿,赐毕万魏,以为大夫。"(《左传·闵公元年》)"公子安之,从者以为不可。"(《僖公二十三年》)"于是晋侯不

见郑伯,以为贰于楚也。"(《文公十七年》)"小臣有晨梦负公以登天,及日中,负晋侯出诸厕,遂以为殉。"(《成公十年》)

第三步,如上所述,当"以"的宾语在紧接着的上一句出现过时,下文常出现"以为……";当"以为……"格式中"为"的宾语为形容词时,可以省去"为",变化出"以……"格式。如果这一变式的句子能够逐渐增加而固定,"以"便会演变出认为、以为、觉得的动词意义。这一类型的变化,有人称之为"逆演化",这是针对"语法化"而言的(姚振武《上古汉语语法史》,上海古籍出版社 2015,第 39—41 页)。不过,据我们的穷尽性考察,这一进程远没有完成。我们仅仅找到一组共 5 例含有认为、以为、觉得的动词意义的"以"后接形容词的句子:

"公以告臧孙,臧孙以难。告郈孙,郈孙以可。"(《昭公二十五年》)"三月无君则吊,不以急乎?"(《滕文公下》)"后车数十乘,从者数百人,以传食于诸侯,不以泰乎?"(同上)"主王姬者则曷为必为之改筑?于路寝则不可,小寝则嫌,群公子之舍,则以卑矣。"(《公羊传·庄公元年》)"臣诚知不如徐公美,臣之妻私臣,臣之妾畏臣,臣之客欲有求于臣,皆以美于徐公。"(《战国策·齐一》)

"群公子之舍则以卑矣",何休注"以卑":"以为太卑。"则此"以"即"以为"。这句是说,让她住在各位女公子的房舍,就觉得寒酸了些。

除了以上 5 例,我们未能找到其他能够肯定属于这一格式的其他句子。也就是说,"以"所具有的以为、认为、觉得的意义仍然是临时性的、语用层面的,尚未得以固化而进入语义层面;也即,介词"以"变化为动词"以"的"逆演化"并未完成。正由于这一格式的句子在语言史上蜻蜓点水,昙花一现,才使得其中的"以"被理解为其他的意义(包括"太"的意义)。参见杨柳岸、杨逢彬《"以"表"认为"义的一组例子——兼论"以"的"太"意义不可靠》(《中国语言学报》2022 年 3 期)

6.3-2 "出疆必载质,何也?"曰:"士之仕也,犹农夫之耕也;农夫岂为出疆舍其耒耜哉？"曰："晋国亦仕国也①，未尝闻仕如此其急。仕如此其急也，君子之难仕，何也？"

曰："丈夫，生而愿为之有室；女子，生而愿为之有家②；父母之心，人皆有之。不待父母之命、媒妁之言，钻穴隙相窥，逾墙相从，则父母国人皆贱之。古之人未尝不欲仕也，又恶不由其道。不由其道而往者，与钻穴隙之类也③。"

【译文】（周霄又问：）"离开国界一定要带上见面礼，为什么呢？"孟子答道："士的做官，就好像农民的耕田；农民难道会因为越过国境线便放弃他的农具吗？"周霄说："魏国也是一个可以做官的国家，我却没听说过找官位竟是这样迫不及待的。找官位既这样迫不及待，君子却不轻易做官，这又是为什么呢？"

孟子说："男人一生下来，父母便惟愿他早有妻室；女人一生下来，父母便惟愿她早有婆家。做父母的，人人都有这样的心愿。但是，不等待爹妈开口，不经过媒人介绍，自己便挖墙洞扒门缝来互相窥望，翻过墙去私会，那么，父母和国内人士都会轻视他。古代的人不是不想做官，但是又讨厌不经由合乎礼义的道路去求官。不经合乎礼义的道路而奔向仕途的，都和挖墙洞扒门缝〔翻墙去私会〕的人一样。"

【注释】①晋国：此处指魏国。　②丈夫，生而愿为之有室；女子，生而愿为之有家：当理解为：丈夫生，而〔父母〕愿为之有室；女子生，而〔父母〕愿为之有家。"父母"二字，蒙后文"父母之心，人皆有之"而省。两"之"字，分别指"丈夫"和"女子"。生，出身，诞生。　③与钻穴隙之类也：此句与当时句法不合，"与"或当读为"举"。详见《考证》058。

【考证058】与钻穴隙之类也：

此句与《尽心下》"是皆穿逾之类也"有些类似。杨伯峻先生说："这句不合语法，孔广森《经学卮言》以为'与'读为'欤'，当属上句，作表停顿的语气词用。但《孟子》全书不见相同的句例，故难以相信。

焦循《正义》以为'之类'的'之'字是衍文,本作'与钻穴隙类也';俞樾《孟子平议》则谓'与'当读为'如',亦俱无确证。我们只能存疑。"

孔广森说确实不可信。《孟子》中"与"作句末语气词均表疑问。比较而言,焦循之说可信度大些。

我们以为,此句"与"(與)当读为"举"(舉),"举"译为"都是",似乎还可与《尽心下》"是皆穿逾之类也"互为印证。

1."与"读为"举"之例极多。如《荀子·王制》"制与在此"、《正论》"与无益于人",王念孙《读书杂志》均谓:"与,读为'举'。"又《礼记·礼运》:"大道之行也,天下为公。选贤与能,讲信修睦。"王引之《经义述闻·礼记中》:"引之谨案,'与'当读为'举'。

2.诚然,周秦时代,表"都"的"举",其后所接多为谓词性成分,少见接体词性成分者,但《荀子》一书中,也有"举"后接体词性成分的,如:"立身则从佣俗,事行则遵佣故,进退贵贱则举佣士……如是者则安存。"(《王制》)"之所与为之者之人,则举义士也;之所以为布陈于国家刑法者,则举义法也;主之所极然帅群臣而首乡之者,则举义志也。"(《王霸》)"举钻穴隙之类也",与这几例类似。

6.4 彭更问曰[①]:"后车数十乘,从者数百人,以传食于诸侯[②],不以泰乎[③]?"孟子曰:"非其道,则一箪食不可受于人;如其道,则舜受尧之天下,不以为泰——子以为泰乎?"

曰:"否;士无事而食,不可也。"曰:"子不通功易事,以羡补不足[④],则农有余粟,女有余布;子如通之,则梓匠轮舆皆得食于子[⑤]。于此有人焉,入则孝,出则悌,守先王之道,以待后之学者,而不得食于子;子何尊梓匠轮舆而轻为仁义者哉?"

曰:"梓匠轮舆,其志将以求食也[⑥];君子之为道也,其志亦将以求食与?"曰:"子何以其志为哉? 其有功于子[⑦],可食而食之矣[⑧]。且子食志乎? 食功乎?"曰:"食志。"

曰:"有人于此,毁瓦画墁⑨,其志将以求食也,则子食之乎?"曰:"否。"曰:"然则子非食志也,食功也。"

【译文】彭更问道:"跟随的车几十辆,跟从的人好几百,从这一国吃到那一国,您不觉得夸张了些吗?"孟子答道:"如果不符合大道,就是一篮子饭也不从别人那儿接受;如果符合大道,舜甚至接受了尧的天下,也不觉得夸张——你以为夸张了吗?"

彭更说:"不是这意思。但读书人不干事,白吃饭,是不可以的。"孟子说:"你如果不在各行各业互通有无,用多余的来弥补不够的,农民就会有多余的米,妇女就会有多余的布;如果能互通有无,那么木匠车工都能够从你那儿得到吃的。假如这里有个人,在家孝顺父母,出外尊敬兄长,严守着先王的礼法道义,等待着后起的学者来继承,却不能从你那儿得到吃的;那么,你为什么尊贵木匠车工而轻视践行仁义之士呢?"

彭更说:"木匠车工,他们的想法不过是为了谋碗饭吃;君子践行仁义,他的想法也是为了谋碗饭吃吗?"孟子说:"你为什么非要追究想法呢?他们对你有用处,可以给他们吃的,就给他们吃好了。况且,你是凭想法给吃的呢?还是凭用处呢?"彭更说:"凭想法。"

孟子说:"比方这里有个泥瓦工,打碎屋瓦,在新刷的墙上乱划,他的想法也是为了弄到吃的,你给他吃的吗?"彭更说:"不。"孟子说:"那么,你并不是凭想法,而是凭用处了。"

【注释】①彭更:孟子弟子。　②传(zhuàn)食:犹言转食。　③不以泰乎:以,认为,以为,觉得。泰,钱物排场上场面过大,奢侈,夸张。④羡:多余。　⑤梓匠轮舆:《周礼·考工记》有梓人、匠人为木工,有轮人(制车轮)、舆人(制车箱),为制车之工。　⑥志:想法。参见《论语新注新译》14.36《考证》;又见《中国语文》2016年4期杨逢彬等《论语"夫子固有惑志于公伯寮"解》。　⑦其:相当上文的"君子之"。⑧可食(sì)而食(sì)之矣:食,给……吃。之,指君子。　⑨墁

(màn)：本义指粉刷墙壁的工具，此处指新粉刷的墙壁。

【考证059】守先王之道以待后之学者：

　　杨伯峻《孟子译注》说："焦循《正义》说：赵岐大概是读'待'为'持'，谓扶持后之学者。"《正义》原文为："盖赵氏读'待'为'持'，谓扶持后之学者，使不废古先之教，惟守先道以扶持后学。"按赵岐《注》原文为："守先王之道，上德之士，可以化俗者。若此不得食子之禄，子何尊彼而贱此也？"从中似乎看不出读"待"为"持"的意思。而且，考察同时同地文献，"以待"后接一体词性成分者十分常见。

　　例如本篇："请轻之，以待来年……请损之，月攘一鸡，以待来年。"又如："敬共币帛，以待来者，小国之道也。"（《左传·襄公十三年》）"凡守城者以亟伤敌为上，其延日持久以待救之至。"（《墨子·号令》）

　　以上句子中的"以待"，都是"用来等待……"的意思。因此，这句是上承"守先王之道"，来等待后来学者（继承）的意思；而勉强符合"谓词性成分＋以持＋体词性成分"条件的，先秦典籍中仅见一例："楚不在诸侯矣，其仅自完也，以持其世而已。"（《左传·昭公十九年》）这一例的"以持"前的谓词性成分以"也"煞尾，其后的体词性成分后面还有"而已"，与本例并不太相符。因此，"以待"应如字读。

6.5-1 万章问曰①："宋，小国也；今将行王政，齐楚恶而伐之，则如之何？"

　　孟子曰："汤居亳②，与葛为邻③，葛伯放而不祀④。汤使人问之，曰⑤：'何为不祀？'曰：'无以供牺牲也。'汤使遗之牛羊⑥。葛伯食之，又不以祀。汤又使人问之曰：'何为不祀？'曰：'无以供粢盛也。'汤使亳众往为之耕，老弱馈食。葛伯率其民，要其有酒食黍稻者夺之，不授者杀之。有童子以黍肉饷⑦，杀而夺之。《书》曰：'葛伯仇饷⑧。'此之谓也。

【译文】万章问道:"宋国是个小国,现在想要推行仁政,齐楚两国却厌恶这样,要出兵讨伐它,该怎么办呢?"

孟子说:"汤住在亳地,和葛国挨着;葛伯放纵无道,不祭祀祖先。汤派人去质问这事:'为什么不祭祀?'答道:'没有牛羊做祭品。'汤便派人送给他牛羊。葛伯把牛羊吃了,却不用来祭祀。汤又派人去质问这事:'为什么不祭祀?'答道:'没有谷物做祭品。'汤便派亳地的民众去为他们种地。老弱者给种地的人去送饭,葛伯却领着他的百姓拦住那些提着酒菜好饭的人来抢劫,谁要不给就杀掉。有个少年去送饭和肉,葛伯杀了他,夺了饭和肉。《书经》上说:'葛伯仇视送饭者。'就是说的这事。

【注释】①万章:孟子的高足。杨伯峻《孟子译注》:"案此人当是孟子高足弟子,一则问难最多,一则《史记·孟子列传》说孟子'退而与万章之徒作《孟子》七篇'。" ②亳(bó):亳地屡迁,发生此事时约在今河南商丘市区之北,为汉时之薄县。说详王国维《观堂集林·说亳》。 ③葛:古国名,嬴姓,在今河南宁陵县城之北。 ④放:放纵,放肆。 ⑤汤使人问之,曰:"之"指"葛伯放而不祀"这件事,而不是指葛伯。类似者如:"今有杀人者,或问之曰:'人可杀与?'则将应之曰:'可。'"(《公孙丑下》)"问"的对象,则要用介词"于"引出:"然友之邹问于孟子。"(《滕文公上》)这一规律在《论语》中很严整,在《孟子》中则有例外。如上引"然友之邹问于孟子"的下文却是"然友复之邹问孟子。孟子曰……"。 ⑥汤使遗(wèi)之牛羊:汤派人送给他牛羊。使,派人;"使"的宾语未出现。遗,给予,赠送。之,葛伯。 ⑦饷(xiǎng):送食物给人。 ⑧葛伯仇饷:此四字为《尚书》逸篇之文。仇饷,仇视送饭者。类似者如:"国君而雠匹夫,惧者甚众矣。"(《左传·僖公二十四年》)

6.5-2 "为其杀是童子而征之,四海之内皆曰:'非富天下也,为匹夫匹妇复雠也①。''汤始征,自葛载②',十一征而无敌于天下。东面而征,西夷怨;南面而征,北狄怨,曰:'奚为后我?'民之望之,若大旱之望雨也。归市者弗止,芸者不变,诛其君,吊其民,如时雨降。民大悦。

"《书》曰:'徯我后③,后来其无罚!''有攸不惟臣④,东征,绥厥士女⑤,匪厥玄黄⑥,绍我周王见休⑦,惟臣附于大邑周。'其君子实玄黄于匪以迎其君子,其小人箪食壶浆以迎其小人;救民于水火之中,取其残而已矣⑧。《太誓》曰⑨:'我武惟扬,侵于之疆,则取于残⑩,杀伐用张⑪,于汤有光。'不行王政云尔,苟行王政,四海之内皆举首而望之,欲以为君;齐楚虽大,何畏焉?"

【译文】"因为杀了这少年,汤便去征讨葛伯,天下的人都说:'汤不是贪图富有天下,而是为老百姓报仇雪恨哪!'汤开始征战,就是从伐葛开始。十一次征战,无往而不胜,天下没人能与之抗衡。往东出征,西夷埋怨;往南出征,北狄埋怨,都说:'为什么把我们排后边?'老百姓盼望他,就和大旱之年盼望下雨一样。〔大军征战时,〕做买卖的照常营业,干农活的照样耘田,杀掉那个君主,抚慰那些百姓,正像及时雨落下呀,老百姓非常高兴。

"《书经》上说:'等待我王,王来了我们不会再遭罪!'又说:'有人不服从,周王便往东讨伐,来安定这地方的男男女女;他们在筐中放上黄色黑色的束帛,请求介绍和周王相见,以得到荣光,作为大周国的臣民。'官员们把黑色黄色的束帛装满筐子来迎接官员,老百姓都提着饭食筐和酸汁壶来迎接士兵,这次出征只是要把老百姓从水深火热中拯救出来,抓住那残暴的君主罢了。《泰誓》上说:'我们的威武要发扬,攻到邢国的疆土上,擒住那凶狠的豺狼,把该死的砍个精光,这功绩比汤还辉煌。'不实行王政便罢了,如果实行王政,天下的人都要抬起头来盼望,要拥护他来做君主;齐国楚国纵然是庞然大物,又怕他什么呢?"

【注释】①复雠(chóu)：复仇。 ②载：开始。 ③徯我后：徯(xī)，等待。后，王。 ④有攸不惟臣：有攸，有所。攸，所。惟，为。不惟臣，不念守臣之礼，也即不服从。 ⑤绥厥士女：绥，安抚，安定。厥，其。 ⑥匪厥玄黄：匪，同"篚"(fěi)，一种竹编容器。此处是用篚盛物的意思。玄黄，束帛之色，这里指布帛。 ⑦绍我周王见休：绍我周王以见休，介绍我与周王相见，以见休美。绍，介绍。休，美。 ⑧取其残：取，捕取。残，凶残的人。《尚书·泰誓》："取彼凶残。" ⑨《太誓》：即《泰誓》，《尚书》篇名，今已亡佚。 ⑩侵于之疆，则取于残：攻进邘国的疆土，抓住邘国残民以逞之人。于，通"邘"。此为陈梦家先生所说，见《尚书通论》，中华书局1985，第57-58页。 ⑪杀伐用张：用，因而。张，展开。伪《古文尚书》引这句作"我伐用张"。

6.6 孟子谓戴不胜曰①："子欲子之王之善与②？我明告子。有楚大夫于此，欲其子之齐语也，则使齐人傅诸？使楚人傅诸？"曰："使齐人傅之。"

曰："一齐人傅之，众楚人咻之③，虽日挞而求其齐也，不可得矣；引而置之庄、岳之间数年④，虽日挞而求其楚，亦不可得矣。子谓薛居州，善士也，使之居于王所。在于王所者，长幼卑尊皆薛居州也，王谁与为不善⑤？在王所者，长幼卑尊皆非薛居州也，王谁与为善？一薛居州，独如宋王何⑥？"

【译文】孟子对戴不胜说："你想你的君王学好吗？我明白告诉您。这里有位楚国的大臣，希望他儿子会说齐国话，那么，找齐国人来教呢？还是找楚国人来教呢？"答道："找齐国人来教。"

孟子说："一个齐国人教他，却有许多楚国人在边上大吼大叫，就算你每天用鞭子抽他，逼他说齐国话，也做不到；但假如把他带到临淄城里的庄街、岳里住上几年，就算你每天用鞭子抽他，逼他再说楚国话，那也做不到了。你说薛居州是个好人，要他住在王宫里〔影响王,使王学好了。假如住在王宫里的人,不论大的小的,贱的贵的,都是薛居州那样的好人,那王跟谁去干坏事呢?假如住在王宫里的人,不论大的小的,贱的贵的,都是和薛居州相反的人,那王又跟谁去干好事呢?一个薛居州,又能把宋王怎么样呢?"

【注释】①戴不胜:宋国大臣。 ②之善:走向善道。之,走向,到……去。 ③咻(xiū):吼。 ④引而置之庄、岳之间:引,引导,带领。庄岳,庄,街名;岳,里名;皆在临淄。 ⑤王谁与为不善:王与谁为不善,王和谁一道干不好的事。疑问代词"谁"充当介词"与"的前置宾语。 ⑥独:岂,难道。详见《考证》060。

【考证060】一薛居州独如宋王何:

王引之《经传释词》云:"独犹将也。"此说恐不确。王引之所引书证有三,除《孟子》此例外,其余两例为:"弃君之命,独谁受之?"(《左传·宣公四年》)"其独何力以待之?"(《国语·楚语下》)

"独"由"孤独""单独"义引申出"独自""唯独""仅仅"义:"虽有池台鸟兽,岂能独乐哉?"(《梁惠王上》)"人亦孰不欲富贵?而独于富贵之中有私龙断焉。"(《公孙丑下》)"'百工之事固不可耕且为也。'然则治天下独可耕且为与?"(《滕文公上》)"诸君子皆与驩言,孟子独不与驩言,是简驩也。"(《离娄下》)

在此基础上,进一步引申出"岂""难道"义:"且比化者无使土亲肤,于人心独无恔乎?""口之于味也,有同耆焉;耳之于声也,有同听焉;目之于色也,有同美焉。至于心,独无所同然乎?"(《告子上》)其引申途径是清晰的,一以贯之的。

《左传·宣公四年》"弃君之命,独谁受之",是说,若废弃国君的命令,难道谁会接受我?《国语·楚语下》:"'子常为政,而无礼不顾甚于成、灵,其独何力以待之!'期年,乃有柏举之战,子常奔郑。""其独何力以待之",意谓,仅仅靠他,有何力量来对待它(指前文所言大川之堤防崩溃)。

同样,"一薛居州,独如宋王何",意谓,一个薛居州,难道能奈何得了宋王(不学好)吗?

王引之《经传释词》往往说某字有某义,至于它的引申途径,则往往不加考虑。在这一点上,段玉裁《说文解字注》做得较好。

6.7 公孙丑问曰:"不见诸侯何义?"

孟子曰:"古者不为臣不见。段干木逾垣而辟之①,泄柳闭门而不内②,是皆已甚;迫,斯可以见矣。阳货欲见孔子而恶无礼③——大夫有赐于士④,不得受于其家,则往拜其门——阳货瞰孔子之亡也⑤,而馈孔子蒸豚;孔子亦瞰其亡也,而往拜之。当是时,阳货先,岂得不见?曾子曰:'胁肩谄笑⑥,病于夏畦⑦。'子路曰:'未同而言⑧,观其色赧赧然⑨,非由之所知也⑩。'由是观之,则君子之所养,可知已矣。"

【译文】公孙丑问道:"不去谒见诸侯,是什么道理?"

孟子说:"古代,一个人如果不是诸侯的臣属,就不去谒见。〔从前魏文侯去看段干木,〕段干木却跳过墙去躲开他,〔鲁缪公去看泄柳,〕泄柳却紧闭大门而不见他,这些都做得太过分;迫不得已,也就可以相见了。阳货想要孔子来看望他,又不愿自己失礼,〔径自召唤,便利用了〕大夫对士有所赏赐,当时士如果不在家,不能亲自接受并拜谢,便要亲自去大夫家答谢〔这一礼节〕。阳货打探到孔子外出的时候,给他送去一只蒸小猪;孔子也打探到阳货不在家,才去答谢。在那时候,阳货若是〔不玩花样,〕先去看望孔子,孔子哪会不去看望他?曾子说:'肩膀一耸献媚一笑,就像大热天浇粪哪,让人吃不消。'子路说:'想法不同,话不投机,却勉强应付几句,脸上又显出惭愧的表情,我可弄不懂这些。'从这一点来看,君子如何养成自己,就可以晓得了。"

【注释】①段干木:姓段,名干木,魏文侯时贤者。皇甫谧《高士传》:"段干木少贫贱,心志不遂,乃师事卜子夏与田子方。李克、翟璜、吴起等居于魏,皆为将,惟干木守道不仕。"　②内:同"纳",容纳。　③阳货欲见(xiàn)孔子:事见《论语·阳货》。见,使动用法,阳货欲令孔子来见的意思。　④大夫:阳货为鲁正卿季氏之宰(总管),为"大夫级"。其时孔子在野,故称"士"。　⑤瞰(kàn):窥视。　⑥胁肩谄笑:胁肩,即竦体抬肩,故作恭敬之状。谄笑,献媚地笑。　⑦病于夏畦(qí):难受超过夏天在菜园浇水。病,难受。畦,灌园,浇水。　⑧未同:赵岐《注》:"志未合也。"志,想法。　⑨赧(nǎn)赧然:因惭愧而脸红的样子。　⑩非由之所知:这是一句表示很厌恶的婉转语。由,子路姓仲名由,字子路;自称称名以示谦。

6.8 戴盈之曰①:"什一②,去关市之征,今兹未能③;请轻之,以待来年,然后已。何如?"

孟子曰:"今有人日攘其邻之鸡者④,或告之曰:'是非君子之道⑤。'曰:'请损之⑥,月攘一鸡,以待来年,然后已。'——如知其非义,斯速已矣,何待来年?"

【译文】戴盈之说:"税率定为十分之一,撤除关卡和市场的赋税,目前还不能完全做到;想先减轻一些,等到明年,再完全实行。怎么样?"

孟子说:"如今有个人每天偷邻居一只鸡,有人告诉他说:'这不是正人君子所该做的。'他便说:'请让我减少一点,先每个月偷一只,等到明年,再洗手不干。'——如果明白这样做不合道义,就赶快住手得了,为什么非要等到明年呢?"

【注释】①戴盈之:宋大夫。　②什一:十分之一。赵岐《注》说:"问孟子,欲使君去关市征税,复古行什一之赋。"《滕文公上》第三章:"请野九一而助,国中什一使自赋。"所以我们译为"税率定为十分之一"。　③今兹:今年。　④攘(rǎng):盗窃。　⑤是非君子之道:这不是君子之道。是,此。　⑥损:减少。

6.9-1 公都子曰①:"外人皆称夫子好辩,敢问何也?"

孟子曰:"予岂好辩哉?予不得已也。天下之生久矣,一治一乱。当尧之时,水逆行,泛滥于中国,蛇龙居之,民无所定;下者为巢,上者为营窟②。《书》曰③:'洚水警余。'洚水者,洪水也。使禹治之。禹掘地而注之海,驱蛇龙而放之菹④;水由地中行,江、淮、河、汉是也。险阻既远,鸟兽之害人者消,然后人得平土而居之。

"尧舜既没,圣人之道衰,暴君代作⑤,坏宫室以为污池,民无所安息;弃田以为园囿,使民不得衣食。邪说暴行又作⑥,园囿、污池、沛泽多而禽兽至。及纣之身⑦,天下又大乱。周公相武王,诛纣伐奄,三年讨其君⑧,驱飞廉于海隅而戮之⑨。灭国者五十;驱虎、豹、犀、象而远之。天下大悦。《书》曰⑩:'丕显哉,文王谟!丕承哉,武王烈!佑启我后人,咸以正无缺。'

【译文】公都子说:"别人都说您喜欢辩论,请问,这是为什么?"

孟子说:"我难道喜欢辩论吗?我是迫不得已呀。自从有人类以来,已经很久了,总是太平一阵子,又混乱一阵子。当唐尧的时候,大水倒流,到处泛滥,大地成为蛇和龙的乐土,人们却无处安身。低处的人们在树上搭巢,高处的人们便挖相连的洞窟。《尚书》说:'洚水警告我们。'洚水就是洪水。命令禹来治理,禹疏通河道,把水引向大海,把蛇和龙赶回草泽中。水在河床中流动,长江、淮河、黄河、汉水便是这样。危险既已远去,害人的野兽也无影无踪,人们才能够在平地上居住。

"尧舜死了以后,圣人之道衰微,残暴的君主不断出现。他们毁掉民居来挖掘池塘,使百姓无处安身;毁坏良田来营造园林,使百姓不得衣食。荒谬的学说、残暴的行为随之兴起,园林、深池、大沼泽多了,禽兽也随之而至。到商纣王在位的时候,天下又大乱了起来。周公辅佐武王,讨伐纣王和助纣为虐的奄国,经过三年征战,诛杀了纣王;并把飞廉驱赶到海边,并当众责罚了他。被灭掉的国家有五十多个,同时,把老虎、豹子、犀牛、大象驱赶得远远的,天下的百姓都非常高兴。《尚书》说过:'伟大而光明,是文王的谋略!接续这光明,是武王的功烈!帮助、引导我们后来人,让大家没有缺点都正确。'

【注释】①公都子:孟子弟子。 ②营窟:相连的窟穴。 ③"《书》曰"句:为《尚书》逸篇中文。洚(jiàng),旧读 hóng,同"洪"。 ④沮(jū):水草多的沼泽地带。 ⑤代作:更代而作。作,兴起。 ⑥邪说暴行又作:同下一节的"邪说暴行有作"。详见《考证》062。 ⑦及纣之身:等到纣本人(在位)的时候。及,等到……的时候。身,本身,本人。 ⑧周公相武王,诛纣伐奄,三年讨其君:这几句话一般断作"周公相武王,诛纣伐奄,三年讨其君";但崔述断作"周公相武王诛纣,伐奄三年讨其君",不确。详见《考证》061。 ⑨驱飞廉于海隅而戮之:飞廉,纣之臣。戮,当众处死,或当众责罚,或陈尸示众。其重点在当众羞辱。当"戮"单独作述语,并带人物宾语时,一般是后两义。这里应是责罚义。参见 8.4 注①。 ⑩"《书》曰"数句:为《尚书》逸篇中文。丕,大。承,继承。佑,帮助。启,开启,引导。咸,均,皆,举,都。以,秉持。

【考证 061】周公相武王诛纣伐奄三年讨其君:

　　这段话一般断为:"周公相武王,诛纣伐奄,三年讨其君。"但崔述《论语余说》云:"'周公相武王诛纣'一句,'伐奄三年讨其君'一句;'伐奄'乃成王事,不得上承'相武王'言之。"朱琦《小万卷斋文稿》与之同。我们以为,崔述用历史事实这一语言外因素作为唯一证据的做法不可取,语言事实证明其说也是靠不住的。

　　"相"这一动词,当其为"辅助""帮助""作为国君的辅弼大臣"等意义时,其后可带宾语:"子贡曰:'管仲非仁者与?桓公杀公子纠,不能死,又相之。'子曰:'管仲相桓公,霸诸侯,一匡天下,民到于今受其赐。'"(《论语·宪问》)"今由与求也,相夫子,远人不服,而不能来也。"(《季氏》)"伊尹相汤以王于天下。"(《孟子·万章上》)此类句子甚多,不赘。

如从崔述说断作"周公相武王诛纣",当时语言未见其例;按当时语言的习惯表述,应为"周公相武王以诛纣"。其中介词"以"是不可或缺的。例如:"郑子良相成公以如晋。"(《左传·成公七年》)"国子相灵公以会,高、鲍处守。"(《成公十七年》)"高子相大子以会诸侯。"(《襄公十年》)"伊尹相汤以王于天下。"(《孟子·万章上》)

我们认为,杨伯峻《春秋左传注》将《襄公二十五年》"子展相郑伯如晋拜陈之功"断作"子展相郑伯如晋,拜陈之功"未达一间,应为"子展相郑伯,如晋,拜陈之功",因为其中缺了个"以"字。请看:"子产相郑伯以如楚,舍不为坛。"(《襄公二十八年》)"子产相郑伯以如晋,叔向问郑国之政焉。""公薨之月,子产相郑伯以如晋,晋侯以我丧故,未之见也。"(《襄公三十一年》)"十二月,北宫文子相卫襄公以如楚,宋之盟故也。"(《同上》)

6.9-2 "世衰道微,邪说暴行有作[1],臣弑其君者有之,子弑其父者有之。孔子惧,作《春秋》。《春秋》,天子之事也;是故孔子曰:'知我者其惟《春秋》乎!罪我者其惟《春秋》乎!'

"圣王不作,诸侯放恣,处士横议[2],杨朱、墨翟之言盈天下[3]。天下之言不归杨,则归墨。杨氏为我,是无君也;墨氏兼爱,是无父也。无父无君,是禽兽也。公明仪曰:'庖有肥肉,厩有肥马;民有饥色,野有饿莩,此率兽而食人也。'杨、墨之道不息,孔子之道不著[4],是邪说诬民,充塞仁义也。仁义充塞,则率兽食人,人将相食。吾为此惧,闲先圣之道[5],距杨、墨,放淫辞[6],邪说者不得作。作于其心,害于其事;作于其事,害于其政。圣人复起,不易吾言矣。

【译文】"世道逐渐衰微,大道不绝如缕,荒谬的学说、残暴的行为兴起来了:有臣子杀了君主的,有儿子杀了父亲的。孔子害怕王道湮灭,于是创作了《春秋》。创作《春秋》这样的史书,〔褒扬善的,指斥恶的,〕本是天子的职责〔,孔子不得已而做了〕。所以孔子说:'了解我的,怕是只有通过《春秋》吧!怪罪我的,也怕只有通过《春秋》吧!'

"〔自那以后,〕圣王也没再出现,诸侯肆无忌惮,一般士人也胡乱议论,杨朱、墨翟的言论遍及天下。于是所有的主张不属杨朱一派,就是墨翟一流。杨朱派主张一切为自己,这便是目无君上;墨翟派主张爱要一视同仁,这便是目无父母。无视父母和君上,这便成了禽兽。公明仪说过:'厨房里有很厚的肉,马厩里有健壮的马;老百姓却面色腊黄,野外躺着饿死者的尸体,这就是带领着禽兽来吃人。'杨朱、墨翟的言论不消除,孔子的学说就没法发扬光大。这便是荒谬的学说欺骗了百姓,从而阻塞了仁义的大道。仁义之道被阻塞,那岂止是带领着禽兽吃人,人们也将互相吞噬了。我害怕这恐怖景象竟成为现实,便出来捍卫古代圣人的真理,反对杨、墨的谬说,排斥荒唐的言论,使谬论邪说不能抬头。荒谬的念头,从心底萌发,便会危害工作;危害了工作,也就危害了国政。即使圣人再度兴起,也会同意我这话的。

【注释】①邪说暴行有作:邪说暴行有所兴起。详见《考证》062。 ②处士:不当官而居于家中的士。 ③杨朱、墨翟(dí):杨朱事又略见《庄子》及《淮南子》诸书。墨翟,鲁人,或云宋人,其学说见于《墨子》一书。参见13.26。 ④著:显露,显出,显现。 ⑤闲:门销,引申为捍卫义。 ⑥放淫辞:放,赶走。淫辞,过头的话,荒唐的话,错误的话。

【考证062】邪说暴行又作、邪说暴行有作:

赵岐对于这两句的"又""有"未有说。朱熹注"邪说暴行有作"说:"'有作'之'有',读为'又',古字通用。"杨伯峻先生《孟子译注》从朱熹,注作:"有,同'又'。"我们以为恰恰相反,应在上句"邪说暴行又

作"后注:"又,同'有',古字通用。"理由如下:

这一"作",其意义是"站起来"的引申义"兴起",为不及物动词。《公孙丑上》:"由汤至于武丁,贤圣之君六七作。"这一意义的"作",首见于《诗经》:"自古在昔,先民有作。"(《商颂·那》)《毛诗正义》:"有作,有所作也。"《礼记·礼运》:"后圣有作,然后修火之利,范金合土,以为台榭宫室牖户。"郑玄注:"作,起。"本节"邪说暴行有作"正谓邪说暴行有所兴起也。而"又作"之不带宾语者周秦典籍仅此一见;其余"又作"均带宾语(参见《论语新注新译》5.14"唯恐有闻"的《考证》),"作"均为"制作、制造、创作、打造"义:"又作《武》,其卒章曰'耆定尔功'。"(《左传·宣公十二年》)"二年,又作师旅。"(《逸周书·作雒解》)"又作《新论》,论世间事。"(《论衡·超奇》)

6.9-3"昔者禹抑洪水而天下平,周公兼夷狄,驱猛兽而百姓宁,孔子成《春秋》而乱臣贼子惧。《诗》云①:'戎狄是膺,荆舒是惩,则莫我敢承。'无父无君,是周公所膺也。我亦欲正人心,息邪说,距诐行②,放淫辞,以承三圣者;岂好辩哉?予不得已也。能言距杨墨者,圣人之徒也。"

【译文】"从前大禹控制了洪水,天下才得到太平;周公兼并了夷狄,赶跑了猛兽,百姓才得到安宁;孔子写成了《春秋》,叛臣和逆子便有所畏惧。《诗》说:'痛击北狄和西戎,惩罚荆舒使知痛,谁人胆敢撄我锋。'无视父母君上的人,正是周公所要惩罚的。我也要端正人心,熄灭邪说,反对偏颇的行为,排斥荒唐的言论,以继承大禹、周公、孔子三位圣人的事业。我难道喜欢辩论吗?我是迫不得已呀。能够以言论来反对杨、墨的,也就是圣人的门徒了。"

【注释】①"《诗》云"数句:见《鲁颂·闷宫》。译文采自程俊英《诗经译注》。承,接受(挑战)、应战。 ②诐(bì)行:邪僻之行。

6.10-1 匡章曰①："陈仲子岂不诚廉士哉②？居於陵③，三日不食，耳无闻，目无见也。井上有李，螬食实者过半矣④，匍匐往，将食之⑤；三咽，然后耳有闻，目有见。"

孟子曰："于齐国之士，吾必以仲子为巨擘焉⑥。虽然，仲子恶能廉？充仲子之操，则蚓而后可者也。夫蚓，上食槁壤⑦，下饮黄泉⑧。仲子所居之室，伯夷之所筑与？抑亦盗跖之所筑与⑨？所食之粟，伯夷之所树与？抑亦盗跖之所树与？是未可知也。"

【译文】匡章说："陈仲子难道不真是个廉洁之士吗？住在於陵，三天没吃东西，耳朵听不见了，眼睛看不见了。井边上有棵李树，已被金龟子吃掉了它一多半果实；他爬过去，摘下来吃，咽了几口，耳朵才听见，眼睛才看见。"

孟子说："在齐国人士中，我一定要把仲子当作大拇哥。但是，他怎么能真做到廉洁？要推广他的这种'操守'，那只有把人变成蚯蚓才行。那蚯蚓，吃着地上面的干土，喝着土里面的黄水〔，算是廉洁到极点了〕。但仲子所住的房屋，是伯夷所盖的呢？还是盗跖所盖的呢？他所吃的粮食，是伯夷所种的呢？还是盗跖所种的呢？这个却是不知道的。"

【注释】①匡章：齐人，孟子的朋友。为齐将，率兵御秦，大败之。又曾统兵取燕。 ②陈仲子：也就是"於陵仲子"。 ③於(wū)陵：当在今山东邹平县城东南，距临淄约二百里。 ④井上有李，螬食实者过半矣：井上，井边。李，指李树，不是指李子。螬，蛴螬，金龟子。详见《考证》063。 ⑤将食之：将而食之。将，拿着。 ⑥巨擘：大拇指。 ⑦槁(gǎo)壤：干土。槁，草木干枯。 ⑧黄泉：地下的水。 ⑨盗跖(zhí)：柳下惠的兄弟，春秋时有名的大盗。

【考证063】井上有李螬食实者过半矣：

杨伯峻《孟子译注》说："井上之'李'，为李树，还是李实，很难肯定。《文选·张景阳杂诗》注引《孟子章句》作'井上有李实',姑从之。"我们认为将此句之"李"理解为李树较好。

1. 先秦典籍中出现的"桃""李""梅""苌楚"等植物,当下文出现"实"(还包括"华""叶""枝"等)时,都是指桃树、李树、梅树、羊桃树等,如《诗经·周南·桃夭》:"桃之夭夭,有蕡其实。"(程俊英《诗经译注》:"茂盛桃树嫩枝桠,桃子结得肥又大。")《魏风·园有桃》:"园有桃,其实之殽。"(程译:"园里有株桃,采食桃子也能饱。")《桧风·隰有苌楚》:"隰有苌楚,猗傩其实。"(程译:"低湿地上长羊桃,果儿累累挂枝条。")《小雅·鹿鸣·杕杜》:"有杕之杜,有睆其实。"(程译:"一株棠梨生路旁,果实累累挂树上。")

2. "有李""有桃""有梅"等"有+植物名"格式中的"植物名",都指该植物本身。如《诗经·王风·丘中有麻》:"丘中有麻,彼留子嗟……丘中有麦,彼留子国……丘中有李,彼留之子。"(程译:"山坡上面种着麻,刘家小伙名子嗟……山坡上面种着麦,那位子国是他爸……山坡上面种着李,刘家小伙就是他。")《小雅·南山有台》:"南山有台,北山有莱……南山有桑,北山有杨……南山有杞,北山有李……南山有栲,北山有杻……南山有枸,北山有楰。"(程译:"南山莎草绿萋萋,北山遍地长野藜……南山遍地有嫩桑,北山到处长白杨……南山杞木株连株,北山岗上长李树……南山栲树绿油油,北山檍树满山丘……南山枸树到处有,北山遍地有苦楸。")《秦风·终南》:"终南何有?有条有梅。"(程译:"终南山上有什么来?又有山楸又有梅。")

3. 以上两点只是举例,实际上,"李"指李树是无标的,是常例;指李实是有标的,是特例。后者如,a. 部分动词、介词的宾语:"投我以桃,报之以李。"(《诗经·大雅·抑》)"入人园圃,窃其桃李。"(《墨子·非攻上》)"入人之场园,取人之桃李瓜姜者。"(《天志下》) b. 受特定定语修饰者:"景公病疽……'其色何如?'曰:'如未熟李。'"(《晏子春秋·内篇杂下》)

6.10-2 曰:"是何伤哉?彼身织屦,妻辟纑①,以易之也。"

曰:"仲子,齐之世家也;兄戴,盖禄万钟②;以兄之禄为不义之禄而不食也,以兄之室为不义之室而不居也,辟兄离母③,处于於陵。他日归,则有馈其兄生鹅者,己频顣曰④:'恶用是鶂鶂者为哉⑤?'他日,其母杀是鹅也,与之食之⑥。其兄自外至,曰:'是鶂鶂之肉也。'出而哇之⑦。以母则不食⑧,以妻则食之;以兄之室则弗居,以於陵则居之,是尚为能充其类也乎⑨?若仲子者,蚓而后充其操者也。"

【译文】匡章说:"那有什么关系呢?他自己编鞋子,他妻子绩麻练麻,用这些换来的。"

孟子说:"仲子是齐国的世家大族,他哥哥陈戴,从盖邑收入的俸禄便有几万石之多。他却认为哥哥的俸禄是不义之物,不去吃它;认为哥哥的住宅是不义之产,不去住它。避开哥哥,远离母亲,住在於陵那地方。有一天回家,恰巧有一个人来送给他哥哥一只活鹅,他皱着眉头说:'要这种呃呃叫的东西干什么?'另一天,他母亲杀了这只鹅,煮熟和他一道吃了。恰好他哥哥从外面回家,便说:'这就是那呃呃叫的东西的肉哇!'他便跑出门去,呕了出来。母亲的东西不吃,却吃妻子的;哥哥的房子不住,却住在於陵,这能算是发扬光大廉洁之义了吗?像仲子的这种'操守',若想要发扬光大,除非把人变成蚯蚓才行。"

【注释】①辟纑(lú):辟,绩麻。纑,练麻。 ②盖(gě):地名,为陈戴采邑。 ③辟:同"避"。 ④频顣(cù):做出很不高兴的样子。频,同"颦",皱眉。顣,同"蹙",缩鼻。 ⑤鶂(yì)鶂:鹅叫声。 ⑥与之食之:与他一道吃鹅。不是"给他吃它"的意思,要表示后一意思,通常作"食(sì)之"。如果是"给他吃的",则为"与之食"。详见《考证》064。 ⑦哇:呕吐。 ⑧以母则不食:由于是母亲的,就不吃。以,介词,这里表原因。 ⑨充其类:充,发扬壮大。《公孙丑上》:"凡有四端于我者,知皆扩而充之矣,若火之始然,泉之始达。苟能充之,足以保四海;苟不充之,不足以事父母。"其类,这里指"以母则不食,以妻则食之;以兄之室则弗居,以於陵则居之"一类行为。《左传·襄公三年》:"解狐得举,祁午得位,伯华得官,建一官而三物成,能举善也夫!唯善,故能举其类。"

【考证064】与之食之:

赵岐《注》"他日,其母杀是鹅也,与之食之"云:"异日母食以鹅。""食以鹅"即"食之以鹅","食"音 sì,"使食"之谓。杨伯峻先生据此译为:"过了些时,他母亲杀了这只鹅,给他吃了。"

但是,在那一时代的汉语中,给他吃应为"食(sì)之";然则此句当作"其母杀是鹅也而食(sì)之"——与"杀鸡为黍而食(sì)之"(《论语·微子》)类似。

如果是"给他食物",则为"与之食",如:"共姬与之食。"(《左传·襄公二十六年》)"昔吾先君桓公出游,睹饥者,与之食;睹疾者,与之财。"(《晏子春秋·内篇谏上》)前一例沈玉成译之为"共姬让他吃东西"。

然则"与之食之"只能理解为"(其母)与他(陈仲子)一起吃了它(鹅)"。《左传·昭公二十三年》:"吏人之与叔孙居于箕者,请其吠狗,弗与。及将归,杀而与之食之。"沈玉成译为:"和叔孙婼一起住在箕地的官吏请求得到他的吠狗,叔孙婼不给。等到将要回去了,杀了这条狗和官吏一起吃了(它)。"

当时语言中,"与之 VtO"(Vt 指及物动词,O 指宾语)都是"和他一道 VtO"的意思。例如:"反齐滕之路,未尝与之言行事也。"(《孟子·公孙丑下》,杨伯峻《孟子译注》:"来回齐滕两国的旅途,孟子却不曾同他一道谈过公事。")"寡君即位三年,召蔡侯而与之事君。"(《左传·文公十七年》,沈玉成《左传译文》:"寡君即位三年,召请蔡侯和他一起事奉贵国国君。")"臧孙闻之,见齐侯,与之言伐晋。"(《襄公二十三年》,沈译:"臧孙听说了,进见齐侯。齐侯跟他说起攻打晋国的事。"）

7.9－1"所欲与之聚之"的"与之聚之"也是如此。故王引之《经传释词》说："家大人曰，'与'，犹'为'也，'为'字读去声，'所欲与之聚之'，言民之所欲，则为民聚之也。"

按王引之所解，"与之聚之"则为"Prep 之 V 之"结构（Prep，介词），这一结构中两"之"字所指代的不是同一事物。除本章"他日，其母杀是鹅也，与之食之"外，《孟子》中还有一例："今有受人之牛羊而为之牧之者。"（《公孙丑下》）《论语》中 1 例："孺悲欲见孔子，孔子辞以疾。将命者出户，取瑟而歌，使之闻之。"（《阳货》）"与之 V 之"《左传》中有 2 例："穿封戌囚皇颉，公子围与之争之。"（《襄公二十六年》）"吏人之与叔孙居于箕者，请其吠狗，弗与。及将归，杀而与之食之。"（《昭公二十三年》）

"为之牧之"意为为他放牧牛羊；"与之食之"意为和他一道吃鹅；"使之闻之"（"使"一般解为使令动词）意为让"将命者"听到歌声；"与之争之"意为跟穿封戌争功；"与之食之"意为和吏人一道吃狗肉。而王引之解"与之聚之"为"所欲则为民聚之也"，即"之"一指"民"，一指民所想得到的，与上引 5 例句例相同。这一段表明"Prep 之 V 之"结构的 Prep 不限于"与"，还有介词"为"和所谓使令动词"使"。

参见《论语新注新译》14.25《考证》。

离娄章句上

凡二十八章

7.1-1 孟子曰:"离娄之明①,公输子之巧②,不以规矩③,不能成方员④;师旷之聪⑤,不以六律⑥,不能正五音⑦;尧舜之道,不以仁政,不能平治天下。今有仁心仁闻而民不被其泽⑧,不可法于后世者,不行先王之道也。故曰:徒善不足以为政,徒法不能以自行。《诗》云⑨:'不愆不忘,率由旧章。'遵先王之法而过者,未之有也。

【译文】孟子说:"即使有离娄的视力,公输般的手艺,如果不用圆规和曲尺,也不能画好方和圆;即使有师旷的听力,如果不用六律,也不能校正五音。即使有尧舜之道,如果不行仁政,也不能治理好天下。现在有些诸侯,虽然心地仁慈声名远播,但是老百姓却感受不到他的恩惠,他的治国理政也不能成为后世的楷模,这都是由于不贯彻实行前代圣王之道的缘故。所以说,光有颗善心,不足以治国理政;光有好法度,它自己也不会贯彻实行。〔必须两者都有。〕《诗经》上说:'不出错,不遗忘,都按既定方针办。'依循前代圣王的法度而犯错误的,是从来没有过的。

【注释】①离娄:《庄子》作"离朱",相传为黄帝时人,目力极强,能于百步之外望见秋毫之末。 ②公输子:名般,一作班,鲁国人,因之又叫"鲁班",著名巧匠。 ③规矩:圆规和矩尺。参见《考证》107。 ④方员:即"方圆"。 ⑤师旷:晋平公的首席宫廷音乐家,盲人。 ⑥不以六律:以,用。六律,分别为太蔟(cù)、姑洗、蕤(ruí)宾、夷则、无射(yì)、黄钟。相传黄帝时伶伦截竹为筒,以筒之长短分别声音之清浊高下,乐器之音即依此以为准则。 ⑦五音:中国音阶之名,即宫、商、角、徵(zhǐ)、羽,分别相当于 do、re、mi、so、la。 ⑧闻(wèn):声誉。 ⑨"《诗》云"两句:见《大雅·假乐》。愆(qiān),错误。率,遵循。

7.1−2 "圣人既竭目力焉,继之以规矩准绳,以为方员平直①,不可胜用也②;既竭耳力焉,继之以六律正五音③,不可胜用也;既竭心思焉,继之以不忍人之政,而仁覆天下矣。故曰,为高必因丘陵,为下必因川泽④;为政不因先王之道,可谓智乎?是以惟仁者宜在高位。不仁而在高位,是播其恶于众也。上无道揆也,下无法守也⑤,朝不信道,工不信度⑥,君子犯义,小人犯刑,国之所存者幸也。

"故曰,城郭不完⑦,兵甲不多,非国之灾也;田野不辟⑧,货财不聚,非国之害也。上无礼,下无学,贼民兴,丧无日矣。《诗》曰⑨:'天之方蹶,无然泄泄。''泄泄'犹'沓沓'也。事君无义,进退无礼,言则非先王之道者⑩,犹沓沓也。故曰,责难于君谓之'恭'⑪,陈善闭邪谓之'敬',吾君不能谓之'贼'。"

【译文】"圣人既已用尽了视力,又用圆规、曲尺、水平仪、绳墨来画方的、圆的、平的、直的,各种器物也就用之不尽了;圣人既已用尽了听力,又用六律来校正五音,各种音阶也就运用无穷了;圣人既已用尽了脑力,又实行仁政,那么,仁德便广被天下了。所以说,就像筑高台一定要依靠山陵,挖深池一定要依靠沼泽那样,治国理政不依靠前代圣王之道,能说是聪明吗?因此,只有仁人应该处于统治地位。不仁的人而处于统治地位,就会把他的罪恶扩散给群众。君上缺乏道德和准则,臣下缺乏法度和操守,朝廷不相信道义,工匠不相信尺度,君子触犯义理,小人触犯刑法,这样的国家还能勉强存在的,真是太侥幸了。

"所以说,城墙不完好坚固,军备不充足,不是国家的灾难;田野没开垦,钱财没积聚,不是国家的危害;但如果在上的人没有礼义,在下的人没有教育,百姓都揭竿而起了,离国家灭亡的日子也就没几天了。《诗经》上说:'老天正在降骚乱,不要多嘴说短长!'多嘴说长道短就是胡说八道喋喋不休。侍奉君上无忠义之心,举止进退失礼仪之节,一说话便诋毁前代圣人之道,这样便是'胡说八道喋喋不休'。所以说,用行仁政来反复劝说要求君主才叫作'恭';向君主宣讲仁义,堵塞他的邪僻想法,这才叫'敬';如果认为自己的君主不能向善而有所作为,这便是'贼'。"

【注释】①以为方员平直:以之为方圆平直,用它们(指上文的规、矩、准、绳)来画方的、圆的、平的、直的。为,做。 ②圣人既竭目力焉……不可胜用也:这里有省略。意谓圣人既已竭尽目力,更继之以规矩准绳,以之制作方圆平直诸器物,则方圆平直诸器不可胜用也。参见杨树达《古书疑义举例续补》之"省句例"。 ③继之以六律正五音:继之以以六律正五音,这里省略了一个"以"字。 ④为高必因丘陵,为下必因川泽:《礼记·礼器》云:"为朝夕必放于日月,为高必因丘陵,为下必因川泽。"这里"高""下"是转指,指高的、低的建筑,古人有这种修辞方式,故以"高台""深池"译之。 ⑤上无道揆(kuí)也,下无法守也:上,为君上者。揆,尺度,准则,标准。下,为臣下者。守,节操,操守,底线。 ⑥度:尺度。 ⑦完:完好,完整。 ⑧辟:开辟,开垦。 ⑨"《诗》曰"两句:见《诗经·大雅·板》。译文采自程俊英《诗经译注》。蹶(jué),动。泄泄(yìyì),《说文》作"呭呭",又作"詍詍",都是"多言"的意思。朱熹《集注》说:"泄泄,怠缓悦从之貌。"不可信。 ⑩非:否定。 ⑪责难(nàn):责,谴责,批评,用言语要求。难,诘问。

7.2 孟子曰:"规矩,方员之至也①;圣人,人伦之至也。欲为君,尽君道;欲为臣,尽臣道。二者皆法尧舜而已矣。不以舜之所以事尧事君,不敬其君者也;不以尧之所以治民治民,贼其民者也。孔子曰:'道二,仁与不仁而已矣。'暴其民甚,则身弑国亡;不甚,则身危国削,名之曰'幽''厉'②,虽孝子慈孙,百世不能改也。《诗》云:'殷鉴不远,在夏后之世③。'此之谓也。"

【译文】孟子说:"圆规和曲尺是方和圆的极致,圣人是为人的极致。要做君主,就要尽君主之道;要做臣子,就要尽臣子之道。这两方面都只要效法尧和舜就行了。不像舜服事尧那样服事君上,便是对君主的不恭敬;不像尧治理百姓那样治理百姓,便是对老百姓的残害。孔子说:'治理国家无非两种做法,行仁政或不行仁政罢了。'暴虐百姓太过分,那君主便会被臣下所杀,国家也将随之灭亡;即使不太过分,君主也本身危殆,国土也将日渐削减,死了也将恶谥为'幽''厉',即使他有孝子贤孙,经历一百代也背着个坏名声而不能更改。《诗经》说过:'殷商借鉴不太远,想想夏桀怎样亡!'说的正是这个意思。"

【注释】①至:极,极致,极点。 ②"幽""厉":周朝有幽王和厉王,是昏君、暴君的代表。 ③"《诗》云"两句:见《大雅·荡》。译文采自向熹《诗经译注》。古代镜子是用铜铸的,叫作"鉴"。夏后,夏朝。

【考证065】暴其民甚……名之曰幽厉:

杨伯峻《译注》翻译这段为:"暴虐百姓太厉害,本身就会被杀,国家会被灭亡;不太厉害,本身也会危险,国力会被削弱,死了的谥号叫作'幽',叫作'厉'。"在注释中又说:"焦循《正义》从赵佑《温故录》之说作如此句读:'暴其民,甚,则身弑国亡;不甚,则身危国削。'译文便当如此:'暴虐百姓,重则本身被杀,国家被灭亡;轻则本身危险,国家削弱。''甚'和'不甚'不是指'暴'的程度,而是指后果的轻重,此说亦通。"

后一说似不可通。因为,如果为前说,"甚""不甚"作补语,其语义指向为前文"暴其民",类似例子极多。如:"旱既太甚,则不可推。"(《大雅·荡·云汉》)"王之好乐甚,则齐国其庶几乎!"(《孟子·梁惠王下》)"伤人之民甚,则人之民恶我必甚矣;人之民恶我甚,则日欲与我斗……伤吾民甚,则吾民之恶我必甚矣;吾民之恶我甚,则日不欲为我斗。"(《荀子·王制》)"故视强,则目不明;听甚,则耳不聪;思虑过度,则智识乱。"(《韩非子·解老》)如赵佑之所读,共时文献未见其例。

7.3 孟子曰:"三代之得天下也以仁,其失天下也以不仁。国之所以废兴存亡者亦然。天子不仁,不保四海;诸侯不仁,不保社稷;卿大夫不仁,不保宗庙①;士庶人不仁,不保四体。今恶死亡而乐不仁,是犹恶醉而强酒②。"

【译文】孟子说:"夏、商、周三代的获得天下是由于仁,它们的失去天下是由于不仁。国家的兴起和衰败,生存和灭亡也是如此。天子如果不仁,便不能保全天下;诸侯如果不仁,便不能保全国家;卿大夫如果不仁,便不能保全他的祖庙;士和百姓如果不仁,便不能保全他们的身体。假如现在有个人怕死却以不仁为乐,就好比他怕醉却拼命喝酒一样。"

【注释】①宗庙:卿大夫有采(cài)邑然后有宗庙,所以这宗庙实指采邑而言。 ②强(qiǎng):勉力,勉强,勉为其难。

7.4 孟子曰:"爱人不亲,反其仁;治人不治,反其智;礼人不答,反其敬——行有不得者皆反求诸己,其身正而天下归之。《诗》云①:'永言配命,自求多福。'"

【译文】孟子说:"我爱别人,别人却不亲近我,便反问自己仁爱是否足够;我治理别人,却没治理好,便反问自己知识智慧是否足够;我礼貌待人,可人家却不怎么搭理,便反问自己恭敬是否到了家。行为没有达到目的的时候都要反躬自问。自己确实端正了,天下的人都会归附于他。《诗经》说得好:'常顺天命不相违,要求幸福靠自强。'"

【注释】①"《诗》云"两句:见《大雅·文王》。译文采自程俊英《诗经译注》。

7.5 孟子曰:"人有恒言,皆曰:'天下国家。'天下之本在国,国之本在家,家之本在身①。"

【译文】孟子说:"大家有句口头禅,都说'天下国家'。可见天下的根本是国,国的根本是家,而家的根本则是每个人。"

【注释】①"国之本"两句:这就是今天常说的"小河有水大河满""民富才能国强"。

7.6 孟子曰:"为政不难,不得罪于巨室①。巨室之所慕,一国慕之;一国之所慕,天下慕之;故沛然德教溢乎四海。"

【译文】孟子说:"治国理政并不难,只是不要得罪世臣大家。因为他们倾慕的,国人都会倾慕;国人倾慕的,天下人也会倾慕,这样德教才会汹涌澎湃漫卷天下。"

【注释】①巨室:赵岐《注》:"巨室,大家也——谓贤卿大夫之家,人所效则者。"朱熹《集注》:"巨室,世臣大家也。"我们从朱熹说。巨室,本指大建筑物:"为巨室,则必使工师求大木。"(《梁惠王下》)引申为指世臣大家。《梁惠王下》:"所谓故国者,非谓有乔木之谓也,有世臣之谓也。"因为"巨室之所慕,一国慕之"。当然,孟子所谓"巨室",隐含"贤卿大夫之家";但"巨室"的字面意义,并不包括"贤卿大夫"。《左传·襄公三十年》:"《郑书》有之曰:'安定国家,必大焉先。'"沈玉成《左传译文》:"《郑书》有这样的话:'安定国家,一定要优先照顾大族。'"

7.7-1 孟子曰:"天下有道,小德役大德①,小贤役大贤;天下无道,小役大,弱役强。斯二者,天也。顺天者存,逆天者亡。齐景公曰:'既不能令,又不受命,是绝物也②。'涕出而女于吴③。

【译文】孟子说:"政治清明的时候,道德不高的人被道德高的人管理,不太贤能的人被非常贤能的人管理;政治黑暗的时候,便是小的被大的管理,弱的被强的管理。这两种情况,都取决于天。顺天者存,逆天者亡。齐景公说过:'既不能发号施令,又不能安然受命,这样你怕会嫁不出去的。'因此流着眼泪把女儿嫁到吴国去了。"

【注释】①小德役大德:即"小德役于大德"之意;下三句同。 ②是绝物也:此乃绝事也。物,事。详见《考证》066。 ③女:去声,嫁的意思。

【考证066】是绝物也:

赵岐《注》:"物,事也;大国不与之通朝聘之事也。"朱熹《集注》:"物,犹人也。"我们以为朱熹之说不大可信。因为,我们只见到《左传》的一则书证及该书证的杜预注支持其说:

《昭公二十八年》:"吾闻之:'甚美必有甚恶。'是郑穆少妃姚子之子,子貉之妹也。子貉早死,无后,而天钟美于是,将必以是大有败也。昔有仍氏生女,黰黑而甚美,光可以鉴,名曰玄妻。乐正后夔取之,生伯封,实有豕心,贪惏无餍,忿颣无期,谓之封豕。有穷后羿灭之,夔是以不祀。且三代之亡,共子之废,皆是物也。女何以为哉?夫有尤物,足以移人,苟非德义,则必有祸。"

沈玉成《左传译文》:"我听说:'很美丽必然有很丑恶。'那个人是郑穆公少妃姚子的女儿,子貉的妹妹。子貉早死,没有后代,而上天把美丽汇集在她身上,必然是要用她来大大地败坏事情。从前有仍氏生了一个女儿,头发稠密乌黑而漂亮,光泽可以照见人影,被称为'玄妻'。乐正后夔娶了她,生下伯封,心地和猪一样,贪婪没有个满足,暴躁乖戾没有个底,人们叫他'大猪'。有穷后羿灭了他,夔因此而不能得到祭祀。而且三代的被灭亡,共子的被废立,都是由于美色为害。你娶她做什么呢?有了特别美丽的女人,就足以使人改变。如果不是极有道德正义的人娶她,就必然有祸患。"

杜预《注》:"夏以妹喜,殷以妲己,周以褒姒,三代所由亡也。共子,晋申生,以骊姬废。"

通观上文,"是物",是指上文的"甚美",所以沈玉成先生译之为"美色"。即便不如此,"是物"也不过是说"这东西",是在咒骂某人或蔑视某人时才这样说。"尤物"与之类似。本章"绝物"却不具备这一条件。

相较而言,支持赵岐"物,事也"之说的共时书证多达数十,仅举数例:《左传·襄公十三年》:"解狐得举,祁午得位,伯华得官,建一官而三物成,能举善也夫!"沈译"建一官而三物成"为"建立一个官位而成就三件事"。《昭公二十一年》:"秋七月壬午朔,日有食之。公问于梓慎曰:'是何物也,祸福何为?'"沈译"是何物也"为"这是什么事"。《昭公二十五年》:"将求于人,则先下之,礼之善物也。"沈译:"将要有求于人,就要先居于人下,这是合于礼的好事。"以上三处,杜预均注:"物,事也。"

又《吕氏春秋·先识览》:"威公……求国之长者,得义莳、田邑而礼之,得史骥、赵骈以为谏臣,去苛令三十九物,以告屠黍。"高诱注:"物,事。"

《孟子·离娄下》:"有人于此,其待我以横逆,则君子必自反也:我必不仁也,必无礼也,此物奚宜至哉?"杨伯峻《孟子译注》译"此物奚宜至哉"为"这种态度怎么会来呢"。当然也可理解为"这种坏事怎么会来呢"。《告子上》:"尧、舜之知而不遍物,急先务也。"杨译:"尧、舜的智慧不能完全知道一切事物,因为他急于知道首要任务。"以上两处,赵岐均注"物,事也"。

《周礼·地官·大司徒》:"以乡三物教万民而宾兴之:一曰六德:知、仁、圣、义、忠、和。二曰六行:孝、友、睦、姻、任、恤。三曰六艺:礼、乐、射、御、书、数。"郑玄注:"物,犹事也。"

但是否"绝物"就如同赵岐所说"大国不与之通朝聘之事也",怕也未必。绝物,大约意为把事情做绝,不留余地,故我们揣摩其意译出。

7.7-2 "今也小国师大国而耻受命焉,是犹弟子而耻受命于先师也①。如耻之,莫若师文王。师文王,大国五年,小国七年,必为政于天下矣。《诗》云②:'商之孙子,其丽不亿③。上帝既命,侯于周服④。侯服于周,天命靡常⑤。殷士肤敏⑥,裸将于京⑦。'孔子曰:'仁不可为众也⑧。夫国君好仁,天下无敌。'今也欲无敌于天下而不以仁,是犹执热而不以濯也⑨。《诗》云⑩:'谁能执热,逝不以濯?'"

【译文】"如今小国以大国为师,却以听命于人为耻,这就好比学生以听命于德高望重的老师为耻一样。如果真以为耻,最好师法文王。师法文王,大国只要五年,小国只要七年,就一定可以号令天下了。《诗经》说过:'商代的子孙哪,其数已不到十万。他们只好臣服于周啊,只因为上帝已授命武王。只好臣服于周啊,又因为天意总是无常。酹酒于地助祭于周京啊,殷国的士人个个灵敏漂亮。'孔子也说过:'人多势众,在"仁"面前算个什么?君主如果爱好仁,就将无敌于天下。'如今有些诸侯一心只想无敌于天下,却又不行仁政,这就好比手持灼热物,却不用水洗一样。《诗经》上说:'有人手持灼热物,不用水洗怎能成?'"

【注释】①先师:夫子,德高望重的老师。《论衡·对作》:"儒生就先师之说,诘而难之。" ②"《诗》云"数句:见《大雅·文王》。 ③商之孙子,其丽不亿:孙子,子孙。其丽不亿,其数不到十万。丽,数。亿,十万。详见《考证》067。 ④侯:语气副词,无实义。 ⑤靡(mǐ):无,没有。 ⑥肤:美丽。 ⑦裸(guàn)将于京:裸,亦作"灌",古代祭祀中的一种仪节,把酒倒在地上以迎接鬼神。将,帮助。京,周都城镐京,遗址在今陕西西安。 ⑧仁不可为众也:面临仁德,不能够形成人多势众;人多势众,在"仁"面前算个什么?详见《考证》068。 ⑨不以濯(zhuó):不以之濯,不拿手去洗。濯,洗,这里指在凉水里浸泡或在凉水下冲。 ⑩"《诗》云"两句:见《大雅·桑柔》。译文采自向熹《诗经译注》。逝,句首语气词,无实义。有训"执"为"执守""固持"者,谓"执热"为持守于热,忍耐着热,但《大雅·柔桑》创作的年代,"执"尚未见有此义。

【考证067】商之孙子其丽不亿:

这两句诗的郑玄《笺》云:"商之孙子,其数不徒亿。"赵岐《注》:"言殷帝之子孙,其数不但亿万人。"朱熹《集注》:"言商之孙子众多,其数不但十万而已。"故而杨伯峻《译注》翻译这两句为:"商代的子孙,数目何止十万。"(高亨《诗经今注》:"不亿,不止于一亿。古时以十万为'亿'。")我们以为恐未达一间。因为春秋战国时期语言中"不+数词(+单位名词)"结构所表达的都是没有达到这一数目的意思。例如:"王怒未息,其十年乎?不十年,王弗召也。"(《左传·僖公十三年》)沈玉成《左传译文》:"不到十年,天子不会召他回去的。""武王有乱臣十人,崔杼其有乎?不十人,不足以葬。"(《襄公二十八年》)沈译:"不到十个人,不足以安葬。""子产见左师曰:'吾不患楚矣,汰而愎谏,不过十年。'左师曰:'然。不十年侈,其恶不远,远恶而后弃。'"(《昭公四年》)沈译:"我不担心楚国了。骄纵而不听劝谏,不超过十年……不是十年的骄纵,他的邪恶不会远播。""不可,直不百步耳,是亦走也。"(《孟子·梁惠王上》)杨伯峻《孟子译注》:"只不过他没有跑到一百步罢了……""天子之地方千里,不千里,不足以待诸侯。诸侯之地方百里,不百里,不足以守宗庙之典籍。"(《告子下》)杨译:"如果不到一千里,便不够接待诸侯……如果不到一百里,便不够来奉守历代相传的礼法制度。""利不百,不变法;功不十,不易器。"(《商君书·更法》)"故利不百者不变俗,功不什者不易器。"(《战国策·赵二》)"'马不千里。'王良弟子曰:'马,千里之马也,服,千里之服也。而不能取千里,何也?'"(《战国策·韩三》)

这一表达沿用至今。王力先生说:"所谓区别一般和特殊,那是辩证法的原理之一。在这里我们指的是黎锦熙先生所谓'例不十,不立法'。我们还要补充一句,就是'例外不十,法不破'。"(《汉语史稿》

第三节)。

解"不亿"为"不徒亿",大约就是所谓"增字解经"吧。

马瑞辰《毛诗传笺通释》云:"'不'为语词,'不亿'即'亿',犹云子孙千亿耳。《笺》以为'不徒亿',失之。"但是,既然"不＋数词(＋单位名词)"结构较为常见,"不"何必解为"语词"呢?

因此,我们译这段话为:"商代的子孙,其数已不到十万。"

【考证068】仁不可为众也:

赵岐《注》:"孔子云:'行仁者,天下之众不能当也。'"朱熹注:"孔子因读此诗,而言有仁者则虽有十万之众,不能当之。"杨伯峻先生注:"仁不可为众也:此句只能以意会,不便于逐字译出。《诗·文王》毛传也说过:'盛德不可为众也。'郑玄笺则说:'言众之不如德也。'译文本此。赵岐和朱熹似俱未得其解。"

杨柳岸认为(《〈孟子〉词语考证四则》),这句话直译就是"〔面临〕仁德,不能够形成人多势众"。意译则是"人多势众,在'仁'面前简直不值一提""人多势众,在'仁'面前算个什么"。当时语言中许多"N不可为N"的句子可以证明这一点。

《左传·昭公十三年》:"君若早自图也,可以无辱。众怒如水火焉,不可为谋。""不可为谋"承前省略了"众怒","众怒不可为谋"意谓谋略面临"众怒"简直不算什么,因为它如同水火,将焚烧、淹没一切触犯它的东西。

《墨子·天志上》:"夫天,不可为林谷幽门无人——明必见之。"面临上苍,"林谷幽门无人"的隐藏简直不算什么,因为上苍的明辨一定能够洞若观火。

《明鬼下》:"故鬼神之明,不可为幽间广泽、山林深谷——鬼神之明必知之。鬼神之罚,不可为富贵众强、勇力强武、坚甲利兵——鬼神之罚必胜之。""幽间广泽、山林深谷"面对"鬼神之明"简直不算什么,因为"鬼神之明必知之"。同样,"富贵众强、勇力强武、坚甲利兵"面对"鬼神之罚"简直不算什么,因为"鬼神之罚必胜之"。

《吕氏春秋·孟秋纪》:"此七君者,大为无道不义,所残杀无罪之民者,不可为万数。""万数"在"所残杀无罪之民"(的人数)面前简直不算什么,因为"所残杀无罪之民"远远不止"万数"。

《尽心上》"观于海者难为水,游于圣人之门者难为言"也可视为这一格式的变式。

以下数例,"不可(以)为"后面的成分则不限于体词性的了:

《逸周书·周祝解》:"泽有兽而焚其草木,大威将至,不可为巧。焚其草木则无种,大威将至,不可以为勇。""大威将至","巧"根本不值一提。同样,"大威将至",勇武也不值一提。这一例末句为"不可以为+勇",多出了个"以"字。下2例类似:

《左传·昭公四年》:"恃险与马,不可以为固也,从古以然。"

《庄子·杂篇·徐无鬼》:"天地之养也一,登高不可以为长,居下不可以为短。"

由上可知,赵注、朱注、郑笺皆得其大意。

7.8 孟子曰:"不仁者可与言哉?安其危而利其菑①,乐其所以亡者。不仁而可与言,则何亡国败家之有?有孺子歌曰:'沧浪之水清兮②,可以濯我缨③,沧浪之水浊兮,可以濯我足。'孔子曰:'小子听之,清斯濯缨,浊斯濯足矣。自取之也。'夫人必自侮,然后人侮之;家必自毁,而后人毁之;国必自伐,而后人伐之。《太甲》曰:'天作孽,犹可违;自作孽,不可活④。'此之谓也。"

【译文】孟子说:"不仁的人难道可以跟他商议吗?危险早已临近,他居然安之若素;灾难即将到来,他以为有利可图;会导致亡国败家惨祸的恶事,他乐在其中。假如不仁的人还可以跟他商议,那世上又如何会有亡国败家的惨祸呢?从前有个小孩歌唱道:'沧浪之水涟且清,用来洗我的帽缨;沧浪之水浑且浊,用来洗我的双脚。'孔子说:'同学们听好了!水清就洗帽缨,水浊就洗双脚,其实取决于每个人自己。'所以人必先有自取其辱的行为,别人才侮辱他;家必先有自取毁坏的因素,别人才毁坏它;国必先有自取讨伐的原因,别人才讨伐它。《尚书·太甲》说:'天造作的罪孽,还可以逃掉;自己造作的罪孽,却无处可逃。'正是这个意思。"

【注释】①安其危而利其菑(zāi):其,指上文的"不仁者"。菑,通"灾"。安、利在此都是意动用法。 ②沧浪(láng):即汉水。 ③缨:系帽的丝带。 ④"天作孽"四句:又见《公孙丑上》,请参3.4－2注⑤、注⑥、注⑦。

7.9－1 孟子曰:"桀纣之失天下也,失其民也;失其民者,失其心也。得天下有道:得其民,斯得天下矣;得其民有道:得其心,斯得民矣;得其心有道:所欲与之聚之①,所恶勿施尔也②。

【译文】孟子说:"桀和纣的丧失天下,是由于失去了老百姓;失去了老百姓,是由于失去了民心。获得天下有方法:得到了老百姓,就得到天下了;获得老百姓有方法:赢得了民心,就得到老百姓了;赢得民心也有方法:他们所希望的,替他们聚积起来;他们所厌恶的,不要强加在他们头上,如此罢了。

【注释】①所欲与之聚之:民之所欲,为之积聚之。第一个"之",指"民";第二个"之",指民之"所欲"。与,为(wèi)。详见《考证》064。
②尔也:复合语气词,如此罢了。"尔也"不能如某些注家所标点的那样单独成句,因为复合语气词是虚词,虚词不能单独成句;但翻译为现代汉语时,译文可以单独成句。

7.9－2"民之归仁也,犹水之就下,兽之走圹也①。故为渊驱鱼者,獭也②;为丛驱爵者,鹯也③;为汤武驱民者,桀与纣也。今天下之君有好仁者,则诸侯皆为之驱矣。虽欲无王,不可得已。今之欲王者,犹七年之病求三年之艾也④。苟为不畜,终身不得。苟不志于仁,终身忧辱,以陷于死亡。《诗》云:'其何能淑,载胥及溺⑤。'此之谓也。"

【译文】"老百姓的归向仁政,就如同水的奔腾而下,兽的奔向旷野一般。如同为深潭把鱼群赶来的是水獭,为森林把鸟雀赶来的是鹯鹰,为商汤、周武把百姓赶来的,就是桀和纣了。当今天下的君主中如果有好施仁政的,那其他诸侯都会为他把百姓赶来的。即使他不想用仁政一统天下,也是办不到的。不过如今这些希望用仁政一统天下的人,就好比害了七年的痼疾,要寻求三年的陈艾来医治;平时若不积蓄它,〔急来抱佛脚,便会导致一病不起,就等于〕终身都不会得到。〔同理,〕如果不立志于实行仁政,便将终身沉溺于忧患与屈辱,直到陷入或死去或逃亡的深渊。《诗经》上说:'国事如果不办好,大家都要淹死了。'正是说的这个。"

【注释】①"民之归仁"数句:《论语·颜渊》:"一日克己复礼,天下归仁焉。"天下归仁,就是天下之民咸归于仁。参见《论语新注新译》12.1《考证》。圹,同"旷",旷野。 ②故为渊驱鱼者,獭(tǎ)也:獭,水獭,一种动物。 ③为丛驱爵者,鹯(zhān)也:爵,通"雀"。鹯,一种鹰鹯类猛禽。 ④三年之艾:艾,用以灸穴位者,类似今之艾条,愈陈则疗效愈佳。 ⑤"其何能淑"两句:见《大雅·桑柔》。淑,善。载,句首语气词,起加强语气作用。胥,都。及,赶上(灾祸)。

7.10 孟子曰:"自暴者①,不可与有言也;自弃者,不可与有为也②。言非礼义③,谓之'自暴'也;吾身不能居仁由义,谓之'自弃'也。仁,人之安宅也;义,人之正路也。旷安宅而弗居,舍正路而不由,哀哉!"

【译文】孟子说:"自己摧残自己的人,不能和他讲什么大道理;自己抛弃自己的人,不能和他做什么大事情。开口便非议礼义,这便叫作自己摧残自己;认为自己不能以仁居心,不能践行道义,这便叫作自己抛弃自己。'仁'是人最安稳的宅子,'义'是人最正确的道路。空着最安稳的宅子不去住,放弃最正确的道路不去走,可悲呀!"

【注释】①暴:害。 ②不可与有言,不可与有为:不可与之有言,不可与之有为。介词"与"的宾语未出现。有言,有为,均应看作固定短语。有言,"有善言"之意。"有为"亦作"有行","有所作为"之意。 ③非:以……为非,也即诋毁。

7.11 孟子曰:"道在迩而求诸远①,事在易而求诸难。人人亲其亲,长其长,而天下平。"

【译文】孟子说:"〔怕就怕〕真理在近处却往远处求,事情本容易却往难处做。只要人人都亲爱自己的父母,尊敬自己的长辈,天下就太平了。"

【注释】①迩(ěr):近,不远。

7.12 孟子曰:"居下位而不获于上①,民不可得而治也。获于上有道,不信于友,弗获于上矣。信于友有道,事亲弗悦,弗信于友矣。悦亲有道,反身不诚,不悦于亲矣。诚身有道,不明乎善,不诚其身矣。是故诚者,天之道也;思诚者,人之道也。至诚而不动者,未之有也;不诚,未有能动者也。"

【译文】孟子说:"职位低下,又得不到上级的信任,百姓是不可能治理好的。要得到上级的信任,是有方法的:得不到朋友的信任,也就不能让上级信任了。要使朋友信任,也是有方法的:侍奉父母不能让他们高兴,也就不能让朋友信任了。让父母高兴,也是有方法的:若自我反省孝心不诚,也就不能让父母高兴了。要让孝心出之于诚,也是有方法的:不明白什么是善,也就不能让孝心出之于诚了。所以'诚'是天定的道理,追求'诚'是做人的道理。出于至诚而不能打动人心,是从来没有过的事;而不诚心,是不能打动人心的。"

【注释】①获于上:获得上级信任。

7.13 孟子曰:"伯夷辟纣,居北海之滨①,闻文王作兴,曰②:'盍归乎来③!吾闻西伯善养老者④。'太公辟纣,居东海之滨⑤,闻文王作兴,曰:'盍归乎来,吾闻西伯善养老者。'二老者,天下之大老也,而归之,是天下之父归之也。天下之父归之,其子焉往?诸侯有行文王之政者,七年之内,必为政于天下矣。"

【译文】孟子说:"伯夷避开纣王,住在北海边上,听说文王兴起来了,便说:'何不到西伯那里去呢,我听说他赡养老人做得好。'姜太公避开纣王,住在东海边上,听说文王兴起来了,便说:'何不到西伯那里去呢?我听说他赡养老人做得好。'这两位老人,是声名卓著于天下的老人;他们归向西伯,这等于天下的父亲都归向西伯了。天下的父亲归向西伯,他们的儿子去哪里呢?如果诸侯中有践行文王的政治的,七年之内,就一定能治理天下了。"

【注释】①北海之滨:在今河北昌黎县城西北。 ②闻文王作兴,曰:作兴,兴起。此句不能断为"闻文王作,兴曰"。详见《考证》069。 ③来:助词,附加在某些动词之后,表趋向。 ④西伯:即周文王。 ⑤东海之滨:在今山东莒县县城之东。

【考证069】闻文王作兴曰:

杨伯峻先生注云:"朱熹《集注》以'作'字绝句,'兴'字属下读。赵岐《注》则以'作兴'为一词。今从朱熹,说详杨树达《古书句读释例》例102。"

《古书句读释例》:"《孟子》云:'若夫豪杰之士,虽无文王犹兴。'以'兴'字属臣言,不属君言也。以汉魏唐宋诸儒之说证《孟子》,何如以《孟子》本书之文证《孟子》乎?(《易·系辞》'神农氏作',亦'作'字当读断之证。)"

"以汉魏唐宋诸儒之说证《孟子》"指汉代王逸、魏代徐幹到清代毛奇龄、武亿诸人均从赵岐读作"闻文王作兴,曰……"。但所谓以《孟》证《孟》而得出的"'兴'字属臣言,不属君言"结论,则与事实不符。例如:"五百年必有王者兴。"(《公孙丑下》)"是故文武兴,则民好善;幽厉兴,则民好暴。"(《告子上》)"上无礼,下无学,贼民兴,丧无日矣。"(《离娄上》)"经正,则庶民兴;庶民兴,斯无邪慝矣。"(《尽心下》)以上均《孟子》中"兴"不专属臣子之例。他书也是如此:"君子笃于亲,则民兴于仁。"(《论语·泰伯》)"在陈绝粮,从者病,莫能兴。"(《卫灵公》)这样一来,就又回到原点。如果"'兴'字属臣言,不属君言"是说文王"作"而伯夷"兴",证据何在?下文也将证明"兴曰"不词。

"作兴"除引用《孟子》者外,未见于他书(但有"兴作"见于稍晚文献,见下文);"兴曰"亦未见于他书,但我们依然可以在更大范围来"审句例"。

在感知动词"曰"之前,是可以有一段较长的、有主语出现的话,如"子闻之,谓门弟子曰"(《子罕》)"子在川上曰"(同上)"子在齐闻《韶》,三月不知肉味,曰"(《述而》)。若《孟子》这段话如赵岐所说断作"伯夷辟纣,居北海之滨,闻文王作兴,曰",则正符合这一规律;而若断作"伯夷辟纣,居北海之滨,闻文王作,兴曰",则未见有出现一段较长的有主语的话之后,再在"曰"前加一行为动词作状语的例证。如,可见到"王笑曰"(《梁惠王上》)"公笑曰"(《左传·昭公三年》)"猛(人名)笑曰"(《定公九年》)"夫子莞尔而笑曰"(《论语·阳货》),却未见一例"笑曰"或"……,笑曰"。因此,从句例来看,赵岐的读法较为经得起考验。

另外,"作""兴"是同义词——二字训"起"的故训各不下百例,不烦赘引。《孟子》时代的语言中,同义词合成同义短语,已较为普遍,如《尽心下》"奋乎百世之上,百世之下,闻者莫不兴起也"的"兴起"(《论衡》中有"作起",《三国志》有"起作");又如"兵革非不坚利也,米粟非不多也"(《公孙丑下》)之"兵革""米粟"。因此,说"作兴"是同义短语,与《孟子》时代语言特征相符。

除见到"若夫豪杰之士,虽无文王犹兴""五百年必有王者兴""是故文武兴,则民好善;幽厉兴,则民好暴"之外,也见到"贤圣之君六七作"(《公孙丑上》)"且王者之不作,未有疏于此时者也"(同上)"圣王不作"(《滕文公下》)"子以为有王者作,将比今之诸侯而诛之乎"(《万章下》)"子以为有王者作,则鲁在所损乎,在所益乎"(《告子下》)。由此亦可见"作兴"是同义短语。

正如"巫医"又作"医巫","搏执"又作"执搏",因而是同义短语一样,稍晚文献中出现的"兴作"也可证明本章应读作"闻文王作兴":"神灵者,品物之本也,而礼乐仁义之祖也,而善否治乱所兴作也。"(《大戴礼记·曾子天圆》)"命降于社之谓殽地,降于祖庙之谓仁义,降于山川之谓兴作,降于五祀之谓制度。"(《礼记·礼运》)"水火者,百姓之所饮食也;金木者,百姓之所兴作也;土者,万物之所资生也。"(《尚书大传·洪范》)"虑定则心固,疑生则心惧,乱祸之兴作,未曾不由废立之间也。"(《三国志·蜀书·刘封传》)参见《考证》135。

7.14 孟子曰:"求也为季氏宰,无能改于其德,而赋粟倍他日。孔子曰:'求非我徒也,小子鸣鼓而攻之可也①。'由此观之,君不行仁政而富之,皆弃于孔子者也②,况于为之强战?争地以战,杀人盈野;争城以战,杀人盈城,此所谓率土地而食人肉,罪不容于死。故善战者服上刑③,连诸侯者次之④,辟草莱、任土地者次之⑤。"

【译文】孟子说:"冉求当了季康子的总管,不能改变他的作风,田赋反而两倍于从前。孔子说:'冉求不再是我的学生,同学们可以大张旗鼓攻击他。'从这事看来,君主不实行仁政,却去帮助他搜刮财富的人,都是孔子所唾弃的;何况为那不仁的君主努力作战的人呢?〔这些人〕为争夺土地而战,杀得尸横遍野;为争夺城池而战,满城血海尸山,这就叫席卷着大地让它来吞噬人肉,死了也赎不了他们的罪。所以能征惯战者应该受最重的刑罚,鼓吹合纵连横者该受次一等的刑罚,〔为了替君主搜刮财富而让百姓背井离乡去〕开垦草莽以尽地利的人该受再次一等的刑罚。"

【注释】①"求也为季氏宰"诸句:其史实可参《论语·先进》《左传·哀公十一年》。求,冉求,字子有,孔子弟子。 ②弃于孔子:被孔子所唾弃。句式同"劳力者治于人"(《滕文公上》)。 ③上刑:重刑。 ④连诸侯:连结诸侯,如苏秦、张仪之流。 ⑤辟草莱、任土地:辟,开垦。任土地,谓分土授民,以奖军功。孟子认为这是"不务修德而富国"(赵岐《注》),故加以反对。

7.15 孟子曰:"存乎人者,莫良于眸子①。眸子不能掩其恶。胸中正,则眸子了焉②;胸中不正,则眸子眊焉③。听其言也,观其眸子,人焉廋哉④?"

【译文】孟子说:"一个人身上存于内而表现于外的,没有哪一处强过他的眼睛。眼睛不能掩盖一个人丑恶的灵魂。心正,眼睛就明亮;心不正,眼睛就昏暗。听一个人说话的时候,观察他的眼睛,这人的善恶能躲到哪里去呢?"

【注释】①存乎人者,莫良于眸子:这句话和达芬奇所说"眼睛是心灵的窗户"异曲同工。眸子,瞳仁。 ②了:明。 ③眊(mào):目不明之貌。 ④廋(sōu):隐匿,躲藏。

7.16 孟子曰:"恭者不侮人,俭者不夺人。侮夺人之君,惟恐不顺焉,恶得为恭俭?恭俭岂可以声音笑貌为哉?"

【译文】孟子说:"谦恭的人不会侮辱别人,节俭的人不会掠夺别人。侮辱人掠夺人的诸侯,生怕别人不顺从自己,又如何能做到恭敬节俭?恭敬和节俭难道可以靠甜言蜜语和满脸堆笑装出来吗?"

7.17 淳于髡曰①:"男女授受不亲,礼与?"孟子曰:"礼也。"

曰:"嫂溺,则援之以手乎?"曰:"嫂溺不援,是豺狼也②。男女授受不亲,礼也;嫂溺援之以手者,权也③。"

曰:"今天下溺矣,夫子之不援,何也?"曰:"天下溺,援之以道;嫂溺,援之以手——子欲手援天下乎?"

【译文】淳于髡问:"男女之间,不亲手交接东西,这是礼法吗?"孟子答道:"是礼法。"

淳于髡说:"那嫂子掉在水里,用手去拉她吗?"孟子说:"嫂子掉在水里,不去拉她,这简直是豺狗和恶狼。男女之间不亲手交接,这是平常的礼法;嫂子掉在水里,用手去拉她,这是通权达变。"

淳于髡说:"现在全天下的人都掉水里了,您不去救援,这是为什么?"孟子说:"天下的人都掉在水里,要用'道'去救援;嫂子掉在水里,要用手去救援——你难道要凭双手去救援天下人吗?"

【注释】①淳于髡(kūn):姓淳于,名髡,齐国人,曾仕于齐威王、宣王和梁惠王之朝。 ②嫂溺不援,是豺狼也:嫂溺不援,此豺狼也。嫂子掉在水里,不施以援手,这是豺狗和恶狼行径。豺狼,不是光指狼,而是指豺狗和狼两种野兽。详见《考证》070。是,略同于"此"。先秦汉语不用联系动词(系词)"是",译文中的"是"是翻译时补出来的。 ③权:变通之意。

【考证070】豺狼、狐狸:

在此,我们合本章"豺狼"与《滕文公上》(5.5-2)"狐狸"一并考察。

先看"豺狼"。赵岐《注》:"孟子曰,人见嫂溺不援出,是为豺狼之心也。"朱熹、焦循无说。杨伯峻《孟子译注》译文:"嫂嫂掉在水里,不去拉她,这简直是豺狼。"

我们认为,赵岐《注》及杨伯峻先生译文,都没有错误。因为,上古汉语"豺狼"出现频率不低,已经成为一固定短语,甚至已经成词。

在先秦文献中,它共出现12次,如下:

"戎狄豺狼,不可厌也。"(《左传·闵公元年》)"是子也,熊虎之状,而豺狼之声,弗杀,必灭若敖氏矣。谚曰:'狼子野心。'是乃狼也,其可畜乎?"(《宣公四年》)"赐我南鄙之田,狐狸所居,豺狼所嗥。我诸戎除翦其荆棘,驱其狐狸豺狼,以为先君不侵不叛之臣。"(《襄公十四年》)"姑视之,及堂,闻其声而还,曰:'是豺狼之声也。狼子野心,非是,莫丧羊舌氏矣。'遂弗视。"(《昭公二十八年》)"谁能与豺狼争食?"(《国语·晋语四》)"其声,豺狼之声,终灭羊舌氏之宗者,必是子也。"(《晋语八》)

我们想要论证的是,当时语言中的"豺狼"无论其是否已经成词,实际上分指"狼"与"豺"两种动物,而并非只是指狼。

第一,上举各例中,有"戎狄豺狼""熊虎之状,而豺狼之声""狐狸豺狼"等,"戎"和"狄"分指两个北方少数民族,"熊"和"虎"是两种兽,下文将要证明,"狐"和"狸"分指狐狸和狸猫,可以旁证"豺"和"狼"也是两种动物。

第二,当时语言中有"虎狼"这一固定短语或词(8例),我们知道,"虎狼"分指虎和狼,"豺狼"也是如此:

"晋人,虎狼也,若背其言,臣死,妻子为戮。"(《左传·文公十三年》)"庄子曰:'虎狼,仁也。'"(《庄子·外篇·天运》)"心如虎狼,行如禽兽。"(《荀子·修身》)"安禽兽行,虎狼贪,故脯巨人而炙婴儿矣。"(《正论》)"凡人伦,以十际为安者也,释十际则与麋鹿虎狼无以异。"(《吕氏春秋·慎行论》)"虎狼在前,鬼神在后。"(《韩非子·十过》)"势者,养虎狼之心,而成暴乱之事者也。"(《难势》)

另外,《诗经》中还有"豺虎":"取彼谮人,投畀豺虎。豺虎不食,投畀有北。"(《小雅·巷伯》)

第三,"豺""狼"也单独出现:

"且是人也,蜂目而豺声,忍人也。"(《左传·文公元年》)"王不听,遂征之,得四白狼,四白鹿以归。"(《国语·周语上》)"霜降之日,豺乃祭兽……豺不祭兽，爪牙不良。"(《逸周书·时训解》)"民之见战也，如饿狼之见肉，则民用矣。"(《商君书·画策》)"有狼入于国，有人自天降。"(《吕氏春秋·季夏纪》)"菊有黄华，豺则祭兽戮禽。"(《季秋纪》)

第四，古汉语字典辞书也将"豺""狼"分属二物。以《王力古汉语字典》为例："豺：野兽名，俗名豺狗。""狼：狼。"

第五，这点很重要。《王力古汉语字典》以"狼"释"狼"，以及我们的语感，都说明现代汉语（尤其在口语中）依然称"狼"为"狼"，称"豺"为"豺狗"。故事《狼来了》如果改成《豺狼来了》则十分别扭。对于歌词"郎呀，咱们俩是一条心哪"，小朋友听到会莫名其妙，为什么要和大灰狼"一条心"（因为在现代汉语里，láng 音节，"狼"的"易知性"最强——一听到该音节，首先想到的就是"狼"。见汪维辉《汉语词汇史》，中西书局 2021，第 41 页）。至于书面语里的"豺狼"，则是继承古汉语的。

再看"狐狸"：

赵岐、朱熹、焦循均无说。杨伯峻《孟子译注》译"狐狸食之"为"狐狸在吃着他"。

我们认为，和"豺狼"一样，"狐狸"也是指"狐狸"和"狸猫"两种动物。先秦文献中，"狐""狸"连文者如下：

"厥贡璆、铁、银、镂、砮、磬、熊、罴、狐、狸。"(《尚书·禹贡》)"一之日于貉，取彼狐狸，为公子裘。"(《诗经·豳风·七月》)"赐我南鄙之田，狐狸所居，豺狼所嗥。我诸戎除翦其荆棘，驱其狐狸豺狼，以为先君不侵不叛之臣。"(《左传·襄公十四年》)"荆有云梦，犀兕麋鹿满之，江汉之鱼鳖鼋鼍为天下富，宋所为无雉兔狐狸者也，此犹粱肉之与糠糟也。"(《墨子·公输》)

《尚书》一例，明显是"狐""狸"并列，姑置不论。《墨子》一例，与之类似，也是"雉、兔、狐、狸"并列。《左传》一例，"狐狸""豺狼"并列，前文已证"豺狼"为二物，此处"狐狸"也当如此。《诗经》"取彼狐狸，为公子裘"也可理解为取那狐狸皮、狸猫皮,为公子制裘(见下文引《王力古汉语字典》)。

况且"狐""狸"分开者远比"狐狸"连文者多。除人名、地名及"狐疑"等短语不算外,据不完全统计,先秦文献中"狐"多达36例,其中有"狐貉"连文者,如《论语·子罕》:"衣敝缊袍,与衣狐貉者立,而不耻者,其由也与。"《乡党》:"狐貉之厚以居。"正如"狐貉"分指二物,"狐狸"在那时语言中,也分指二物。

"狸"则较"狐"为少,也有8例。这些例句中,两见"狸狌(鼪)":"子独不见狸狌乎?卑身而伏,以候敖者;东西跳梁,不辟高下。"(《庄子·内篇·逍遥游》)"骐骥骅骝,一日而驰千里,捕鼠不如狸狌,言殊技也。"(《外篇·秋水》)"狸狌"分指二物(《秋水》中,"狸狌"与"骐骥骅骝"并列),"狐狸"也分指二物。

古汉语字典辞书也将"狐""狸"分属二物。《王力古汉语字典》:"狐:狐狸。""狸:狸猫,狸子,形状似猫。《诗·豳风·七月》:'取彼狐狸,为公子裘。'"

即使中古时期,"狐""狸"也还依然分指二物。崔致远《古意》:"狐能化美女,狸亦作书生。谁知异物类,幻惑同人形。"杜甫《无家别》:"久行见空巷,日瘦气惨凄。但对狐与狸,竖毛怒我啼。"李贺《相和歌辞·神弦曲》:"桂叶刷风桂坠子,青狸哭血寒狐死。"

因此,我们译5.5—2"他日过之,狐狸食之,蝇蚋姑嘬之"为:"过了些时候,再经过那里,就发现狐狸、狸猫在撕咬着,苍蝇、蚊子在咀吮着那遗体。"

7.18 公孙丑曰:"君子之不教子,何也?"孟子曰:"势不行也。教者必以正;以正不行,继之以怒。继之以怒,则反夷矣[①]。'夫子教我以正,夫子未出于正也。'则是父子相夷也。父子相夷,则恶矣。古者易子而教之,父子之间不责善[②]。责善则离,离则不祥莫大焉③。"

【译文】公孙丑问:"君子不亲自督促训导孩子,为什么呢?"孟子答道:"由于情势行不通。督促训导一定要讲正理,用正理讲不通,跟着就要发怒。一发怒,就反而造成了伤害。〔孩子会说:〕'您用正理督促训导我,可是您的行为却不是从正理出发的。'这就相当于父子间互相伤害了。父子间互伤伤害,这是大坏事。古时候交换小孩来督促训导,使父子之间不会因追求善而互相责备。追求善而互相责备,就会产生隔阂;父子之间生出隔阂,没有比这更不好的事了。"

【注释】①夷:伤害。 ②责善:以善为标准来谴责对方,以善为标准来用言语相要求。 ③祥:好的(征兆),幸福,吉祥。

7.19 孟子曰:"事,孰为大?事亲为大;守,孰为大?守身为大。不失其身而能事其亲者,吾闻之矣;失其身而能事其亲者,吾未之闻也。孰不为事?事亲,事之本也;孰不为守?守身,守之本也。曾子养曾晳①,必有酒肉;将彻②,必请所与;问有余,必曰:'有。'曾晳死,曾元养曾子③,必有酒肉;将彻,不请所与;问有余,曰:'亡矣。'——将以复进也。此所谓养口体者也。若曾子,则可谓养志也。事亲若曾子者,可也。"

【译文】孟子说:"侍奉谁最重要?侍奉父母最重要。守护什么最重要?守护自己〔的良心〕最重要。不失去自己的良心又能侍奉父母的,我听说过;失去了良心又能侍奉父母的,我没有听说过。侍奉谁不是侍奉?侍奉父母是根本;守护谁不是守护?守护自己的良心是根本。从前曾子奉养他的父亲曾晳,每餐一定都有酒有肉;撤席时一定要问剩下的给谁;曾晳若问是否还有剩余,一定答道:'还有。'曾晳死了,曾元养曾子,也一定有酒有肉;撤席时便不问剩下的给谁了;曾子若问是否还有剩余,便说:'没有了。'准备下餐再给曾子吃。这个叫作让父母嘴巴、身体舒服的'养'。至于曾子,才可以叫作让父母心情舒畅的'养'。侍奉父母能做到像曾子那样,就可以了。"

【注释】①曾晳:名点,孔子学生;曾子(曾参)之父。 ②彻:通"撤"。③曾元:曾子长子。其事见《礼记·檀弓上》。

7.20 孟子曰:"人不足与适也①,政不足间也②;惟大人为能格君心之非③。君仁,莫不仁;君义,莫不义;君正,莫不正。一正君而国定矣。"

【译文】孟子说:"当政的小人不值得和他们对着干,他们的政治也不值得去参与;只有道德君子才能够纠正君主的不正确思想。君主仁,没有人不仁;君主义,没有人不义;君主正,没有人不正。一把君主端正了,国家也就安定了。"

【注释】①与适:当读为"与敌",与之为敌,与之对着干。详见《考证》071。 ②间(jiàn):参与,厕身其间。 ③惟大人为能格君心之非:大人,道德、地位均较一般"君子"为高的人。参见《考证》126。格,纠正,匡正。

【考证071】与适:

赵岐《注》:"适,过也。《诗》云:'室人交遍适我。'时皆小人居位,不足过责也。"朱熹《集注》:"言人君用人之非,不足过谪。"是赵岐、朱熹均读"适"为"谪""责",但未见"与谪""与责"连文者。

共时文献中,我们所见"与+V"之例,"与"都是介词,音 yǔ,"与"后都可补出代词"之":"士志于道,而耻恶衣恶食者,未足与议也。"(《论语·里仁》,杨伯峻《论语译注》:"读书人有志于真理,但又以自己吃粗粮穿破衣为耻辱,这种人,不值得同他商议了。")"楚不足与战矣。"(《左传·文公十六年》)"据财不能以分人者,不足与友……辩是非不察者,不足与游。"(《墨子·修身》)"其主,俗主也,不足与举。"(《吕氏春秋·孟冬纪》)

"与+V"的 V,其语义上,一定是可以相互作用的,而不可以是单方面的,一方面针对另一方的。前者如"议""战""游""举""测""谋""言""论"等。但"谪""责"却是单方面的,一方面针对另一方的,这是何以我们未见"与谪""与责"的缘由。

赵岐、朱熹的解释似乎也可读"与"为 yù 声,抽象的"参与"义,"不足与适"也就是"没有被谴责的资格"。但参与义的"与"要后接介词"于"和"乎":"天之将丧斯文也,后死者不得与于斯文也。"(《论语·子罕》)"郑伯治与于雍纠之乱者。"(《左传·庄公十六年》)"今我妇人而与于乱。"(《襄公九年》)"瞽者无以与乎文章之观,聋者无以与乎钟鼓之声。"(《庄子·内篇·逍遥游》)

要之,"与适"既不具备"与(yǔ)＋V"的条件,也不具备"与(yù)于(乎)O"的条件,于是乎,只好"活用其字形,借助于文法,乞灵于声韵,以假读通之"。

本章的"适",当读作"敌",敌对,对着干。敌对双方是相互作用的,故"与＋敌"组合得以成立("与敌"即"与之敌"):"荆人不动,魏不足患也,则诸侯可蚕食而尽,赵氏可得与敌矣。"(《韩非子·存韩》)"北斗所击,不可与敌。"(《淮南子·天文训》)"隐居深宫,若心之藏于胸,至贵无与敌。"(《春秋繁露·天地之行》)

段玉裁《说文解字注》"敌"字下:"古多假借'适'为'敌'。"例极多,不胜枚举,仅以读作"与敌"的"与适"为例:"穴中与适人遇,则皆围而毋逐。"(《墨子·备穴》)"若人之在世,势不与适,力不均等,自相胜服。"(《论衡·物势》)

"人不足与适也,政不足间也",谓小人不足与之为敌,其政事不足杂厕其间。《公孙丑下》第六章"夫既或治之,予何言哉"足以说明这一点。

吴铭先生认为无须破读,"与适"和"与归""与往"一样,都是一道去做什么的意思(《〈孟子〉"人不足与适也"新议》,"吴铭训诂札记"微信公众号 2023－70)。但"适"和"往""归"不同的是,其宾语不能悬空,如《论语·子罕》"可与共学,未可与适道;可与适道,未可与立"、

《盐铁论·授时》"富民易与适礼"。至于《吕氏春秋·下贤》"帝也者，天下之适也；王也者，天下之往也"的"适"（假如它读 shí）后宾语悬空，一是因为该"适"不是处于动词典型的句法位置，二是因为对举句的限定。"人不足与适也，政不足间也"也算是对举句，但却是不整齐的；何况"天下之适"和"天下之往"一样，是以"声训"来解释"帝""王"，则显然"适"应读作"嫡"。

7.21 孟子曰："有不虞之誉①，有求全之毁。"

【译文】孟子说："有意料不到的赞扬，也有过于苛求的诋毁。"

【注释】①虞：料想。

7.22 孟子曰："人之易其言也①，无责耳矣②。"

【译文】孟子说："一个人说话太随便，是因为他不必为此负责罢了。"

【注释】①易：轻易。　②无责耳矣：没有责任罢了。详见《考证》072。

【考证072】人之易其言也无责耳矣：

　　杨伯峻《译注》说："俞樾《孟子平议》云：'无责耳矣，乃言其不足责也。孔子称君子"欲讷于言"，又曰，"仁者其言也訒"，若轻易其言，则无以入德矣，故以不足责绝之也。'案赵岐及朱熹解此句都不好，惟此说尚差强人意，姑从之。"

　　按，赵岐说："人之轻易其言，不得失言之咎责也。一说人之轻易不肯谏正君者，以其不在言责之位者也。"朱熹《集注》说："人之所以轻易其言者，以其未遭失言之责故耳。"

　　首先，赵、朱解"易其言"为"轻易其言"是对的。我们在《论语新注新译》一书中考释《学而》第七章"贤贤易色"时已指出，当"易"带宾语且不与"以"字或"与"字介宾结构共现——例如"以羊易之""逢丑父与公易位"——的时候，一般表示"轻视"。此不赘。

　　其次，"无责耳矣"的解说，我们以为，赵岐的第一说和朱熹所说大致是对的,"无责耳矣"直译就是"没有责任罢了""不用负责罢了"。孟子说的这句话是个判断句,"无责耳矣"说明"人之易其言"的原因——上古汉语判断句常用以说明原因。而俞樾说:"无责耳矣,乃言其不足责也。"那么,"人之易其言也,无责耳矣"按他的理解,只能直译为:"一个人说话随便,便不要责怪他。""不要责怪他"乃是由于他不值得责怪。因为按俞樾的理解,这句的"责"是谓语动词,修饰"责"的"无"只能是通"毋"表示"不要"那个词。

用"耳矣"作句末语气词的句子,往往是陈述一个客观事实。"耳矣"是二合语气词:限止语气(耳)兼报道语气(矣),表示说话人是把事物当作肯定的状况报道出来(郭锡良《汉语史论集·先秦语气词新探》第六部分)。那么,按赵岐第一说和朱熹的理解,正是陈述一个客观事实:"一个人说话随便,是因为不用负责罢了"——判断句表原因,翻译时要将隐含的"表原因"呈现出来。

而俞樾理解的"无责耳矣"(毋责耳矣)是表达意志的句子(例如"要团结,不要分裂!要光明正大,不要搞阴谋诡计!")。我们考察含有"毋"(无)的句子,绝大多数不用任何句末语气词。例如:"子绝四:毋意,毋必,毋固,毋我。"(《论语·子罕》)"与郑夹辅周室,毋废王命!"(《左传·宣公十二年》)"凡我同盟,毋蕴年,毋壅利,毋保奸,毋留慝。"(《襄公十一年》)"大毋侵小。"(《襄公十九年》)"鸡豚狗彘之畜,无失其时。"(《梁惠王上》)"王无罪岁,斯天下之民至焉。"(同上)

也有若干以"也"、以"焉"作句末语气词的句子。例如:"王如知此,则无望民之多于邻国也。"(《梁惠王上》)"以吾一日长乎尔,毋吾以也。"(《论语·先进》)"君无尤焉!"(《梁惠王下》)"君无见焉!"(同上)"王无患焉!"(《公孙丑下》)相较而言,以"焉"作句末语气词的较多。

但是,从未见以"耳矣"作句末语气词者。这也很好理解,如上所述,"耳矣"煞尾句陈述事实,而含"毋"(无)句表达意志,二者一般不能兼容。要之,

a. 从形式上看,含"毋"(无)句从不以"耳矣"为句末语气词。

b. 从意义上看,含"毋"(无)句表意志,以"耳矣"为句末语气词的句子陈述客观事实。

c. 俞樾理解的"无责耳矣"的"无"通"毋",用 a、b 两点来衡量,可知他的理解是错误的。

d. 赵岐和朱熹理解的"无责耳矣"的"无"如字读,他们理解这句的意思也是陈述事实,所以是正确的。

e. 俞樾未从语言本身加以考察,而仅仅以孔子曾称君子"欲讷于言",又说过"仁者其言也訒";便以此推论"无责耳矣"的意义,这在方法上是不足取的。

7.23 孟子曰:"人之患在好为人师。"

【译文】孟子说:"一个人的毛病,在喜欢充当别人的老师。"

7.24 乐正子从于子敖之齐①。乐正子见孟子。孟子曰:"子亦来见我乎?"曰:"先生何为出此言也?"曰:"子来几日矣?"曰:"昔者②。"曰:"昔者,则我出此言也,不亦宜乎?"曰:"舍馆未定③。"曰:"子闻之也,舍馆定,然后求见长者乎?"曰:"克有罪④。"

【译文】乐正子被王子敖带领着到了齐国。乐正子去见孟子。孟子说:"你也来看我吗?"乐正子答道:"老师为什么说这样的话呀?"孟子问:"你来几天了?"答道:"有几天了。"孟子说:"有几天了,那我说这样的话,不是应该的吗?"乐正子说:"住所还没找好。"孟子说:"你听说过,要住所找好了才来求见长辈吗?"乐正子说:"我错了。"

【注释】①乐正子从于子敖之齐:"从于"与"从先生者七十人"(《离娄下》)之"从"不同,前者是被动的,可译为"被带领着"。子敖,盖(gě)大夫王驩的字。　②昔者:几天前。上古汉语中的"昔者",可以指几百年前,也可以指昨天。前者如:"昔者文王之治岐也,耕者九一,仕者世禄。"(《梁惠王上》)后者如:"明日,出吊于东郭氏。公孙丑曰:'昔者辞以病,今日吊,或者不可乎?'"(《公孙丑下》)这里的"昔者",赵岐注为"数日之间也"。　③舍馆:招待所,宾馆。　④克有罪:克,乐正子之名。有罪,有过错。《王力古汉语字典》:"罪,作恶,犯法或违反道德规范。"《左传·宣公十一年》:"抑人亦有言曰:'牵牛以蹊人之田,而夺之牛。'牵牛以蹊者,信有罪矣;而夺之牛,罚已重矣。"沈玉成《左传译文》:"不过人们也有话说:'牵牛践踏别人的田地,就把他的牛夺过来。'牵牛践踏的人,诚然是有错的了;但夺走他的牛,惩罚就太重了。"但"罪人"却是"有罪之人"。如:"昔者文王之治岐也……罪人不孥。"(《孟子·梁惠王下》)

7.25 孟子谓乐正子曰:"子之从于子敖来,徒餔啜也①。我不意子学古之道而以餔啜也②。"

【译文】孟子对乐正子说:"你被王子敖带来,只是吃吃喝喝罢了。我没想到你学习古人的大道,只是为了吃吃喝喝。"

【注释】①餔啜(bū chuò):餔,吃。啜,喝。　②子学古之道而以餔啜:这句"以"的宾语"之"省略了;之,指"学古之道"。《告子上》十四章可以与此互参:"饮食之人,则人贱之矣,为其养小以失大也。"

7.26 孟子曰:"不孝有三①,无后为大。舜不告而娶,为无后也。君子以为犹告也。"

【译文】孟子说:"不孝顺父母的事有三种,其中以没有子孙为最大。舜不先禀告父母就娶妻,就因为怕没有子孙〔因为先禀告,他那狠毒的爹瞽叟就会从中作梗〕。虽然他没有禀告,君子却认为他如同禀告了。"

【注释】①不孝有三:赵岐《注》云:"阿意曲从,陷亲不义,一不孝也。家贫亲老,不为禄仕,二不孝也。不娶无子,绝先祖祀,三不孝也。"

7.27 孟子曰:"仁之实,事亲是也;义之实,从兄是也;智之实,知斯二者弗去是也;礼之实,节文斯二者是也①;乐之实,乐斯二者,乐则生矣;生则恶可已也?恶可已,则不知足之蹈之手之舞之。"

【译文】孟子说:"仁的实质就是侍奉父母;义的实质就是顺从兄长;智的实质就是明白这二者的道理并坚持下去;礼的实质是对这二者加以调节与修饰;乐的实质就是以这二者为乐事,快乐于是就发生了;快乐一发生,又如何能止得住啊?一止不住,就会不知不觉为之手舞足蹈起来了。"

【注释】①文(wèn):文饰,修饰。

7.28 孟子曰:"天下大悦而将归己,视天下悦而归己,犹草芥也,惟舜为然。不得乎亲,不可以为人;不顺乎亲,不可以为子。舜尽事亲之道而瞽瞍厎豫①,瞽瞍厎豫而天下化,瞽瞍厎豫而天下之为父子者定,此之谓大孝。"

【译文】孟子说:"天底下的人都很喜欢自己,而且将归附自己,却把这好事看成草芥一般,只有舜做到了这样。不能得到父母的欢心,不可以做人;不能顺从父母的旨意,不能做儿子。舜尽心竭力侍奉父母,结果瞽瞍变得高兴了;瞽瞍高兴了,天下的风俗也就随之变好了;瞽瞍高兴了,天下父子间的伦常也因此确定了,这便叫作大孝。"

【注释】①瞽(gǔ)瞍厎(zhǐ)豫:瞽瞍,舜的父亲。厎,致,达到。豫,快乐,高兴。

离娄章句下

凡三十三章

8.1 孟子曰:"舜生于诸冯,迁于负夏,卒于鸣条①,东夷之人也。文王生于岐周②,卒于毕郢③,西夷之人也。地之相去也,千有余里;世之相后也,千有余岁。得志行乎中国,若合符节④;先圣后圣,其揆一也⑤。"

【译文】孟子说:"舜出生在诸冯,迁居到负夏,死在鸣条,那么他是东夷那儿的人。文王生在岐周,死在毕郢,那么他是西夷那儿的人。两地相隔一千多里,时代相差一千多年。他们得志时在中原华夏的所作所为,几乎一模一样;古代的圣人和后代的圣人,他们的原则是一样的。"

【注释】①诸冯,负夏,鸣条:这三处地名无考。诸冯,传说在今山东菏泽市区南约四十里。　②岐周:周,为殷商时代国名,岐,陕西岐山东北山名。　③毕郢:即《吕氏春秋·审应览》"武王尝穷于毕程矣"之"毕程"。郢在今陕西咸阳市区之东。程辖于毕,后者亦在今陕西咸阳市区之东。　④若合符节:就像符和节严丝合缝一样,一模一样。符和节都是古代表示印信之物,剖为两半,各执其一,相合无差,以代印信。其材质有玉、角、铜、竹之不同,形状也有虎、龙、人之别,随用途而异。　⑤揆(kuí):法则、法度、原则。

8.2 子产听郑国之政①,以其乘舆济人于溱洧②。孟子曰:"惠而不知为政③。岁十一月,徒杠成;十二月,舆梁成④,民未病涉也。君子平其政⑤,行辟人可也⑥,焉得人人而济之?故为政者,每人而悦之,日亦不足矣。"

【译文】子产主持郑国的行政,用他的专车帮助别人渡过溱水和洧水。

孟子评论说:"是个好人,却并不懂治国理政。如果十一月修成走人的桥,十二月修成走车的桥,百姓就不会为渡河发愁了。君子只要修平政治,他外出时鸣锣开道都可以,哪能够一个个地帮人渡河呢?如果治国理政者一个个地去讨好人,时间也就会不够用了。"

【注释】①子产听郑国之政:听,治理。子产,春秋时郑国贤相公孙侨的字。子产执政于郑简公、郑定公时,达二十二年。其时,正晋、楚两国争强,烽火四起之际。郑国地处冲要,子产对外不卑不亢与两强周旋,为国家赢得尊敬和安全;对内整顿田制、军赋,并铸刑书以救世,的确是一位杰出的政治家和外交家。 ②以其乘舆济人于溱洧(zhēn wěi):舆,本义为车箱,此处指车。乘舆,所乘之车。溱,水名,发源于河南新密。洧,水名,发源于河南登封。 ③惠:恩惠。孔子屡以"惠"许子产。《论语·公冶长》:"子谓子产,其养民也惠。"《宪问》:"或问子产。子曰:'惠人也。'" ④徒杠成,舆梁成:杠,独木桥。徒杠,走人的独木桥。梁,桥。舆梁,行车的桥。 ⑤平其政:修平政治。《荀子·王制》:"故君人者欲安,则莫若平政爱民矣。" ⑥辟:同"避"。古代上层人物出外,前有执鞭者开道。

8.3 孟子告齐宣王曰:"君之视臣如手足,则臣视君如腹心;君之视臣如犬马,则臣视君如国人;君之视臣如土芥,则臣视君如寇雠。"

王曰:"礼,为旧君有服,何如斯可为服矣?"曰:"谏行言听,膏泽下于民①;有故而去,则君使人导之出疆,又先于其所往②;去三年不反,然后收其田里③。此之谓三有礼焉。如此,则为之服矣。今也为臣,谏则不行,言则不听;膏泽不下于民;有故而去,则君搏执之④,又极之于其所往⑤;去之日,遂收其田里。此之谓寇雠。寇雠,何服之有?"

【译文】孟子告诉齐宣王说:"君主把臣子看作自己的手和脚,那臣子就会把君主看作自己的腹和心;君主把臣子看作狗和马,那臣子就会把君主看作一般人;君主把臣子看作泥土草芥,那臣子就会把君主看作强盗仇敌。"

王说:"礼制规定,已经离职的臣子还得为过去的君主穿孝服;君主要怎样做,臣子才会为他服丧呢?"孟子说:"忠告他接受,建议他听从;恩惠落实到老百姓;有缘故不得不离开,君主一定派人引导他离开国境,又先派人到他要去的地方为之美言一番。离开好几年还不回来,才收回他的土地和住房。这个叫作三有礼。这样做,臣子就会为他服丧了。现在做臣子的,忠告,〔君主〕他不接受;建议,他不听从。老百姓也得不到实惠。臣子有缘故不得不离开,那君主还把他给抓起来;还到他要去的地方把坏事做绝,叫他走投无路。离开那一天,马上收回他的土地和住房。这个叫强盗仇敌。对强盗仇敌般的旧君,干嘛要为他服丧呢?"

【注释】①膏泽:恩惠,恩泽。　②又先于其所往:赵岐《注》:"又先至其所到之国,言其贤良。"这一意义的"先"《说文》作"诜":"诜,致言也。"段玉裁注:"所谓先容也。"说详白平《杨伯峻〈孟子译注〉商榷》,第185页。此今之所谓"打前站"。《庄子·外篇·秋水》:"庄子钓于濮水,楚王使大夫二人往先焉。曰:'愿以境内累矣!'"此即所谓"致言"。　③田里:田地及里居。里,宅院。　④搏执:也作"缚执""捕执",拘捕,逮捕。搏,捕,逮捕。执,逮捕,捉拿。详见《考证》073。　⑤极之:得罪人到顶点,把坏事做绝。

【考证073】搏执:

赵岐《注》:"搏执其族亲也。"焦循《正义》:"《说文·手部》云:'搏,索持也。'《宀部》云:'索,入家搜也。'入其家室,搜索而持执之,故知为搏执其亲族。"孙希旦《礼记集解》解《月令》"是月也,命有司修法制,缮囹圄,具桎梏,禁止奸,慎罪邪,务搏执"(又见《吕氏春秋·孟秋纪》）则为"搏执,谓搏击而拘执之"。又作"执搏"："虎者阳物,百兽之长也,能执搏挫锐,噬食鬼魅。"(《风俗通·莕莄》)

按,"搏执"即"缚执"（同样,"执搏"也作"执缚"）。"缚执"为一同义复合短语(这类短语《孟子》中很常见)。与"搏执"(执搏)仅见以上数例不同,"执缚""缚执"较为常见。例如："百姓欢敖则从而执缚之,刑灼之,不和人心。"(《荀子·强国》)"高帝豫具武士,见信,即执缚之。"(《汉书·陈平传》)"而以节召楼船将军入左将军军计事,即令左将军戏下执缚楼船将军,并其军。"(《朝鲜传》)"不得,乃入,缚执之,杖二百。"(《华阳国志·刘先主志》)

"执搏"(搏执)"执缚"(缚执)又为"执捕"(捕执)："命左将军麾下执捕楼船将军。"(《史记·朝鲜列传》)"左右武候,掌车驾出,先驱后殿,昼夜巡察,执捕奸非。"(《隋书·百官志下》)"灵宾密遣人捕执之。"(《魏书·房法寿传》)"时上下闻此,皆失措震恐,捕执于观之下。"(《铁围山丛谈》卷五)

《诗经·小雅·无羊》"以雌以雄",郑玄《笺》"搏禽兽"之陆德明《释文》："搏,亦作'捕'。"《周礼·夏官·序官·罗氏》郑玄《注》"能以罗罔捕鸟者"之陆德明《释文》："搏鸟,音博,一音付,本又作'捕'。"是《周礼》原文本作"搏鸟"。阮元校："按,汉人'搏'字读若今之'捕'。"《庄子·山木》"螳螂执翳而搏之"之成玄英《疏》："搏,捕也。"《周礼·地官司徒·小司徒》"以比追胥"郑玄《注》："胥,伺捕盗贼也。"《秋官司寇·士师》"以比追胥之事"之郑《注》："'胥'读如'宿偦'之'偦','偦'谓司搏盗贼也。"段玉裁《说文解字注》："《小司徒》注之'伺捕盗贼',即《士师》注之'司搏盗贼';一用古字,一用今字,故捕盗字作'搏'。"综上,"搏"常读为"捕",尤其当它的宾语为动物时。

综上,"搏"作"捕"。《史记·朝鲜列传》之"执捕",《汉书·朝鲜传》作"执缚",可知,"缚"也作"捕"。

故"搏执"(执搏)即"缚执"(执缚),即"捕执"(执捕);"搏""缚""捕"实为一字,三者形、音、义密合无间。"搏执"(执搏)"缚执"(执缚)这一行为之具体细节姑置不论(因为词或固定短语的具体涵义总是在历史长河中由具象变得较为抽象),释为"拘捕""逮捕"大约是过得去的。其中,"搏"(缚、捕)意为拘捕、逮捕,"执"意为逮捕、捉拿。参见《考证》136。

8.4 孟子曰:"无罪而杀士,则大夫可以去。无罪而戮民①,则士可以徙。"

【译文】孟子说:"士人并没犯罪,却被剥夺性命,那么大夫就可以离去。百姓并没犯罪,却被当众侮辱,那么士人就可以搬走。"

【注释】①戮民:我们总结故训后认为,当"戮"单独作述语并带人物宾语时,其意义一般为(当众)侮辱或责罚,有时是戮尸。《晋语七》:"魏绛戮寡人之弟。"韦昭注:"戮,辱也。"《国语·晋语九》:"请杀其生者,而戮其死者。"韦昭注:"陈尸为'戮'。"本章"戮"当为前一义。可参6.9-1注⑨。

8.5 孟子曰:"君仁,莫不仁;君义,莫不义。"

【译文】孟子说:"君主如果仁,没有人不仁;君主如果义,没有人不义。"

8.6 孟子曰:"非礼之礼,非义之义,大人弗为。"

【译文】孟子说:"不符合礼的'礼',不符合义的'义',道德君子是不会践行的。"

8.7 孟子曰:"中也养不中①,才也养不才,故人乐有贤父兄也。如中也弃不中,才也弃不才,则贤不肖之相去,其间不能以寸。"

【译文】孟子说:"品质好的人教养品质不好的人,有才能的人教养没才能的人,所以人人都喜欢有好父兄。如果品质好的人不去教养品质不好的人,有才能的人不去教养没才能的人,那么,所谓好和不好,他们的差距也就近得不能用分寸来计量了。"

【注释】①中也养不中:中,中正,正直。《逸周书·大匡解》:"私回不中。"回,回邪。回即不中。养,教养。

8.8 孟子曰:"人有不为也,而后可以有为。"

【译文】孟子说:"人要有所不为,然后才能有所作为。"

8.9 孟子曰:"言人之不善,当如后患何?"

【译文】孟子说:"说人家的不好,跟着来了祸患,又怎么办呢?"

8.10 孟子曰:"仲尼不为已甚者。"

【译文】孟子说:"仲尼不做太过分的事。"

8.11 孟子曰:"大人者,言不必信,行不必果,惟义所在……①"

【译文】孟子说:"道德君子,说话不一定要句句守信,行为不一定要事事遂行,只是'义'在哪儿〔,就追随它到哪儿〕。"

【注释】①惟义所在:只要是大义所在的地方。按,这句话后有省略。详见《考证》074。

【考证074】惟义所在:

赵岐《注》:"大人仗义。义有不得必信其言,子为父隐也;有不能得果行其所欲行者,若亲在不得以身许友也。义或重于信,故曰'惟义所在'。"朱熹《集注》:"大人言行,不先期于信、果;但义之所在,则必从之。"从赵岐《注》看,这四字句似乎是自足的;朱熹《集注》则似以为语气未完,加"则必从之"以补足之。我们以为朱《注》可从。请看下列各例:

"先王之命,唯罪所在,各致其辟。"(《左传·襄公二十五年》),沈玉成《左传译文》："先王的命令，只要是罪过所在，就要分别给与刑罚。"）"非父不生，非食不长，非教不知生之族也，故壹事之。唯其所在，则致死焉。"（《国语·晋语一》）"言无常信，行无常贞，唯利所在，无所不倾；若是则可谓小人矣。"（《荀子·不苟》）

　　《王力古汉语字典》"维"字下："在'只'的意义上，'惟'与'唯'通用。"从"唯其所在，则致死焉""唯利所在，无所不倾"看，"惟义所在"后当补"则从之"或"无所不从"。然则，朱熹补"则必从之"，十分精当。

　　与"惟（唯）N（Pron）所在，……"（N：名词；Pron：代词；……：代指"惟（唯）N（Pron）所在"后面的句子）格式意义类似而例证较多的，是"N之所在，……"格式：

　　"岁之所在，则我有周之分野也；月之所在，辰马农祥也。"（《国语·周语下》）"且道者，万物之所由也，庶物失之者死，得之者生，为事逆之则败，顺之则成。故道之所在，圣人尊之。"（《庄子·杂篇·渔父》）"仁之所在，无贫穷；仁之所亡，无富贵。"（《荀子·性恶》）"圣人之所在，则天下理焉。"（《吕氏春秋·孟夏纪》）"鳝似蛇，蚕似蠋，人见蛇，则惊骇；见蠋则毛起。渔者持鳝，妇人拾蚕，利之所在，皆为（孟）贲、（专）诸。"（《韩非子·说林下》，又见《内储说上》）

　　与"惟（唯）N（Pron）所在，……"格式的后句既有连词"则"，也有表周遍的"无所"类似，"N之所在，……"格式的后句也既有连词"则"，也有表周遍的"皆"和表必然的"必"。由此亦可见朱熹在"惟义所在"后补"则必从之"的精当。

8.12 孟子曰："大人者，不失其赤子之心者也。"
【译文】孟子说："有德行的君子，是能保持天真纯朴童心的人。"

8.13 孟子曰："养生者不足以当大事①，惟送死可以当大事。"
【译文】孟子说："光能〔妥善〕赡养父母，还不足以承担国家大事，只有能

〔妥善〕给他们送终才足以承担国家大事。"

【注释】①大事:指军国大事、国家大事。详见《论语新注新译》(第二版)13.17 的《考证》。

8.14 孟子曰:"君子深造之以道①,欲其自得之也②。自得之,则居之安③;居之安,则资之深④;资之深,则取之左右逢其原⑤;故君子欲其自得之也。"

【译文】孟子说:"君子依循正确方法深入探究学问,就是希望他的探究学问是自觉的。自觉地探究它,就能把它变成自己内在的;把它变成自己内在的,就能帮助它不断深入堂奥;帮助它不断深入堂奥,就能左右逢源而取之不尽;所以君子希望他的探究学问是自觉的。"

【注释】①深造:深入地探访。造,前往,探访,这里指进入学问堂奥。②欲其自得之:其,指君子。 ③居之安:使之安居于体内,也即使知识成为自己内在的。 ④资:资助,供给,帮助。详见《考证》075。⑤原:"源"的本字,字形像山崖边泉孔中有水涌出。而"源"是"原"的后起加形旁字,类似"暮"与"莫"、"燃"与"然"、"孵"与"孚"的关系。

【考证 075】资之深:

赵岐《注》:"资,取也。取之深,则得其根也。"朱熹《四书集注》:"资,犹'藉'也。"杨伯峻《译注》说:"资,《说文》云:'资,货也。'段玉裁注云:'资者积也。旱则资舟,水则资车,夏则资皮,冬则资绨绤,皆居积之谓。'"并译"资之深"为"积蓄很深"。

我们以为,这句的"资"是"资助""帮助"的意思;周秦经典所见"资之"的"资"大率为此义。例如:"泉原以资之,土厚而乐其实。"(《国语·晋语四》)"发候,必使乡邑忠信善重士,有亲戚、妻子,厚奉资之……遣他候,奉资之如前候。"(《墨子·号令》)"张仪行,昭文君送而资之。"(《吕氏春秋·慎大览》)"彼又使谲诈之士……镇之以辞令,资之以币帛。"(《韩非子·说疑》)《周礼·考工记》:"或通四方之珍异以资之,谓之商旅。"孙诒让《正义》:"'赍''资'字亦通。""赍"义为以物资人,固然与"资"义通。

深,深入。"寇深矣,若之何?"(《左传·僖公十五年》)

8.15 孟子曰:"博学而详说之,将以反说约也。"

【译文】孟子说:"广博地学习,详细地解说,〔是为了融会贯通以后,〕能做到要言不烦呢。"

8.16 孟子曰:"以善服人者①,未有能服人者也;以善养人②,然后能服天下。天下不心服而王者,未之有也。"

【译文】孟子说:"用善来收服人心,从没有过完全令人心服的;拿善来教养人,这才能使天下的人都归服。天下人不心服而能统一天下的,是从来没有的事。"

【注释】①善:指仁义礼智等。 ②养:教养,培养。

8.17 孟子曰:"言无实不祥;不祥之实①,蔽贤者当之②。"

【译文】孟子说:"言之无物,实在很不好;这个很不好造成的实质恶果,将由阻塞言路阻碍任用贤者的人来承担它。"

【注释】①不祥之实:不祥造成的实质后果。《离娄上》:"仁之实,事亲是也;义之实,从兄是也。" ②蔽贤者当之:蔽贤者承担它(不祥之实)。当,承担,担当。《晏子春秋·内篇谏上》:"景公之时,荧惑守于虚,期年不去。公异之,召晏子而问曰:'吾闻之,人行善者天赏之,行不善者天殃之。荧惑,天罚也,今留虚,其孰当之?'晏子曰:'齐当之。'"

8.18 徐子曰①:"仲尼亟称于水②,曰:'水哉,水哉!'何取于水也?"孟子曰:"原泉混混③,不舍昼夜,盈科而后进④,放乎四海⑤。有本者如是,是之取尔⑥。苟为无本,七八月之间雨集⑦,沟浍皆盈⑧;其涸也,可立而待也。故声闻过情⑨,君子耻之。"

【译文】徐子说:"孔子好几次称赞水,说:'水呀,水呀!'他看中了水的哪一点呢?"孟子说:"泉水滚滚向前,昼夜不息,灌满坑坑坎坎,又继续奔流,一直奔向大海。有本源的事物就像这样,而这一点正是孔子所看中的。如果没有本源,即使七八月间大雨滂沱,把大小沟渠都灌满了;但是它的干涸,也就一会儿的工夫。所以声誉超过实情的,君子以它为耻。"

【注释】①徐子:徐辟;参见《滕文公上》第三章。 ②亟(qì):屡次。 ③混混:水流浩大的样子。段玉裁《说文解字注》说"混"古音"衮",俗字作"滚";然则"混混"就是"滚滚"。 ④科:坎。 ⑤放(fǎng):至,到达。 ⑥是之取尔:"取是尔"的强调形式;"尔"同"耳"。 ⑦七八月之间雨集:周历七八月相当于夏历五六月,正是雨多的时候。 ⑧浍(kuài):田间水渠。 ⑨声闻(wèn)过情:名声超过实情。闻,名誉。情,实情。

8.19 孟子曰:"人之所以异于禽兽者几希①,庶民去之,君子存之。舜明于庶物②,察于人伦,由仁义行,非行仁义也。"

【译文】孟子说:"人和禽兽不同的地方只有一点点,一般百姓丢弃它,正人君子保存它。舜懂得事物的道理,了解人类的常情,只是〔快快乐乐自然而然地〕走在仁义的路上,不是〔勉强地当作任务、责任〕贯彻实行仁义的。"

【注释】①几希:很少。 ②庶物:万物,众物;庶,众多。

8.20 孟子曰:"禹恶旨酒而好善言①。汤执中②,立贤无方③。文王视民如伤④,望道而未之见⑤。武王不泄迩,不忘远⑥。周公思兼三王,以施四事;其有不合者,仰而思之,夜以继日;幸而得之,坐以待旦。"

【译文】孟子说:"禹厌恶美酒,却喜欢〔对人进德修业〕有益的话。汤秉持中庸之道,提拔人才不拘一格。文王总把百姓当作受伤者一样〔不加惊扰〕,追求仁义之道,似乎总没看到它〔而永不止歇〕。武王不轻慢朝堂之上的近臣,也不遗忘散在四方的远臣。周公想要兼学夏、商、周的君王,来完成禹、汤、文、武的功烈;如果有不合当前情状的,便抬着头夜以继日思考;总算想通了,便坐着等到天亮〔就马上付诸实施〕。"

【注释】①禹恶旨酒:《战国策·魏二》:"昔者,帝女令仪狄作酒而美,进之禹,禹饮而甘之,遂疏仪狄,绝旨酒,曰:'后世必有以酒亡其国者。'"　②执中:秉持中庸之道。参见《论语新注新译》(第二版)20.1第一节《考证》(一)。　③无方:无论何方,即不拘泥于常度。　④视民如伤:《左传·哀公元年》:"臣闻国之兴也,视民如伤,是其福也;其亡也,以民为土芥,是其祸也。"　⑤望道而未之见:这一句和《论语·宪问》第二十五章可以互参:"蘧伯玉使人于孔子。孔子与之坐而问焉,曰:'夫子何为?'对曰:'夫子欲寡其过而未能也。'"朱熹《集注》读"而"为"如",不确。"而"的作用是连接两个谓词性成分,此句之"望道""未之见"正是谓词性成分。翻译时,可以补出"如""若""似乎""好像",但这与"而"无涉。参见《考证》086。　⑥不泄迩,不忘远:泄,狎也,轻慢之谓;或说通"媟"(xiè),轻慢,亵渎;迩,近;这两句是说不轻慢朝臣和远处的诸侯。

8.21 孟子曰:"王者之迹熄而《诗》亡①,《诗》亡然后《春秋》作。晋之《乘》,楚之《梼杌》,鲁之《春秋》②,一也:其事则齐桓、晋文,其文则史。孔子曰:'其义则丘窃取之矣。'"

【译文】孟子说:"圣王的事迹成为绝响,《诗》也就消亡了;《诗》消亡了,孔子述作的《春秋》便应运而生。〔各国都有叫作'春秋'的史书，〕晋国的又叫《乘》，楚国的又叫《梼杌》，鲁国的只叫《春秋》，都是一个样：所载之事不过齐桓公、晋文公之类，而其文风不过一般史书的笔法。孔子说：'历代史书〔以微言体现大义〕的用意，我私下在《春秋》里借用过了。'"

【注释】①迹：有学者认为"迹"应该是"辿"字之讹，不确。详见《考证》076。　②《乘》(shèng)《梼杌》(táowù)《春秋》："春秋"本为各国史书的通名，楚又别名"梼杌"，晋又别名"乘"。此处"鲁之《春秋》"，乃鲁国当日史书名，而非孔子所修的《春秋》，只是他所依据的原始资料。

【考证076】王者之迹熄而诗亡：

杨伯峻《译注》说："《说文解字》辿部云：'辿，古之遒人，以木铎记诗言。'朱骏声《说文通训定声》云：'孟子王者之迹熄而诗亡，"迹"即"辿"之误。'程树德《说文稽古篇》曰：'此论甚确。考《左传》引《夏书》曰："遒人以木铎徇于路。"杜注："遒人，行人之官也。木铎，木舌金铃。徇于路，求歌谣之言。"伪《胤征》本此。'"并译"王者之迹熄"为"圣王采诗的事情废止了"。

我们认为，"迹"并非"辿"之误。《左传·宣公十二年》："寡君使群臣迁大国之迹于郑，曰：'无辟敌。'群臣无所逃命。"沈玉成译第一句为"寡君使臣下们把大国的足迹挪出郑国"。《庄子·外篇·天运》："以奸者七十二君，论先王之道而明周、召之迹，一君无所钩用。"《荀子·非相》："欲观圣王之迹，则于其粲然者矣，后王是也。"《非十二子》："如是则天下之害除，仁人之事毕，圣王之迹著矣。"

"王者之迹"跟上引"周、召之迹""圣王之迹"一样，都属于"大人物+之迹"这一格式，而典籍中"之辿"一无所见，足证"迹"并非"辿"之误。

8.22 孟子曰："君子之泽五世而斩，小人之泽五世而斩①。予未得为孔子徒也,予私淑诸人也②。"

【译文】孟子说:"君子〔留给后世子孙的〕德泽,传了五代便断绝了;平民〔留给后世子孙的〕德泽,传了五代也断绝了。我没有能够成为孔子的学生,我是私下取善于他人的。"

【注释】①君子之泽五世而斩,小人之泽五世而斩:这里的"君子""小人"指贵族和平民。可参《论语新注新译》2.14《考证》。泽,恩泽,德泽,泽惠,余荫。详见《考证》077。 ②私淑诸人:私下取善于人。淑,善,这里活用为动词,取善。诸,"之于"的合音字。人,别人,他人。

【考证 077】君子之泽五世而斩小人之泽五世而斩:

赵岐《注》:"泽者,滋润之泽。大德大凶,留及后世,自高祖至玄孙,善恶之气乃断;故曰五世而斩。"朱熹《集注》:"泽,犹言'流风余韵'也。斩,绝也。大约君子小人之泽,五世而绝也。"赵、朱之说都是对的,但今人准确理解似有困难;尤其"流风余韵",似乎只是指思想、操守、行为等方面对后世的影响。今按,泽,此指恩泽、德泽、泽惠、余荫;不但指思想、操守、行为等方面对后世的影响,还包括经济方面的。其例如:

"思天下之民匹夫匹妇有不被尧舜之泽者,若己推而内之沟中。"(《万章上》《万章下》)"尧闻舜之贤,举之童土之地,曰冀得其来之泽。"(《庄子·杂篇·徐无鬼》)"此其养功力,有父子之泽矣,而心调于用者,皆挟自为心也。"(《韩非子·外储说左上》)"父母之于子也,犹用计算之心以相待也,而况无父子之泽乎!"(《六反》)

以上诸例,除《庄子》一例外,都可归纳为"人物+之泽"格式,其中的"泽",都指恩泽、德泽、泽惠;《庄子·徐无鬼》"其来之泽"的"其",也是回指上文的"舜"的。"君子之泽五世而斩,小人之泽五世而斩"不能例外;不过因为隔代,还可理解为"余荫"。

8.23 孟子曰:"可以取,可以无取,取伤廉;可以与,可以无与,与伤惠；可以死，可以无死，死伤勇①。"

【译文】孟子说："可以拿也可以不拿时，拿了便是对廉洁的伤害；可以给也可以不给时，给了便是对恩惠的滥用；可以死也可以不死时，死了便是对勇德的亵渎。"

【注释】①伤惠，伤勇：战国之世，士多以一掷千金、轻生重谊为尚，所以孟子以此语诫之。

8.24-1 逢蒙学射于羿①，尽羿之道，思天下惟羿为愈己，于是杀羿。孟子曰："是亦羿有罪焉②。"公明仪曰："宜若无罪焉。"

曰："薄乎云尔，恶得无罪？郑人使子濯孺子侵卫，卫使庾公之斯追之。子濯孺子曰：'今日我疾作，不可以执弓，吾死矣夫！'

【译文】古时候，逢蒙跟羿学射箭，完全学到了羿的本领，便想，天下只有羿比自己强了，因此便把羿给杀了。孟子说："这事羿也有错误。"公明仪说："好像没什么错误吧。"

孟子说："错误轻微罢了，怎么能说一点也没有呢？郑国从前派子濯孺子攻入卫国，卫国便派庾公之斯来追击他。子濯孺子说：'今天我的病发作了，拿不了弓，我算死定了吧！'

【注释】①逢（páng）蒙学射于羿：逢蒙，既是羿的徒弟，又是他的家将，后叛变，助寒浞（zhuó）杀羿。羿，神射手，夏代有穷国的君主。逢，又作"逄"。 ②有罪：有错误，有过错。参见7.24注④。

8.24-2 "问其仆曰：'追我者谁也？'其仆曰：'庾公之斯也。'曰：'吾生矣。'其仆曰：'庾公之斯，卫之善射者也；夫子曰"吾生"，何谓也？'曰：'庾公之斯学射于尹公之他①，尹公之他学射于我。夫尹公之他，端人也②，其取友必端矣。'

"庾公之斯至，曰：'夫子何为不执弓？'曰：'今日我疾作，不可以执弓。'曰:'小人学射于尹公之他,尹公之他学射于夫子。我不忍以夫子之道反害夫子。虽然,今日之事,君事也,我不敢废。'抽矢,扣轮③,去其金,发乘矢而后反④。"

【译文】"他又问驾车的人说:'追我的是谁呀?'驾车的人回答:'庾公之斯。'他便说:'我能活命啦。'驾车的人说:'庾公之斯是卫国有名的射手,您反说能活命了,这是什么道理呀?'答道:'庾公之斯跟尹公之他学射,尹公之他又跟我学射。那尹公之他可是个正派人,他选取的朋友学生也一定正派。'

"庾公之斯追上了,问道:'老师为何不拿弓?'子濯孺子说:'今天我的病发作了,拿不了弓。'庾公之斯便说:'我跟尹公之他学射,尹公之他又跟老师您学射。我不忍心拿您的本领反过来伤害您。但是,今天的事情是国家的公事,我又不敢废弃。'便抽出箭,在车轮上敲了几下,去掉箭头,发射四箭然后就回去了。"

【注释】①庾公之斯,尹公之他:杨树达《古书疑义举例续补》有"人姓名之间加助字例",如"介之推""介子推"的"之""子"。《孟子》一书中有庾公之斯、尹公之他及孟施舍。参见3.2-2注⑦。　②端人:正直的人。　③扣:敲击,字又作"叩"。扣,溪母侯部字。敲,溪母宵部字;宵侯旁转。　④发乘(shèng)矢而后反:乘,一车四马为一乘,所以"乘"又有"四"的意义。犹如清代一门火炮配十个士兵,故称"十"为"一炮"(如湖南常德话)。

8.25 孟子曰:"西子蒙不洁①,则人皆掩鼻而过之;虽有恶人②,齐戒沐浴③,则可以祀上帝④。"

【译文】孟子说:"如果西施沾上了污秽,那别人走过的时候,也会捂着鼻子;但即便是面目丑陋的人,如果他斋戒沐浴,也就可以祭祀上天。"

【注释】①西子:春秋时期的美女西施。　②恶:丑陋。　③齐:同"斋"。　④上帝:天,天帝,上天。

8.26 孟子曰:"天下之言性也,则故而已矣①。故者以利为本②。所恶于智者,为其凿也③。故智者若禹之行水也④,则无恶于智矣。禹之行水也,行其所无事也。如智者亦行其所无事,则智亦大矣。天之高也,星辰之远也,苟求其故⑤,千岁之日至⑥,可坐而致也⑦。"

【译文】孟子说:"天下的人所说的万物本性,不过是弄清楚它们恒常的规律就行了。万物恒常的本性,顺应它,这才是根本。我们之所以讨厌小聪明,是因为小聪明的人喜欢钻牛角尖。如果聪明像禹疏导河道一样让它在恒常的河道中流动,就不必讨厌它了。禹的治理水患,就是让水的运行自然而然〔地依着它的本性流向下游,奔腾入海〕。如果聪明人也都能自然而然因势利导〔地顺着大自然的法则而行〕,那就具有大智慧了。天极高,星辰极远,如果能弄清楚它们恒常的轨迹,以后一千年的冬至,都可以坐着推算出来。"

【注释】①故:故事、成例。 ②利:顺应。 ③凿:在难以说通的情况下强解之,穿凿附会,钻牛角尖。 ④故:这一"故"的上下文只有松散的联系,可不译。 ⑤苟求其故:如果能弄清楚它们往常的轨迹。故,故事、成例,这里指往常(的轨迹)。详见《考证》078。 ⑥日至:夏至与冬至,此处指冬至。 ⑦致:使……过来,招致。

【考证078】求其故:

"苟求其故,千岁之日至,可坐而致也"数句,赵岐《注》:"诚能推求其故常之行,千岁日至之日可坐知也。"朱熹《集注》:"求其已然之迹,则其运有常;虽千岁之久,其日至之度,可坐而得。"杨伯峻《孟子译注》:"只要能推求其所以然,以后一千年的冬至,都可以坐着推算出来。"《王力古汉语字典》"故"的第一个义项,是"原故、原因";第三个义项,是"故事、成例"。可知赵岐、朱熹均以"故事、成例"释"故",而杨伯峻先生以"原故、原因"释"故"。

《左传》(12)、《逸周书》(1)、《庄子》(2)、《墨子》(1)、《晏子春秋》

(2)、《吕氏春秋》(11)、《韩非子》(5)等七部先秦典籍中共有"问其故"34 例。如：

"既克,公问其故。对曰:'夫战,勇气也……'"(《左传·庄公十年》)"庄子行于山中,见大木,枝叶盛茂,伐木者止其旁而不取也。问其故,曰:'无所可用。'"(《庄子·外篇·山木》)"公输盘诎,而曰:'吾知所以距子矣,吾不言。'子墨子亦曰:'吾知子之所以距我,吾不言。'楚王问其故。"(《墨子·公输》)"晏子为齐相,出,其御之妻,从门间而窥其夫为相御,拥大盖,策驷马,意气扬扬,甚自得也。既而归,其妻请去。夫问其故。"(《晏子春秋·内篇杂上》)"鲁人从君战,三战三北,仲尼问其故,对曰:'吾有老父,身死莫之养也。'"(《韩非子·五蠹》)

这 34 例"问其故"中的"故"都是"原故"(缘故)"原因""所以然"的意思,以下各例也是:

"天之所恶,孰知其故?"(《老子·七十三章》)"子墨子曰:子未察吾言之类,未明其故者也。"(《墨子·非攻下》)"故因其惧也,而改其过;因其忧也,而辨其故。"(《荀子·臣道》)"其吏请卜其故。"(《吕氏春秋·季夏纪》)"我已亡矣,而不知其故。"(《季秋纪》)"豫让曰:'我将告子其故。'"(《季冬纪》)"宋人有酤酒者,升概甚平,遇客甚谨,为酒甚美,县帜甚高,然而不售,酒酸。怪其故,问其所知闾长者杨倩。"(《韩非子·外储说右上》)"仲父不告寡人而出,未知其故也。"(《管子·中匡》)

杨伯峻先生之译"苟求其故"为"只要能推求其所以然",其文献基础即在于此。

但是,无论"问其故"的"问",还是"知其故""明其故"的"知""明",抑或"辨其故""告其故"的"辨""告",以及"卜其故""怪其故"的"卜""怪",都是所谓"感知动词",而本章"求其故"的"求",却是所谓"行为动词"(崔立斌《〈孟子〉词类研究》)。

以下这些例句中"V+其故"的 V 都是行为动词或状态动词:

"若治其故,则王官之邑也,子安得之?"(《左传·成公十一年》,沈玉成《左传译文》:"如果要追查过去的情况,那么它是周天子属官的封邑,您怎么能得到它?")"乃命司服具饬衣裳,文绣有恒,制有小大,度有短长,衣服有量,必循其故,冠带有常。"(《逸周书·月令解》《吕氏春秋·仲秋纪》)"汝瞳焉如新生之犊而无求其故。"(《庄子·外篇·知北游》)"欲治其法而难变其故者,民乱不可几而治也。"(《韩非子·心度》)"喜怒无度,严诛无赦,臣下振怒,不知所错,则人反其故。"(《管子·七臣七主》)"是以圣人苟可以强国,不法其故。"(《商君书·更法》)

《韩非子·心度》"变其故"的"变"是状态动词("使……变"的语义特征,与行为动词类似),其余"治""循""求""反""法",都是行为动词。这些例句中,"其故"的"故"都是"故事、成例"的意思。然则,本章"苟求其故"之"故",也应作如是观。

总之,除"有故"外,"V+其故"式的句子,若V为"感知动词$^+$",则其中的"故"一般是"原故(缘故)、原因"的意义;若V为"感知动词$^-$",则其中的"故"一般是"故事、成例"的意义。分布上有些微不同,意义上就有改变,考察分布之妙有如此也!

因此,本章"苟求其故"的"故",应该也是"故事、成例"的意义,赵岐、朱熹之释可从。这一"故",指周天、星辰往常的轨迹。

另外,前文"则故而已矣,故者以利为本"的"故"也是"故事、成例"之意。赵岐《注》:"言天下万物之情性,当顺其故,则利之也。改戾其性,则失之也。"朱熹《集注》:"故者,其已然之迹。"赵、朱之释,均可作此理解。

8.27 公行子有子之丧[①],右师往吊[②]。入门,有进而与右师言者,有就右师之位而与右师言者。孟子不与右师言,右师不悦曰:"诸君子皆与驩言,孟子独不与驩言,是简驩也[③]。"

孟子闻之，曰："礼，朝廷不历位而相与言④，不逾阶而相揖也。我欲行礼，子敖以我为简，不亦异乎？"

【译文】公行子为儿子举办丧事，右师去吊唁。他一进门，就有人上前和他说话；〔他坐下后，〕又有人走近他的位置和他说话。孟子不和他说话，他不高兴，说："各位大夫都和我说话，只有孟子不和我说话，这是怠慢我王驩哪！"

　　孟子听说了，便说："依礼节，在朝廷中，不能越位而互相说话，也不能越过石阶互相作揖。我依礼而行，子敖却以为我怠慢了他，这不很奇怪吗？"

【注释】①公行子有子之丧（sāng）：公行子，齐国大夫。丧，丧事。
②右师：官名，其人即"盖大夫王驩"（《公孙丑下》第六章），字子敖。
③简：简慢，怠慢。　④历：超过，跨越。

8.28 孟子曰："君子所以异于人者，以其存心也。君子以仁存心，以礼存心。仁者爱人，有礼者敬人。爱人者，人恒爱之；敬人者，人恒敬之。有人于此，其待我以横逆①，则君子必自反也：我必不仁也，必无礼也，此物奚宜至哉②？其自反而仁矣，自反而有礼矣，其横逆由是也，君子必自反也：我必不忠。自反而忠矣，其横逆由是也，君子曰：'此亦妄人也已矣③。如此，则与禽兽奚择哉④？于禽兽又何难焉⑤？'

"是故君子有终身之忧，无一朝之患也⑥。乃若所忧，则有之⑦：舜，人也；我，亦人也。舜为法于天下，可传于后世，我由未免为乡人也，是则可忧也。忧之如何？如舜而已矣。若夫君子所患，则亡矣。非仁无为也，非礼无行也。如有一朝之患，则君子不患矣。"

【译文】孟子说："君子和一般人不同的地方，就在于居心不同。君子心里老惦记着仁,老惦记着礼。仁人爱他人,有礼的人尊敬他人。爱他人的人,别人总是爱他;尊敬他人的人,别人总是尊敬他。假如这里有个人,他对待我蛮横无礼,那君子一定反躬自问:我一定不够仁,一定不够有礼,不然,这种事情为什么会来呢?反躬自问后仍然觉得,我实在仁,实在有礼,那人的蛮横无礼依然如故,君子一定又反躬自问:我对待别人一定不够尽心竭力。反躬自问后仍然觉得,我实在尽心竭力,那人的蛮横无礼依然如故,君子就会说:'这不过是个愚妄之人罢了,这样不讲理,那和禽兽有什么区别呢?对于禽兽又有什么好责备的呢?'

"所以君子有一生的忧虑,却没有短暂的畏惧。至于这样的忧虑是有的:舜是人,我也是人。舜为天下人所效法,能流芳百世,我却仍然不免是个世俗之人。这个才是值得忧虑的事。有了忧虑怎么办呢?尽力向舜学习罢了。至于君子畏惧什么,却是没有的。不是仁义的事不干,不合礼仪的事不做。即使有突发的祸患,君子也不会畏惧的。"

【注释】①横(hèng)逆:蛮横,强暴,不讲理。 ②此物奚宜至哉:(否则)此事为何加之于我?物,事。奚,为什么。宜,应该。 ③妄人:愚妄之人。《荀子·解蔽》:"学,老身长子而与愚者若一,犹不知错,夫是之谓妄人。" ④择:区别,不同。 ⑤难(nàn):责难。 ⑥忧,患:忧,意为忧虑、忧伤;而患,意为对(危及自身的)祸患或损害的害怕、担忧。当这两个词作谓语并带宾语时,前者所忧患的,往往是大事,往往较为宽泛而长远;后者所忧患的,较之前者,事件会较小一些,具体一些,迫近一些。 ⑦乃若:连词,至于,至于说到。

8.29 禹、稷当平世,三过其门而不入,孔子贤之。颜子当乱世,居于陋巷①,一箪食,一瓢饮,人不堪其忧,颜子不改其乐,孔子贤之②。孟子曰:"禹、稷、颜回同道。禹思天下有溺者,由己溺之也;稷思天下有饥者,由己饥之也,是以如是其急也。禹、稷、颜子易地则皆然。今有同室之人斗者,救之,虽被发缨冠而救之③,可也;乡邻有斗者,被发缨冠而往救之,则惑也;虽闭户可也④。"

【译文】禹、稷处在政治清明的年代,几次经过家门都不进去,孔子认为他们贤明。颜子处在政治昏暗的年代,住在偏远的巷子里,一篮子饭,一瓜瓢水,别人都忍受不了那苦日子,他却不改变自己一贯的快乐,孔子认为他贤良。孟子说:"禹、稷和颜回的处世之道其实是一样的。禹觉得天下有人遭了水淹,就如同自己淹了他似的;稷觉得天下有人饿着肚子,就如同自己饿了他似的,所以他们拯救百姓才如此急迫。禹、稷和颜子如果互换位置,也都会那样做的。假若有同住一室的人打架,我去帮某人,即使披散着头发,只系好帽带就去救,都是可以的;如果本乡的邻居家打架,也披着头发只系好帽带去救,那就是糊涂了;即使把门关着都是可以的。"

【注释】①陋巷:偏远的巷子。陋,偏僻,偏远。巷,巷子。王引之《经义述闻·通说上》谓"巷"指所居之宅,所举书证不足以为证。参见《论语新注新译》6.11《考证》。 ②孔子贤之:《论语·雍也》:"子曰:'贤哉,回也!一箪食,一瓢饮,在陋巷,人不堪其忧,回也不改其乐,贤哉,回也!'" ③被发缨冠:被,披;缨,冠上系带,这里指系上系带;被发缨冠,比喻急迫。 ④闭户可也:隐指颜回。

8.30 公都子曰:"匡章,通国皆称不孝焉①,夫子与之游,又从而礼貌之,敢问何也?"

孟子曰:"世俗所谓不孝者五:惰其四支②,不顾父母之养,一不孝也;博弈好饮酒③,不顾父母之养,二不孝也;好货财,私妻子,不顾父母之养,三不孝也;从耳目之欲④,以为父母戮⑤,四不孝也;好勇斗很⑥,以危父母,五不孝也。章子有一于是乎?夫章子,子父责善而不相遇也⑦。责善,朋友之道也;父子责善,贼恩之大者。夫章子,岂不欲有夫妻子母之属哉?为得罪于父,不得近,出妻屏子⑧,终身不养焉。其设心以为不若是⑨,是则罪之大者,是则章子而已矣。"

【译文】公都子说:"匡章,全国人都说他不孝,您却和他来往,不但如此,还相当敬重他,请问这是为什么?"

孟子说:"一般人所公认的不孝的事有五件:四肢不勤,对父母的生活不管不顾,是第一个不孝;好玩棋局喝老酒,对父母的生活不管不顾,是第二个不孝;好钱财,偏爱妻室儿女,对父母的生活不管不顾,是第三个不孝;放纵耳目的欲望,让父母蒙受羞辱,是第四个不孝;逞强好斗,因此危及父母,是第五个不孝。这五件事情中,章子做了哪一件呢?那章子,不过是儿子和父亲之间要求做到善而把关系弄僵了而已。以善相要求,这是朋友相处之道;父子之间以善相要求,是最伤感情的事。那章子,难道不想有夫妻母子的团聚吗?就因为得罪了父亲,不能和他亲近,因此把自己的妻室也赶出去;把儿子也赶得远远的,终身不要他们赡养。他把一颗赤心摆出来拷问,得出结论说,如果不这样做,那罪过可就更大了!这就是章子的为人呢!"

【注释】①通国:全国。通,整个。 ②四支:同"四枝""四肢",双手双脚。 ③博弈:博,《说文》作"簙",古代的一种棋局,黑白各六子,靠掷骰子来决定走棋,后世才泛指赌博。弈,围棋。训诂"浑言无别,析言则异",故译之为"玩棋局"。 ④从:同"纵",放纵。 ⑤戮:侮辱,在公开场合没面子。 ⑥很:今作"狠";"很"是本字。 ⑦子父责善而不相遇:责善,见7.18注②。遇,投合,契合,关系融洽。章子之母得罪其父,其父杀之,而埋于马栈之下;大约章子曾谴责其父而其父不听,遂使父子失和。 ⑧屏(bǐng):使退去。 ⑨设心:赵岐《注》:"章子张设其心,执持此屏出妻子之意,以为人得罪于父,而不若是以自责罚,是则罪益大矣。是章子之行已矣,何为不可与言?"

8.31 曾子居武城①,有越寇②。或曰:"寇至,盍去诸?"曰:"无寓人于我室,毁伤其薪木。"寇退,则曰:"修我墙屋,我将反。"

寇退,曾子反。左右曰:"待先生如此其忠且敬也,寇至,则先去以为民望③;寇退,则反,殆于不可④。"沈犹行曰⑤:"是非汝所知也。昔沈犹有负刍之祸⑥,从先生者七十人,未有与焉。"子思居于卫⑦,有齐寇。或曰:"寇至,盍去诸?"子思曰:"如伋去,君谁与守?"

孟子曰:"曾子、子思同道。曾子,师也,父兄也;子思,臣也,微也。曾子、子思易地则皆然。"

【译文】曾子住在武城时,越国军队来侵犯。有人便说:"敌寇要来了,何不离开这里呢?"曾子说:"〔好吧,但是〕不要让别人借住在我这里,弄坏那些柴草树木。"敌寇退了,曾子便说:"把我的墙屋修理修理吧,我要回来了。"

敌寇退了,曾子也回来了。他旁边的人说:"武城军民对您是这样地忠诚恭敬,敌人来了,便早早地走开,给百姓做了个坏榜样;敌寇退了,马上回来,这事儿恐怕做不得吧?"沈犹行说:"这个不是你们所晓得的。从前先生住在沈犹庄,有个名叫负刍的来捣乱,先生以及跟随的七十个人也都没有参与抵抗。"子思住在卫国,齐国军队来侵犯。有人说:"敌人来了,何不走开呢?"子思说:"如果连我都走开了,君主和谁来守城呢?"

孟子说:"曾子、子思其实殊途同归。曾子是老师,是前辈;子思是臣子,是小官。曾子、子思如果互换位置,他们也会像对方那样做的。"

【注释】①武城:地名,在今山东费县县城西南九十里。 ②有越寇:越灭吴后,与鲁交界,其疆界曾到达今山东诸城东南。 ③寇至,则先去以为民望:赵岐《注》:"先生寇至则先去,使百姓瞻望而效之。"也就是给百姓做了个坏榜样的意思。详见《考证》079。 ④殆:近于。

⑤沈犹行：曾子弟子。沈犹，姓。　⑥负刍（chú）：人名。当时叫"负刍"的人很多，有曹国负刍、魏国负刍、楚国负刍等。详见《考证》080。
⑦子思：孔子的孙子孔伋，字子思。《中庸》是子思所作。

【考证079】民望：

赵岐注"寇至，则先去以为民望"为"先生寇至则先去，使百姓瞻望而效之"。朱熹《集注》："为民望，言使民望而效之。"杨伯峻《孟子译注》："敌人来了，便早早地走开，给百姓做了个坏榜样。"

但《韩非子·饰邪》："无功者受赏，则财匮而民望；财匮而民望，则民不尽力矣。"王先慎《韩非子集解》云："望，怨也。"按，"望"有"怨"义，各字词典均载之。然则本章之"民望"似可解为"民怨"而貌似文从字顺，但《饰邪》之"民望"实不当释为"民怨"。知者，《难一》云："民之望于上也甚矣，韩子弗得，且望郄子之得之也；今郄子俱弗得，则民绝望于上矣。故曰：郄子之言非分谤也，益谤也。且郄子之往救罪也，以韩子为非也，不道其所以为非而劝之以徇，是使韩子不知其过也。夫下使民望绝于上，又使韩子不知其失，吾未得郄子之所以分谤者也。"

这段引文先言"民之望于上也甚矣，韩子弗得，且望郄子之得之也"，谓民之希望于其上者甚殷，而韩厥令其希望落空，则彼之希望咸系于郄克。继言"今郄子俱弗得，则民绝望于上矣"，谓郄克同样令彼落空，则百姓对于其上绝望矣。终言"夫下使民望绝于上，又使韩子不知其失，吾未得郄子之所以分谤者也"，谓郄克下对百姓令其绝望于其上，又令韩厥不知过失，吾人实不知郄克所谓"分谤"者何所谓也。

这段引文先后言"民之望于上""民绝望于上""民望绝于上"，可知所谓"民望"者，乃民众之希望。是则《饰邪》所谓"财匮而民望，则民不尽力矣"，实谓财匮则民众咸寄望于上，斯时民众斗志已失，不能尽力而为。《管子·正世》："忧患不除，则民不安其居；民不安其居，则民望绝于上矣。"

古书中之"望"当释为"怨"之例,均见于汉代以后文献,可视之为"希望"义的引申义;且带宾语。如《史记·袁盎晁错列传》:"已而绛侯望袁盎曰:'吾与而兄善,今儿廷毁我!'"张守节《正义》:"望,怨也。"《汉书·司马迁传》:"若望仆不相师用。"颜师古注:"望,怨也。"而本章之"民望"释为"民之希望"也不文从字顺,故从赵岐、朱熹及《孟子译注》之释;是"民望"即"民之所望"("民之希望"是"民之所望"的抽象化),我们译之为"坏榜样"。

【考证080】昔沈犹有负刍之祸:

杨伯峻《译注》说:"赵岐《注》云:'时有作乱者曰负刍,来攻沈犹氏。'是以'负刍'为人名,译文从此说。但朱熹《集注》云:'时有负刍者作乱。'则以'负刍'为背草的人(彬按:此姚永概《孟子讲义》之说)。故录之以供参考。"

"有负刍者"固然可理解为"有背草的人",也可理解为"有名叫'负刍'的人"。也即,"有……者"格式,既可表示"有正在干什么的人",又可表示"有名叫什么的人"。如为后者,则与赵岐之说无异。例如:"嬖人有臧仓者沮君,君是以不果来也。"(《孟子·梁惠王下》)"晋人有冯妇者。"(《尽心下》)(比较:"宋人有闵其苗之不长而揠之者。"——《公孙丑上》"王子有其母死者。"——《尽心上》)"有颜回者好学,不迁怒,不贰过。"(《论语·雍也》)"有澹台灭明者,行不由径,非公事,未尝至于偃之室也。"(同上)有鉴于此,我们认为,赵、朱之说是一致的。

8.32 储子曰①:"王使人瞷夫子②,果有以异于人乎?"孟子曰:"何以异于人哉?尧舜与人同耳。"

【译文】储子说:"王派人来窥探您,看果真有什么跟别人不一样的地方吗?"孟子说:"有什么跟别人不同呢?尧舜也和别人一样呢。"

【注释】①储子:齐人;《战国策·燕策》有载,当时或许为齐相。参见《告子下》第五章。　②瞯(jiàn)：有的本子也作"瞰"，窥伺。

8.33-1 齐人有一妻一妾而处室者①，其良人出②，则必餍酒肉而后反③。其妻问所与饮食者，则尽富贵也。其妻告其妾曰："良人出，则必餍酒肉而后反；问其与饮食者，尽富贵也，而未尝有显者来。吾将瞯良人之所之也。"

蚤起④，施从良人之所之⑤，遍国中无与立谈者。卒之东郭墦间⑥，之祭者，乞其余；不足，又顾而之他——此其为餍足之道也。

【译文】齐国有一个人，和一妻一妾一道居家过日子。那丈夫每次外出，一定酒足肉饱之后才回家。他妻子问他一道吃喝的都是些什么人，他说都是些有钱有势的人。他妻子便告诉小妾说："丈夫外出，一定酒足肉饱之后才回家，问他一道吃喝的是什么人，总答道是些有钱有势的人，但从没见过什么显贵人物到咱家来。我准备跟踪看看他究竟到什么地方去了。"

第二天清早起来，她便若即若离地斜跟在丈夫后面走；走遍全城，没见一个人站着和她丈夫聊天的。最后一直走到东郊外的墓地，他便走向祭扫坟墓的人那儿，讨些祭祀之余的供品；不够，又东张西望地走到别的坟墓去——这就是他酒足肉饱的办法。

【注释】①处室：居家过日子。《墨子·经说上》："处室子，子母，长少也。"《战国策·楚一》："夫史举，上蔡之监门也。大不知事君，小不知处室，以苛廉闻于世，甘茂事之顺焉。"　②良人：丈夫。　③餍(yàn)酒肉而后反：餍，饱。反，同"返"。　④蚤：通"早"。　⑤施(yí)：逶迤，斜着，弯曲绵延。　⑥墦(fán)：坟墓。

8.33-2 其妻归，告其妾，曰："良人者，所仰望而终身也，今若此……"与其妾讪其良人①，而相泣于中庭②，而良人未之知也,施施从外来③,骄其妻妾。

由君子观之,则人之所以求富贵利达者,其妻妾不羞也,而不相泣者,几希矣④。

【译文】他妻子回家后,便把所看到的都告诉小妾,并且说:"丈夫,是我们需要仰仗一辈子的人,现在他却这样……"于是她俩一道在院子中咒骂着,哭泣着,而那丈夫还不知道,兴致勃勃地从外边回来,又在妻妾面前吹牛皮,耍威风。

由君子看来,人们用来追求升官发财的办法,能不让他的妻和妾引为羞耻相对而哭的,真是太少了!

【注释】①讪(shàn):诋毁。 ②相泣于中庭:相,相与,共同。中庭,庭中。 ③施施:犹"翩翩",喜悦的样子,因高兴而斜扭着走路的样子。 ④人之所以求富贵利达者……几希矣:这句话的主语是"人之所以求富贵利达其妻妾不羞而不相泣者",谓语是"几希"。

万章章句上

凡九章

9.1-1 万章问曰:"舜往于田,号泣于旻天①,何为其号泣也?"孟子曰:"怨慕也②。"万章曰:"'父母爱之,喜而不忘;父母恶之,劳而不怨③。'然则舜怨乎?"

曰:"长息问于公明高曰④:'舜往于田,则吾既得闻命矣;号泣于旻天,于父母⑤,则吾不知也。'公明高曰:'是非尔所知也。'夫公明高以孝子之心为不若是恝⑥:我竭力耕田,共为子职而已矣⑦,父母之不我爱,于我何哉⑧?帝使其子九男二女⑨,百官牛羊仓廪备,以事舜于畎亩之中⑩,天下之士多就之者,帝将胥天下而迁之焉⑪。为不顺于父母,如穷人无所归⑫。

【译文】万章问道:"舜到田地里去,向着深秋苍凉的天空哭号,到底为什么他要哭号呢?"孟子答道:"对父母又怨恨又依恋哪。"万章说:"〔曾子说过:〕'父母喜爱,兴高采烈,总不会忘记;父母厌恶,心劳力竭,却不会怨恨。'那么,舜怨恨父母吗?"

孟子说:"从前长息曾经问过公明高,他说:'舜到田里去发生的事情,我是已经得到您所教导的了;他向着深秋苍凉的天空哭号,呼喊着父母哭号,我却还不明白〔他为什么这样〕。'公明高说:'这不是你所能明白的。'公明高以为孝子的心里是不会这样满不在乎的:我尽力耕田,尽到作为儿子的职责就可以了;父母不喜爱我,和我有什么关系呢?帝尧派遣他的孩子九男二女以及百官,一起带着牛羊、粮食等等东西到村里去侍奉舜;天下的士人也有很多到舜那里去,尧也即将把整个天下都让给舜;他却因为没有得到父母欢心,就好像困穷不得志的人孤苦无依一样。

【注释】①号泣于旻(mín)天:号泣,嚎啕大哭。旻天,秋天苍凉的天空。②慕:依恋父母。 ③"父母爱之"数句:《礼记·祭义》:"曾子曰:'父母爱之,喜而弗忘。父母恶之,惧而无怨。'"可见这话引自曾子。 ④长息,公明高:长息,公明高弟子。公明高,曾子弟子。 ⑤于父母:这一句承前省略了"号泣"。详见《考证》081。 ⑥以孝子之心为不若是恝(jiá):恝,忽视,不在乎,怡然自得的样子。"以……为……"是一句式。《左传·襄公十五年》:"我以不贪为宝,尔以玉为宝。" ⑦共为子职:尽到作为儿子的职责。详见《考证》082。 ⑧于我何哉:跟我有什么关系呢。 ⑨九男二女:尧以二女妻舜,事见《尚书·尧典》。《列女传·母仪》谓二女名娥皇、女英。 ⑩畎(quǎn)亩:田地、农村。 ⑪帝将胥天下而迁之:将,将要。胥,全,尽,整个。迁之,迁位于他。 ⑫穷人:穷乏困顿之人。

【考证081】号泣于旻天于父母:

赵岐《注》:"忧,阴气也。故诉于旻天。"未言及"于父母"。朱熹《集注》:"呼父母而泣也。"是理解"于父母"承前省略了"号泣"。杨伯峻先生译此三句为:"他向天诉苦哭泣,这样来对待父母,我却还不懂得那是为什么。"然则,则当如此标点:"舜往于田,则吾既得闻命矣。号泣于旻天;于父母,则吾不知也。"

我们以为,"于父母,则吾不知也"解为"这样来对待父母,我却还不懂得那是为什么"没什么问题,且相关文例不少。见何乐士先生《左传虚词研究·〈左传〉的介词"于"和"於"》2.2。但"于父母,则吾不知也"紧接在"号泣于旻天"之后,则未免巧合。我们同意朱熹的解释:"于父母"承前省略了"号泣"——当理解为"号泣于旻天,(号泣)于父母"。古人观念,天和父母是一体的。《礼记·哀公问》:"仁人之事亲也如事天,事天如事亲。"所以古人哭号,每每呼叫苍天、父母。《诗经·鄘风·柏舟》:"母也天只!不谅人只!"

虽然"VP于N,于N"不多见,却并非绝无仅有:

"笃公刘,匪居匪康。迺场迺疆,迺积迺仓;迺裹糇粮,于橐于囊。"(《诗经·大雅·公刘》)"十二月庚戌,晋籍谈、荀跞、贾辛、司马督帅师军于阴,于侯氏,于豁泉,次于社。王师军于氾,于解,次于任人。"(《左传·昭公二十二年》,沈玉成《左传译文》:"十二月初七日,晋国的籍谈、荀跞、贾辛、司马督领兵分别驻扎在阴地、侯氏、豁泉和住在社地。周天子的军队驻扎在氾地、解地、任人。")"昔者文王之治西土,若日若月,乍光于四方,于西土。"(《墨子·兼爱中》)

《诗经》一例,可读为"迺裹糇粮于橐,于囊"。这一格式中的介词,都是"于"而非"於",难道只是巧合吗?

另外,如此理解,与上两句"舜往于田,则吾既得闻命矣"的衔接也较为顺畅。

下一章"舜之不告而娶,则吾既得闻命矣;帝之妻舜而不告,何也"也可证明本章"舜往于田,则吾既得闻命矣;号泣于旻天,于父母,则吾不知也"应当如我们的标点和理解。

【考证082】共为子职而已矣:

这一句的"共",存在不同解读。赵岐《注》:"我共人子之事,而父母不我爱,于我之身,独有何罪哉?"朱熹注:"共,平声。"杨伯峻先生说:"当读为'恭'。"按,这句的"共"可能的读法有三:读为"共同"的"共",为去声;读为"供给"的"供",或读为"恭敬"的"恭",为阴平。朱注"平声",可见他已排除了"共同"的"共"。

杨柳岸认为(《〈孟子〉词语考证四则》),"共"当读作"供"。因为,"共为子职而已矣"是属于含有"共……职""共职"这种结构的句子,这一结构中的"共"都读作"供";这也是现代汉语"供职"一词的来源。例如:

"黄人恃诸侯之睦于齐也,不共楚职。"(《左传·僖公十二年》)沈玉成《左传译文》:"不向楚国进贡。""小适大有五恶:说其罪戾,请其不足,行其政事,共某职贡,从其时命。"(《襄公二十八年》)沈译:"供给它供品。""小国共职,敢不荐守?"(《昭公四年》)沈译:"小国以奉事大国作为职责,岂敢不进献所该做的?""自武父以南,及圃田之北竟,取于有阎之土,以共王职。"(《定公四年》)沈译:"以执行王室任命的职务。"

汉代以后,"共……职"结构已未之见,只剩下"共职"了:

"处伊尹,周公之位,摄政擅权,而背宗室,不与共职,是以天下不信,卒至于灭亡。"(《汉书·楚元王传》)"衡知行临,百官共职,万众会聚。"(《王尊传》)"表拜狼为邑侯,种落三千余户皆安土供职。"(《三国志·蜀书十三》)

"共为子职而已矣"的"共"为什么不能读作"恭"?因为"恭"(共)在那时的语言中不能作状语。我们在《孟子》及《孟子》同时代的典籍如《左传》《国语》《论语》等书中,考察了数百例"共"(读作"恭")和"恭",没有发现用作状语的用例。而将这一句的"共"读作"恭",则"恭为子职"的"恭"只能是作状语修饰"为"。

杨伯峻先生之所以理解"共为子职而已矣"的"共"为"恭",是由于在读先秦两汉魏晋文献及唐宋八大家散文所形成的泛时的语感中,"恭"(共)作状语是没有问题的。东汉以后,"恭"也可作状语了:"今朕恭承天地,托于公侯之上。"(《汉书·元帝纪》)"上亲郊庙,册文皆曰'恭荐岁事'。"(《梦溪笔谈·故事一》)

但"共同"的"共"常作状语,如:"唯是桃弧、棘矢,以共御王事。"(《左传·昭公十二年》)"凡我父兄昆弟及国子姓,有能助寡人谋而退吴者,吾与之共知越国之政。"(《国语·越语上》)将"共为子职"的"共"理解为作状语修饰"为子职"似乎也无问题。我们之所以倾向于读此句的"共"为"供",一是因为朱熹注"平声",说明在他看来,排除了如字读为"共同"的"共"。二是因为汉代"共……职"已在当时语言中不出现而为时人所不解,故而赵岐特意予以解释,他用"共人子之事"解"共为子职",这说明"为子职"是体词性结构,"为子职"即"为子之职",也即"为子之事"。"共……职"结构中的"……"也是体词性的,故而赵注为我们的解释提供了有力的旁证。更为重要的是,这一句中既有"共"也有"职",要说它不是含有"共……职"结构的句子,显然理由不充分。

"共为子职而已矣",参照上举书证,应该译为"尽到作为儿子的职责就可以了"。

9.1-2"天下之士悦之,人之所欲也,而不足以解忧;好色①,人之所欲,妻帝之二女,而不足以解忧;富,人之所欲,富有天下,而不足以解忧;贵,人之所欲,贵为天子,而不足以解忧。人悦之、好色、富、贵,无足以解忧者,惟顺于父母可以解忧。人少,则慕父母;知好色,则慕少艾②;有妻子,则慕妻子;仕则慕君,不得于君则热中③。大孝终身慕父母。五十而慕者,予于大舜见之矣。"

【译文】"天下的士人喜爱他,是谁都希望获得的,却不足以消除忧愁;美丽的姑娘,是谁都希望娶到的,他娶了尧的两个女儿,却不足以消除忧愁;财富,是谁都希望获得的,富裕以至于领有天下,却不足以消除忧愁;尊贵,是谁都希望获得的,尊贵以至于君临天下,却不足以消除忧愁。大家都喜爱他、美丽的姑娘、财富和尊贵都不足以消除忧愁,只有得到父母的欢心才可以消除忧愁。人在幼小的时候,就依恋父母;长大到有了情欲,便思念年轻貌美的女子;有了妻室儿女,便依恋妻室儿女;做了官,便依恋君主;不得君主欢心,便心急火燎。只有最孝顺的人才终身依恋父母。到了五十岁还依恋父母的,我在伟大的舜身上看到了。"

【注释】①好(hǎo)色:美丽的女子。下文"知好色"的"好"读作 hào。②少艾:亦作"幼艾",年轻美貌之人。 ③热中:发热烦躁。朱熹《集注》:"热中,燥急心热也。"

9.2-1万章问曰:"《诗》云①:'娶妻如之何?必告父母。'信斯言也,宜莫如舜,舜之不告而娶,何也?"孟子曰:"告则不得娶。男女居室,人之大伦也。如告,则废人之大伦,以怼父母②,是以不告也。"

万章曰:"舜之不告而娶,则吾既得闻命矣;帝之妻舜而不告,何也?"曰:"帝亦知告焉则不得妻也。"

万章曰:"父母使舜完廪③,捐阶④,瞽瞍焚廪;使浚井⑤,出,从而掩之⑥。象曰⑦:'谟盖都君咸我绩⑧!牛羊父母,仓廪父母,干戈朕,琴朕,弤朕⑨,二嫂使治朕栖⑩。'象往入舜宫,舜在床琴。象曰:'郁陶思君尔⑪。'忸怩⑫。舜曰:'惟兹臣庶⑬,汝其于予治⑭。'不识舜不知象之将杀己与?"

【译文】万章问道:"《诗经》说过,'娶妻应该怎么办?必定先要告爹娘'。相信这句话的,应该没人比得上舜。舜却没向父母报告而娶了妻子,这是为什么呢?"孟子答道:"报告便娶不成。男女结婚,是人与人之间的大伦常。如果舜报告了,那么,这一大伦常在舜身上便废弃了,结果便将怨恨父母,所以他便不报告了。"

万章说:"舜不报告父母而娶妻,这事我已经领受教诲了;尧把女儿嫁给舜,也不向舜的父母说一声,又是什么道理呢?"孟子说:"尧也知道,假如事先说一声,便会嫁娶不成了。"

万章问道:"舜的父母让舜去修缮谷仓,〔等舜上了屋顶,〕便抽去梯子,他父亲瞽瞍还放火烧那谷仓。〔幸而舜设法逃下来了。〕于是又让舜去淘井,〔他不知道舜从旁边的洞穴〕出来了,便填塞井眼。〔舜的弟弟〕象说:'出谋划策活埋舜,都是我的功劳哇!牛羊分给父母,仓廪分给父母,干戈归我,琴归我,弤弓归我,两位嫂嫂要让她们为我铺床叠被。'当象走进舜的住房,舜却坐在床边弹琴,象说:'我好想念你呀!'却显得十分不自然。舜说:'我想念着这些臣下和百姓,你替我管理管理吧!'我不清楚,舜是否知道象要杀自己呢?"

【注释】①"《诗》云"两句:见《齐风·南山》,舜时未必有此诗句,万章说

"信斯言也,宜莫如舜",是相信舜时也有娶妻必告父母的礼节。　②憝(duì):怨。　③完廪(lǐn):完,修葺。廪,粮仓。　④捐阶:这二字的主语也是"父母"。捐,捐弃,拿走。阶,梯。　⑤浚(jùn)井:疏浚水井。这二字的主语是前句的"瞽瞍"。　⑥出,从而揜之:"出"的主语是前句"使浚井"的"使"未出现的宾语也即"浚井"的主语"舜"。"从而揜之"未出现的主语是"瞽瞍"。是舜出来了,瞽瞍跟着把井填埋了。揜,同"掩"。　⑦象:舜同父异母弟。　⑧谟盖都君咸我绩:谟,即"谋"字。盖,覆盖,掩盖,掩埋。都,于。君,指舜。详见《考证》083。　⑨弤(dǐ):雕弓。　⑩栖:床。　⑪郁(yù)陶:思念的样子。⑫忸怩(niǔní):惭愧的样子。　⑬惟:思念。　⑭于:介词,在被动句中引进动作行为的主动者。

【考证083】谟盖都君咸我绩:

赵岐《注》:"谟,谋。盖,覆也。都,于也。君,舜也。……咸,皆。绩,功也。象言谋覆于君而杀之者皆我之功。"阮元《释盖》云:"《吕刑》云'鳏寡无盖','盖'即'害'字之借,言尧时鳏寡无害也。《孟子》'谋盖都君',此兼井廪言之,盖亦当训为'害'也。若专以'谋盖'为盖井,而不兼焚廪,则'咸我绩''咸'字无所著矣。"

按,阮说证据不足。《吕刑》"鳏寡无盖"之"盖",通常释作"蔽",谓鳏寡之情无所壅蔽(孙星衍《尚书今古文注疏》、周秉钧《尚书易解》)。阮元所谓"专以'谋盖'为盖井,而不兼焚廪,则'咸我绩''咸'字无所著矣",也缺乏说服力。"咸我绩"谓都是我一人的功绩,"咸"的语义指向为"我",而非"谟盖都君",这点赵岐《注》说得明明白白。

《梁惠王下》:"齐人伐燕,取之。诸侯将谋救燕。宣王曰:'诸侯多谋伐寡人者,何以待之?'"可见动词"谋"常带谓词性宾语。故"谟盖都君"释作策划掩盖舜是文从字顺的。

读作"谋害都君"当然也可视为"谋"带谓词性宾语,但是,一来原文可通,故训具在,不烦改读;二来先秦两汉典籍中"谋害"的对象,都是国家社稷,未见具体人物:"彼若谋害楚国,岂不为患?"(《左传·襄公二十六年》)"今王骨肉至亲,敌吾一体,乃与他姓异族谋害社稷。"(《汉书·燕剌王刘旦传》)所以,我们仍从赵岐《注》。

又赵岐《注》:"都,于也。"而朱熹《集注》:"舜所居三年成都,故谓之'都君'。"我们从赵《注》。一是"都"作为介词(《尔雅》:"都,于也")还有其他书证,《经传释词》《词诠》载之甚详。二是覆盖、遮蔽义的"盖",其后也接介宾结构:"殷之鼎陈于周之廷,其社盖于周之屏,其干戚之音在人之游。"(《吕氏春秋·贵直论》,张双棣等《吕氏春秋译注》译第二句:"它的神社被周盖罩上庐棚。")

9.2-2 曰:"奚而不知也①?象忧亦忧,象喜亦喜。"曰:"然则舜伪喜者与?"

曰:"否;昔者有馈生鱼于郑子产,子产使校人畜之池②。校人烹之,反命曰:'始舍之,圉圉焉③,少则洋洋焉④;攸然而逝⑤。'子产曰:'得其所哉!得其所哉!'校人出,曰:'孰谓子产智?予既烹而食之,曰:"得其所哉,得其所哉。"'故君子可欺以其方,难罔以非其道。彼以爱兄之道来,故诚信而喜之,奚伪焉?"

【译文】孟子答道:"哪里会不知道呢?象忧愁,他也忧愁;象高兴,他也高兴。"万章说:"那么,舜是假装高兴吗?"

孟子说:"不;从前有个人送条活鱼给郑国的子产,子产让主管池塘的小吏把它放养在池塘里,那人却煮着吃了,回报说:'刚放回水里,它还要死不活的;一会儿,摇头摆尾活泼洋溢了起来,慢悠悠地远去了。'子产说:'它得到了适合的地方啊!得到了适合的地方啊!'那人出来了,说:'谁说子产聪明,我已经把那条鱼煮着吃了,他还说:"得到了适合的地方啊!得到了适合的地方啊!"'所以对于君子,可以用合乎人情的方法来欺骗他,不能用违反道理的诡诈蒙骗他。象既然装出一副敬爱兄长的样子来,舜因此真的相信而高兴起来,又哪里是假装呢?"

【注释】①奚而:奚,为什么。孔安国解释《论语·宪问》"奚而不丧"的"奚而"为"何为",也即"奚为",不确。"奚"即"何为",也即"为什么",与"而"无涉。参见《论语新注新译》14.19《考证》。 ②使校人畜之池:校人,主池沼小吏。畜,今作"蓄",养的意思。 ③圉(yǔ)圉:鱼在水中气息奄奄的样子。《辞海》的解释是"困而未舒"。 ④洋洋:活泼貌,精力充沛貌。 ⑤攸然:今作"悠然";慢悠悠地,自然而然地。参见《考证》089。

9.3 万章问曰:"象日以杀舜为事,立为天子则放之,何也?"孟子曰:"封之也;或曰,放焉。"

万章曰:"舜流共工于幽州①,放驩兜于崇山②,杀三苗于三危③,殛鲧于羽山④,四罪而天下咸服⑤,诛不仁也。象至不仁,封之有庳⑥。有庳之人奚罪焉?仁人固如是乎——在他人则诛之,在弟则封之?"

曰:"仁人之于弟也,不藏怒焉,不宿怨焉⑦,亲爱之而已矣。亲之,欲其贵也;爱之,欲其富也。封之有庳,富贵之也。身为天子,弟为匹夫,可谓亲爱之乎?"

"敢问或曰放者,何谓也?"曰:"象不得有为于其国,天子使吏治其国而纳其贡税焉,故谓之'放'。岂得暴彼民哉?虽然,欲常常而见之,故源源而来,'不及贡,以政接于有庳⑧'。此之谓也。"

【译文】万章问道:"象天天把谋杀舜当作为头等大事,等舜做了天子,却仅仅流放他,这是为什么呢?"孟子答道:"其实是封他为诸侯,也有人说是流放。"

万章说:"舜流放共工到幽州,发配驩兜到崇山,在三危杀了三苗之君,在羽山诛杀了鲧,这四人被治罪,便天下归服,这是惩处了不仁之人的缘故。象最不仁,却封给他有庳之国。有庳国的百姓又有什么罪过呢?仁人难道应该这样做吗——对别人,就加以惩处;对弟弟,就封给国土?"

孟子说:"仁人对于弟弟,不忍气吞声,也不耿耿于怀,只是亲近他喜爱他罢了。亲近他,便想让他贵;喜爱他,便想让他富。把有庳国封给他,就是让他又富又贵。本人做了天子,弟弟却是个老百姓,可以说是亲近他喜爱他吗?"

万章说:"我请问,为什么有人说是流放呢?"孟子说:"象不能在他国土上为所欲为,天子派遣了官吏来治理国家,缴纳贡税,所以有人说是流放。他又如何能虐待那些百姓呢?即便这样,舜还是想常常看到象,象也不断地来和舜相见。〔古书上说:〕'不必等到朝贡的时候,平常也以政治需要为由而来接待。'就是说的这事。"

【注释】①流共工于幽州:共工,水官名。幽州,在今北京密云东北。 ②放驩(huān)兜于崇山:放,流放。驩兜,尧舜时大臣。崇山,在今湖南张家界。 ③杀三苗于三危:三苗,国名。三危,山名,在今甘肃敦煌市区东南。 ④殛(jí)鲧于羽山:殛,诛杀。羽山,当在今江苏赣榆县界。鲧,大禹的父亲。 ⑤四罪而天下咸服:罪,获罪,判罪,治罪。 ⑥有庳(bì):古籍均认为有庳在今湖南永州双牌江村镇。 ⑦不宿怨:没有太长久的怨恨,即不耿耿于怀。宿,隔夜的。 ⑧不及贡,以政接于有庳:这两句疑是《尚书》逸文。

9.4-1 咸丘蒙问曰①:"语云:'盛德之士,君不得而臣,父不得而子。'舜南面而立,尧帅诸侯北面而朝之,瞽瞍亦北面而朝之。舜见瞽瞍,其容有蹙②。孔子曰:'于斯时也,天下殆哉,岌岌乎③!'不识此语诚然乎哉?"

孟子曰:"否;此非君子之言,齐东野人之语也④。尧老而舜摄也。《尧典》曰⑤:'二十有八载,放勋乃徂落⑥,百姓如丧考妣三年⑦,四海遏密八音⑧。'孔子曰:'天无二日,民无二王⑨。'舜既为天子矣,又帅天下诸侯以为尧三年丧,是二天子矣。"

【译文】咸丘蒙问道:"俗话说:'道德最高的人,君主不能够把他当臣子,父亲不能够把他当儿子。'舜面朝南方站在天子位置,帝尧率领诸侯面向北方去朝拜他,舜的父亲瞽瞍也面向北方去朝拜他。舜看见了瞽瞍,显得窘迫不安。孔子说,'在这个时候,天下真岌岌可危呀!'不晓得这话可不可信?"

孟子答道:"不;这不是君子的话,而是齐国东边的农夫瞎传的。不过是尧老了时,让舜摄政罢了。《尧典》上说过,'过了二十八年,放勋才逝世。群臣好像死了父母一样,服丧三年,天下一切音乐都停止'。孔子说过:'天上没有两个太阳,百姓没有两个天子。'假若舜已在尧死前做了天子,又率领天下诸侯为尧服丧三年,这便是两个天子并列了。"

【注释】①咸丘蒙:孟子弟子。咸丘,鲁国地名,因以为氏。 ②有蹙(cù):有,动词词头,无实义。蹙,窘迫不安的样子。 ③天下殆哉,岌岌乎:为"天下岌岌乎殆哉"的倒装。 ④齐东野人:齐国东部边鄙之地的农人。详见《考证》084。 ⑤《尧典》曰以下数句:实为今《尚书·舜典》文。 ⑥放勋乃徂(cú)落:放勋,尧的号。徂落,死。 ⑦百姓如丧考妣三年:百姓,百官,群臣;《尚书》中"百姓"多指群臣,该词的词义逐渐指民众,有一个过程,是语言发展所致。考妣,父母。三年,不属下句。 ⑧四海遏密八音:遏,止。密,同"谧",安静。八音,指八种质料——金、石、丝、竹、匏(páo)、土、革、木——所作的乐器。 ⑨"天无二日"两句:又见《礼记·曾子问》及《坊记》。

【考证084】齐东野人:

赵岐《注》说这一"东"同《尚书·禹贡》"平秩东作"的"东","齐东野人"是齐国"东作田野之人",可见这一"东"是耕作的意思;朱熹《四书集注》则说"齐东"是齐国之东鄙,即齐国东部边鄙之地。赵岐说于共时文献无征,而朱熹说可得共时文献支持。当时语言中,"国名+方位名词"较为常见,"齐东"正属于这一格式:"齐西水潦而民饥,齐东丰庸而粜贱,欲以东之贱被西之贵,为之有道乎?"(《管子·轻重丁》)"太公望东封于齐,齐东海上有居士曰狂矞、华士昆弟二人者。"(《韩非子·外储说右上》)。

属于这一格式的其他书证如:"梁北有黎丘部,有奇鬼焉,喜效人之子侄昆弟之状。"(《吕氏春秋·慎行论》)"杨子过于宋东之逆旅。"(《韩非子·说林上》)"荆南之地,丽水之中生金,人多窃采金。"(《内储说上》)"楚王攻梁南。"(《战国策·魏二》)"秦十攻魏……又长驱梁北,东至陶、卫之郊,北至乎阙。"(《魏三》)

9.4-2 咸丘蒙曰:"舜之不臣尧,则吾既得闻命矣。《诗》云[①]:'普天之下,莫非王土;率土之滨,莫非王臣。'而舜既为天子矣,敢问瞽瞍之非臣,如何?"

曰:"是诗也,非是之谓也;劳于王事而不得养父母也。曰:'此莫非王事,我独贤劳也[②]。'故说诗者,不以文害辞[③],不以辞害志。以意逆志[④],是为得之。如以辞而已矣,《云汉》之诗曰:'周余黎民,靡有孑遗[⑤]。'信斯言也,是周无遗民也。

"孝子之至,莫大乎尊亲;尊亲之至,莫大乎以天下养。为天子父,尊之至也;以天下养,养之至也。《诗》曰[⑥]:'永言孝思,孝思维则。'此之谓也。《书》曰[⑦]:'祗载见瞽瞍,夔夔齐栗,瞽瞍亦允若。'是为父不得而子也[⑧]?"

【译文】咸丘蒙说:"舜不以尧为臣,这事我已经领受教诲了。《诗经》又说过:'普天之下远和近,都是周王来君临;沿着国土四境内,无人不是周王臣。'舜既做了天子,请问瞽瞍却不是臣民,这是为什么呢?"

孟子说:"《北山》这首诗,不是你说的那个意思,而是说作者勤劳国事以致不能够奉养父母。他说:'这些事没一件不是天子之事啊,为什么就我一人这么辛劳呢?'所以解说诗的人,不要拘于字面而误解词句,也不要拘于词句而误解原意。用自己切身的体会去推测作者的本意,这就对了。假如仅仅拘于词句,那《云汉》诗说:'周地剩余老百姓,将要全部死干净。'相信了这一句话,便是周朝没有留下一个人了。

"孝子行为的顶点,没有什么超过尊敬双亲的;尊敬双亲的顶点,没有什么超过以天下来奉养父母的。瞽瞍做了天子的父亲,可说是尊贵到顶点了;舜以天下来奉养他,可说是达到奉养的顶点了。《诗经》又说,'永遵祖训尽孝道,效法先人建周邦',也正是这个意思。《书经》又说:'舜小心恭敬来见瞽瞍,战战兢兢的样子,瞽瞍也就真的恭顺了。'这难道是'父亲不能够把他当儿子'吗?"

【注释】①"《诗》云"数句:见《诗经·小雅·北山》。译文采自向熹《诗经译注》。 ②贤劳:同义词连用,"贤"也是"劳"的意思。《诗经·小雅·北山》:"大夫不均,我从事独贤。"毛亨《传》:"贤,劳也。" ③以文害辞:文,字。辞,词句,语句。 ④逆:逆向思维,揣测对方心思。 ⑤"周余黎民"两句:见《诗经·大雅·云汉》。译文采自程俊英《诗经译注》。黎民,即老百姓。孑遗,同义词连用,"孑"也是"遗",遗留。 ⑥"《诗》曰"两句:见《大雅·下武》。译文采自程俊英《诗经译注》。 ⑦"《书》曰"数句:为《尚书》逸篇。祗(zhī),敬。载,事。夔(kuí)夔齐(同"斋")栗,恭敬谨慎的样子。允,信,真的。若,顺从,恭顺。详见《考证》085。 ⑧是为父不得而子也:这句的"也"依然表论断语气,至于句子可能的疑问语气并不是由"也"表示的——不能说"也"同"邪"而表疑问语气(俞樾《群经平议》持此说)。持此说者大约以为句子的语气是由语气副词单独承担的。

【考证085】瞽瞍亦允若是为父不得而子也:

赵岐《注》:"舜既为天子,敬事严父,战栗以见瞽瞍。瞍亦信知舜之大孝。若是为父不得而子也?"焦循《正义》说:"赵氏以'瞽瞍亦信知舜之大孝'释'瞽瞍亦允',是读'允'字句,'若'字属下,为孟子说《书》之辞。近读'允若'为句,从晚出古文《大禹谟》也。"朱熹《四书集注》正"读'允若'为句":"允,信也。若,顺也。言舜敬事瞽瞍,往而见之;敬谨如此,瞽瞍亦信而顺之也。"

我们以为朱熹说可从。因为:

1. 焦循说:"近读'允若'为句,从晚出古文《大禹谟》也。"如前所说,朱熹已读作"瞽瞍亦允若";如若伪古文《尚书》"瞽亦允若"为采撷《孟子》此章而来,则说明东晋时期人们已读"允若"连文而下句为"是为父不得而子也"了。

2. "若是为父不得而子也"在当时语言为"不词"。当时语言中,除"若是其甚与"(《梁惠王上》)"若是其大乎"(《梁惠王下》)"若是班乎"(《公孙丑上》)"若是乎贤者之无益于国也"这种包含"若是"的感叹句,以及"若是者"这种固定结构之外,当"若是"位于句首时,其后通常要接"则""而""乃""故"等连词(特别是当其前句是引文时)。例如:

"周文公之诗曰:'兄弟阋于墙,外御其侮。'若是则阋乃内侮,而虽阋不败亲也。"(《国语·周语中》)"《诗》云:'惠于宗公,神罔时恫。'若是,则文王非专教诲之力也。"(《晋语四》,明道本有"若"字而作"若是")"曰:'盗何从入?'若是而求福于有怪之鬼,岂可哉?"(《墨子·鲁问》)"明正德以导之赏,明齐肃以耀之临。若是而不济,不可为也。"(《楚语上》)"是时也,王事惟农是务……若是,乃能媚于神而和于民矣。"(《国语·周语上》)"潢然兼覆之,养长之,如保赤子。若是,故奸邪不作,盗贼不起,而化善者劝勉矣。"(《荀子·富国》)也就是说,如果是"若是,则为父不得而子也",才"洵为可通"。

3. 先秦时期文献,"允"常充当副词,意为"信然""诚然"(《王力古汉语字典》);其后常接形容词。如:"卜云其吉,终然允臧。"(《诗经·鄘风·定之方中》)"贵聘而贱逆之,君而卑之,立而废之,弃信而坏其主,在国必乱,在家必亡。不允宜哉?"(《左传·文公四年》)"加用祷巫,神人允顺。"(《逸周书·和寤解》)若,顺也。允若,犹允顺也。"瞽瞍亦允若"也即"瞽瞍也就真的恭顺了"。

4. 受状语修饰训为"顺"的"若",典籍中也不乏其例:"至于幽王,天不吊周,王昏不若,用愆厥位。"(《左传·昭公二十六年》)"世世是其不殆,维公咸若。"(《逸周书·尝麦解》)"王不若,专利作威。"(《芮良夫解》)

5. 与"若是为父不得而子也"之不词相反,"是为父不得而子也"接于"瞽瞍亦允若"之后,却是文从字顺的。例如:

"人死则曰:'非我也,岁也。'是何异于刺人而杀之,曰'非我也,兵也'?"(《梁惠王上》)"挟太山以超北海,语人曰:'我不能。'是诚不能也。为长者折枝,语人曰:'我不能。'是不为也,非不能也。"(同上)"《康诰》曰:'杀越人于货,闵不畏死,凡民罔不譈。'是不待教而诛者也。"(《万章下》)"以於陵则居之,是尚为能充其类也乎?"(《滕文公下》)

9.5-1 万章曰:"尧以天下与舜,有诸?"孟子曰:"否;天子不能以天下与人。"

"然则舜有天下也,孰与之?"曰:"天与之。"

"天与之者,谆谆然命之乎?"曰:"否;天不言,以行与事示之而已矣。"

曰:"以行与事示之者,如之何?"曰:"天子能荐人于天,不能使天与之天下;诸侯能荐人于天子,不能使天子与之诸侯;大夫能荐人于诸侯,不能使诸侯与之大夫。昔者,尧荐舜于天,而天受之;暴之于民[①],而民受之;故曰,天不言,以行与事示之而已矣。"

【译文】万章问道:"尧把天下交给舜,有这么回事吗?"孟子答道:"不;天子不能够把天下交给他人。"

万章又问:"那么,舜领有天下,是谁交给的呢?"答道:"天交给的。"

　　又问道:"天交给的,是反复叮嘱告诫后交给他的吗?"答道:"不是;天不说话,拿行动和事迹来表示罢了。"问道:"拿行动和事迹来表示,是怎样的呢?"

　　答道:"天子能把人推荐给天,却不能让天把天下交给他;〔正如〕诸侯能把人推荐给天子,却不能让天子把诸侯之位交给他;大夫能把人推荐给诸侯,却不能让诸侯把大夫之位交给他。从前,尧将舜推荐给天,天接受了;公开介绍他给百姓,百姓也接受了;所以说,天不说话,拿行动和事迹来表示罢了。"

【注释】①暴(pù):露,曝露,公开。

9.5-2 曰:"敢问荐之于天,而天受之;暴之于民,而民受之,如何?"

　　曰:"使之主祭,而百神享之,是天受之;使之主事,而事治,百姓安之,是民受之也。天与之,人与之,故曰,天子不能以天下与人。舜相尧二十有八载,非人之所能为也,天也。尧崩,三年之丧毕,舜避尧之子于南河之南①,天下诸侯朝觐者,不之尧之子而之舜;讼狱者,不之尧之子而之舜;讴歌者,不讴歌尧之子而讴歌舜,故曰,天也。夫然后之中国②,践天子位焉;而居尧之宫③,逼尧之子,是篡也,非天与也。《太誓》曰:'天视自我民视,天听自我民听④。'此之谓也。"

【译文】问道:"我大胆地问,把他推荐给天,天接受了;公开介绍给百姓,百姓也接受了,是怎样的呢?"

　　答道:"叫他主持祭祀,所有神明都来享用,这便是天接受了;叫他主持政务,工作井井有条,百姓都感到安适,这便是百姓接受了。这可是天交给他,百姓也交给他,所以说,天子不能够拿天下交给人。

舜辅佐尧二十八年,这不是某一个人所能做到的,而是天意。尧逝世了,三年的丧期结束,舜〔为了要使尧的儿子能够继承天下,〕自己便躲避尧的儿子而到南河的南边去。可是,天下诸侯朝见天子的,不到尧的儿子那里,却到舜那里;打官司的,也不到尧的儿子那里,却到舜那里;民歌手们,也不歌颂尧的儿子,而歌颂舜。所以说,这是天意。那样,舜才回到都城,坐了朝廷。而如果自己居住在尧的宫室,逼迫尧的儿子〔让位给自己〕,这是篡夺,不是天授了。《太誓》说过,'天看到的,都是百姓看到的;天听到的,都是百姓听到的',正是这个意思。"

【注释】①南河:河名,流经今河南范县。 ②夫然后之中国:夫,远指代词,那,那样。之,到……去。中国,国中,国都之中。 ③而居尧之宫:这一"而"是逆接,句子本身有转折,不可理解为"如"。详见《考证》086,并参见8.20注⑤。 ④《太誓》数句:今本《太誓》为伪古文,这两句话也被采用。

【考证086】而居尧之宫:

焦循《孟子正义》引王引之《经传释词》说:"而,如也。"杨伯峻《孟子译注》从之:"同'如'。说见王引之《经传释词》。""而""如"是否因为上古音相近(而,日纽之部字;如,日纽鱼部字),经典中有通用现象,此处不拟探讨;但王引之《经传释词》"而"字下"而,犹'如'也"条所列例句(包括"而居尧之宫")却多可商榷。如:

"夫妇所生若而人。妾妇之子若而人。"(《左传·襄公十二年》),王氏以《晋书·礼志》此两句"而"作"如"为证;但相对而言,杨伯峻先生《春秋左传注》引阮芝生《杜注拾遗》所云"'若如人'犹'若干人'也",则可靠得多。《昭公三年》:"君若不忘先君之好,惠顾齐国……镇抚其社稷,则犹有先君之适(嫡)及遗姑姊妹若而人。"这一例的"若而人"与《襄公十二年》的"若而人"显然相同,却显然不能读为"若如人",理解为"若干人"则窒碍顿消(沈玉成《左传译文》译末句为:"那么还有先君的嫡女和遗姑姐妹若干人")。

又如,王氏以《孟子·离娄下》"文王视民如伤,望道而未之见"、《荀子·强国》"黭然而雷击之,如墙厌之"、《说苑·奉使》"意而安之,愿假冠以见;意如不安,愿无变国俗"为"'如''而'互用"之证。此处《孟子》《说苑》的"而"正是其连接两个谓词性成分的典型用法,不过《孟子》是所谓"逆接"(转折),《说苑》是所谓"顺接",其中的"而"有协调韵律的作用。不能因后句"意如不安"便以为上句之"而"读若"如"。《荀子》一例又有所不同,"而"是连接状语和它所修饰的动词的,这也是"而"的典型用法。《荀子》中此类书证甚多。如:"孔子喟然而叹。"(《宥坐》)其他典籍中也很常见:"少则洋洋焉,攸然而逝。"(《孟子·万章上》)故不能说句中的"而""犹'如'"。

同样为连接状语和它所修饰的动词的,还有王氏所列的《诗经·鄘风·君子偕老》"胡然而天也?胡然而帝也"。

上文所说"而"的"逆接",也包括王氏所举的这个句子:"君子以莅众,用晦而明。"(《易经·明夷象传》虞翻《注》:"而,如也。")"而居尧之宫"也是所谓"逆接",不过"而"前为语篇而已。该句本身有转折,隐含假设义;翻译时可加上"如""若""假如"等连词,而该连词恰好与原文"而"的位置对应,且"而""如"古音相近,说"而,犹'如'也"于是显得"文从字顺",却因此忽视了"而"固有的典型用法。

9.6-1 万章问曰:"人有言:'至于禹而德衰,不传于贤,而传于子①。'有诸?"

孟子曰:"否,不然也;天与贤,则与贤;天与子,则与子。昔者,舜荐禹于天。十有七年,舜崩;三年之丧毕,禹避舜之子于阳城②。天下之民从之,若尧崩之后不从尧之子而从舜也。禹荐益于天。七年,禹崩;三年之丧毕,益避禹之子于箕山之阴③。朝觐讼狱者不之益而之启④,曰:'吾君之子也。'讴歌者不讴歌益而讴歌启,曰:'吾君之子也。'丹朱之不肖⑤,舜之子亦不肖。舜之相尧、禹之相舜也，历年多，施泽于民久。启贤，能敬承继禹之道。益之相禹也，历年少，施泽于民未久。舜、禹、益相去久远，其子之贤不肖，皆天也，非人之所能为也。

【译文】万章问道："人们总说：'到禹的时候道德就衰微了，天下不传给贤良，却传给儿子。'有这样的事吗？"

孟子答道："不，不是这样的；老天让授给贤良，就授给贤良，老天让授给儿子，就授给儿子。从前，舜把禹推荐给天，十七年之后，舜逝世了，三年之丧完毕，禹〔为着要让位给舜的儿子，〕便躲避到阳城去。天下百姓跟随禹，就好像尧死了以后他们不跟随尧的儿子却跟随舜一样。禹把益推荐给天，七年之后，禹死了，三年之丧完毕，益〔又为着让位给禹的儿子，〕便回避到箕山之北去。当时朝见天子的人，打官司的人都不去益那里，而去启那里，说：'他是我们君主的儿子啊'。民歌手也不歌颂益，而歌颂启，说：'他是我们君主的儿子啊。'尧的儿子丹朱不好，舜的儿子也不好。而且舜辅佐尧，禹辅佐舜，经年历久，为老百姓谋幸福的时间长。〔启和益的事就不同。〕启很贤明，能够认真地继承禹的传统。益辅佐禹，没能历久经年，为百姓谋幸福的时间也短。从舜到禹，再从禹到益，相隔已经好长时间了，他们儿子是好是坏，都是天意，不是人力所能做到的。

【注释】①人有言……而传于子：据《新序·节士》记载，禹欲传位于子。《韩非子·外储说右下》又说禹任天下于伯益，不久却以其子启为吏。老时传位于益，而权势尽在启也，不久便夺得天下。因此，启之得天下也，实禹令启自取之。又《晋书·束晳传》引《竹书纪年》："益干启位，启杀之。" ②阳城：在今河南登封市区东南三十五里的告成镇。 ③箕山：在今河南登封市区东南。 ④启：禹之子，他书亦有作"开"者。孟子认为启贤，而考之《楚辞》《墨子》《竹书纪年》《山海经》诸书，则未必贤。 ⑤丹朱：本名朱，后封于丹，故称丹朱。

9.6-2"莫之为而为者,天也;莫之致而至者,命也。匹夫而有天下者,德必若舜禹,而又有天子荐之者,故仲尼不有天下。继世以有天下——天之所废,必若桀纣者也——故益、伊尹、周公不有天下。伊尹相汤以王于天下,汤崩,太丁未立,外丙二年,仲壬四年①。太甲颠覆汤之典刑,伊尹放之于桐②。三年③,太甲悔过——自怨自艾④,于桐处仁迁义⑤,三年以听伊尹之训己也⑥——复归于亳⑦。周公之不有天下,犹益之于夏、伊尹之于殷也。孔子曰:'唐虞禅,夏后殷周继,其义一也。'"

【译文】"没人想做却做成了的,是天意;没人让来却又来了的,是命运。凭老百姓的身份而得到天下的,他的德行必然要像舜和禹那样,而且还要有天子推荐他,〔这些条件缺一不可,〕所以孔子便没有得到天下。后来世袭才能拥有天下——那时节被天所废弃的,除非像夏桀、商纣那样暴虐无道——所以益、伊尹、周公〔尽管贤能,〕还是没有得到天下。伊尹辅佐汤推行王道于天下,汤死了,太丁未立即死,外丙在位二年,仲壬在位四年〔,太丁的儿子太甲又继承王位〕。太甲推翻了汤的法度,伊尹便流放他到桐邑。三年之后,太甲悔悟了——自我怨恨,自我完善;就在桐邑那地方,能够以仁居心,向义努力;用长达三年的时间,来听从伊尹对自己的教训——这样,他就又回到亳都做了天子。周公的没能得到天下,正好像益在夏朝、伊尹在殷朝一样。孔子说过,'唐尧虞舜以天下让贤,夏商周三代却传于子孙,道理是一样的'。"

【注释】①外丙,仲壬:甲骨文作"卜丙""中壬"。 ②桐:在今河南偃师市区西南五里。 ③三年:三年之后,不是"三年之中""在这三年的时间里"。 ④自艾(yì):自我修炼,自我完善。 ⑤于桐处仁迁义:像"于桐"这样表示处所的介宾结构,一般位于谓语之后;位于谓语之前的,一般都表示强调(参见张赪《汉语介词短语词序的历史演变》,

北京语言文化大学出版社2002,第31—32页)。所以,我们将"于桐"译为"就在桐邑那地方"。 ⑥三年以听伊尹之训己:用长达三年时间来听从伊尹对自己的教训。"三年"是介词"以"的前置宾语。 ⑦亳(bó):商代都城,屡迁,此时当在今河南偃师市区之西。参见6.5—1注②。

9.7－1 万章问曰:"人有言:'伊尹以割烹要汤①。'有诸?"

孟子曰:"否,不然;伊尹耕于有莘之野②,而乐尧舜之道焉。非其义也,非其道也,禄之以天下,弗顾也③;系马千驷④,弗视也。非其义也,非其道也,一介不以与人⑤,一介不以取诸人。汤使人以币聘之⑥,嚣嚣然曰⑦:'我何以汤之聘币为哉?我岂若处畎亩之中⑧,由是以乐尧舜之道哉⑨?'汤三使往聘之,既而幡然改曰:'与我处畎亩之中⑩,由是以乐尧舜之道,吾岂若使是君为尧舜之君哉?吾岂若使是民为尧舜之民哉?吾岂若于吾身亲见之哉⑪?'

【译文】万章问道:"人们总说:'伊尹通过做厨子来向汤求取。'有这么回事吗?"

孟子答道:"不,不是这样的;伊尹在莘国的郊野种地,而以尧舜之道为乐。如果不合乎仁义的原则,即使给他天下作俸禄,他也不会扫它一眼;即使有四千匹良马,他也不会看它一下。如果不合乎仁义的原则,便一点也不给别人,也一点不从别人那儿拿走。汤曾让人拿礼物去聘请他,他波澜不惊地说:'我要汤的聘礼干嘛呢?我何不待在田野里,就这样以尧舜之道自娱呢?'汤几次派人去聘请他,不久,他便完全改变了态度,说:'我与其待在田野里,就这样以尧舜之道自娱,又凭什么不让当今的君主做尧舜一样的君主呢?又凭什么不让当今的百姓做尧舜时代一样的百姓呢?〔尧舜的盛世,〕我凭什么不让它在我的有生之年亲眼见到呢?'

【注释】①伊尹以割烹要(yāo)汤:《墨子·尚贤下》和《史记·殷本纪》《吕氏春秋·孝行览》有载。《吕氏春秋》所载尤详。要,求,求取。 ②有莘(shēn):莘,国名,故址在今河南开封。"有"为名词前缀(词头)。 ③弗顾也:"顾"本义是侧过脸或转过头看的意思,引申为需要转动脖子的扫视。详见《考证》087。 ④系马千驷:系马,《国语·齐语》"系马三百"韦昭注:"系马,良马在闲,非放牧者。"闲,马厩。驷,四匹马。 ⑤介:通"芥",微不足道的东西。 ⑥币:帛,这里的意思是以布帛相赠。 ⑦嚣嚣:平静悠闲的样子,悠然自得的样子。 ⑧岂若:惯用短语,可译为"何如""哪如""凭什么"。 ⑨由是以乐尧舜之道:由,介词,从,自。是,代词,此。由是,乃一惯用短语。在《孟子》时代是"由此""从此""从它"的意思。由是以乐尧舜之道,从此以尧舜之道自乐。详见《考证》100。 ⑩与:与其。 ⑪吾岂若于吾身亲见之哉:这句应读作"吾岂若于吾身·亲见之哉",即"吾身"是个定中结构,"亲见"是个状中结构;不能读作"吾岂若于吾·身亲见之哉",不能将"身亲"理解为同义语素(或同义词连用)一道作动词"见"的状语。因为人称代词"吾"不作代词"于"的宾语。

【考证087】弗顾也:

赵岐《注》:"非仁义之道者,虽以天下之禄加之,不一顾而觑也。"朱熹无说。焦循《正义》:"《说文·页部》云:'顾,还视也。'……还视,谓回首而视,心念之不能舍也。"杨伯峻《孟子译注》译为:"如果不合道义,纵使以天下的财富作为他的俸禄,他也不回头望一下。"白平《杨伯峻〈孟子译注〉商榷》(第231页)认为:"这则原文当译为:'把天下的财富都作为俸禄赐给他,他也不会瞧;牵来一千驷马给他,他也不会看。''顾'的本义是'还视',即'回头望',但在这里用的是其引申义'看'。原文的'顾'与'视'文变而义同,没有理由将这里的'顾'理解为'回头望'。"

语言中的所谓"同义词",基本上都是近义词,等义词很罕见。因此,"顾"的"泛指'看'"(《王力古汉语字典》)的意义也不可能和"视"

是等义的。段玉裁在《说文解字注》中辨析了"顾"和"眷":"'眷'者,'顾'之深也。'顾'止于侧而已,'眷'则至于反。"段说是有道理的,但不具体:

"余左顾而欸,乃杀之。右顾而笑,乃止。"(《左传·昭公二十四年》)"王顾左右而言他。"(《孟子·梁惠王下》)"提刀而立,为之四顾,为之踌躇满志,善刀而藏之。"(《庄子·内篇·养生主》)"与之配天乎?彼且乘人而无天……方且四顾而物应,方且应众宜,方且与物化而未始有恒。"(《外篇·天地》)"庄子钓于濮水,楚王使大夫二人往先焉,曰:'愿以境内累矣!'庄子持竿不顾。"(《外篇·秋水》)"周顾视车辙中,有鲋鱼焉。"(《杂篇·外物》)以上各例,理解为"侧视"较为妥当。

"逢大夫与其二子乘,谓其二子无顾。顾曰:'赵傁在后。'"(《左传·宣公十二年》)"在陈而嚣,合而加嚣,各顾其后,莫有斗心。"(《成公十六年》)"晋韩厥从郑伯,其御杜溷罗曰:'速从之!其御屡顾,不在马,可及也。'"(同上)"老子曰:'子何与人偕来之众也?'南荣趎惧然顾其后。"(《庄子·杂篇·庚桑楚》)以上各例,理解为"回视"较为妥当。

一般字典、词典中"顾"都有这两个意义:回头看、看。"回头看"已见于上,"顾"的"泛指'看'"的意义,和"视"的区别何在呢?"表示'用眼睛看'这一行为,先秦两汉一般说'视'。"(汪维辉《东汉—隋常用词演变研究》,南京大学出版社2000,第118页)"顾"则必须转动脖子(这一义素,其本义"回头看"也具有),谓之"扫视"(转动脖子而非转动眼珠的)或"左顾右盼"差可近之。例如:

"孟子见梁惠王。王立于沼上,顾鸿雁麋鹿,曰:'贤者亦乐此乎?'"(《孟子·梁惠王上》)"卒之东郭墦间,之祭者,乞其余不足,又顾而之他。"(《离娄下》)"王孙雒进,顾揖诸大夫曰……"(《国语·吴语》)"庄子送葬,过惠子之墓,顾谓从者曰……"(《庄子·杂篇·徐无鬼》)"若吹呴呼吸,吐故内新,熊经鸟伸,凫浴蝯躩,鸱视虎顾,是养形

之人也。"(《淮南子·精神训》)

《孟子·梁惠王上》"顾鸿雁麋鹿",是因为"鸿雁麋鹿"分散在一片开阔的区域,必须转动脖子才能看到,而非注视某一点。《离娄下》"顾而之他"指左顾右盼,看别的坟前有好吃的没有。《国语》"顾揖诸大夫",王孙雒为大夫之一,处"诸大夫"之间,当然这一"顾"不大可能只朝一个方向。比较同篇:"王顾谓其友颜不疑曰……",这一"顾"才是回顾或侧顾。《庄子》"顾谓从者曰"与"顾揖诸大夫"类似。

《诗经·小雅·蓼莪》"顾我复我"郑玄《笺》:"顾,旋视也。"不知和我们对"顾"的理解是否相同。

"顾"的"看"这一义位和"视"只是近义,必定有所区别:"视"指"用眼睛看",而"顾"伴随着转动脖子的动作。

回到本节"禄之以天下弗顾也,系马千驷弗视也",和"顾鸿雁麋鹿"类似,天下何其辽阔,当然必须转动脖子扫视。我们可以理解为:"即使给他天下作俸禄,他也不会扫它一眼;即使有四千匹良马,他也不会看它一下。"

9.7-2 "'天之生此民也,使先知觉后知,使先觉觉后觉也。予,天民之先觉者也①;予将以斯道觉斯民也。非予觉之而谁也?'思天下之民匹夫匹妇有不被尧舜之泽者,若己推而内之沟中②。其自任以天下之重如此,故就汤而说之以伐夏救民③。吾未闻枉己而正人者也,况辱己以正天下者乎?圣人之行不同也,或远,或近;或去,或不去④;归絜其身而已矣⑤。吾闻其以尧舜之道要汤,未闻以割烹也⑥。《伊训》曰:'天诛造攻自牧宫,朕载自亳⑦。'"

【译文】"'上天生育人民,就是要让先知先觉者启迪后知后觉者。我呢,是百姓中的先觉者;我就得拿尧舜之道让这些人民有所觉悟。不由我去唤醒他们,那又有谁呢?'伊尹是这样想的:在天下的百姓中,只要有一个男人或一个妇女没有被尧舜之道的雨露所沾溉,便好像自己把他推进山沟里让他去死一样。他就是这样把匡扶天下的重担一肩挑上。所以一到汤那儿,便用讨伐夏桀、拯救百姓的道理来说服汤。我没有听说过,先自己不正,却能够匡正别人的;更何况先自取其辱,却能够匡正天下的呢?圣人的行为,各有不同,有的疏远君主,有的靠拢君主,有的离开朝廷,有的留恋朝廷,归根到底,都要洁身自好才行。我只听说过伊尹用尧舜之道向汤求取任用,没有听说过他用的是厨子的身份。《伊训》说过:'上天的讨伐,是在牧宫开始的,我不过从亳邑开始谋划罢了。'"

【注释】①天民:本节"天民"指老百姓。参见《考证》126。 ②内:同"纳"。 ③说(shuì):游说。 ④或去,或不去:或者离开,或者不离开。去,离去,离开。 ⑤归:终归,归根结底,最终。 ⑥未闻以割烹也:未闻以割烹(要汤)也。"要汤"二字承前省略,如《左传·隐公四年》:"臣闻以德和民,不闻以乱(和民)。" ⑦《伊训》数句:《伊训》,《尚书》逸篇名,今本《尚书·伊训》为伪古文。造,开始。牧宫,桀所居之处。朕,伊尹自称。载,开始。

9.8 万章问曰:"或谓孔子于卫主痈疽①,于齐主侍人瘠环②,有诸乎③?"

孟子曰:"否,不然也;好事者为之也。于卫主颜雠由。弥子之妻与子路之妻④,兄弟也⑤。弥子谓子路曰:'孔子主我,卫卿可得也。'子路以告。孔子曰:'有命。'孔子进以礼,退以义,得之、不得曰'有命'⑥。而主痈疽与侍人瘠环,是无义无命也。孔子不悦于鲁卫,遭宋桓司马将要而杀之⑦,微服而过宋。是时孔子当厄⑧,主司城贞子,为陈侯周臣。吾闻观近臣⑨,以其所为主;观远臣⑩,以其所主。若孔子主痈疽与侍人瘠环,何以为孔子?"

【译文】万章问道:"有人说,孔子在卫国住在〔卫灵公所宠幸的宦官〕痈疽家里,在齐国,也住在宦官瘠环家里。真有这回事吗?"

孟子说:"不,不是这样的;这是好事之徒编造的。孔子在卫国,住在颜雠由家里。弥子瑕的妻子和子路的妻子是姊妹。弥子瑕对子路说:'孔子住在我家里,可以得到卫国卿相的位置。'子路把这话告诉了孔子。孔子说:'一切都是命中注定。'孔子依礼法而进,依道义而退,所以他得到或得不到官位都是命中注定。如果他住在痈疽和宦官瘠环家里,这便是无视礼义和命运了。孔子不得志于鲁国和卫国,又碰上了宋国的司马桓魋预备拦截并杀死他,只得化装悄悄地路过宋国。这时候,孔子正遭逢困厄,便住在司城贞子家中,做了陈侯周的臣子。我听说过,观察身边的臣子,看他所招待的客人;观察外来的臣子,看他所寄居的主人。如果孔子真的以痈疽和宦官瘠环为主人,那还是孔子吗?"

【注释】①主痈疽:以痈疽为主人,住在痈疽家。 ②侍人:一作"寺人",阉人。 ③有诸乎:此句应为"有诸","乎"乃衍文,后人所加。 ④弥子:卫灵公宠臣弥子瑕。 ⑤兄弟:先秦汉语,正如"子"包括儿子、女儿一样,兄弟也包括兄弟、姊妹。 ⑥得之、不得曰"有命":得到官位或得不到官位都听从命运。详见《考证》088。 ⑦要(yāo):拦截。 ⑧当厄:当,正值,遇到,遭逢。厄,困厄。 ⑨近臣:在朝之臣。 ⑩远臣:远方来仕者。

【考证088】得之不得曰有命:

杨伯峻《译注》说:"此'之'字作'与'字用。"当为千虑之失。我们在《论语新注新译》一书中,在对《阳货》第十五章"患得之"进行全面考察后指出:

"当'得'为'获得''取得'义时,'得之'的否定形式都是'不得'(或'弗得'),而且往往和'得之'对言。如《孟子·公孙丑下》:'不得,不可以为悦;无财,不可以为悦。得之为有财,古之人皆用之,吾何为独不然?'《万章上》:'孔子进以礼,退以义,得之不得曰"有命"。'《告子上》:'一箪食,一豆羹,得之则生,弗得则死。'同篇第十五章:'心之官则思,思则得之,不思则不得也。'……不单动词'得'如此,还有一些动词,当宾语'之'不被强调时,其否定形式中'之'都不出现。如'知之为知之,不知为不知,是知也。'(《论语·为政》)'君子易事而难说也。说之不以道,不说也。'(《阳货》)'不取,必有天殃。取之,何如?'(《孟子·梁惠王下》)"

综上可知,"得之不得曰'有命'",即"得之、不得曰'有命'"。类似文例如:"凡事若小若大,寡不道以懽成。事若不成,则必有人道之患;事若成,则必有阴阳之患。若成若不成而后无患者,唯有德者能之。"(《庄子·内篇·人间世》)"得之不得"与"若成若不成"都是肯定否定并列而未用连词者。

可知"得之不得"的"之"并不作"与"字用。

9.9 万章问曰:"或曰:'百里奚自鬻于秦养牲者五羊之皮,食牛以要秦穆公①。'信乎?"

孟子曰:"否,不然;好事者为之也。百里奚,虞人也。晋人以垂棘之璧与屈产之乘假道于虞以伐虢②。宫之奇谏,百里奚不谏。知虞公之不可谏而去之秦③,年已七十矣;曾不知以食牛干秦穆公之为污也④,可谓智乎?不可谏而不谏,可谓不智乎?知虞公之将亡而先去之⑤,不可谓不智也。时举于秦⑥,知穆公之可与有行也而相之⑦,可谓不智乎?相秦而显其君于天下,可传于后世,不贤而能之乎?自鬻以成其君,乡党自好者不为,而谓贤者为之乎?"

【译文】万章问道:"有人说:'百里奚用五张羊皮的价钱把自己卖给秦国养牲畜的人,替人家饲养牛,用这来求得秦穆公重用。'是真的吗?"

孟子答道:"不,不是这样的;这是好事之徒编造的。百里奚是虞国人。晋人用垂棘产的玉璧和屈地所产的良马向虞国借路,来攻打虢国。宫之奇加以劝阻；百里奚却不加劝阻。他知道虞公是劝不动的，因而离开故土，搬到秦国，这时已经七十岁了。他竟不知道用饲养牛的方法来求得穆公重用是一种龌龊行为，可以说是聪明吗？但是，他预见到虞公不可能纳谏，便不加劝阻，谁又能说这人不聪明呢？他又预见到虞公将被灭国而流亡，因而早早离开，又不能说他不聪明。他在秦国被推举出来，恰逢其时，更知道秦穆公是一位可以一道有所作为的君主，因而辅佐他，谁又能说这人不聪明呢？当上秦国的卿相，使穆公声名赫赫于天下，而且流芳后世，不是贤者，能够做到这些吗？卖掉自己来成全君主，乡村中洁身自爱的人尚且不肯，反而说贤者愿意干吗？"

【注释】①百里奚自鬻于秦养牲者五羊之皮，食(sì)牛以要(yāo)秦穆公：为了帮助理解，将这两句话稍加改动：百里奚以五羊之皮自鬻于秦之养牲者，饲牛以要秦穆公。食，给……吃，这一意义的"食"后来写作"饲"。要，求取，这里指要官做。百里奚事迹见诸《史记》《战国策》《韩诗外传》《说苑》等书。 ②晋人以垂棘之璧与屈产之乘假道于虞以伐虢：垂棘，晋国地名，今未详所在。璧，中心有孔的圆形玉器。屈产之乘，屈地所生善于驾车的良马。假道，借道，借路。 ③去之秦：离开(虞国)到秦国去。去，离开。 ④曾(zēng)不知以食(sì)牛干(gān)秦穆公之为污也：曾，竟然。食，给……吃。食牛，即给牛吃，喂牛。干，要求。 ⑤将亡：将要流亡。 ⑥时举于秦：恰逢其时地在秦国被推举出来。时，按时，合于其时地；与"学而时习之"(《论语·学而》)的"时"意义相近。 ⑦有行：有为。

万章章句下

凡九章

10.1-1 孟子曰:"伯夷,目不视恶色,耳不听恶声①。非其君,不事;非其民,不使。治则进,乱则退。横政之所出②,横民之所止③,不忍居也。思与乡人处,如以朝衣朝冠坐于涂炭也。当纣之时,居北海之滨,以待天下之清也。故闻伯夷之风者,顽夫廉④,懦夫有立志。

"伊尹曰:'何事非君?何使非民?'治亦进,乱亦进,曰:'天之生斯民也,使先知觉后知,使先觉觉后觉。予,天民之先觉者也。予将以此道觉此民也。'思天下之民匹夫匹妇有不与被尧舜之泽者,若己推而内之沟中——其自任以天下之重也。

【译文】孟子说:"伯夷,眼睛不看丑恶的事物,耳朵不听邪恶的声音。不是他理想的君主,不去侍奉;不是他理想的百姓,不去使唤。天下太平,就出来做事;天下混乱,就退居乡野。施行暴政的国家,住有暴民的地方,他都不忍心去居住。他认为和世俗之人混在一道,就好比穿戴着礼服礼帽坐在泥涂炭灰里。就在商纣的时候,他住在北海边上,期盼着天下的清平。所以闻知伯夷高风亮节的人中,贪夫都能够变得廉洁,懦夫也能够独立不移。

"伊尹说:'哪个君主,不可以侍奉?哪个百姓,不可以使唤?'天下太平时出来做官,天下混乱也出来做官,他说:'上天生育这些百姓,就是要让先知先觉的人来开导后知后觉的人。我是天生之民中的先觉者,我将以尧舜之道来开导芸芸众生。'他这样想:在天下的百姓中,只要有一个男人或妇女没有被尧舜之道的雨露所沾溉,便好像自己把他推进山沟里让他去死一样。他就是这样把匡扶天下的重任一肩挑上。

【注释】①目不视恶色,耳不听恶声:赵岐《注》:"此复言不视恶色,谓行不正而有美色者,若夏姬之比也。耳不听恶声,谓郑声也。" ②横(hèng):凶暴,横逆,不讲理。 ③止:居住。 ④顽:贪婪。

10.1-2 "柳下惠不羞污君,不辞小官。进不隐贤,必以其道。遗佚而不怨,厄穷而不悯。与乡人处,由由然不忍去也①。'尔为尔,我为我,虽袒裼裸裎于我侧,尔焉能浼我哉②?'故闻柳下惠之风者,鄙夫宽,薄夫敦③。

"孔子之去齐,接淅而行④;去鲁,曰:'迟迟吾行也,去父母国之道也。'⑤可以速而速,可以久而久,可以处而处,可以仕而仕,孔子也。"

【译文】"柳下惠不以侍奉坏君为可羞,也不因官小而辞掉——立于朝廷,见有贤人,从不隐瞒,但荐举他一定按自己的原则办事。弃若敝屣之时,他不怨恨;一筹莫展之际,他不忧愁。和邻里众人混在一道,轻松自然而不忍离开。〔他心里说:〕'你是你,我是我,你即便一丝不挂屌胯零光在我身边晃悠,哪能就玷污我呢?'所以闻知柳下惠高风亮节的人中,胸襟狭小的变宽厚了,刻薄寡恩的也敦厚了。

"孔子离开齐国,不等把米淘完滤干就走;离开鲁国,却说:'我们慢慢走吧,这是离开祖国的做法呀!'应该马上走就马上走,应该继续干就继续干,应该闲居就闲居,应该做官就做官,这便是孔子。"

【注释】①由由然:自然而然的样子,不做作的样子。详见《考证》089。 ②浼(měi):污染。 ③鄙夫,薄夫:心胸狭隘的人、心肠刻薄的人。 ④接淅:许慎《说文解字》引作"滰淅"(jiàngxī)。滰,滤干。淅,淘米。 ⑤14.17也讲了这事,不过"去齐""去鲁"顺序不同。

【考证089】由由然：

赵岐注《公孙丑上》"故由由然与之偕而不自失焉"："由由，浩浩之貌。"朱熹《集注》："由由，自得之貌。"杨伯峻《译注》："《韩诗外传》引《孟子·万章下》'由由然不忍去也'作'愉愉然不去也'，可见由由然为高兴之貌。"愉愉然，不见得是"高兴之貌"；它应即《论语·乡党》"私觌，愉愉如也"之"愉愉如"。郑玄注："愉愉，颜色和。"《礼记·祭义》"其进之也，敬以愉"郑玄注："愉，颜色和貌也。"又作"繇繇"，《庄子·外篇·秋水》："繇繇乎若祭之有社，其无私福。"《汉书·韦贤传》："邦事是废，逸游是娱，犬马繇繇，是放是驱。"颜师古注："繇，与'悠'同。"

由由然，即愉愉然（如），即油油然、油然，即犹然，即攸然，也即后世的悠然；也即"诱然"。由由，也即《庄子·外篇·天道》的"俞俞"："无为则俞俞，俞俞者，忧患不能处，年寿长矣。"由、油、犹、攸、悠、诱、繇古音皆余母幽部；俞、愉，余母侯部。侯部幽部常旁转。指平和的样子，悠闲的样子，自然而然的样子，不做作的样子，轻松的样子，悠然自得有如闲云野鹤的样子。"颜色和"即所谓"神色悠然"。例如：

"天油然作云，沛然下雨，则苗浡然兴之矣。"（《梁惠王上》）"礼乐不可斯须去身；致乐以治心，则易直子谅之心油然生矣。"（《礼记·乐记》，又见《祭义》）"喜色犹然以出。"（《逸周书·官人解》，朱右曾《逸周书集训校释》："犹然，舒和貌。"）"略法先王而不知其统，犹然而材剧志大，闻见杂博。"（《荀子·非十二子》，杨倞注："犹然，舒迟貌。"）"所谓君子者，言忠信而心不德，仁义在身而色不伐，思虑明通而辞不争，故犹然如将可及者，君子也。"（《哀公》，杨倞注："犹然，舒迟之貌。《家语》作'油然'。"按，《孔子家语·五仪解》："笃行通道，自强不息，油然若将可越而终不可及者，此则君子也。"王先谦《荀子集解》引郝懿行曰："犹然，即'油然'。"）"始舍之，圉圉焉；少则洋洋焉；攸然而逝。"（《孟子·万章上》，焦循《正义》："攸，与'悠'同。"）"采菊东篱下，悠然见南山。"（陶潜《饮酒诗二十首》之五）"王右军与谢太傅共登冶

城。谢悠然远想,有高世之志。"(《世说新语•言语》)"故天下诱然皆生而不知其所以生。"(《庄子•外篇•骈拇》)

按《庄子•内篇•逍遥游》:"故夫知效一官,行比一乡,德合一君,而征一国者,其自视也亦若此矣。而宋荣子犹然笑之。"成玄英解"犹然"为"如是",恐误。

综上,我们译"与乡人处,由由然不忍去也"为"和邻里众人混在一道,轻松自然而不忍离开";译《公孙丑上》"故由由然与之偕而不自失焉"为"所以什么人他都轻松自然地与之相处,从来不失常态"。

10.1-3 孟子曰:"伯夷,圣之清者也①;伊尹,圣之任者也;柳下惠,圣之和者也;孔子,圣之时者也。孔子之谓集大成。集大成也者,金声而玉振之也②。金声也者,始条理也;玉振之也者,终条理也。始条理者,智之事也;终条理者,圣之事也。智,譬则巧也;圣,譬则力也。由射于百步之外也,其至,尔力也;其中,非尔力也。"

【译文】孟子又说:"伯夷是圣人之中清高的人,伊尹是圣人之中尽责的人,柳下惠是圣人之中平和的人,孔子则是圣人之中顺时而动的人。孔子,可以叫他为集大成者。'集大成'的意思,就像青铜镈钟鸣响的悠扬,就像玉制特磬振动的清脆。青铜镈钟鸣响,是节奏条理的开始;玉制特磬振动,是节奏条理的终结。条理的开始在于智,条理的终结在于圣。智好比技巧,圣好比气力。就好像在百步以外射箭,射那么远,凭你的力量;能够射中,却不凭你的力量。"

【注释】①清者:"清"有清廉、清高的意义。《史记•伯夷列传》:"举世混浊,清士乃见。"《公孙丑上》:"伯夷,非其君,不事;非其友,不友。不立于恶人之朝,不与恶人言;立于恶人之朝,与恶人言,如以朝衣朝冠坐于涂炭。"本章上文:"伯夷,目不视恶色,耳不听恶声。非其君,不事;非其民,不使。治则进,乱则退。横政之所出,横民之所止,不忍居也。思与乡人处,如以朝衣朝冠坐于涂炭也。"因此我翻译"清者"为"清高的人"。　②金声而玉振之:犹言"金声之而玉振之","金""玉"均为名词作状语修饰"声"和"振",像洪钟那样鸣响,像玉磬那样振动。

10.2－1 北宫锜问曰①:"周室班爵禄也②,如之何?"孟子曰:"其详不可得闻也,诸侯恶其害己也,而皆去其籍③;然而轲也尝闻其略也:天子一位,公一位,侯一位,伯一位,子、男同一位,凡五等也。君一位,卿一位,大夫一位,上士一位,中士一位,下士一位,凡六等。天子之制,地方千里,公侯皆方百里,伯七十里,子、男五十里,凡四等。不能五十里,不达于天子,附于诸侯,曰附庸。天子之卿受地视侯④,大夫受地视伯,元士受地视子、男。

【译文】北宫锜问道:"周朝排定的官爵和俸禄的等级制度是怎么回事呢?"孟子答道:"详细情况已经不能够知道了,因为诸侯厌恶它妨碍自己,把那些登记的簿册都毁掉了。尽管这样,我也还是听说过一些大致情形:天子为一级,公一级,侯一级,伯一级,子和男合起来算一级,一共五级。君为一级,卿一级,大夫一级,上士一级,中士一级,下士一级,共六级。按照规定,天子管理的土地纵横各一千里,公和侯各一百里,伯七十里,子、男各五十里,一共四级。土地不够五十里的国家,够不着天子,因此附属于诸侯,叫作'附庸'。天子的卿,他的封地和侯相同;大夫,他的封地和伯相同;元士,他的封地和子、男相同。

【注释】①北宫锜(qí):卫国人。　②班:列。　③去其籍:除去其簿册。去,除去。　④视:视同,比照。

10.2－2"大国地方百里,君十卿禄,卿禄四大夫,大夫倍上士,上士倍中士,中士倍下士①,下士与庶人在官者同禄,禄足以代其耕也。次国地方七十里，君十卿禄，卿禄三大夫，大夫倍上士，上士倍中士，中士倍下士，下士与庶人在官者同禄，禄足以代其耕也。小国地方五十里，君十卿禄，卿禄二大夫，大夫倍上士，上士倍中士，中士倍下士，下士与庶人在官者同禄，禄足以代其耕也。耕者之所获，一夫百亩；百亩之粪②，上农夫食九人，上次食八人，中食七人，中次食六人，下食五人。庶人在官者，其禄以是为差。"

【译文】"大国土地纵横各一百里，君主的俸禄是卿的十倍，卿是大夫的四倍，大夫是上士的两倍，上士是中士的两倍，中士是下士的两倍，下士的俸禄和平民担任小官的相同，他们的俸禄足以抵偿他们耕种的收入了。稍小点的国，土地纵横各七十里，君主的俸禄是卿的十倍，卿是大夫的三倍，大夫是上士的两倍，上士是中士的两倍，中士是下士的两倍，下士的俸禄和平民担任小官的相同，他们的俸禄足以抵偿他们耕种的收入了。小国的土地纵横各五十里，君主的俸禄是卿的十倍，卿是大夫的两倍，大夫是上士的两倍，上士是中士的两倍，中士是下士的两倍，下士的俸禄和平民担任小官的相同，他们的俸禄足以抵偿他们耕种的收入了。农夫的耕种收入，一夫一妇分田百亩。百亩田地的耕作，上上等农夫可以养活九个人，上次等养活八个人，中上等养活七个人，中次等养活六个人，下等养活五个人。平民担任小官的，他们的俸禄也比照上面说的来分等级。"

【注释】①十，四，倍：均在句中作谓语，这在当时语言中是很常见的。
②粪：施肥，这里指耕作。

10.3−1 万章问曰："敢问友？"

孟子曰："不挟长，不挟贵，不挟兄弟而友①。友也者，友其德也，不可以有挟也。孟献子②，百乘之家也，有友五人焉：乐正裘、牧仲，其三人，则予忘之矣。献子之与此五人者友也，无献子之家者也。此五人者,亦有献子之家,则不与之友矣。非惟百乘之家为然也,虽小国之君亦有之。费惠公曰③:'吾于子思,则师之矣;吾于颜般,则友之矣;王顺、长息则事我者也。'

【译文】万章问道:"请问如何交朋友?"

孟子答道:"不要仗着自己年纪大,不要仗着自己地位高,不要仗着自己兄弟富贵来交朋友。所谓交朋友,是心灵品德的交集,绝不能仗着什么。孟献子家有一百辆车马,他有五位朋友:乐正裘、牧仲,其他三位,我忘记了。献子跟这五位相交,并不会想到自己有着富贵之家。这五位,如果也想着献子家那样富贵,就不会和他交友了。不单单是拥有一百辆车马的大夫这样,即便小国国君也有朋友。费惠公说:'我对子思,只是把他当作老师;对于颜般,只是把他当作朋友;王顺和长息,不过是侍奉我的人罢了。'

【注释】①不挟(xié)兄弟而友:挟,倚仗。兄弟,赵岐《注》:"兄弟有富贵者。"上文"不挟长,不挟贵"两句后各探下省"而友"二字。说参杨树达《汉书窥管·自序》之说《金日䃅传》"赏为奉车,建驸马都尉"。②孟献子:鲁国大夫仲孙蔑。③费(bì):小国名,在今山东费县。《论语·季氏》:"冉有曰:'今夫颛臾,固而近于费,今不取,后世必为子孙忧。'"

10.3-2 "非惟小国之君为然也,虽大国之君亦有之。晋平公之于亥唐也,入云则入,坐云则坐,食云则食①,虽蔬食菜羹②,未尝不饱,盖不敢不饱也。然终于此而已矣。弗与共天位也,弗与治天职也,弗与食天禄也——士之尊贤者也,非王公之尊贤也。舜尚见帝③,帝馆甥于贰室④,亦飨舜⑤,迭为宾主,是天子而友匹夫也。用下敬上⑥,谓之'贵贵';用上敬下,谓之'尊贤'。贵贵尊贤,其义一也。"

【译文】"不单单小国的君主这样,就是大国之君也有朋友。晋平公如何对待亥唐?亥唐叫他进去,就进去;叫他坐,就坐;叫他吃饭,就吃饭。就算是糙米饭蔬菜汤,从没有不吃饱过,因为不敢不吃饱。不过也就这样子罢了。不和他共享天授之位,不和他共治天授之职,不和他共食天授之禄,这不过是士人尊敬贤者的态度,不是天子、诸侯尊敬贤者所应秉持的态度。舜谒见尧,尧请女婿住在另一处官邸里,也请他吃饭,接着互为客人和主人,这就是天子和老百姓的交友。以卑贱者身份尊敬高贵者,叫作尊重贵人;以高贵者身份尊敬卑贱者,叫作尊敬贤者。尊重贵人和尊敬贤者,道理是一样的。"

【注释】①入云,坐云,食云:"云入""云坐""云食"之倒文。 ②蔬食菜羹:蔬食,"蔬"同"疏"。"蔬食",即《论语》"饭疏食饮水曲肱而枕之"的"疏食",粗粝之食。菜羹,蔬菜煮的羹汤。 ③尚:同"上"。以匹夫而晋谒天子,故云"上"。 ④甥:女婿(舜是尧的女婿);同样,"舅"(或"外舅")也是岳父。 ⑤飨(xiǎng)舜:设酒宴招待舜。飨,设酒宴招待。 ⑥用:以,凭着。

10.4−1 万章问曰:"敢问交际何心也?"孟子曰:"恭也。"

曰:"'却之却之为不恭①。'何哉?"曰:"尊者赐之②,曰:'其所取之者义乎?不义乎?'而后受之,以是为不恭,故弗却也。"

曰:"请无以辞却之,以心却之,曰:'其取诸民之不义也。'而以他辞无受,不可乎?"曰:"其交也以道,其接也以礼,斯孔子受之矣。"

【译文】万章问道:"请问互相交流的时候,要抱持什么态度?"孟子答道:"毕恭毕敬。"

万章说:"〔俗话说,〕'一再拒绝人家的礼物,这是不恭敬'。为什么呢?"孟子说:"尊者赏给你什么,你还得想想:'他得来这礼物合于义呢?还是不合于义呢?'然后才接受,这是不恭敬的;因此才不拒绝。"

万章说:"我说,我不用言辞拒绝他的礼物,用心来拒绝罢了,心里说:'这是他从百姓那得来的不义之财呀!'再用托词来拒绝,难道不可以吗?"孟子说:"他依规矩跟我交往,依礼节跟我接触,如果这样,孔子都会接受礼物的。"

【注释】①却之却之为不恭:对尊者的赐予,一再推却,是不恭敬的。却,推却。"却之却之"是用重叠形式表示反复"却之"。 ②尊者:与"长者"不同。长者以年齿言,尊者以地位言。

10.4-2 万章曰:"今有御人于国门之外者①,其交也以道,其馈也以礼,斯可受御与?"

曰:"不可;《康诰》曰:'杀越人于货,闵不畏死,凡民罔不譈②。'是不待教而诛者也③。殷受夏,周受殷,所不辞也④;于今为烈,如之何其受之?"

曰:"今之诸侯取之于民也,犹御也。苟善其礼际矣,斯君子受之,敢问何说也?"

曰:"子以为有王者作,将比今之诸侯而诛之乎⑤?其教之不改而后诛之乎?夫谓非其有而取之者盗也,充类至义之尽也⑥。孔子之仕于鲁也,鲁人猎较⑦,孔子亦猎较。猎较犹可,而况受其赐乎?"

【译文】万章说:"如今有一个在国都郊外拦路抢劫的人,他也依规矩跟我交往,也依礼节送我吃的,这样就可以接受赃物了吗?"

孟子说:"不可以;《康诰》说:'杀人越货,悍不畏死,这种人,没人不痛恨!'可见这种人是不必先教育就可以诛杀的。这种法律,殷商从夏朝继承过来,周朝从殷商继承过来,全盘接受而没有更改;如今这法律更是显赫昭彰,又怎么可以接受赃物呢?"

万章说:"今天这些诸侯,他们的财物从百姓那儿拿来,也和拦路抢劫差不多。假如做好交流时的礼节,那么君子也就接受了,请问这又如何解说呢?"

孟子说:"你以为若有圣王兴起,对于今天的诸侯,是不加区别全部诛杀呢?还是先行教育,如有不改悔者,然后〔分别不同情形再行〕诛杀呢?而且,不是自己所有,而取得它,将这种行为说成抢劫,这只是把它扩充而后归类到'义'的顶点才说的话。孔子在鲁国做官的时候,鲁国人争夺猎物,孔子也争夺猎物。争夺猎物都可以,何况接受赏赐呢?"

【注释】①御:拦截,禁止。 ②"《康诰》"数句:今本《尚书·康诰》作"杀越人于货,暋不畏死,罔弗憝"。"越"为语气词,无实义。于,往。于货,取货。闵,通"暋"(mǐn),强悍,强横。譈,同"憝"(duì),怨恨。 ③不待教而诛:无须先行教育,待其不改而杀之;可以直接杀掉。是,此。详见《考证》090。 ④殷受夏,周受殷,所不辞也:意谓殷之于夏,周之于殷,全盘接受而不加推辞,即无须更改。不辞,不推辞,不放弃。所,是"不辞"的前置宾语,指代上文之"殷受夏,周受殷"。详见《考证》091。 ⑤比(bì):同。 ⑥充类至义之尽:朱熹说:"其谓非有而取为盗者,乃推其类,至于义之至精至密之处而极言之耳,非便以为真盗也。"也即比较两者(非其有而取之和拦路抢夺)并把"义"的标准提高到极点。 ⑦猎较:狩猎时,竞争谁能夺得禽兽。

【考证090】是不待教而诛者也:

赵岐《注》:"若此之恶,不待君之教命,遭人则讨之。"朱熹《集注》:"孟子言此乃不待教戒而当即诛者也。"杨伯峻《译注》据此译为"这是不必先去教育他就可以诛杀的"。

与赵岐《注》年代相近的文献中的"教命",大致是"谆谆教诲"的意思:"笏,忽也,君有教命,及所启白,则书其上,备忽忘也。"(《释名·释书契》)"人生有死,修短命矣,诚不足惜,但恨微志未展,不复奉教命耳。"(《三国志·鲁肃传》裴松之注文)"时洛京尚存,不能祗承元帝教命。"(《晋书·华轶传》)然则"君之教命"即"君上的教诲",可见赵岐《注》与朱熹所解并无分歧。

《论语·尧曰》:"不教而杀谓之'虐'。"《荀子·宥坐》:"孔子慨然叹曰:'呜呼!上失之,下杀之,其可乎?不教其民而听其狱,杀不辜也。'"孟子此言意谓,对此元恶巨憝,是不必先教后诛的。下文万章云,今之诸侯,财货取之于民,与彼元恶巨憝等,何以君子受其馈赠耶?孟子则云若将两者等量齐观,未免"充类至义之尽"——其实是轻重不分,且云:"子以为有王者作,将比今之诸侯而诛之乎?其教之不改而后诛之乎?""教之不改而后诛之乎"正与"是不待教而诛者也"前后呼应。

【考证091】殷受夏周受殷所不辞也:

赵岐《注》:"三代相传以此法,不须辞问也。""不须辞问",谓不须讯问。《汉书·尹翁归传》:"遂召上辞问,甚奇其对。"我们以为赵岐之说似未达其旨。此十字意谓殷之于夏,周之于殷,全盘接受而不加推辞,即无须更改。不辞,不推辞,不放弃。所,是"不辞"的前置宾语,指代上文之"殷受夏,周受殷"。由此可知"所不辞"略等于"不辞之",而周秦文献中带宾语的"不辞",均谓不推辞,不放弃。

例如:"柳下惠不羞污君,不辞小官。"(《孟子·万章下》)"君子有力于民则进爵禄,不辞贵富。"(《晏子春秋·内篇杂上》)"竭能尽力而不尚得,犯难离患而不辞死。"(《管子·重令》)"海不辞水,故能成其大;山不辞土石,故能成其高。"(《形势解》)"拔戟加乎首,则十指不辞断。"(《荀子·强国》)"士尽力竭智,直言交争,而不辞其患。"(《吕氏春秋·季冬纪》)

"辞"的反面则为"受"。《晏子春秋·内篇杂下》:"景公谓晏子曰:'昔吾先君桓公,以书社五百封管仲,不辞而受,子辞之何也?'""殷受夏,周受殷"恰可证"不辞"为"不推辞"。

10.4-3 曰:"然则孔子之仕也,非事道与①?"曰:"事道也。"

"事道奚猎较也?"曰:"孔子先簿正祭器②,不以四方之食供簿正。"曰:"奚不去也?"

曰:"为之兆也③。兆足以行矣,而不行,而后去,是以未尝有所终三年淹也④。孔子有见行可之仕,有际可之仕,有公养之仕⑤。于季桓子,见行可之仕也;于卫灵公,际可之仕也;于卫孝公⑥,公养之仕也。"

【译文】万章说:"但是,孔子出来做官,不是为了行道吗?"孟子说:"是为了行道。"

"既然为了行道,为什么又争夺猎物呢?"孟子说:"孔子先用文书规定祭祀所用器物和祭品,但不用各处的珍贵食物来满足文书规定的祭祀〔,所以必须通过争夺猎物来提供祭品〕。"万章说:"他为什么不离开呢?"

孟子说:"孔子做官,总要试验一下。试验以后,主张可以实行,君主却不肯实行,这才离开,所以他没有在一个朝堂停留超过三年。孔子有时因为可以行道而做官,也有时因为君主给他礼遇而做官,也有时因为国君养贤而做官。对于季桓子,是因为可以行道而做官;对于卫灵公,是因为礼遇而做官;对于卫孝公,是因为国君养贤而做官。"

【注释】①事道:行道。 ②孔子先簿正祭器:孔子首先用修订簿书来匡正宗庙祭祀之器。 ③兆:开始,试行,试验。 ④终三年淹:终止于三年的淹留,即完成三年的淹留。终,终止。淹,淹留,滞留,停留。 ⑤际可,公养:"际可"为独对某一人的礼遇,"公养"则是对当时一般人的待遇。 ⑥卫孝公:即卫出公。

10.5 孟子曰:"仕非为贫也,而有时乎为贫;娶妻非为养也,而有时乎为养。为贫者,辞尊居卑,辞富居贫①。辞尊居卑,辞富居贫,恶乎宜乎?抱关击柝②。孔子尝为委吏矣③,曰:'会计当而已矣。'尝为乘田矣④,曰:'牛羊茁壮长而已矣。'位卑而言高,罪也;立乎人之本朝⑤,而道不行,耻也。"

【译文】孟子说:"做官不是因为贫穷,但有时候也是因为贫穷。娶妻不是为了奉养父母,但有时候也是为了奉养父母。因为贫穷而做官的,就该拒绝高官,而居于卑位;拒绝厚禄,而只拿薄薪。拒绝高官,居于卑位;拒绝厚禄,只拿薄薪,怎样才合适呢?去守门打更好了。孔子曾经当过管理仓库的小官,他说:'账目清楚就行了。'也曾做过管理牲畜的小官,他说:'牛羊壮实成长就行了。'位置低下,而纵论天下古今,是错误;站在别人朝堂上做官,而政治主张不能推行,是耻辱。"

【注释】①《礼记·坊记》:"君子辞贵不辞贱,辞富不辞贫。" ②抱关击柝(tuò):抱关,守城门的军卒。柝,值更所击的木头,中空,类似今之木鱼。 ③委吏:管仓库的小官。 ④乘(shèng)田:管畜牧的小官。 ⑤本朝:朝廷。"本朝"一词又见于《管子》《晏子春秋》《荀子》《吕氏春秋》《大戴礼记》。王引之《经义述闻·通说上》对"本朝"有详细论述。

10.6-1 万章曰:"士之不托诸侯,何也?"孟子曰:"不敢也。诸侯失国,而后托于诸侯,礼也;士之托于诸侯,非礼也。"

万章曰:"君馈之粟,则受之乎?"曰:"受之。"

"受之何义也?"曰:"君之于氓也,固周之①。"

曰:"周之则受,赐之则不受,何也?"曰:"不敢也。"

曰:"敢问其不敢何也?"曰:"抱关击柝者皆有常职以食于上。无常职而赐于上者,以为不恭也。"

【译文】万章说:"士人不仰仗别国诸侯生活,为什么呢?"孟子说:"不敢这样。诸侯失去了国家,然后才仰仗别国诸侯,这是合于礼的;士仰仗别国诸侯,是不合于礼的。"

万章说:"君主如果送给他粮食,那接受吗?"孟子说:"接受。"

"接受又有个什么说法呢?"答道:"君主对于流亡者,本来可以周济他。"

问道:"周济他,就接受;赏给他,就不接受,为什么呢?"答道:"不敢哪。"

问道:"请问,不敢接受,又是为什么呢?"答道:"守门打更的人都有一定的职务,因而接受上面的给养。没有一定的职务,却接受上面的赏给的,这被认为是不恭敬的。"

【注释】①周:周济,接济。

10.6-2 曰:"君馈之,则受之,不识可常继乎?"曰:"缪公之于子思也,亟问①,亟馈鼎肉②。子思不悦。于卒也,摽使者出诸大门之外③,北面稽首再拜而不受④,曰:'今而后知君之犬马畜伋。'盖自是台无馈也⑤。悦贤不能举,又不能养也,可谓悦贤乎?"

曰:"敢问国君欲养君子,如何斯可谓养矣?"曰:"以君命将之⑥,再拜稽首而受。其后廪人继粟,庖人继肉⑦,不以君命将之。子思以为鼎肉使己仆仆尔亟拜也⑧,非养君子之道也。尧之于舜也,使其子九男事之⑨,二女女焉⑩,百官牛羊仓廪备,以养舜于畎亩之中,后举而加诸上位⑪。故曰,王公之尊贤者也。"

【译文】问道:"君主给他馈赠,他也就接受,不知道可以经常这样做吗?"

答道:"鲁缪公对于子思,就是屡次问候,屡次送给他肉食,子思不高兴。最后一次,子思便挥手把来人赶出大门,然后朝北面磕头作揖拒绝了,并说:'今天才知道君主把我当狗当马养着。'大概从此才不让仆役给子思送礼了。喜欢贤人,却不能重用,又不能有礼貌地照顾生活,可以说是喜欢贤人吗?"

问道:"国君要在生活上照顾君子,要怎样做才算照顾得好呢?"答道:"先称述君主的旨意送给他,他便作揖磕头而接受。然后管理仓库的人经常送来粮食,掌管伙食的人经常送来肉食,这些都不用称述君主的旨意了〔,接受者也就可以不再作揖磕头了〕。子思认为为了一块肉便让自己劳神费力再三作揖行礼,这就不是照顾君子生活应有的方式了。尧对于舜,让自己的九个儿子向他学习,把自己的两个女儿嫁给他,而且百官、牛羊、仓库全都具备,来让舜在村里得到周到的生活照顾,然后提拔他到很高的职位上。所以说,这才算是天子、诸侯尊敬贤者呀!"

【注释】①问:问讯,问候。 ②鼎肉:熟肉。 ③摽(biāo):挥手让别人走开。 ④稽首再拜:碰头于地叫作稽首。再拜,作揖两次。"再拜稽首"是吉拜,表示接受礼物。"稽首再拜"是凶拜,表示拒绝礼物。 ⑤自是台无馈:台,仆役。赵岐《注》:"台,贱官主使令者。《传》曰:'仆臣台。'从是之后,台不持馈来,缪公愠也。"详见《考证》092。 ⑥将:赠送。 ⑦庖人:官名,类似现在的食堂主任。 ⑧仆仆尔:烦猥的样子。 ⑨事之:跟随某人学习的意思。《滕文公上》:"陈良……所谓豪杰之士也。子之兄弟事之数十年,师死而遂倍之!" ⑩二女女焉:第二个"女"活用,"嫁"的意思。 ⑪加:加官,授予爵禄于人。

【考证092】自是台无馈:

赵岐《注》:"台,贱官主使令者。《传》曰:'仆臣台。'从是之后,台不持馈来,缪公愠也。"杨树达《积微居小学金石论丛·〈孟子〉"台无馈"解》云:"树达按:无馈事属缪公,不当以舆台贱隶言之。邠卿望文生义,其说非也。今按'台'当读为'始'。'盖自是台无馈',谓鲁缪公自是始不馈子思也。《说文》十二篇下女部云:'始,女之初也。从女,台声。''台'与'臺'古音同。按《吕氏春秋》卷十七《任数篇》云:'向者煤臺入甑中。'高诱注云:'臺,读为炱。'《说文》十篇上火部:'炱,从台声。'《孟子》之假'臺'为'始',犹《吕氏春秋》之假'臺'为'炱'矣。"

我们考察的结果，以赵《注》为长。

1."无馈事属缪公，不当以舆台贱隶言之"，核诸典籍，"馈"的主语确实多为君主、贵族，但也可见地位并不怎么高的人。如："圉人归，以告夫人。夫人使（人）馈之锦与马。"（《左传·襄公二十六年》）"僖子使子士之母养之，与馈者皆入。"（《哀公六年》）这两例的馈者，都不是地位很高的人，大约即"舆台贱隶"之类。

2."自是＋主谓结构"格式的句子在《孟子》成书年代语言中较为常见："初，丽姬之乱，诅无畜群公子，自是晋无公族。"（《左传·宣公二年》）"厉之役，郑伯逃归，自是楚未得志焉。"（《宣公十一年》）"自是楚之乘广先左。"（《宣公十二年》）"自是荒服者不至。"（《国语·周语上》）

"自是台无馈"之"台"若如赵岐《注》释为"贱官主使令者"，则该句正属于"自是＋主谓结构"这一常见格式。而读为"自是始无馈"，则只能归纳为"自是＋非主谓结构"格式，后者我们只见到一例："孙文子自是不敢舍其重器于卫。"（《左传·成公十四年》）这例可视为"孙文子"从"自是"后移位到"自是"前了；因为这一移位，在"自是"和"不敢舍其重器于卫"之间留下了语迹 t，这可以解释为何"不敢舍其重器于卫"的主语是缺位的。

3.不仅如此，"始无"这一短语，未见于先秦典籍，其最早见于典籍者，为成书于北齐的《魏书·萧宝夤传》："或充单介之使，始无汗马之劳。"唐代以后，典籍中渐渐较为多见："始无惭德。"（《南史·陆澄传》）"两川之民始无扰焉。"（《宋史·曹颖叔传》）"始""无"在《孟子》成书年代都是高频词，尤其是存在动词"无"，在《孟子》中出现达 204 次之多（《孟子词类研究》）。故"始无"短语的始见于《南齐书》《魏书》，恐怕不能用周秦语言中已有而可能不出现于载籍来解释。

赵岐释"台"为"贱官主使令者"，正好呼应下文之"其后廪人继粟，庖人继肉，不以君命将之"。

这里顺便谈谈"语感"问题。从事古籍整理与研究者，绝对必须对古籍具有较强的语感。但是,我们通过诵读先秦两汉甚至更晚的文献建立起来的语感,基本上都是泛时的,包括老一辈的文献大家。如果过分依赖这种泛时而非共时的语感,去解读或重新解读古代文献,往往容易将后世才出现的语言现象,套用到前世的语言上。我们所说的"过分依赖",主要是指,认为自己的语感足以判定某句是否在当时文献中文从字顺,而忽略或省略了"审句例"也即考察分布这一至关重要因而不能省略的步骤。如果说,老一辈学者限于当时条件而主要依靠记诵,难以在浩如烟海的文献中辨明每一个词、每一词义、每一语法形式的历史沿革,因而无可厚非的话,那么在今日E时代要做到上述这些并非十分困难的情况下,却还是一仍旧贯,就有些说不过去了。

10.7-1 万章曰:"敢问不见诸侯,何义也?"孟子曰:"在国曰市井之臣,在野曰草莽之臣,皆谓庶人。庶人不传质为臣①,不敢见于诸侯,礼也。"

万章曰:"庶人,召之役,则往役;君欲见之,召之,则不往见之,何也?"曰:"往役,义也;往见,不义也。且君之欲见之也,何为也哉?"

【译文】万章问道:"请问士人不去谒见诸侯,这是什么道理呢?"孟子答道:"不曾有过职位的人,住在国都,叫作市井之臣;住在乡野,叫作草莽之臣,这都叫作庶人。庶人不送见面礼而取得臣属资格,不敢去谒见诸侯,这是礼节。"

万章说:"庶人,召他去服役,便去服役;君主想要接见他,召唤他,却不去谒见,这又为什么呢?"孟子说:"去服役,是应该的;去谒见,是不应该的。况且,君主想要见他,为的是什么呢?"

【注释】①传质:拿礼物(贽,也就是质)求见,必先由守门者传达,这叫作"传贽"。庶人的质用鹜(wù,野鸭),参见6.3-1注③。

10.7-2 曰:"为其多闻也,为其贤也。"

曰:"为其多闻也,则天子不召师,而况诸侯乎?为其贤也,则吾未闻欲见贤而召之也。缪公亟见于子思①,曰:'古千乘之国以友士,何如?'子思不悦,曰:'古之人有言曰,事之云乎?岂曰友之云乎②?'子思之不悦也,岂不曰:'以位,则子,君也;我,臣也;何敢与君友也?以德,则子事我者也,奚可以与我友?'千乘之君求与之友而不可得也,而况可召与?齐景公田,招虞人以旌,不至,将杀之。志士不忘在沟壑,勇士不忘丧其元。孔子奚取焉?取非其招不往也。"

【译文】万章说:"为的是他见多识广,为的是他品德高尚。"

孟子说:"如果为的是他见多识广,那天子都不能召唤老师,何况诸侯呢?如果为的是他品德高尚,那我也没听说过想要和贤人见面却召唤他去的。鲁缪公好多次拜访子思,说:'古代有着千辆兵车的国君和士人交友,会怎么样?'子思不高兴,说:'古代人问得好,究竟是说以士人为师呢,还是说和士人交友呢?'子思的不高兴,难道不是心里这样说:'论地位,那你是君主,我是臣子,哪敢和你交朋友呢?论道德,那你是向我学习的人,怎么够格和我交朋友呢?'千乘之国的国君追求和他交朋友都办不到,何况召唤他呢?齐景公田猎,用旌来召唤猎场管理员;他不来,准备杀他。有志之士不怕〔死无葬身之地,〕弃尸山沟;勇敢的人〔见义勇为,〕不怕丢掉脑袋。孔子对这个管理员取他哪一点呢?就是取不是该招他的礼,他硬是不去。"

【注释】①见于子思:被子思接见。类似者如:"暴见于王"(《梁惠王上》)"他日,(孟子)见于王"(《公孙丑下》)"(曹)交得见于邹君"(《告子下》)。见,旧读 xiàn。　②岂曰友之云乎:"友之"是"云"的前置宾语,可译为:"难道说是指的交友吗?"云,说的,指。详见《考证》093。

【考证 093】岂曰友之云乎:

《孟子译注》注曰:"《公羊传·庄公二十四年》:'然则曷用?枣栗

云乎？ 殷修云乎？'何休注云：'云乎，辞也。'"所谓"辞"就是虚词，这里指语气词。恐怕不确。"云"意为"说""说的""指"，可以倒装。如《万章下》："晋平公之于亥唐也，入云则入，坐云则坐，食云则食。"《论语·阳货》："礼云礼云，玉帛云乎哉？乐云乐云，钟鼓云乎哉？"可译为："说礼呀说礼呀，是说的玉帛吗？说乐呀说乐呀，是说的钟鼓吗？""说礼呀说礼呀，是指玉帛吗？说乐呀说乐呀，是指钟鼓吗？""枣栗云乎？殷修云乎？"可译为："是说的枣栗吗？是说的殷修吗？""是指枣栗吗？是指殷修吗？"

10.7-3 曰："敢问招虞人何以？"曰："以皮冠。庶人以旃①，士以旂②，大夫以旌。以大夫之招招虞人，虞人死不敢往；以士之招招庶人，庶人岂敢往哉？况乎以不贤人之招招贤人乎？欲见贤人而不以其道，犹欲其入而闭之门也。夫义，路也；礼，门也。惟君子能由是路，出入是门也。《诗》云③：'周道如底④，其直如矢；君子所履，小人所视⑤。'"

万章曰："孔子，君命召，不俟驾而行⑥；然则孔子非与？"曰："孔子当仕，有官职，而以其官召之也。"

【译文】问道："请问召唤猎场管理员该用什么呢？"答道："用皮帽子。召唤老百姓用旃，召唤士用旂，召唤大夫用旌。用召唤大夫的礼节去召唤猎场管理员，猎场管理员死也不敢去；用召唤士人的礼节去召唤庶人，庶人难道敢去吗？更何况用召唤不贤之人的礼节去召唤贤人呢？想和贤人会面，却不依循规矩礼节，就好比要请他进来却闭上门。义好比是路，礼好比是门。只有君子能从这条路上走，从这扇门里进。《诗经》说：'大路平似磨刀石，又像箭杆一般直。君子在它上面走，小人以它为法式。'"

万章问道："孔子，国君之命在召唤，不等车马驾好便径行走去。这样看来，孔子错了吗？"答道："那是因为孔子正在做官，有职务在身,国君用他担任的官职去召唤他。"

【注释】①旃(zhān):曲柄旗。　②旂(qí):有铃铛的旗。　③"《诗》云"数句:见《小雅·大东》。　④周道如底:周道,大道。"底"当作"厎","厎"即"砥"字,磨刀石。　⑤视:看着,看齐,效法。　⑥君命召,不俟驾而行:《论语·乡党》:"君命召,不俟驾行矣。"

10.8 孟子谓万章曰:"一乡之善士,斯友一乡之善士①;一国之善士,斯友一国之善士;天下之善士,斯友天下之善士。以友天下之善士为未足,又尚论古之人②。颂其诗③,读其书④,不知其人,可乎?是以论其世也。是尚友也。"

【译文】孟子对万章说:"一乡的优秀人物才结交那一乡的优秀人物,一国的优秀人物才结交那一国的优秀人物,天下的优秀人物才结交天下的优秀人物。不满足于结交天下的优秀人物,便又追论古代的人物。吟诵他们的诗歌,阅读他们的著作,不了解他们是怎样的人,可以吗?所以要讨论他那一个时代。这就是上溯古人和他们交朋友。"

【注释】①乡:一级行政区域,一乡有数万人。　②尚:同"上"。　③颂:通"诵"。　④读其书:阅读他们的著作。详见《考证》094。

【考证094】读其书:

《孟子译注》注曰:"此字有数义,断其章句曰读,如《周礼》注'郑司农读火绝之';讽诵亦为读,如《左传》'公读其书';抽绎其义蕴亦曰读,《说文》云:'读,籀书也。'即此义。此处'读'字涵义,既有诵读之义,亦可有抽绎之义,故译文用'研究'两字。"我们认为:

1.一个词,它的数个义位,在具体语境中即上下文中,不可能同时出现,只能出现其中一个义位。

2.每个义位,其上下文也即语境,必定不同,此即"分布"锁定了义位。

3.当"读"的宾语为"书"时,它的意义一定是"读书""念书"或

"读……的书信"等。例如:"公读其书曰:'……'"(《左传·襄公三年》,沈玉成《左传译文》:"晋侯读他的信,说:'……'")"楚令尹围请用牲,读旧书,加于牲上而已。"(《昭公元年》,沈译:"楚国的令尹围请求使用牺牲,仅仅宣读一下过去的盟约并放在牺牲上面。")"是良史也,子善视之!是能读《三坟》《五典》《八索》《九丘》。"(《昭公十二年》,沈译末句为:"这个人能够读《三坟》《五典》《八索》《九丘》。")"有民人焉,有社稷焉,何必读书,然后为学?"(《论语·先进》,杨伯峻《论语译注》:"那地方有老百姓,有土地和五谷,为什么定要读书才叫作学问呢?")"问臧奚事,则挟筴读书。"(《庄子·外篇·骈拇》,陈鼓应《庄子今注今译》:"问男仆在做什么,他却手执竹简读书。")

所以,我们翻译"读其书"为"阅读他们的著作"。

10.9 齐宣王问卿。孟子曰:"王何卿之问也?"王曰:"卿不同乎?"曰:"不同;有贵戚之卿①,有异姓之卿。"王曰:"请问贵戚之卿。"曰:"君有大过则谏;反复之而不听,则易位。"王勃然变乎色。曰:"王勿异也。王问臣,臣不敢不以正对②。"王色定,然后请问异姓之卿。曰:"君有过则谏,反复之而不听,则去。"

【译文】齐宣王问有关公卿的事。孟子说:"王所问的是哪种公卿?"王说:"公卿难道还有不同吗?"孟子说:"不同;有和王室同宗的公卿,有非王族的公卿。"王说:"我请问和王室同宗的公卿。"孟子说:"国君若有重大错误,他便劝谏;反复劝谏而不听从,就废掉他而改立别人。"宣王突然变了脸色。孟子说:"王不要奇怪。王问我,我不敢不拿正理正道来奉答您。"宣王脸色淡定了,又请问非王族的公卿。孟子说:"国君若有错误,他便劝谏;反复劝谏而不听从,就挂冠而去。"

【注释】①贵戚之卿:同姓之卿。 ②正:正当的,正确的,正理正道。详见《考证》095。

【考证095】臣不敢不以正对:

《孟子译注》注曰:"《论语·述而篇》'正唯弟子不能学也。'郑玄注云:'鲁读"正"为"诚"。'此处亦当读为'诚'。"并且译此句为"我不敢不拿老实话答复"。按,《王力古汉语字典》:"诚,副词,果真、确实。《孟子·公孙丑上》:'子诚齐人也。'""正,恰好,正好。《论语·述而》:'正唯弟子不能学也。'"郑玄注谓"鲁读'正'为'诚'",就是认为"正"的恰好、正好义近似于"诚"的果真、确实义,但"臣不敢不以正对"的"正"并非这一意义——由其不处于状语位置可知——当然也就不能"读为'诚'"了。

《离娄上》:"教者必以正。以正不行,继之以怒。继之以怒,则反夷矣。'夫子教我以正,夫子未出于正也。'"杨伯峻先生译为:"教育一定要用正理正道,用正理正道而无效,跟着来的就是忿怒。一忿怒,那反而伤感情了。〔儿子会这么说,〕'您拿正理正道教我,您的所作所为却不出于正理正道。'"《礼记·礼运》:"天生时而地生财,人其父生而师教之,四者,君以正用之。"

"臣不敢不以正对"的"正",和上文的"正"分布相同,意思也是一样的。

告子章句上

凡二十章

11.1 告子曰:"性犹杞柳也①,义犹桮棬也②;以人性为仁义,犹以杞柳为桮棬。"

孟子曰:"子能顺杞柳之性而以为桮棬乎?将戕贼杞柳而后以为桮棬也?如将戕贼杞柳而以为桮棬,则亦将戕贼人以为仁义与?率天下之人而祸仁义者,必子之言夫!"

【译文】告子说:"人的本性好比榉柳树,义理好比杯盘;把人的本性做成仁义,正好比用榉柳树来做成杯盘。"

孟子说:"您是顺着榉柳树的本性来做成杯盘呢?还是扭曲榉柳树的本性来做成杯盘呢?如果要扭曲榉柳树的本性,然后才做成杯盘,那不也要扭曲人的本性然后才做成仁义吗?率领天下的人来祸害仁义的,一定是您的这些话吧!"

【注释】①杞(qǐ)柳:榉树。 ②桮棬(quān):一种大杯。桮,同"杯"。

11.2 告子曰:"性犹湍水也,决诸东方则东流,决诸西方则西流。人性之无分于善不善也,犹水之无分于东西也。"

孟子曰:"水信无分于东西①,无分于上下乎?人性之善也,犹水之就下也。人无有不善,水无有不下。今夫水,搏而跃之,可使过颡②;激而行之③,可使在山。是岂水之性哉?其势则然也。人之可使为不善,其性亦犹是也。"

【译文】告子说:"人性好比湍急的水流,东方开了缺口便朝东流,西方开了缺口便朝西流。人性不分善和不善,正好比水性不管东流西流。"

孟子说:"水确实不分朝东流朝西流,难道也不分朝上流或朝下流吗?人性的善良,正好比水性朝下流。人没有不善良的,水没有不朝下流的。现在那儿有一汪水,拍它而让它溅起来,可以高过额角;戽水使它倒流,可以引上高山,这难道是水的本性吗?某种势力让它这样罢了。人所以能够做坏事,它的本质也正是这样。"

【注释】①信:诚,真的。 ②搏而跃之,可使过颡(sǎng):搏,击打。跃之,使之跳跃。跃,跳。颡,额头。 ③激而行之:阻挡水使之倒流。激,使水势受阻而腾涌或飞溅。

11.3 告子曰:"生之谓性①。"孟子曰:"生之谓性也,犹白之谓白与?"

曰:"然。""白羽之白也,犹白雪之白;白雪之白犹白玉之白与?"

曰:"然。""然则犬之性犹牛之性,牛之性犹人之性与?"

【译文】告子说:"天生的叫作本性。"孟子说:"天生的叫作本性,就好比白色的东西都叫作白色吗?"

答道:"是这样。""白羽毛的白色如同白雪的白色,白雪的白色如同白玉的白色吗?"

答道:"是这样。""那么,狗性如同牛性,牛性如同人性吗?"

【注释】①生之谓性:"生"和"性"是同源字,意义上有联系。与生俱来的本能本性叫作"性"。《荀子·正名》:"生之所以然者谓之'性'。"《春秋繁露·深察名号》:"如其生之自然之资谓之'性'。"《论衡·本性》:"性,生而然者也。"

11.4 告子曰:"食色,性也①。仁,内也,非外也;义,外也,非内也。"孟子曰:"何以谓仁内义外也?"

曰:"彼长而我长之,非有长于我也;犹彼白而我白之,从其白于外也,故谓之'外'也。"曰:"异于白。马之白也,无以异于白人之白也;不识长马之长也,无以异于长人之长与?且谓长者义乎?长之者义乎?"

曰:"吾弟则爱之,秦人之弟则不爱也,是以我为悦者也,故谓之'内'。长楚人之长,亦长吾之长,是以长为悦者也,故谓之'外'也。"曰:"耆秦人之炙②,无以异于耆吾炙,夫物则亦有然者也,然则耆炙亦有外与?"

【译文】告子说:"吃喝以及性欲,是人的本性。仁是内在的,不是外在的;义是外在的,不是内在的。"孟子说:"为什么说仁是内在的而义是外在的呢?"

答道:"因为他年纪大,我才尊敬他,这尊敬不是我固有的;正好比那东西是白的,是因为它的白是它自己表现在外的,我便把它叫作白东西;所以说它是外在的。"孟子说:"年长和白色是两码事。马的白和白人的白或许并没有不同,但是不知道对老马的尊敬和对长者的尊敬,是否也没有什么不同呢?而且,您是说长者义呢?还是说尊敬长者的人义呢?"

答道:"是我的弟弟妹妹我便爱他,是秦国人的弟弟妹妹我便不爱他,这是因我自己高兴这样做,所以说仁是内在的。尊敬楚国的长者,也尊敬我自己的长者,这是因为他们年长而令人高兴。所以说义是外在的。"孟子说:"喜欢吃秦国人的烧肉,和喜欢吃自己的烧肉并没有不同,各种事物也是这样的情形,那么,难道喜欢吃烧肉也是外在的吗?〔那不和您说的饮食是本性的论点相矛盾了吗?〕"

【注释】①食色,性也:《礼记·礼运》:"饮食男女,人之大欲存焉;死亡贫苦,人之大恶存焉。"可见当时有类似说法,且儒家也认可。孟子所反驳的,只是告子所说的"仁内义外"。　②耆秦人之炙(zhì):耆,同"嗜"。炙,烤肉。

【考证 096】异于白马之白也:

《孟子译注》注"异于"说:"朱熹《集注》引用张氏曰:'二字疑衍。'按此说较是。焦循《正义》强加解释,无当于古代语法,故不从。"按,焦循《正义》给出了孔广森的两种解释(序数字为著者所加):"孔广森《经学卮言》云:'1. 赵氏读"异于白"为句,此答告子"犹彼白而我白之"语。意言长之说异于白之说,不相犹也。古人文字,不必拘拘定以"白马"与"白人"相偶。2. 若必谓"白"字当属"马"上,或绝"异"字为一句,下乃言人之于白马之白,无以异于白人之白,文义亦通……'按孔氏说是也。"中华书局沈文倬点校《孟子正义》正作"异。于白马之白也……"按,赵岐《注》为:"孟子曰,长异于白,白马白人,同谓之'白'可也。"依从赵岐《注》,则当断为:"异于白。马之白也,无以异于白人之白也。"

　　如按朱熹所引张氏说删去"异于"而作"白马之白也,无以异于白人之白也",当然文从字顺。但"疑衍"不意味必衍,尤其当原文能够读通时。

　　赵岐所读"异于白。马之白也,无以异于白人之白也"当然也能读通。告子既然已经说"彼长而我长之,非有长于我也;犹彼白而我白之,从其白于外也,故谓之'外'也","白"就是已知的信息,是有定的;孟子紧接着回答"(长)异于白",再展开论述,符合当时的语言习惯。当时文献中,回答者常先说"异于(乎)+一个已知的信息",再展开论述:"曰:'难将由我,我不为难,谁敢兴之!'对曰:'异于是。夫郤氏有车辕之难……'"(《国语·晋语九》)"'点!尔何如?'鼓瑟希,铿尔,舍瑟而作,对曰:'异乎三子者之撰。'"(《论语·先进》)

　　"异于白"既然属于"异于(乎)+一个已知的信息"格式,"马之白也,无以异于白人之白也"就正是在其后展开论述。

　　是否"必谓'白'字当属'马'上"而作"白马之白也,无以异于白人之白也"呢?孔广森已经说:"古人文字,不必拘拘定以'白马'与'白人'相偶",姚永概也说:"古人属辞,意偶而辞不必偶,往往有一字而偶二三字者。"(《书〈经义述闻〉〈读书杂志〉后》)

既然原文能够读通，又有汉儒故训支持，就没有必要非得说"异于"二字为衍文了。朱熹《集注》："李氏曰：'或有阙文焉。'"果如此，阙一"白"字补为："异于白。白马之白也，无以异于白人之白也。"其可能性并不比衍"异于"更大。

能如孔广森言"绝'异'字为一句"而作"异。于白马之白也，无以异于白人之白"吗？恐怕不能。当时文献以"异"为一句者仅见一例："公曰：'和与同异乎？'（晏子）对曰：'异。……'"（《左传·昭公二十年》）这里乃是回答齐侯"和与同异乎"的，是已知的旧信息；而《孟子》的"异"是个未知的新信息，两者似是而非，不能等量齐观。

读作"（白）马之白也，无以异于白人之白也"，"马之白也"是这两句的主语；而如果读作"异于白马之白也，无以异于白人之白也"，这两句则另有主语，这个主语不好找；是什么和"白马之白"不同，却和"白人之白"没什么不同呢？当时语言中"异于"出现的陈述句，其主语一般紧接"异于"之前。例如："此二君者，异于子干。"（《左传·昭公十三年》）"乌莸者异于他日。"（同上）"吾党之直者异于是。"（《论语·子路》）"异于白马之白也，无以异于白人之白也"之前却缺乏一个紧接的主语。所以从古至今，没有人这样读。

11.5 孟季子问公都子曰①："何以谓义内也？"曰："行吾敬，故谓之'内'也。""乡人长于伯兄一岁，则谁敬？"曰："敬兄。""酌则谁先？"曰："先酌乡人。""所敬在此，所长在彼，果在外，非由内也。"

公都子不能答，以告孟子。孟子曰："敬叔父乎？敬弟乎？彼将曰：'敬叔父。'曰：'弟为尸②，则谁敬？'彼将曰：'敬弟。'子曰：'恶在其敬叔父也？'彼将曰：'在位故也。'子亦曰：'在位故也。庸敬在兄③，斯须之敬在乡人④。'"

季子闻之，曰："敬叔父则敬，敬弟则敬，果在外，非由内也。"公都子曰："冬日则饮汤,夏日则饮水,然则饮食亦在外也?"

【译文】孟季子问公都子说："为什么说义是内在的呢?"答道："我所体现的是我内心的恭敬,所以说是内在的。""乡亲比大哥年长一岁,那你尊敬谁?"答道："尊敬大哥。""那么,先给谁斟酒?"答道："先斟酒给乡亲。""内心恭敬的在这里,先敬礼的却在那里,可见义果真是外在的,不是发自内心的。"

公都子回答不了,便来请教孟子。孟子说："〔你可以说:〕'恭敬叔父呢?还是恭敬弟弟呢?'他会说:'恭敬叔父。'你又说:'弟弟若做了代受祭者,那又恭敬谁呢?'他会说:'恭敬弟弟。'你便说:'那又怎么解释刚才所说的敬叔父呢?'他会说:'这是由于弟弟在尊位的缘故。'那你也可以说:'那也是由于本乡长者在尊位的缘故。平常的恭敬在哥哥,暂时的恭敬在本地乡亲。'"

季子听到了这话,又说："对叔父也是恭敬,对弟弟也是恭敬,毕竟义是外在的,不是发自内心的。"公都子说："冬天喝热水,夏天喝凉水,那么,难道吃喝〔不是出自本性,〕也是外在的吗?"

【注释】①孟季子:不详其人。　②尸:古代祭祀不用牌位或者神主,更无画像,而用男女儿童为受祭代理人,叫作"尸"。　③庸:平常,平时。　④斯须:须臾,俄顷,一会儿,暂时。

11.6-1 公都子曰："告子曰:'性无善无不善也。'或曰:'性可以为善,可以为不善;是故文武兴,则民好善;幽厉兴,则民好暴。'或曰:'有性善,有性不善;是故以尧为君而有象;以瞽瞍为父而有舜;以纣为兄之子,且以为君,而有微子启、王子比干。'今曰'性善',然则彼皆非与?"

【译文】公都子说："告子说:'本性没有什么善良,也没有什么不善良。'也有人说:'本性可以让人做好事,也可以让人做坏事;所以当周文王、武王兴起时,百姓便一心向善;周幽王、厉王兴起时,百姓便变得横暴。'也有人说:'有些人本性善良,有些人本性不善良;所以,以尧为君,也有象这样的百姓;以瞽瞍为父,也有舜这样的儿子;以纣为侄儿,而且君权在握,也有微子启、王子比干这样的仁人。'如今老师说本性善良,那么,他们的说法都错了吗?"

11.6-2 孟子曰:"乃若其情①,则可以为善矣,乃所谓善也。若夫为不善,非才之罪也②。恻隐之心,人皆有之;羞恶之心,人皆有之;恭敬之心,人皆有之;是非之心,人皆有之。恻隐之心,仁也;羞恶之心,义也;恭敬之心,礼也;是非之心,智也。仁义礼智,非由外铄我也③,我固有之也,弗思耳矣。故曰:'求则得之,舍则失之。'或相倍蓰而无算者,不能尽其才者也。《诗》曰④:'天生蒸民,有物有则。民之秉夷,好是懿德。'孔子曰:'为此诗者,其知道乎!故有物必有则;民之秉夷也,故好是懿德。'"

【译文】孟子说:"从人的本质看,是可以做好事的,这便是我所说的人性善良。至于有些人做坏事,不能归罪于他的本性。同情心,人人都有;羞恶心,人人都有;恭敬心,人人都有;是非心,人人都有。同情心属于仁,羞恶心属于义,恭敬心属于礼,是非心属于智。这仁义礼智,不是从外面渗透给我的,是我本身固有的,只是不曾深思求索罢了。所以说:'一追求,它到手;一放弃,它就走。'人与人相差一倍、五倍以至无数倍的,就是因为不能把人的善良本质尽量发扬光大的缘故。《诗经》说:'天生众人性相合,万物本来有法则。人心自然赋常情,全都喜爱好品德。'孔子说:'这篇诗的作者真懂得道哇!有事物,便会有其法则;百姓秉持了事物的常情法则,所以喜爱那优良的品德。'"

【注释】①乃若其情:乃若,至于。情,实情,本质。 ②才:通"材",人的资质、品质、本性。 ③铄:销镕,引申为抽象意义的镕化、渗透。

④"《诗》曰"数句：见《大雅·烝民》。译文采自程俊英《诗经译注》。"蒸民"，《诗经》作"烝民"。烝，众。物，事。则，法则。秉，持，拿。夷，通"彝"，常道，通则。懿，美。

11.7-1 孟子曰："富岁，子弟多赖①；凶岁，子弟多暴。非天之降才尔殊也②，其所以陷溺其心者然也③。今夫麰麦④，播种而耰之⑤，其地同，树之时又同，浡然而生⑥，至于日至之时⑦，皆熟矣。虽有不同，则地有肥硗⑧、雨露之养、人事之不齐也。故凡同类者，举相似也，何独至于人而疑之？圣人，与我同类者。故龙子曰：'不知足而为屦，我知其不为蒉也⑨。'屦之相似，天下之足同也。

【译文】孟子说："丰年，年轻人多半善良；荒年，年轻人多半强暴。不是天生的资质这样悬殊，而是导致他们心思变坏的环境造成的。好比麰麦，播种耪地，如果土地一样，种植的时候一样，便会蓬勃地生长，到了夏至，就都成熟了。即便有所不同，那便是由于土地的肥瘦，雨露的多少，工作者的勤惰不同的缘故。所以一切同类之物，无不大体相同，为什么一讲到人类就怀疑了呢？圣人也是我们的同类。龙子曾经说过：'不看清脚样去编草鞋，我知道编不成筐子。'草鞋的相似，是因为天下人的脚大体相同。

【注释】①赖：善。详见《考证》097。 ②尔殊：如此悬殊，如此不同。"尔"用法类似《诗经·大雅·柔桑》"匪言不能，胡斯畏忌"的"斯"。 ③所以陷溺其心者：指上文的"凶岁"。 ④麰(móu)麦：大麦。 ⑤耰(yōu)：一种松土的农具。这里指松土。 ⑥浡(bó)然：兴盛的样子。按，"浡"与"勃"(艴)是同源字，后者指怒火旺盛。 ⑦日至：这里指"夏至"。 ⑧硗(qiāo)：土地贫瘠。 ⑨蒉(kuì)：筐子。

【考证097】富岁子弟多赖：

赵岐《注》："赖，善。"朱熹《集注》："赖，藉也。丰年衣食饶足，故有所顾藉而为善。"焦循《孟子正义》:"阮氏元云:'"富岁,子弟多赖",赖即嬾。'"朱骏声《说文通训定声》:"赖,叚借为'嬾'。"按,"嬾"即"懒"字。

《广雅·释诂》:"赖,善也。"《吕氏春秋·离俗览》"则必不之赖"高诱《注》:"赖,善也。"

"赖"不是高频词,从词义上抽绎其变化脉络较为困难(阮元、朱骏声释"赖"为"嬾",跳跃性太大,缺乏该词变化的中间环节),只能另辟蹊径。我们发现,像"富岁,子弟多赖;凶岁,子弟多暴"这种由前后各两个或两个以上从句组成的比较句,如果前一从句与后一从句各自的前项,其意义是相反的,那么,前一从句与后一从句各自的后项,其意义通常也是相反的。例如:

"乐岁,粒米狼戾,多取之而不为虐,则寡取之;凶年,粪其田而不足,则必取盈焉。"(《孟子·滕文公上》)"文武兴,则民好善;幽厉兴,则民好暴。"(《告子上》)"其为人也寡欲,虽有不存焉者,寡矣;其为人也多欲,虽有存焉者,寡矣。"(《告子下》)"时年岁善,则民仁且良;时年岁凶,则民吝且恶。"(《墨子·七患》)"昔者,三代之圣王禹汤文武,百里之诸侯也,说忠行义,取天下;三代之暴王桀纣幽厉,雠怨行暴,失天下。"(《鲁问》)"年谷熟,籴贷贱,禽兽与人聚食民食,民不疾疫。当此时也,民富且骄……年谷不熟,岁饥,籴贷贵,民疾疫。当此时也,民贫且罢。"(《管子·小问》)"岁适美,则市粜无予,而狗彘食人食。岁适凶,则市籴釜十镪,而道有饿民。"(《国蓄》)"今家人之治产也,相忍以饥寒,相强以劳苦,虽犯军旅之难,饥馑之患,温衣美食者,必是家也。相怜以衣食,相惠以佚乐;天饥岁荒,嫁妻卖子者,必是家也。"(《韩非子·六反》)"故饥岁之春,幼弟不饟;穰岁之秋,疏客必食。"(《五蠹》)

以《墨子·七患》"时年岁善,则民仁且良;时年岁凶,则民吝且恶"为例,前一从句的前项"时年岁善"与后一从句的前项"时年岁凶"意义相反,而前一从句的后项"民仁且良"与后一从句的后项"民吝且恶"意义也相反。同时,这一书证所表达的意思与"富岁,子弟多赖;凶岁,子弟多暴"所表达的意思(依照赵岐、朱熹所解释的)相仿佛,说明这是当时流行的习语。如果按照阮元、朱骏声的解释,"子弟多㺤"和"子弟多暴"的意思并不相反,这就和类似句子的情形不符;故我们从赵、朱之释。

11.7-2"口之于味,有同耆也;易牙先得我口之所耆者也①。如使口之于味也,其性与人殊,若犬马之与我不同类也,则天下何耆皆从易牙之于味也?至于味,天下期于易牙,是天下之口相似也。惟耳亦然②。至于声,天下期于师旷,是天下之耳相似也。惟目亦然。至于子都③,天下莫不知其姣也④。不知子都之姣者,无目者也⑤。故曰,口之于味也,有同耆焉;耳之于声也,有同听焉;目之于色也,有同美焉。至于心,独无所同然乎⑥?心之所同然者何也?谓理也,义也。圣人先得我心之所同然耳。故理义之悦我心,犹刍豢之悦我口⑦。"

【译文】"口对于味道,有相同的嗜好;易牙比平常人先得到了这个嗜好。假如口对于味道,他的体验和别人不同,就像狗、马和人的不同类一样,那么,为什么天下的人都追随着易牙的口味呢?一讲到口味,天下都期望做到易牙那样,这就说明了天下人味觉大体相同。耳朵也这样。一讲到声音,天下都期望做到师旷那样,这就说明了天下人的听觉大体相同。眼睛也这样。一讲到子都,天下人没有不知道他长得俊的。不觉得子都英俊的,那都是瞎了眼的。所以说,口对于味道,有相同的嗜好;耳对于声音,有相同的听觉;眼睛对于容色,有相同的美感。谈到心,就偏偏没有相同的地方吗?心相同的地方是什么呢?是理,是义。圣人早就懂得了我们内心相同的理和义。所以理义使我心里舒畅,正和猪狗牛羊肉合乎我的口味一样。"

【注释】①易牙先得我口之所耆者:易牙,齐桓公宠臣。其人故事散见于周秦古籍。杨树达先生有《易牙非齐人考》,认为易牙为狄人,其地有献首子于君长之俗。裘锡圭先生有《"杀首子"解》,结合《金枝》等文化人类学名著,认为"杀首子"与"献新祭"有关。　②惟:语首助词,无实义。　③子都:春秋时郑国的美男子。按,"都"有优美义。《诗经·郑风·山有扶苏》:"不见子都,乃见狂且。"《毛传》云:"子都,世之美好者也。"《有女同车》:"彼美孟姜,洵美且都。"　④姣(jiāo):貌美。　⑤无目者:我们用现在的通俗说法"瞎了眼"译之。　⑥同然:共同以为然,有一样的看法。　⑦刍豢(huàn):食草的如牛羊叫作"刍",食谷的如犬豕叫作"豢"。

【考证098】其性与人殊:

杨伯峻先生说:"此宜云'人与人殊',原文盖省一'人'字。"按此处"与人殊"的"人"指别人、他人,前面不必再有一"人"字。

"与人"后接和"殊"词性类似的词的书证很多:"君子敬而无失,与人恭而有礼。"(《论语·颜渊》)"居处恭,执事敬,与人忠。"(《子路》)"大舜有大焉,善与人同。"(《孟子·公孙丑上》)"尧、舜与人同耳。"(《离娄下》)"王子宫室、车马、衣服多与人同。"(《尽心上》)以上例证可总结为"NP+与人+形容词"格式,"其性与人殊"正如此。

周秦文献中,"人与人"之后一般接"相V",其中V为及物动词;即"人与人+相V"为一固定结构。例如:"人与人相畴,家与家相畴,世同居,少同游。"(《国语·齐语》)"家主不相爱,则必相篡。人与人不相爱,则必相贼……人与人相爱,则不相贼。"(《墨子·兼爱中》)"千世之后,其必有人与人相食者也!"(《庄子·杂篇·庚桑楚》)"夫尧,畜畜然仁,吾恐其为天下笑。后世其人与人相食与!"(《杂篇·徐无鬼》)"故卒伍之人,人与人相保,家与家相爱,少相居,长相游。"(《管子·小匡》)

既然"殊"是形容词而非及物动词,当然也不会出现在"人与人+相V"格式中V的位置上。

11.8 孟子曰:"牛山之木尝美矣①。以其郊于大国也②,斧斤伐之,可以为美乎?是其日夜之所息,雨露之所润,非无萌蘖之生焉③,牛羊又从而牧之④,是以若彼濯濯也⑤。人见其濯濯也,以为未尝有材焉。此岂山之性也哉?虽存乎人者,岂无仁义之心哉?其所以放其良心者,亦犹斧斤之于木也。旦旦而伐之,可以为美乎?

"其日夜之所息⑥,平旦之气,其好恶与人相近也者几希⑦;则其旦昼之所为⑧,有梏亡之矣⑨。梏之反复,则其夜气不足以存;夜气不足以存,则其违禽兽不远矣。人见其禽兽也,而以为未尝有才焉者,是岂人之情也哉?故苟得其养,无物不长;苟失其养,无物不消。孔子曰:'操则存,舍则亡;出入无时,莫知其乡⑩。'惟心之谓与?"

【译文】孟子说:"牛山的树木曾经是很茂盛的。就因为它长在大都市的郊外,人们老用斧子去砍伐,那还能够茂盛吗?当然,它日日夜夜在生长着,雨水露珠在滋润着,不是没有新条嫩芽生长出来;但紧跟着就放羊牧牛,所以才变得那样的光秃秃了。人们看见那光秃秃的样子,就以为这山从来不曾出产过木材,这难道是山的本性吗?在某些人身上,难道从没有仁义之心吗?他之所以丧失他的良心,也正像斧子对于树木一般,天天去砍伐它,还能够茂盛得了吗?

"他在白天黑夜休养生息产生的善心,他在天刚亮时呼吸到的清明之气,那时节他心里的好恶跟一般人相近的,本来就不多;可是一到第二天白昼,他的所作所为又把它消灭了。反复地消灭,那么,他夜里产生出的善念自然就不能存在;夜里产生出的善念不能存在,就和禽兽差不离了。别人看到他简直是禽兽,就以为他不曾有过善良的本性。这难道也是那些人的本质吗?所以,如果得到滋养,没有东西不生长;失掉滋养,没有东西不消亡。孔子说过:'抓紧它就有,手一松就无;出出进进不定时,没人知它哪里住。'这是指人心而说的吧?"

【注释】①牛山:位于齐国国都临淄(今山东淄博)之南。 ②郊于大国:位于大国的郊外。大国,大都市,指临淄,是当时的大都市之一。 ③萌蘖(niè):新的枝条。萌,草木发芽,树木分蘖。蘖,树木被砍伐或倒下后再生的枝芽。 ④牛羊又从而牧之:牛羊又跟着被放牧了。 ⑤濯(zhuó)濯:白而无杂质貌,这里用来形容光秃秃无一点绿色。 ⑥息:休养生息,生长。 ⑦几希:很少。 ⑧旦昼:明天。 ⑨有梏(gù)亡之矣:有,通"又"。梏,同"牿",圈禁。 ⑩莫知其乡:乡,家乡,住的地方。详见《考证》099。

【考证099】莫知其乡:

赵岐《注》:"乡犹里,以喻居也。"焦循《正义》云:"近读乡为向。"但周秦文献中未见"其向"连文者,故焦说可疑。"其乡"则多见,"乡"基本上都如字读,例如:"范献子聘于鲁,问具山、敖山,鲁人以其乡对。"(《国语·晋语九》)"乡长治其乡。"(《墨子·尚同中》)"当是时也,山无蹊隧,泽无舟梁;万物群生,连属其乡;禽兽成群,草木遂长。"《庄子·外篇·马蹄》"骆滑氂曰:'然。我闻其乡有勇士焉,吾必从而杀之。'子墨子曰:'天下莫不欲与其所好,度其所恶。今子闻其乡有勇士焉,必从而杀之,是非好勇也,是恶勇也。'"(《墨子·耕柱》)只有《管子·白心》"'当生者生,当死者死',言有西有东,各死其乡'"之"其乡"似乎可理解为"其向",但如字读为"其乡"亦无不可。综上,焦说不可从,赵说可从。

11.9 孟子曰:"无或乎王之不智也①。虽有天下易生之物也,一日暴之②,十日寒之,未有能生者也。吾见亦罕矣,吾退而寒之者至矣,吾如有萌焉何哉③?

"今夫弈之为数④,小数也;不专心致志,则不得也。弈秋,通国之善弈者也。使弈秋诲二人弈⑤,其一人专心致志,惟弈秋之为听⑥。一人虽听之,一心以为有鸿鹄将至⑦,思援弓缴而射之⑧,虽与之俱学,弗若之矣。为是其智弗若与? 曰:非然也。"

【译文】孟子说:"不要对王的不明智感到奇怪。即使有一种最容易成长的植物,晒它一天,冷它十天,也没见到能够成活的。我和王相见的次数实在太少了,我每次回去后,来'冷'王的〔佞幸小人〕就接踵而至了;那么,我对于王善良之心的萌芽能起到什么作用呢?

"譬如下棋,只是个小技艺,但如果不一心一意,也不能学好。弈秋下棋,全国第一。假使让他培养两个人下棋,其中一个人一心一意,只听弈秋的话。另一个呢,虽然也听着弈秋说话,却一门心思老想着有只天鹅快要飞来,快快拿起弓箭去射它。这样,即使和前一个人一道学习,成绩一定不如人家。是因为他的才智不如人家吗? 不是这样的。"

【注释】①或:通"惑"。　②暴(pù):同"曝"(pù),晒。　③有萌:"有",动词词头。萌,草木发芽,发端。　④弈之为数:弈,围棋。数,技艺。　⑤使弈秋诲二人弈:这句的"使"正处在从"致使""让"义向"假使"义转化的过程之中。参见梅广《上古汉语语法纲要》(台北:三民书局2015)第104页。　⑥惟弈秋之为听:"为听弈秋"的强调式。"为听弈秋"即"为之听弈秋",为"弈秋诲二人弈"这事而专听弈秋之教诲。　⑦一心以为有鸿鹄(hú)将至:一门心思想着有天鹅将要飞来。鸿鹄,天鹅。　⑧缴(zhuó):生丝,用来系在箭上,因此也把系着丝线的箭叫作"缴"。

11.10-1 孟子曰:"鱼,我所欲也,熊掌,亦我所欲也;二者不可得兼,舍鱼而取熊掌者也。生,亦我所欲也,义,亦我所欲也;二者不可得兼,舍生而取义者也。生亦我所欲,所欲有甚于生者,故不为苟得也;死亦我所恶,所恶有甚于死者,故患有所不辟也。如使人之所欲莫甚于生,则凡可以得生者,何不用也①?使人之所恶莫甚于死者,则凡可以辟患者,何不为也①?由是则生而有不用也,由是则可以辟患而有不为也。是故所欲有甚于生者,所恶有甚于死者。

【译文】孟子说:"鱼是我想要的,熊掌也是我想要的;如果两者不能兼得,便放弃鱼而获取熊掌。生命是我想要的,道义也是我想要的;如果两者不能兼得,便放弃生命而获取道义。生命固然是我想要的,但是我想要的还有比生命更宝贵的,所以我不做苟且偷生的事;死亡固然是我所厌恶的,但是我厌恶的还有比死亡更不堪忍受的,所以有的祸患我不能逃避。假如人们想要的没有比生命更宝贵的,一切可以求得生存的手段,为什么会有人不去用它呢?假如人们所厌恶的没有比死亡更不堪忍受的,一切可以免除祸患的事情,为什么也会有人不去做它呢?由此可知,〔有时候分明〕可以活下去,也是会放弃的;由此可知,〔有时候分明〕可以避免祸患,也仍会坚守的。所以说,有比生命更值得拥有的东西,也有比死亡更令人厌恶的东西。

【注释】①何不用也、何不为也:"为什么不去使用呢""为什么不去干呢",详见《考证》100。

【考证100】何不用也、何不为也:

赵岐注"如使人之所欲莫甚于生,则凡可以得生者,何不用也?使人之所恶莫甚于死者,则凡可以辟患者,何不为也"为"莫甚于生,则苟利而求生矣。莫甚于死,则可辟患不择善,何不为耳"。

朱熹《集注》说:"设使人无秉彝之良心,而但有利害之私情,则凡可以偷生免死者,皆将不顾礼义而为之矣。"朱熹之说应该是秉承赵岐之说的,体味赵说"何不为耳"一句可知。

杨伯峻先生《孟子译注》从赵、朱之说,译为:"如果人们所喜欢的没有超过生命的,那么,一切可以求得生存的方法,哪有不使用的呢?如果人们所厌恶的没有超过死亡的,那么,一切可以避免祸害的事情,哪有不干的呢?"

焦循《孟子正义》却说:"赵氏谓人之所欲莫甚于生,是不知好义之人也。不知好义,乃苟求得生……于下'由是'云云不贯。"

焦循"于下'由是'云云不贯"之说,可谓一语中的。我们认为,这段话当译为:"假如人们想要的没有比生命更宝贵的,一切可以求得生存的手段,怎么会有人不去用它呢?假如人们所厌恶的没有比死亡更讨厌的,一切可以免除祸患的事情,怎么也会有人不去做它呢?"

也即,"何不用也"不应该译为"什么不去使用呢",而应该译为"为什么不去使用呢";"何不为也"不应该译为"什么不去干呢",而应该译为"为什么不去干呢"。因为:

1.先秦典籍中的"何不V",都是"为什么不V",未见可理解为"什么不V"的。也即,"何不"用于任指表周遍义,当时语言中未见,是晚起的语言现象。这是我们最为关键的证据。例如:"齐、鲁之故,吾子何不闻焉?"(《左传·定公十年》,沈玉成《左传译文》:"齐国、鲁国旧有的典礼,您为什么没有听说呢?")"康子病之,言及子赣,曰:'若在此,吾不及此夫!'武伯曰:'然。何不召?'"(《哀公二十七年》,沈译:"季康子对结盟感到不舒服,谈到子赣,说:'如果他在这里,我不会到这地步。'孟武伯说:'对。为什么不召他来?'")"且许子何不为陶冶,舍皆取诸其宫中而用之?"(《孟子·滕文公上》,杨伯峻《孟子译注》:"而且许子为什么不亲自烧窑冶铁,做成各种器械,什么东西都储备在家中随时取用?")"道则高矣,美矣,宜若登天然,似不可及也。何不使彼为可几及而日孳孳也?"(《尽心上》,杨译:"道是很高很好,几乎像登天一般,似乎高不可攀,为什么不使它变成可以有希望攀求的因而叫别人每天去努力呢?")

《庄子·外篇·秋水》有2处"何不为":"河伯曰:'然则我何为乎,何不为乎?'北海若曰:'物之生也,若骤若驰,无动而不变,无时而不移。何为乎,何不为乎?夫固将自化。'"陈鼓应《庄子今注今译》译河伯所言第一第二句为:"那么我应该做什么,应该不做什么?""何不为乎"也不译为"什么不做呢"。

王力《汉语语法史》:"'何'字用作状语,大致等于现代汉语的'为什么'或'怎么'。"(山东教育出版社 1990,第 105 页)

2. 如果"何不用也""何不为也"译作"什么不去使用呢""什么不去干呢",正如焦循所言,"于下'由是'云云不贯"。《古代汉语虚词词典》:"由是,惯用短语,由介词'由'和代词'是'组成的介宾短语。用于谓语前或复句的后一分句,表示凭借。可译为'因此'。"

按,"由是"在《左传》《孟子》时代是"由此""从此"的意思。《万章上》"由是以乐尧舜之道",是"从此以尧舜之道自乐"之意。

该短语并进一步虚化,可译为"因此"。"由此""从此""因此"等不等于"然而""却",它所连接的下文是与上文意义一致而相连贯的。例如:

"叔仲带窃其拱璧,以与御人,纳诸其怀而从取之,由是得罪。"(《左传·襄公三十一年》,沈译:"叔仲带偷了襄公的大玉璧,给了御者,放在他的怀里,又跟着拿了过来,因此而得罪。")"宋公求珠,魋不与,由是得罪。"(《哀公十一年》,沈译:"宋公索取这珍珠,向魋不给,因此得罪。")"由是观之,无恻隐之心,非人也。"(《孟子·公孙丑上》,杨译:"从这里看来,一个人,如果没有同情之心,简直不是个人。")"由是观之,则君子之所养,可知已矣。"(《滕文公下》,杨译:"从这里看来,君子怎样来培养自己的品德节操,就可以知道了。")

杨伯峻先生正是看到了这一矛盾,所以将"由是则生而有不用也,由是则可以辟患而有不为也"译为:"〔然而,有些人〕由此而行,便可以得到生存,却不去做;由此而行,便可以避免祸害,却不去干。"不过,这添加的"然而"却拐了个弯儿,不合于"由是"承接上文的一贯用法。

而将"何不用也""何不为也"译为"为什么不去使用呢""为什么不去干呢"之后,下承"由是则生而有不用也,由是则可以辟患而有不为也",则一气呵成。

3.上文说到,"何不"用于任指表周遍义,是晚起的语言现象。但晚至何时呢?我们在确定为先秦时期的典籍中没有发现"何不"的这一用法。西汉的《淮南子》有两段话可视为最早的例子:"〔人主之〕无好者,诛而无怨,施而不德,放准循绳,身无与事,若天若地,何不覆载?"(《诠言训》)"白公胜虑乱,罢朝而立,倒仗策,锲上贯颐,血流至地而弗知也。郑人闻之曰:'颐之忘,将何不忘哉?'"(《道应训》)

《盐铁论·结和》:"夫以天下之力勤何不摧?以天下之士民何不服?"《汉书·韩信传》:"以天下城邑封功臣,何不服?以义兵从思东归之士,何不散?"既然在《淮南子》中,已出现"何不"用于任指来表周遍的意义,那么,汉末的赵岐将这段话理解为"莫甚于生,则苟利而求生矣。莫甚于死,则可辟患不择善,何不为耳",也就不奇怪了。

这一段为中学教材所采纳,影响很大。衷心希望读者诸君继续讨论,使臻完善。

11.10-2"非独贤者有是心也,人皆有之,贤者能勿丧耳。一箪食,一豆羹①,得之则生,弗得则死,嘑尔而与之,行道之人弗受②;蹴尔而与之③,乞人不屑也;万钟则不辩礼义而受之④。万钟于我何加焉?为宫室之美、妻妾之奉⑤、所识穷乏者得我与⑥?乡为身死而不受⑦,今为宫室之美为之;乡为身死而不受,今为妻妾之奉为之;乡为身死而不受,今为所识穷乏者得我而为之。是亦不可以已乎?此之谓失其本心。"

【译文】"这种心不仅仅贤人有,人人都有,不过贤人能够保持它罢了。一筐饭,一盘肉,得到便能活下去,得不到死路一条,吆喝着给他,路过的饿人都不会接受;脚踏过给他,即使乞丐也不屑于接受;〔然而有人对〕万钟的俸禄却不管是否合于礼义而接受了。万钟的俸禄对我本人有些什么益处呢?是为了深院大宅、供养妻妾和所认识的困乏贫穷之人感恩戴德吗?过去宁肯死也不愿接受,今天却为了深院大宅而接受了;过去宁肯死也不愿接受,今天却为了供养妻妾而接受了;过去宁肯死也不愿接受,今天却为了所认识的困乏贫穷之人感恩戴德而接受了。这种行为难道不该停止吗?这样做,就叫作丧失了本来的善心。"

【注释】①一豆羹:豆,盛食物的高脚盘。羹,带汁的肉食。 ②嘑尔而与之,行道之人弗受:嘑,同"呼"。《礼记·檀弓下》:"齐大饥,黔敖为食于路以待饿者而食(sì)之。有饿者蒙袂辑屦贸贸然来。黔敖左捧食,右执饮,曰:'嗟,来食!'扬其目而视之,曰:'予唯不食嗟来之食以至于斯也。'(黔敖)从而谢(道歉)焉,终不食而死。" ③蹴(cù)尔:蹴,踩,践踏。尔,动词、形容词、副词的词尾。 ④辩:通"辨"。 ⑤妻妾之奉:供养妻妾。详见《考证》101。 ⑥得我:感激我。得,通"德"。德我,对我感恩戴德。 ⑦乡:同"向",以往,以前。

【考证101】妻妾之奉:

本节"为宫室之美、妻妾之奉、所识穷乏者得我与"数句,赵岐《注》:"岂不为广美宫室、供奉妻妾、施与所知之人穷乏者?"焦循《正义》阐发之:"谓蓄妻妾,则给以养之。"杨伯峻《孟子译注》:"为着住宅的华丽、妻妾的侍奉和我所认识的贫苦人感激我吗?"妻妾之奉,赵岐释为"供养妻妾",杨伯峻先生释为"妻妾(对我)的侍奉"。

我们认同赵岐、焦循之说,因为:

除本章"妻妾之奉"外,我们在先秦典籍中未见到"奉"可以释为"侍奉"的用例,在清代以前(包括清代)的故训中,也未见一例"侍奉"之释。一些字典所列"奉"的"侍奉"义项,仅举有《孟子》这一例(如《王力古汉语字典》);或除这一例外,其余都是较晚近的用例(如《汉语大字典》)。"奉"有"事奉"的意义,似乎近之(《汉语大字典》混同"侍奉"与"事奉",《王力古汉语字典》则分列之)。但该意义必须带人物宾语或介宾短语,或既带人物宾语又接介宾短语。如:

"鲍叔牙曰:'君使民慢,乱将作矣。'奉公子小白出奔莒。乱作,管夷吾、召忽奉公子纠来奔。"(《左传·庄公八年》)"故古者建国设都,乃立后王君公,奉以卿士师长。"(《墨子·尚同下》)"为游士八十人,奉之以车马、衣裘,多其资币,使周游于四方,以号召天下之贤士。"(《国语·齐语》)

以下几则结构近似的文例却可以证明"妻妾之奉"可以释为"供养妻妾":

"凡用兵之法,驰车千驷,革车千乘,带甲十万,千里馈粮,则内外之费,宾客之用,胶漆之材,车甲之奉,日费千金,然后十万之师举矣。"(《孙子·作战篇》)"凡兴师十万,出征千里,百姓之费,公家之奉,日费千金。"(《用间篇》)"握以下者为柴楂,把以上者为室奉,三围以上为棺椁之奉。"(《管子·山国轨》)"大夏,帷盖衣幕之奉不给。"(《轻重丁》)车甲之奉,指养护车甲的费用。公家之奉,指国家用度的支出。"三围以上为棺椁之奉",指三围以上的木材供给造棺椁。"帷盖衣幕之奉不给",指帷盖衣幕的供给难以为继。

奉,后作"俸"。徐铉云:"俸,本只作'奉'。"

"侍奉"则多用"事"字:"事父母,能竭其力。"(《论语·学而》)"生,事之以礼;死,葬之以礼,祭之以礼。"(《为政》)"壮者以暇日修其孝悌忠信,入以事其父兄,出以事其长上。"(《孟子·梁惠王上》)

11.11 孟子曰:"仁,人心也;义,人路也。舍其路而弗由,放其心而不知求,哀哉!人有鸡犬放①,则知求之;有放心而不知求。学问之道无他,求其放心而已矣。"

【译文】孟子说:"仁是人的良心,义是人的正路。放弃了那条正路不走,丢失了那颗良心而不晓得去追回,真可悲呀!一个人,有鸡和狗走失了,都晓得要去找回;有良心丢失了,却不晓得去追回它。求学问道的路径没有别的,就是把那丢失了的良心追回来罢了。"

【注释】①放:走失。

11.12 孟子曰:"今有无名之指屈而不信^①,非疾痛害事也,如有能信之者,则不远秦楚之路,为指之不若人也。指不若人,则知恶之;心不若人,则不知恶,此之谓不知类也^②。"

【译文】孟子说:"现在有个人,他无名指弯曲不能伸直,虽然不痛也不妨碍做事,如果有人能够让它伸直,即使跑去秦国楚国才能见着那人,也不嫌远,为的是无名指比不上别人。无名指比不上别人,就知道厌恶;心性不及别人,反而不知厌恶,这个就叫作不懂得触类旁通。"

【注释】①信:通"伸"。 ②不知类:不懂得触类旁通,举一反三。详见《考证》102。

【考证102】不知类:

朱熹《集注》云:"不知类,言其不知轻重之等也。"注《孟》诸书多从之。我们以为,朱熹所注,似无不可,但解为不懂得类比,不懂得归类,不懂得触类旁通,不知举一反三,似更贴切;知类,则懂得类比,懂得归类,懂得触类旁通举一反三。例如:

"公输盘为楚造云梯之械,成,将以攻宋……子墨子曰:'北方有侮臣,愿藉子杀之。'公输盘不说。子墨子曰:'请献十金。'公输盘曰:'吾义固不杀人。'子墨子起,再拜曰:'请说之。吾从北方闻子为梯,将以攻宋……义不杀少而杀众,不可谓知类。'公输盘服。"(《墨子·公输》)

"今人曰:'某氏多货,其室培湿,守狗死,其势可穴也。'则必非之矣。曰:'某国饥,其城郭庳,其守具寡,可袭而篡之。'则不非之。乃不知类矣。"(《吕氏春秋·有始览》)

"人皆知说镜之明己也,而恶士之明己也。镜之明己也功细,士之明己也功大。得其细,失其大,不知类耳。"(《恃君览》)

以上各例,为"不知类"者,皆不知触类旁通者也。

"一年视离经辨志,三年视敬业乐群,五年视博习亲师,七年视论学取友,谓之'小成';九年知类通达,强立而不反,谓之'大成'。"(《礼记·学记》)此为"知类"之例,"知类""通达"连文,尤可证其为触类旁通之意。

"指不若人,则知恶之;心不若人,则不知恶。"正是典型的不知触类旁通。

我们这样解释,还有一个原因,就是虽然"指不若人"为轻,"心不若人"为重;恶轻者而不恶重者,解为"不知轻重"似无大碍,但"类"字并无"轻重"义;解为"类比""归类""触类旁通"则窒碍顿消。

11.13 孟子曰:"拱把之桐梓①,人苟欲生之,皆知所以养之者。至于身,而不知所以养之者,岂爱身不若桐梓哉?弗思甚也。"

【译文】孟子说:"一两把粗的桐树梓树,想要让它成活,人人都明白如何去培养。至于人本身,却不明白如何去培养;难道爱自己还赶不上爱桐树梓树吗?真是太不爱动脑筋了。"

【注释】①拱把:拱,合两手拿。把,一只手拿。

【考证103】皆知所以养之者:

这句话可以有两种理解:1.人人皆知所以养之者。"皆"的语义指向为上一句"人苟欲生之"的"人"。2.尽知"所以养之"的各种方法、手段。"皆"的语义指向为"所以养之者"。从赵岐《注》"人皆灌溉而养之"似倾向于前者。

"皆"的语义指向为其主语,是最为常见的,如:"从我于陈、蔡者,皆不及门也。"(《论语·先进》)"如有不嗜杀人者,则天下之民皆引领而望之矣。""百姓皆以王为爱也。""今王发政施仁,使天下仕者皆欲立于王之朝,耕者皆欲耕于王之野,商贾皆欲藏于王之市,行旅皆欲出于王之涂,天下之欲疾其君者,皆欲赴愬于王。"(均见《孟子·梁惠王上》)但也有理解为指向宾语的:"小人有母,皆尝小人之食矣,未尝君之羹。"(《左传·隐公元年》)沈玉成《左传译文》:"小人有母亲,小人的食物都已尝过,但没有尝过君王的肉汤。"我以为可理解为"小人之母""每次都"尝了"小人之食"——"皆"的语义指向依然是主语。

从我们对"皆知"的考察看,"皆知所以养之者"理解为"人人皆知所以养之者"(即"皆"的语义指向为"皆知所以养之者"未出现的主语"人")较为妥当,书证较多。例如:

"郑三卿皆知其将为王也。"(《左传·昭公六年》,沈译:"郑国的三个卿都知道他将要做楚王了。")"天下皆知美之为美,斯恶已;皆知善之为善,斯不善已。"(《老子·第二章》)"人皆知有用之用,而莫知无用之用也。"(《庄子·内篇·人间世》)"亏人愈多,其不仁兹甚矣,罪益厚。……当此天下之君子皆知而非之,谓之不义。"(《墨子·非攻上》)"使天下生民之属皆知己之所愿欲之举在是于也,故其赏行;皆知己之所畏恐之举在是于也,故其罚威。"(《荀子·富国》)

以上诸例中,《庄子》《荀子》二例值得注意。《庄子》一例的主语是"人",与"皆知所以养之者"承前省略的主语相同。《荀子》一例"皆"的语义指向为主语"天下生民之属","举"的语义指向为"知"的宾语也即"在"的主语"己之所愿欲之""己之所畏恐之"。

那么,如何表达十分周详地了解、知道某些事物呢?据我们调查,是在状语位置上用"尽"用"遍"的。例如:"民之情伪,尽知之矣。"(《左传·僖公二十八年》,沈译:"民情真伪,都知道了。")"然则夫'支'之所道者,必尽知天地之为也。"(《国语·周语下》)"人之众寡,士之精粗,器之功苦尽知之,此乃知形者也。"(《管子·地图》)值得注意的是,《左传》和《管子·地图》两例,所"尽知"的尽管作为主语出现过,但"尽知"仍带宾语"之",以复指前文出现过的主语;而"皆知所以养之者"的"之"也是复指首句"拱把之桐梓"的。

再看"遍知"的情形:"缮器械,选练士,为教服,连什伍,遍知天下,审御机数,此兵主之事也。"(《管子·地图》)"故小征,千里遍知之……大征,遍知天下。"(《制分》)

到了汉末,也用"备知"。赵岐注《尽心上》"万物皆备于我":"普谓人为成人以往,皆备知天下万物。"其中"皆"指向前句的"人",而

"备"指向"天下万物"。

"皆知所以养之者"未出现的主语为上句"人苟欲生之"的"人";而"所以养之"的"之"和上句"人苟欲生之"的"之"一样,都指第一句"拱把之桐梓"。据此,"拱把之桐梓,人苟欲生之,皆知所以养之者"应译为"一两把粗的桐树梓树,想要让它成活,人人都晓得如何去培养"。

而要译为"一两把粗的桐树梓树,想要让它成活,各种用来养护树木的方法、手段都能了解清楚",原文似应为:"拱把之桐梓,人苟欲生之,尽知所以养之者。"

本书繁体字本付印之际,笔者得到了何莫邪先生《古汉语语法四论》。书中 2.1 指出,咸、俱、举、莫、皆、各,语义指向主语;兼、遍、周、泛、悉、尽,语义指向宾语。不禁释卷长叹读书太少!

11.14 孟子曰:"人之于身也,兼所爱。兼所爱,则兼所养也。无尺寸之肤不爱焉,则无尺寸之肤不养也。所以考其善不善者,岂有他哉?于己取之而已矣。体有贵贱,有小大。无以小害大,无以贱害贵。养其小者为小人,养其大者为大人。

"今有场师,舍其梧槚①,养其樲棘②,则为贱场师焉。养其一指而失其肩背,而不知也,则为狼疾人也③。饮食之人,则人贱之矣,为其养小以失大也。饮食之人无有失也,则口腹岂适为尺寸之肤哉④?"

【译文】孟子说:"人们对于自己的身体,真是加倍珍惜。加倍珍惜,便加倍保养。没有一尺一寸的皮肤不珍惜,便没有一尺一寸的皮肤不保养。衡量他养护得好或者不好,难道还有别的吗?只是在于他对于自身养护的取向而已。身体四肢有重要的,也有次要的;有小的,也有大的。不要因为小的而损害大的,不要因为次要的而损害重要的。只知保养小的,就是芸芸众生;力求保养大的,便是道德君子。

"现在有一位园艺师,放弃梧桐梓树,却去培养酸枣荆棘,那就是个很糟的园艺师了。如果有人只保养他的一根手指,却丢失了肩头背脊,自己还不明白,那就是糊涂蛋了。只晓得吃吃喝喝〔而不晓得培养心志〕的人,人家都轻视他;因为他只保养了小的,而丢失了大的。如果讲究吃喝的人并不影响心志的培养,那么,他的吃喝难道只是为了口腹之需吗?"

【注释】①梧槚(jiǎ):梧,梧桐。槚,即楸树。梧桐、楸树都是好木料。②樲(èr)棘:樲,酸枣。棘,也是酸枣。樲棘是同义词连用。详见《考证》104。　③狼疾:同"狼藉"。　④适:恰恰。

【考证104】樲棘:

赵岐说:"樲棘,小棘,所谓'酸枣'也。"阮元《校勘记》却认为"樲棘"应作"樲枣",而钱大昕《十驾斋养新录》云:"《尔雅》:'樲,酸枣。'不闻'樲棘'为小枣。梧槚二物,则樲棘必非一物。樲即酸枣,棘即荆棘之棘也。"

其实,"棘"的本义为果树名——带刺的落叶灌木,其果实即"酸枣"。诸多字典辞书均有记载,不赘。而《尔雅》:"樲,酸枣。"郭璞注:"树小实酢。"《说文》:"樲,酸枣也。"《吕氏春秋·似顺论》:"枣,棘之有;裘,狐之有也。食棘之枣,衣狐之皮,先王固用非其有而己有之。"我们认为,不必如阮元改"棘"为"枣",因为"棘"本身就是酸枣;也不必如钱大昕分"樲""棘"为二物。《孟子》时代语言中,同义词连用较为普遍。如同"荆棘"是同义词连用一样("棘"词义扩大为泛指带刺的草木,故而与"荆"连用),"樲棘"也是同义词连用。

"棘"的单用例,如《左传·昭公五年》:"竖牛惧,奔齐。孟、仲之子杀诸塞关之外,投其首于宁风之棘上。"沈玉成译后句为:"把脑袋扔在宁风的荆棘上。"《哀公八年》:"邾子又无道,吴子使大宰子余讨之,囚诸楼台,栫之以棘。"沈译后句:"用荆棘做成篱笆围起来。"

"荆棘"连文者如《左传·襄公十四年》:"昔秦人迫逐乃祖吾离于瓜州,乃祖吾离被苫盖,蒙荆棘,以来归我先君……我诸戎除翦其荆棘,驱其狐狸豺狼。"《老子》三十章:"师之所处,荆棘生。"

所以,说"梿棘"为同义词连用,是没有问题的。

11.15 公都子问曰:"钧是人也,或为大人,或为小人①,何也?"孟子曰:"从其大体为大人,从其小体为小人。"曰:"钧是人也,或从其大体,或从其小体,何也?"

曰:"耳目之官不思,而蔽于物。物交物,则引之而已矣。心之官则思,思则得之,不思则不得也;此天之所与我者②。先立乎其大者,则其小者不能夺也。此为大人而已矣。"

【译文】公都子问道:"同样是这些人,其中有些成为了道德君子,有些仍旧是一介草民,为什么呢?"孟子答道:"选择身体重要部分的是君子,选择身体次要部分的是小人。"问道:"同样是人,有的人选择身体的重要部分,有的人却选择身体的次要部分,又是为了什么呢?"

答道:"耳朵眼睛这类器官不会思考,故容易被外部事物所蒙蔽。诸多外物交相遮蔽,这类器官便被引向歧途了。心这个器官的功能是思考,一思考便可求得事物的真谛,不思考便得不到;思考的能力是上天赋予我们人类的。先把人的重要部分给树立起来,次要部分便不能喧宾夺主了。要成为君子,不过如此。"

【注释】①钧是人也,或为大人,或为小人:同样是这些人,其中有些成为了道德君子,有些成为了芸芸众生。钧,同"均",同样,平均,共同。是,这,这些。 ②此天之所与我者:有的本子为"比天之所与我者",赵岐《注》也说"比方天所与人性情,先立乎其大者,谓生而有善性也",但这句首字读作"此",则书证较多;而读作"比",未见类似句子。

11.16 孟子曰:"有天爵者,有人爵者。仁义忠信,乐善不倦①,此天爵也;公卿大夫,此人爵也。古之人修其天爵,而人爵从之。今之人修其天爵,以要人爵;既得人爵,而弃其天爵,则惑之甚者也,终亦必亡而已矣②。"

【译文】孟子说:"有上天赐予的爵位,有俗世认可的爵位。仁义忠信,好善不疲,这是上天赐予的爵位;公卿大夫,这是俗世认可的爵位。古代的人修养上天赐予的爵位,俗世认可的爵位也就跟着来了。现在的人修养上天赐予的爵位,为的是求取俗世认可的爵位;若已经得到俗世认可的爵位,便放弃上天赐予的爵位。这真是糊涂透顶了,到头来连俗世认可的爵位也会丢掉的。"

【注释】①不倦:不疲劳,而不是不厌倦。详见《考证》105。 ②本章可参 4.2—3。

【考证 105】不倦:

"不倦"到底是"不疲劳"还是"不厌倦"?赵岐、朱熹、焦循均无说。《王力古汉语字典》在"倦"字下只有"疲劳"义,举例为《论语·述而》"学而不厌,诲人不倦";《汉语大字典》既有"疲劳"义,又有"厌倦"义,而将"学而不厌,诲人不倦"归于"厌倦"义项之下。本章"乐善不倦",杨伯峻《孟子译注》译为"不疲倦地好善",白平《杨伯峻〈孟子译注〉商榷》认为《孟子译注》误译,"乐善不倦"的"倦",其义当为"厌倦"义(第 255 页)。

我则以为是"不疲劳"。1. 因为从故训看,先秦两汉典籍中的"倦"多训为"罢(疲)也""劳也",如《吕氏春秋·孟夏纪》"致远复食而不倦"高诱注:"倦,罢也。"《说文·人部》:"倦,罢也。"《国语·晋语一》"用而不倦"韦昭注:"倦,劳也。"只有晚出之《玉篇·人部》《广韵·线韵》为"倦,猒(厌)也。"可见疲倦义是本义,厌倦义是东汉魏晋以后才产生的引申义。

2. 从"倦"(勌)与同义词组成的短语看,和"劳""罢"(疲)组成的同义短语见于先秦两汉典籍,而与"厌"(猒)组成的同义短语则晚见于成书于西晋的《三国志》和南北朝的《后汉书》《颜氏家训》。例如:

"君子贫穷而志广,富贵而体恭,安燕而血气不惰,劳勌而容貌不枯,怒不过夺,喜不过予。"(《荀子·修身》)"君子隘穷而不失,劳倦而不苟,临患难而不忘细席之言。"(《大略》)"田父见之,无劳勒之苦,而擅其功。"(《战国策·齐三》)"留而守之,历岁经年,则士卒罢勒,食粮乏绝。"(《汉书·严助传》)

以上为"劳倦""罢倦"的书证,以下则为"厌(猒)倦"的书证:

"于时羽檄交驰,人马擐甲,严驾已讫,祎与敏留意对戏,色无厌倦。"(《三国志·费祎传》)"从之则失道,不从则失人,将恐陛下必有猒倦之听。"(《后汉书·范升传》)"闲斋张葛帏……率意自读史书,一日二十卷,既未师受,或不识一字,或不解一语,要自重之,不知厌倦。"(《颜氏家训·勉学》)

3. 虽然先秦典籍中大多数含有"不倦"的书证看不出到底是"不疲劳"抑或"不厌倦",如"王子颓歌舞不倦,乐祸也"(《左传·庄公二十年》)"古之治民者,劝赏而畏刑,恤民不倦"(《襄公二十六年》),但有些书证如"贤人唯毋得明君而事之,竭四肢之力,以任君之事,终身不倦"(《墨子·尚贤中》)"故知知一,则若天地然,则何事之不胜?何物之不应?譬之若御者,反诸己,则车轻马利,致远复食而不倦"(《吕氏春秋·季春纪》),还是可以看出其中的"不倦"是"不疲劳"的;但同一时期可以肯定为"不厌倦"的书证却未曾一见。

11.17 孟子曰:"欲贵者,人之同心也。人人有贵于己者,弗思耳矣。人之所贵者,非良贵也。赵孟之所贵①,赵孟能贱之。《诗》云②:'既醉以酒,既饱以德。'言饱乎仁义也,所以不愿人之膏粱之味也③;令闻广誉施于身④,所以不愿人之文绣也⑤。"

【译文】孟子说:"希望尊贵,大家都是这样想的。每个人都有他可尊贵的东西,只是没去想罢了。别人当成宝物的,不一定真的是宝物。赵孟当成宝物的,赵孟也能让它轻贱。《诗经》说:'美酒喝得醉醺醺,饱尝您的好恩情。'说的是充分享受了仁义,也就不羡慕别人的肥肉精米了;人所共知的好名声都汇集于我,也就不羡慕别人的峨冠博带了。"

【注释】①赵孟：晋国正卿赵盾字孟，因而其子孙都称赵孟。②"《诗》云"两句：见《大雅·既醉》。译文采自程俊英《诗经译注》。③所以不愿人之膏粱之味也：愿，羡慕。膏，肥肉。粱，细粮。 ④令闻(wèn)：好名声。令，美好。闻，名声。 ⑤文绣：古时有爵位者所穿着的绣服。

11.18 孟子曰："仁之胜不仁也，犹水胜火。今之为仁者，犹以一杯水救一车薪之火也；不熄，则谓之'水不胜火'，此又与于不仁之甚者也①，亦终必亡而已矣②。"

【译文】孟子说："仁胜过不仁，正像水可以扑灭火一样。如今那贯彻仁道的人，好像用一杯水来扑灭一车木柴的火焰；火焰不熄灭，便说水不能扑灭火，这些人等于又和那很不仁的人为伍了，到头来连他们的那一点点仁都会消亡的。"

【注释】①此又与(yù)于不仁之甚者也：与，参与，站在……一边，等同于……。不仁之甚者，甚不仁者，很不仁者。 ②亡：无，没有。

11.19 孟子曰："五谷者，种之美者也；苟为不熟，不如荑稗①。夫仁，亦在乎熟之而已矣。"

【译文】孟子说："五谷〔的种子〕是种子中的精品，但如果没能成熟，反而不及稊米和稗子。仁，也在于使它成熟罢了。"

【注释】①荑稗(tíbài)：即"稊稗"。稊，稗类，结实甚小，可以用做家畜饲料，古人也用来备凶年。

11.20 孟子曰："羿之教人射，必志于彀①；学者亦必志于彀。大匠诲人必以规矩②，学者亦必以规矩。"

【译文】孟子说："羿教人射箭，一定期望学习射箭者心志专一于拉满弓；

作为学者,也一定要心志专一。优秀木匠教诲徒弟,一定要教会他们使用圆规和矩尺;作为学者,也一定要学会'用圆规和矩尺'。"

【注释】①彀(gòu):张满弓或弩。 ②规矩:指圆规和矩尺,而不是指规则、法式。详见《考证》107。

【考证 106】羿之教人射必志于彀学者亦必志于彀:

这段话,赵岐《注》和朱熹《集注》可能导致两处分歧。赵岐《注》:"张弩向的者,用思专时也。学者志道,犹射者之张也。"朱熹《集注》:"志,犹'期'也。彀,弓满也。满而后发,射之法也。学,谓学射。"

第一处分歧,"志"未出现的主语,由赵岐所谓"张弩向的者,用思专时也"可知,该主语是射者;而朱熹谓"志,犹'期'也",有些注者和读者由此可能认为是"羿"期望射者拉满弓弩。

第二处分歧,由"学者志道,犹射者之张也"可知,赵岐以为"学者"和"(学)射者"是不同的两个人,而由"学,谓学射"可知,朱熹以为"学者"和"(学)射者"是同一个人。

此外,是否"志于彀"即"期于彀",也有辨析的必要。两者看似相同,实则有异。某人"志于"什么,是这人有志于自己干什么;而某人"期于"什么,可以是某人期于别的什么人干什么。

我们先来探讨是谁"必志于彀"。

首先,类似复句中后一分句前未出现的主语,一般都是前句的主语,如:

"师文王,大国五年,小国七年,必为政于天下矣。"(《孟子·离娄上》)"曾子养曾晳,必有酒肉。将彻,必请所与。问有余,必曰:'有。'"(同上)"柳下惠不羞污君,不辞小官。进不隐贤,必以其道。"(《万章下》)"故天将降大任于是人也,必先苦其心志,劳其筋骨,饿其体肤。"(《告子下》)但也不无前句的宾语者:

"善人教民七年,亦可以即戎矣。"(《论语·子路》)"微大夫教寡人,几有大罪,以累社稷。"(《晏子春秋·内篇谏下》)也即,"必志于彀"的主语,可以是上一句中的"人"。

如前所述,某人"志于"什么,是这人有志于自己干什么;而某人"期于"什么,常常是他期于别的什么人干什么。如:

"吾十有五而志于学。"(《论语·为政》)"君子之志于道也,不成章不达。"(《孟子·尽心上》)"至于声,天下(人)期于师旷。"(《告子上》)

从"志于"的用法看,只能是射者,即第一句中的"人""志于彀"。我们只好以朱熹所说"志,犹'期'也"为线索,译"必志于彀"为"(羿)一定期望学习射箭者注意力集中于拉满弓"——"期望"是补上去的,"志于彀"译为"注意力集中于拉满弓"。

再来探讨"(学)射者"是否就是"学者"。请看下列书证:

"古之学者为己,今之学者为人。"(《论语·宪问》《荀子·劝学》)"陈良,楚产也,悦周公、仲尼之道,北学于中国。北方之学者,未能或之先也。彼所谓豪杰之士也。"(《孟子·滕文公上》)"语仁义忠信,恭俭推让,为修而已矣;此平世之士,教诲之人,游居学者之所好也。"(《庄子·外篇·刻意》)"夫尊古而卑今,学者之流也。"(《杂篇·外物》)"天下之学者多辩,言利辞倒,不求其实,务以相毁,以胜为故。"(《吕氏春秋·慎大览》)

从以上书证不难归纳,"学者"不等同"学习者"(本章就是"学射者"),而是指学有专攻或学有一定程度的人。

【考证107】大匠诲人必以规矩学者亦必以规矩:

赵岐《注》:"大匠,攻木之工。规,所以为圆也;矩,所以为方也。教人必以规矩,学者以仁义为法式,亦犹大匠以规矩者也。"朱熹《集注》:"规矩,匠之法也。"综上,赵岐理解"规矩"为圆规矩尺,朱熹理解为规则、法式。我们以为赵岐得之。

《孟子·离娄上》:"离娄之明,公输子之巧,不以规矩,不能成方员。""圣人既竭目力焉,继之以规矩准绳,以为方员平直。"《墨子·天志上》:"轮匠执其规矩,以度天下之方圆。"《庄子·内篇·逍遥游》:"吾有大树,人谓之樗。其大本拥肿而不中绳墨,其小枝卷曲而不中规矩。"《外篇·骈拇》："且夫待钩绳规矩而正者,是削其性者也;待绳约胶漆而固者,是侵其德者也。"《荀子·儒效》："设规矩,陈绳墨,便备用,君子不如工人。"《吕氏春秋·似顺论》："巧匠为宫室,为圆必以规,为方必以矩,为平直必以准绳。功已就,不知规矩绳墨,而赏巧匠也。"

通过以上各例,不难看出,规矩,与准、绳(绳墨)、衡等一样,都是木匠的工具。上引《吕氏春秋·似顺论》前文说"巧匠为宫室,为圆必以规,为方必以矩,为平直必以准绳",规、矩分开说;后文说"功已就,不知规矩绳墨",规、矩又并列起来。可知"规矩"为一并列短语,而非一个词;它指圆规和矩尺,而非指规则、法式。

故《孟子·尽心下》"梓匠轮舆能与人规矩,不能使人巧"也当译为"木工和专做车轮、车箱的人只能够把圆规矩尺〔的用法〕传授给别人,却不能够让别人一定有技巧"。

告子章句下

凡十六章

12.1-1 任人有问屋庐子曰①:"礼与食孰重?"曰:"礼重。""色与礼孰重?"曰:"礼重。"

曰:"以礼食,则饥而死;不以礼食,则得食,必以礼乎? 亲迎②,则不得妻;不亲迎,则得妻,必亲迎乎?"

屋庐子不能对,明日之邹以告孟子③。

【译文】一个任国人问屋庐子说:"礼和食哪个重要?"答道:"礼重要。""女色和礼哪个重要?"答道:"礼重要。"

问道:"如果守礼法找吃的,会饿死;不守礼法找吃的,能找到吃的,那一定要守礼法吗! 如果行迎亲礼,得不到妻子;不行迎亲礼,能得到妻子,那一定要行迎亲礼吗?"

屋庐子答不上来,第二天去邹国时,把这话告诉了孟子。

【注释】①任人有问屋庐子曰:任,古国名,故城在今山东济宁,学者王永超旧居在此。屋庐子,孟子弟子,名连。 ②亲迎(yìng):古代婚姻礼仪;新郎亲迎新妇,自诸侯至于老百姓都如此。迎,前往迎接,特指迎亲。 ③邹:在今山东邹城市区东南约二十里,与故任国相距约百里。

12.1-2 孟子曰:"於答是也何有①? 不揣其本②,而齐其末,方寸之木可使高于岑楼③。金重于羽者,岂谓一钩金与一舆羽之谓哉④? 取食之重者与礼之轻者而比之,奚翅食重⑤? 取色之重者与礼之轻者而比之,奚翅色重? 往应之曰:'紾兄之臂而夺之食⑥,则得食;不紾,则不得食,则将紾之乎?逾东家墙而搂其处子⑦,则得妻;不搂,则不得妻;则将搂之乎?'"

【译文】孟子说:"回答这个有什么难呢?如果不从底部量起,而只比顶端哪个高,那一寸厚的木块〔若放在高处,〕可以让它俯视高楼。金子比羽毛重,难道是说的一小块金子和一大车羽毛吗?拿吃的重要方面和礼的细微末节来比较,岂止是说吃的更重要?拿女色的重要方面和礼的细微末节来比较,岂止是说女色更重要?你回去这样回答他吧:'扭断哥哥的胳膊,去抢夺他的食物,就得到吃的;不去扭断,就得不到吃的,还会去扭断吗?爬过东邻的墙去拉扯处女,能得到老婆;不去拉扯,就不能得到老婆,还会去拉扯吗?'"

【注释】①於答是也何有:对于回答这个,有什么困难呢。详见《考证》108。 ②揣(chuǎi):度量高低。 ③岑楼:面积不大却高而尖的楼。 ④一钩金:重当时的三分之一两。 ⑤奚翅:何止。"翅"通"啻",止。 ⑥紾(zhěn):扭转。 ⑦搂(lōu)其处子:搂,曳,拽,牵引,拉扯。处子,处女。

【考证108】於答是也何有:

赵岐《注》:"於,音乌,叹辞也。"因此一些《孟子》注本将这段话断作"於!答是也何有。"(如中华书局《孟子正义》)朱熹《四书章句集注》却说:"於,如字。何有,不难也。"杨伯峻《孟子译注》因此断作"於答是也,何有?"翻译为:"答复这个有什么困难呢?"但未出注。

朱熹对"於答是也何有"的理解是正确的。因为:

1. 叹词"於"(恶)在《孟子》中一般作"恶"(音 wū)。如:"恶!是何言也?"(《公孙丑上》《公孙丑下》)只是在《尚书》中才作"於"。如:"於,鲧哉!""於!予击石拊石,百兽率舞。"(均见《尧典》)

2. 更为重要的是,一般情况下,"答是也何有"前边必须有一介词"於",也即"答是也何有"在那一时代的语言中一般是不能存在的。"於……何有"是当时语言表示"不难"的一个固定结构,其中介词

"於"的宾语既可以是体词性成分,又可以是谓词性成分。例如:

"王曰:'寡人有疾,寡人好货。'对曰:'……王如好货,与百姓同之,於王何有?'王曰:'寡人有疾,寡人好色。'对曰:'……王如好色,与百姓同之,於王何有?'"(《孟子·梁惠王上》)"季康子问仲由可使从政也与。子曰:'由也果,於从政乎何有?'曰:'赐也可使从政也与?'曰:'赐也达,於从政乎何有?'曰:'求也可使从政也与?'曰:'求也艺,於从政乎何有?'"(《论语·雍也》)"苟正其身矣,於从政乎何有?"(《子路》)

上举"於"的宾语为谓词性成分时,介宾结构后都带有一语气词"乎"以舒缓语气。因此,"於……何有"格式中"於"的宾语为谓词性成分的,又可进一步归纳为"於+VP+语气词+何有"格式。"於答是也何有"正是此格式句子的典型成员。

表示"不难"的"何有"可以单用,如《论语·里仁》:"能以礼让为国乎?何有?"那本章能否循此例读为"答是也,何有"呢?恐怕不能。"何有"单用我们仅见此一例,且其前句为问句,恐怕不能以此例彼。且"答是也"前分明有一"於"字,使得"於答是也何有"格式同于"於从政乎何有",要说其中"於"为"叹辞",也未免太巧合了点儿。

12.2 曹交问曰①:"人皆可以为尧舜,有诸?"孟子曰:"然。""交闻文王十尺,汤九尺,今交九尺四寸以长,食粟而已②,如何则可?"

曰:"奚有于是③?亦为之而已矣。有人于此,力不能胜一匹雏④,则为无力人矣;今日举百钧,则为有力人矣。然则举乌获之任⑤,是亦为乌获而已矣。夫人岂以不胜为患哉?弗为耳。徐行后长者谓之'弟'⑥,疾行先长者谓之'不弟'。夫徐行者,岂人所不能哉?所不为也。尧舜之道,孝弟而已矣。子服尧之服,诵尧之言,行尧之行,是尧而已矣。子服桀之服，诵桀之言，行桀之行，是桀而已矣。"

曰："交得见于邹君，可以假馆，愿留而受业于门。"曰："夫道若大路然，岂难知哉？人病不求耳。子归而求之，有余师。"

【译文】曹交问道："人人都可以做尧舜，有这说法吗？"孟子答道："有的。"曹交问："我听说文王十尺高，汤九尺高，如今我有九尺四寸多高，却只能消耗粮食，要怎样做才好呢？"

孟子说："这不算什么，只要努力去做就行了。比如这里有个人，自认为一只小鸡都提不起来，便是个没有力气的人；说自己能举起三千斤，便是个力气很大的人。那么，举得起力士乌获所举重量的，也就是乌获了。一个人怎么能够以不胜任为忧呢？只是不去做罢了。慢点儿走，走在长者后面，便叫作'悌'；飞步紧走，抢在长者前面，便叫'不悌'。慢点儿走，难道是人做不到的吗？只是不做罢了。尧舜之道，不过是'孝'和'悌'而已。你穿尧的衣服，说尧的话，做尧所做的事，你就是尧了。你穿桀的衣服，说桀的话，做桀所做的事，你就是桀了。"

曹交说："我准备去谒见邹君，向他借个地方住，情愿留在您门下学习。"孟子说："道就像大路一样，难道认不清吗？怕就怕人不去探求。你回去自己探求吧，老师嘛，有的是。"

【注释】①曹交：不知何人。赵岐《注》说是曹君的弟弟，但此时曹国灭亡已久，赵岐说不知何所据。 ②食粟：和7.25"铺啜"、11.14"饮食"不同，在当时文献中，"食粟"的多为动物，如马和鸟。如："季孙于鲁，相二君矣，妾不衣帛，马不食粟，可不谓忠乎？"（《左传·成公十六年》）这里大约是曹交自嘲自己只能消耗粮食而已。 ③奚有于是：这（指这么大块头，却只会吃饭）又算得了什么，这不算什么。详见《考证》109。 ④一匹雏：雏，小鸡。这里"匹"字疑有误，因为那时只有"马三匹"的表达法，没有"三匹马"的表达法，也就不可能有"一匹雏"。也有学者指出，在战国时代的简帛文献中，量词已成批出现。

姑存疑待考。　⑤举乌获之任：乌获，上古的大力士。任，负担，重量。　⑥弟：同"悌"，弟弟尊敬哥哥。

【考证109】奚有于是：

"奚有于是"类似于"何有于是"。赵岐注此四字"孟子曰：'何有于是言乎'"，可证。我们曾在《〈论语〉"何有于我"解》(《武汉大学学报(人文科学版)》2011 年 1 期)一文中证明"何有于 NP(VP)"结构的意义是"NP(VP)又算得了什么"。例如"何有于死"(《国语·楚语下》)意思是"死又算得了什么"。然则，"奚有于是"意思是"这又算得了什么"。也可参见《论语新注新译》7.2《考证》。

类似"奚有于是"的有"平原之隰，奚有于高？大山之隈，奚有于深？"(《管子·形势》)尹之章注："言平隰之泽，虽有小封，不成其高。""所谓平原者，下泽也，虽有小封，不得为高。故曰：'平原之隰，奚有于高？'……所谓大山者，山之高者也，虽有小隈，不以为深。故曰：'大山之隈，奚有于深？'"(《形势解》)可知，奚有于高，意谓"它的高又算得了什么"，即谈不上有多高；奚有于深，意谓"它的深又算得了什么"，即谈不上有多深。奚有于是，意谓"这又算得了什么"，即这个(指虽然长了个大块头却只会吃饭)算不了什么(大缺点)。

通过这一《考证》，我们可以把"何有于 NP(VP)"结构扩展为"何(奚)有于 NP(VP、Adj、Pron)"(Adj，形容词；Pron，代词)结构，其意义是"NP(VP、Adj、Pron)又算得了什么"。

12.3－1 公孙丑问曰："高子曰①，《小弁》②，小人之诗也。"孟子曰："何以言之？"曰："怨。"曰："固哉③，高叟之为诗也！有人于此，越人关弓而射之，则己谈笑而道之；无他，疏之也。其兄关弓而射之，则己垂涕泣而道之；无他，戚之也④。《小弁》之怨，亲亲也。亲亲，仁也。固矣夫，高叟之为诗也！"

【译文】公孙丑问道："高子说，《小弁》是小人写的诗，是吗？"孟子说："为什么这样说呢?"答道:"幽怨。"孟子说:"太浅薄了,高老先生讲诗!这里有个人,若是越国人张弓射他,事后他可以谈笑风生地讲述这事;没有别的,只是因为越国人和他关系疏远。要是他哥哥张弓射他,事后他会一把鼻涕一把眼泪讲述这事;没有别的,为此伤心哪。《小弁》的幽怨,正由于依恋亲人哪。依恋亲人,就是仁哪。太浅薄了吧,高老先生讲诗!"

【注释】①高子:不知何人。 ②《小弁》:《诗经·小雅》中的一篇。弁,音pán。 ③固:固执,固陋,浅薄。 ④戚之:为之悲戚。

12.3-2 曰:"《凯风》何以不怨①?"

曰:"《凯风》,亲之过小者也;《小弁》,亲之过大者也。亲之过大而不怨,是愈疏也;亲之过小而怨,是不可矶也②。愈疏,不孝也;不可矶,亦不孝也。孔子曰:'舜其至孝矣,五十而慕③。'"

【译文】公孙丑说:"《凯风》为什么不幽怨呢?"

答道:"《凯风》这篇诗,是由于母亲有小过失;《小弁》这一篇诗,却是由于父亲有大过失。父母的过失大,而不抱怨,那是更疏远父母;父母的过错小,却去抱怨,那是这人太敏感易生气。更疏远父母是不孝,动不动对父母发脾气也是不孝。孔子说:'舜是最孝顺的人了,五十岁还依恋父母。'"

【注释】①《凯风》:见于《诗经·国风·邶风》,是赞美孝子的,凡四章。 ②不可矶(jī):意思是稍微刺激就发大脾气,开不起玩笑。矶,激怒。 ③慕:依恋。

12.4 宋牼将之楚①,孟子遇于石丘,曰:"先生将何之②?"曰:"吾闻秦楚构兵,我将见楚王说而罢之。楚王不悦,我将见秦王说而罢之。二王我将有所遇焉③。"

曰："轲也请无问其详，愿闻其指④。说之将何如？"曰："我将言其不利也。"

曰："先生之志则大矣，先生之号则不可⑤。先生以利说秦楚之王，秦楚之王悦于利，以罢三军之师，是三军之士乐罢而悦于利也。为人臣者怀利以事其君，为人子者怀利以事其父，为人弟者怀利以事其兄，是君臣、父子、兄弟终去仁义⑥，怀利以相接；然而不亡者，未之有也。先生以仁义说秦楚之王，秦楚之王悦于仁义，而罢三军之师，是三军之士乐罢而悦于仁义也。为人臣者怀仁义以事其君，为人子者怀仁义以事其父，为人弟者怀仁义以事其兄，是君臣、父子、兄弟去利，怀仁义以相接也；然而不王者，未之有也。何必曰利？"

【译文】宋牼要到楚国去，孟子在石丘碰到了他，孟子问道："先生准备上哪儿去？"答道："我听说秦楚两国交兵，我打算去谒见楚王，劝他罢兵。如果楚王对我的话不感兴趣，我又打算去谒见秦王，劝他罢兵。两位王中，总有人和我谈得拢的。"

孟子说："我不想问得太详细，只想知道讲话的主旨，你将如何进言呢？"答道："我打算陈述交战如何不利。"

孟子说："先生的志向固然很大，先生的主张却不可行。先生用利来向秦王、楚王进言，秦王、楚王因为喜欢有利，才停止军事行动，这就使得三军官兵乐于罢兵，而去喜欢利。做臣属的怀揣着利而服事君主，做儿子的怀揣着利而服事父亲，做弟弟的怀揣着利而服事兄长，这就会使君臣、父子、兄弟之间最终都丢弃仁义，为了利益而打交道；这样做而国家不灭亡的，是从没有过的事。如果先生用仁义来向秦王、楚王进言，秦王、楚王因为喜欢仁义而停止军事行动，这就会使三军官兵乐于罢兵，而去喜欢仁义。做臣属的满怀仁义来服事君主，做儿子的满怀仁义来服事父亲，做弟弟的满怀仁义来服事兄长，这就会使君臣、父子、兄弟之间都放弃唯利是图而满怀仁义来打交道；这样的国家不以德政统一天下的,也是从没有的事。为什么言必称'利'呢?"

【注释】①宋牼(kēng):宋国人,战国著名学者。《庄子·天下》《荀子·非十二子》作"宋钘",《庄子·逍遥游》《韩非子·显学》作"宋荣"。宋牼针对民之互斗,主张寡欲,见侮不以为辱;针对年年攻战,主张禁攻息兵;主张破除主观成见(别囿),来辨识万物真相。　②先生:对德高望重者的尊称。　③遇:遇合,契合,投合,谈得拢,说话投机。　④指:意指,意向,略同于"旨",大旨,宗旨。　⑤号:名号,名义,提法。　⑥终:至终,最终,最后。

12.5 孟子居邹,季任为任处守①,以币交,受之而不报。处于平陆②,储子为相,以币交,受之而不报。他日,由邹之任,见季子;由平陆之齐,不见储子。屋庐子喜曰:"连得间矣③。"

问曰:"夫子之任,见季子;之齐,不见储子,为其为相与?"曰:"非也;《书》曰④:'享多仪⑤,仪不及物曰不享,惟不役志于享。'为其不成享也。"屋庐子悦。或问之,屋庐子曰:"季子不得之邹,储子得之平陆。"⑥

【译文】孟子住在邹国时,季任留守任国,代理国政,送礼物来和孟子交友,孟子接受了,但不回报。孟子住在平陆时,储子做齐国的卿相,也送礼物来和孟子交友,孟子接受了,也不回报。过了些时候,孟子从邹国到任国,拜访了季子;从平陆到齐都,却不去拜访储子。屋庐子高兴地说:"我钻到老师的空子了。"

便问道:"老师到任国,拜访季子;到齐都,不拜访储子,是因为储子只是卿相吗?"答道:"不是;《尚书》说:'享献之礼仪节很多,如果仪节的隆盛赶不上礼物的丰盛,便等于没有享献,因为他的心意没有用在享献上面。'这是因为他并没有真正完成享献的缘故。"屋庐子听了很满意。有人问起这事,他说:"季子做不到亲身去邹国,储子却能做到亲身去平陆。〔他为什么不亲自送礼去呢?〕"

【注释】①季任:任国国君之弟。　②平陆:今山东汶上,距齐都临淄约六百里。　③得间(jiàn):钻到空子了。间,间隙,空子。④"《书》曰"数句:见《尚书·洛诰》。　⑤享多仪:享见之礼仪节繁多。详见《考证》110。　⑥本章内容可参见 13.37。

【考证 110】享多仪:

此为孟子引自《尚书·洛诰》者。赵岐《注》解"享多仪,仪不及物曰不享,惟不役志于享。为其不成享也":"言享见之礼多仪法也。物,事也。仪不及事,谓有阙也。故曰不成享礼。"

朱熹《集注》:"享,奉上也。仪,礼也。物,币也。役,用也。言虽享而礼意不及其币,则是不享矣,以其不用志于享故也。"

郑玄注《尚书·洛诰》:"朝聘之礼至大,其礼之仪不及物,谓所贡篚者多,而威仪简也。威仪既简,亦是不享也。"

焦循《正义》归纳赵、郑之异,计有三端:1.赵氏训"物"为"事",郑如字读。2.仪,赵解为仪法,郑解为威仪。3.赵以"不足"(阙)解"不及",郑如字读。总之,"郑氏以'仪'为'威仪','物'即所享之物,谓享献宜多威仪;今仪不及物,是仪少而物多。意虽与赵氏亦略同,然储子'以币交','币'即'物'也;得之平陆而不自往,是威仪不及币物也。郑氏之义,尤与孟子引经之恉为切矣。"故 1、3 两点,我们从郑玄。

焦循又引周用锡《尚书义证》:"'多'谓《汉书·袁盎传》'皆多盎'之'多'。享多仪,享以仪为多也。"周说为杨伯峻先生《孟子译注》所采纳,而译"享多仪"为"享献之礼可贵的是仪节"。

"皆多盎"之"多",《王力古汉语字典》归纳为"推重,赞扬"。这一义位,其产生不会早于战国中期,是"多"本义"数量大"的引申义。《庄子·外篇·天运》:"夫孝悌仁义忠信贞廉,此皆自勉以役其德者也,不足多也。"《外篇·秋水》:"是故大人之行,不出乎害人,不多仁恩;动不为利,不贱门隶;货财弗争,不多辞让;事焉不借人,不多食乎力,不贱贪污;行殊乎俗,不多辟异。"《韩非子·南面》:"主诱而不察,因而多之。"《五蠹》:"以其犯禁也罪之,而多其有勇也。"该意义汉代典籍已较多见:"上多足下。"(《汉书·陈余传》)"又多其材。"(《黥布传》)"诸公皆多布能摧刚为柔。"(《季布传》)"多"的反义词"少"也平行发展出"轻视"义,时代与"多"的"推重,赞扬"义大约同时产生:"我尝闻少仲尼之闻而轻伯夷之义者。"(《庄子·外篇·秋水》)"夫子何少寡人之甚也!"(《晏子春秋·外篇上》)总而言之,该意义绝不可能出现于《尚书·周书·洛诰》中,故周用锡说不足采纳。

那有无可能是孟子理解"享多仪"的"多"为"推重,赞扬"呢?这一可能性也微乎其微。因为,从上举各例(如"上多足下""众庶莫不多光""朕甚多之"等)看,"多"的主语是人。据此,"享多仪"只能分析为"享,t 多仪"(t 指"多仪"之前表示人物的语迹);但意义为"推重,赞扬"的"多"的类似句子却未之见。

"享多仪",谓享见之礼仪节繁多。《尚书》以降,"多"常带抽象名词作宾语:"有夏多罪,天命殛之。"(《尚书·汤誓》)"予仁若考能,多材多艺,能事鬼神。"(《金縢》)"汝多修,扞我于艰。"(《文侯之命》)"忌则多怨,又焉能克?"(《左传·僖公九年》沈玉成《左传译文》:"猜忌就多怨恨,又哪里能够取胜?")

可见"享多仪"的"多"释为"很多"较为稳妥。

12.6-1 淳于髡曰:"先名实者①,为人也;后名实者,自为也②。夫子在三卿之中③,名实未加于上下而去之,仁者固如此乎?"

孟子曰:"居下位,不以贤事不肖者,伯夷也;五就汤,五就桀者,伊尹也;不恶污君,不辞小官者,柳下惠也。三子者不同道,其趋一也。一者何也?曰,仁也。君子亦仁而已矣,何必同?"

曰:"鲁缪公之时,公仪子为政④,子柳、子思为臣⑤,鲁之削也滋甚⑥;若是乎贤者之无益于国也!"

【译文】淳于髡说:"将道德之名和治国惠民之功放在首要地位的,是为了他人;将道德之名和治国惠民之功放在次要地位的,是为了自己。您贵为齐国三卿之一,名誉和功业都还没有上匡于君主下济于臣民,您就要离开,仁人原来是这样的吗?"

孟子说:"处在卑贱的地位,不以自己贤人之身服事不肖之人的,有伯夷在;五次去汤那儿,又五次去桀那儿的,有伊尹在;不讨厌污秽的君主,不拒绝卑微的职位,有柳下惠在。三个人的行为虽不相同,但趋向是一致的。这一致是什么呢?应该说,就是仁。君子只要仁就行了,为什么一定要相同呢?"

淳于髡说:"当鲁缪公的时候,公仪子主持国政,泄柳和子思都是臣子,鲁国的削弱却更厉害,贤人对国家的无用,竟然是这样的呀!"

【注释】①名实:赵岐《注》:"名者,有道德之名也。实者,治国惠民之功实也。" ②自为:为了自己。详见《考证》111。 ③三卿:全祖望《经史问答》:"孟子之世,七国官制尤草草。大抵三卿者,指上卿、亚卿、下卿而言。乐毅初入燕乃亚卿,是其证也。或曰,一卿是相,一卿是将,其一为客卿,而上下本无定员,亦通。" ④公仪子:即公仪休,鲁国博士。《史记·循吏传》:"公仪休者,鲁博士也,以高第为鲁相。奉法循理,无所变更。" ⑤子柳:即泄柳。 ⑥鲁之削也滋甚:《史记·六国年表》记齐国战史:"齐宣公四十四年,伐鲁、莒及安阳;四十五年,伐鲁,取都;四十八年,取鲁郕;齐康公十一年,伐鲁,取最;十五年,鲁败我(齐)平陆;二十年,伐鲁,破之。"诸役之中,鲁国除平陆一役胜齐外,均兵败地削,可为佐证。

【考证111】自为:

何谓"自为"?赵岐未注,朱熹《集注》云:"以名实为先而为之者,是有志于救民也;以名实为后而不为者,是欲独善其身者也。"故《孟子译注》译"先名实者,为人也;后名实者,自为也"数句为:"重视名誉功业的为着济世救民,轻视名誉功业的为着独善其身。"

大量书证表明,"自为"即"为了自己":

"秋九月,齐高固来逆女,自为也。"(《左传·宣公五年》,沈玉成《左传译文》:"秋九月,齐国的的高固前来迎接叔姬,这是为了自己。")"所以为蚳鼃则善矣,所以自为则吾不知也。"(《孟子·公孙丑下》,杨伯峻《孟子译注》:"孟子替蚳鼃考虑的主意是不错的了,但是他怎样替自己考虑呢,那我还不知道。")"其为人太多,其自为太少,曰:'请欲固置五升之饭足矣。'"(《庄子·杂篇·天下》)"晏子知道,道在为人,而失在为己。为人者重,自为者轻。"(《晏子春秋·内篇问上》)"先为人而后自为,类名号言,汎爱天下,谓之圣。"(《韩非子·诡使》)

　　上举各例中,"为人"既与"自为"对举,也与"为己""为我"对举。"为人"是为别人,"自为""为己""为我"都是为自己;不过"自为"是宾语前置罢了(凡"自"作宾语都要前置,如《论语》"自省""自讼""自辱""自道""自绝")。《晏子春秋·内篇问上》先说"道在为人,而失在为己",接着说"为人者重,自为者轻",尤其能说明这一点。本节中淳于髡的话也是"为人""自为"对言,"自为"当然也是"为自己"的意思。

　　将"自为"译作"独善其身"是可以的,不过前者的意义更宽泛些。

12.6-2 曰:"虞不用百里奚而亡,秦穆公用之而霸。不用贤则亡,削何可得与?"

　　曰:"昔者王豹处于淇①,而河西善讴②;绵驹处于高唐③,而齐右善歌④;华周、杞梁之妻善哭其夫而变国俗⑤。有诸内,必形诸外。为其事而无其功者,髡未尝睹之也。是故无贤者也,有则髡必识之⑥。"

　　曰:"孔子为鲁司寇,不用,从而祭,燔肉不至⑦,不税冕而行⑧。不知者以为为肉也,其知者以为为无礼也。乃孔子则欲以微罪行,不欲为苟去。君子之所为,众人固不识也。"

【译文】孟子说:"虞国不用百里奚,因而灭亡;秦穆公用了他,因而称霸。

不用贤人即亡国,即便想在土地日渐侵削时苟且存活,又如何做得到呢?"

淳于髡说:"从前王豹住在淇水边,河西的人都会哼唱山歌;绵驹住在高唐,齐国西部的人都会伴乐咏唱;华周和杞梁的妻子痛哭他的丈夫,因而改变了国家风尚。里面有什么,一定会显现在外面。如果从事某项工作,却没看到成绩的,我不曾见过这样的事。所以,要么是没有贤人,如果有贤人,我一定认识他。"

孟子说:"孔子任鲁国司寇,不被重用,跟随着去祭祀,祭肉也不见送来,便匆忙离开。不了解孔子的人以为他是为了祭肉,了解他的人明白他是为了鲁国失礼而离开。不过孔子却是想要背着个小罪名而走,不想随便离开。君子的所作所为,芸芸众生本来就是弄不清楚的。"

【注释】①王豹处于淇(qí):王豹,卫国的歌唱家。淇,水名,黄河支流,在河南境内。 ②河西善讴:河西,指卫国,卫国在黄河西岸。讴,不用乐器伴奏的歌唱。 ③绵驹处于高唐:绵驹,春秋时高唐的歌唱家。高唐,故城在今山东禹城市区西南。 ④齐右善歌:齐右,高唐在齐之西部,西在右(以朝南论),所以叫齐右。歌,按一定的乐曲或节拍歌唱;《诗经·魏风·园有桃》"心之忧矣,我歌且谣",毛《传》:"曲合乐曰'歌'。" ⑤华周、杞(qǐ)梁之妻善哭其夫:赵岐《注》:"华周,华旋也;杞梁,杞殖也。"其事《左传·襄公二十三年》有载。《说苑·善说》:"昔华舟杞梁战而死,其妻悲之,向城而哭,隅为之崩,城为之阤(zhì,小崩也)。"《列女传·贞顺》所载略同。这是后世孟姜女哭长城故事的源头,顾颉刚编有《孟姜女故事研究集》。 ⑥无贤者也,有则髡必识之:"无……,有则……"是当时语言中的一个句式,意思是"要么没有……,若有就一定……"。详见《考证》112。 ⑦燔(fán)肉不至:燔,亦作"膰",祭肉。古礼,宗庙社稷祭祀,必分赐祭肉与同姓之国以及有关诸人,表示"同福禄"。 ⑧不税(tuō)冕而行:表示匆忙。税,通"脱"。

【考证 112】无贤者也有则髡必识之：

"无……，有则……"是当时语言中的一个句式，意思是"要么没有……，若有……就一定……"。类似之例如："非有司之令，无敢有车驰、人趋，有则其罪射；无敢散牛马军中，有则其罪射……无敢歌哭于军中，有则其罪射。"(《墨子·号令》)"是唯无作，作则万窍怒呺。"(《庄子·齐物论》)"天下归殷久矣，久则难变也。"(《孟子·公孙丑上》)"生则恶可已也？恶可已则不知足之蹈之手之舞之。"(《离娄上》)"自得之，则居之安；居之安，则资之深；资之深，则取之左右逢其原。"(《离娄下》)"梏之反复，则其夜气不足以存。夜气不足以存，则其违禽兽不远矣。"(《告子上》)"心之官则思，思则得之，不思则不得也。"(同上) 按，自《公孙丑上》以下的 5 例略有不同，但与前数例为一大类。最末一例若无第二句而作"心之官则思，不思则不得也"，即与《齐物论》"是唯无作，作则万窍怒呺"类似。王叔岷《庄子校诠》删"是唯无作，作则万窍怒呺"之"作则"二字，谓"西汉以前无类此句法"，不确。

12.7-1 孟子曰："五霸者①，三王之罪人也②；今之诸侯，五霸之罪人也；今之大夫，今之诸侯之罪人也。天子适诸侯曰巡狩，诸侯朝于天子曰述职。春省耕而补不足，秋省敛而助不给。入其疆，土地辟，田野治，养老尊贤，俊杰在位，则有庆③；庆以地。入其疆，土地荒芜，遗老失贤，掊克在位④，则有让⑤。一不朝，则贬其爵；再不朝，则削其地；三不朝，则六师移之⑥。是故天子讨而不伐，诸侯伐而不讨。五霸者，搂诸侯以伐诸侯者也；故曰，五霸者，三王之罪人也。

【译文】孟子说："五霸，是三王的罪人；现在的诸侯，是五霸的罪人；现在的大夫，又是现在诸侯的罪人。天子巡行诸侯国叫作'巡狩'，诸侯朝见天子叫作'述职'。〔天子的巡狩，〕春天考察耕种，补助不足的人；

秋天考察收获,周济不够的人。一进到某国的疆界,看到土地已经开辟,田野得到整治,赡养老人且尊敬贤者,俊杰能臣都有官位,那么就有赏赐;赏赐用土地。如果一进入某国疆界,土地抛荒,老人遭遗弃,贤者不任用,搜刮聚敛之人窃据要津,那么就有责罚。〔诸侯的述职,〕一次不朝,就降低爵位;两次不朝,就削减土地;三次不朝,就把军队派去。所以天子用兵是'讨'而不是'伐';诸侯则是'伐'而不是'讨'。五霸呢,是挟持一部分诸侯来攻伐另一部分诸侯的人;所以我说,五霸呢,是三王的罪人。

【注释】①五霸:指齐桓公、晋文公、秦穆公、楚庄王、吴王阖闾,一说无阖闾而有宋襄公。 ②三王:夏禹、商汤、周文王与周武王。 ③庆:奖赏。 ④掊(póu)克:聚敛。这里指聚敛之人。 ⑤让:责备,责罚。 ⑥六师移之:六师,即六军。周制,天子有六军,诸侯三军、二军、一军不等,每军12500人。移,迁移,移动。

12.7-2 "五霸,桓公为盛。葵丘之会①,诸侯束牲载书而不歃血②。初命曰,诛不孝,无易树子,无以妾为妻。再命曰,尊贤育才,以彰有德。三命曰,敬老慈幼,无忘宾旅。四命曰,士无世官,官事无摄,取士必得③,无专杀大夫。五命曰,无曲防④,无遏籴,无有封而不告⑤。曰,凡我同盟之人,既盟之后,言归于好。今之诸侯皆犯此五禁,故曰,今之诸侯,五霸之罪人也。长君之恶其罪小⑥,逢君之恶其罪大⑦。今之大夫皆逢君之恶,故曰,今之大夫,今之诸侯之罪人也。"

【译文】"五霸,齐桓公的事功最为隆盛。在葵丘的盟会,捆绑了牺牲,把盟约放在它身上,〔因为相信诸侯不敢负约,〕没有歃血。第一条盟约说:诛责不孝之人,不要废立世子,不要立妾为妻。第二条盟约说,尊贵贤人,养育人才,来表彰有德者。第三条盟约说,恭敬老人,慈爱幼小,不要怠慢贵宾和旅客。第四条盟约说,士人的官职不要世代相传,公家职务不要兼任,录用士子要取贤人,不要独断专行杀戮大夫。第五条盟约说,不要弯曲堤防〔而以邻为壑〕,不要阻止邻国来采购粮食,不要有所封赏而不报告〔盟主〕。最后说,所有参与盟会的人自订立盟约以后,都恢复旧日的友好。如今的诸侯都违犯了这五条禁令,所以说,如今的诸侯,都是五霸的罪人。臣下助长君主干坏事,这罪行还算小;臣下迎合君主干坏事,〔为他寻找理由,使他无所忌惮,〕这罪行可就大了。而如今的大夫,都迎合君主干坏事。所以说,如今的大夫,都是诸侯的罪人。"

【注释】①葵丘:地名,春秋时属宋,在今河南兰考。 ②诸侯束牲载书而不歃(shà)血:束牲,不杀的牺牲,指束缚之而不杀。载,加以。书,即盟书。载书,加盟书于牺牲之上。歃,以口微吸之。 ③得:得贤。 ④无曲防:无,毋。防,堤。这里是说宜直其堤防,不要曲其堤防,以邻为壑。 ⑤无有封而不告:意思是不要以私恩擅自封赏而不告盟主。 ⑥长君之恶:滋长、助长、扩大君主的过错。 ⑦长君之恶其罪小,逢君之恶其罪大:长君之恶,乃是被动配合君之为恶;逢君之恶,乃是主动挑唆君之为恶,故后者罪大。

12.8 鲁欲使慎子为将军①。孟子曰:"不教民而用之,谓之'殃民'②。殃民者,不容于尧舜之世。一战胜齐,遂有南阳③,然且不可……④"慎子勃然不悦曰:"此则滑厘所不识也。"

曰:"吾明告子。天子之地方千里;不千里,不足以待诸侯。诸侯之地方百里;不百里,不足以守宗庙之典籍⑤。周公之封于鲁,为方百里也;地非不足,而俭于百里⑥。太公之封于齐也,亦为方百里也;地非不足,而俭于百里。今鲁方百里者五⑦,子以为有王者作,则鲁在所损乎?在所益乎?徒取诸彼以与此,然且仁者不为,况于杀人以求之乎?君子之事君也,务引其君以当道,志于仁而已。"

【译文】鲁国打算让慎子做将军。孟子说:"不先教导训练百姓便让他们打仗,这叫作祸害老百姓。祸害老百姓的人,在尧舜的时代,是容不下他的。打一次仗便胜了齐国,于是得到了南阳,然而这样做是不对的……"慎子脸色一变,不高兴地说:"这些个我可没听说!"

孟子说:"我明白地告诉你吧。天子的土地纵横一千里;如果不到一千里,便不足以统领诸侯。诸侯的土地纵横一百里;如果不到一百里,便不足以奉守祖宗所传法度和典籍。周公被封于鲁,是应该纵横一百里的;土地并非不够,但还少于一百里。太公被封于齐,也应该是纵横一百里的;土地并非不够,但还少于一百里。如今鲁国有五个纵横一百里那么大,你以为假如有圣明之王兴起,鲁国的土地在减少之列呢?还是在增加之列呢?白拿那一国土地来给这一国,仁人尚且不干,何况杀人来取得土地呢?君子服事君主,不过是务必引导他朝正路上走,有志于仁罢了。"

【注释】①慎子:善用兵者,名滑厘。 ②不教民而用之,谓之"殃民":《论语·子路》:"以不教民战,是谓弃之。" ③南阳:即汶阳,在泰山之西南,汶水之北,本属鲁,其后逐渐为齐所侵夺。 ④然且不可:《古代汉语虚词词典》:"复合虚词(连词),由代词'然'和连词'且'组成。'然'指代上文提到的事情或情况,义为'如此''这样';'且'表示意思上的更进一层,义为'而且'。二者连用为连词,表示进层论述。用于复句的后一分句,表示在上文的基础上作进一步的议论或说明。可译为'然而'。如《墨子·兼爱下》:'即此言汤贵为天子,富有天下,然且不惮以身为牺牲,以祠说于上帝鬼神。'可见,"然且不可"是句没说完而被打断的话。 ⑤典籍:重要文册。 ⑥俭:少。 ⑦今鲁方百里者五:鲁虽非大国,也积极参加了兼并战争。顾栋高《春秋大事表》说:"伯禽初封曲阜,《汉书·地理志》云:'成王以少皞之墟曲阜封周公子伯禽为鲁侯。'今为山东曲阜县。后益封奄;隐二年入极;十年败宋师于菅,辛未取郜,辛巳取防……鲁在春秋,实兼九国之地。"

12.9 孟子曰:"今之事君者皆曰:'我能为君辟土地,充府库。'今之所谓良臣,古之所谓民贼也。君不乡道①,不志于仁,而求富之,是富桀也。'我能为君约与国②,战必克。'今之所谓良臣,古之所谓民贼也。君不乡道,不志于仁,而求为之强战,是辅桀也。由今之道,无变今之俗,虽与之天下,不能一朝居也。"

【译文】孟子说:"今天服事君主的人都说:'我能够替君主开拓土地,充实府库。'今天的所谓'良臣',正是古代的所谓'民贼'。君主不向往道德,无意于仁,却想让他富足,这等于让夏桀富足。〔又说:〕'我能够替君主邀约盟国,每战必胜。'今天的所谓'良臣',正是古代的所谓'民贼'。君主不向往道德,无意于仁,却想为他努力作战,这等于辅助夏桀。顺着当前这条路走下去,也不改变当前的风俗习气,即便给他整个天下,他也是一天都坐不安稳的。"

【注释】①乡:通"向",向往。 ②与国:同盟国。

12.10 白圭曰①:"吾欲二十而取一,何如?"孟子曰:"子之道,貉道也②。万室之国,一人陶,则可乎?"曰:"不可,器不足用也。"

曰:"夫貉,五谷不生,惟黍生之③;无城郭、宫室、宗庙、祭祀之礼,无诸侯币帛饔飧④,无百官有司,故二十取一而足也。今居中国,去人伦,无君子⑤,如之何其可也?陶以寡⑥,且不可以为国,况无君子乎?欲轻之于尧舜之道者,大貉小貉也;欲重之于尧舜之道者,大桀小桀也。"

【译文】白圭说:"我想定税率为二十抽一,怎么样?"孟子说:"你的办法是貉国的办法。一万户的国家,只有一个人制作瓦器,那做得到吗?"答道:"做不到,瓦器会不够用的。"

孟子说:"貉国,各种谷类都不生长,只生长黏小米;又没有城墙、房屋、祖庙和祭祀的礼节,也没有各国间的互相往来,送礼宴客,也没有各种衙门和官吏,所以二十抽一的税就够了。如今在中原华夏,抛弃人间伦常,不要大小官吏,那怎么能行呢?只是因为做陶器的人太少,便不成其为国家,何况还没有官吏呢?主张比尧舜的〔十分抽一的〕税率还轻的,是和大貉一丘的小貉;主张比尧舜的〔十分抽一的〕税率还重的,是和大桀一类的小桀。"

【注释】①白圭:人名,曾为相于魏,筑堤治水,促进生产,比孟子稍年轻。②貉(mò):同"貊",北方某国国名。　③黍:小米之黏者。　④饔飧:熟食,这里指以饮食招待客人之礼。　⑤君子:指百官。　⑥陶以寡:因为做陶器的人太少。以,因为。

12.11 白圭曰:"丹之治水也愈于禹①。"孟子曰:"子过矣。禹之治水,水之道也,是故禹以四海为壑;今吾子以邻国为壑。水逆行谓之'洚水'——'洚水'者,洪水也——仁人之所恶也。吾子过矣。"

【译文】白圭说:"我治理水患啊,比大禹还强呢。"孟子说:"您错了!禹治理水患,是顺着水的路径疏导的,所以禹以四海为蓄水池;而如今先生您却以邻国为蓄水池。水逆流而行叫作洚水——洚水就是洪水——是仁人所最厌恶的。先生您错了!"

【注释】①丹之治水:丹,白圭的名。白圭的治水,《韩非子·喻老》描述说:"白圭之行隄也,塞其穴……是以白圭无水难。"可见其治水下功夫在堤防。

12.12 孟子曰:"君子不亮①,恶乎执?"

【译文】孟子说:"君子不讲诚信,那秉持什么呢?"

【注释】①亮:通"谅",信誉。详见《考证》113。

【考证113】君子不亮恶乎执：

　　焦循《正义》载何异孙《十一经问对》云："问：此'恶'字作平声，还作去声？对曰：'亮'与'谅'同。孔子曰：'岂若匹夫匹妇之为谅哉？'又曰'君子贞而不谅。''谅'者，信而不通之谓。君子所以不亮者，非恶乎信，恶乎执也。故孟子又曰：'所恶执一者，为其贼道也。'"

　　这一章一般的解读是，君子不讲诚信，那秉持什么呢？亮，通"谅"，信誉，诚信。恶，音 wū，疑问代词（姑以"恶$_1$"称之）。赵岐《注》："亮，信也……若为君子之道，舍信将安执之？"何异孙却说"恶"读作 wù，厌恶之谓（姑以"恶$_2$"称之）。又说"谅"是信而不通，即讲求小信而不知变通。这样一来，这一章的意思便来了个大颠覆：君子不讲求小信，是因为讨厌执着于一点而不知变通。

　　有好几篇文章便拿着这一点，去纠正杨伯峻先生的《孟子译注》。他们或许忽略了这一点：字或词的意思变了，其分布也跟着变了。除非能证明原来的读法不合恶$_1$ 的分布，改了的读法合乎恶$_2$ 的分布，否则这一改读必定不能成立。

　　先看"恶乎"："君子去仁，恶乎成名？"（《论语·里仁》）"天下恶乎定？"（《孟子·梁惠王上》）"敢问夫子恶乎长？"（《公孙丑上》）"辞尊居卑，辞富居贫，恶乎宜乎？"（《万章下》）"彼且恶乎待哉！"（《庄子·内篇·逍遥游》）

　　以上书证，可归纳为"恶乎 V(O)"格式（V 表示谓语动词，O 表示宾语，括号内表示根据情况可以有，也可以无）。在这一格式中，a."恶"读作 wū，是疑问代词。b."恶乎"后一定是谓词性成分，而非体词性成分。以此来衡量，"恶乎执"正属于这一格式；也即"恶乎执"的"恶"是恶$_1$。

　　遍搜周秦典籍，我们未见"恶(wù)乎 V(O)"之例。《吕氏春秋·不苟论》有："故子胥见说于阖闾，而恶乎夫差；比干生而恶于商，死而见说乎周。"第一，该例"恶(wù)乎"的"乎"表被动；第二，该例"恶(wù)乎"后是体词性成分，可归纳为"恶(wù)乎 N"格式。

据我们的全面考察,战国中期,"执"是及物动词,其意义是拿着、或捉拿、拘捕。未见引申出"固执"之例。孟子说的"执一"(《尽心上》)确有固执义,但这是"执"和"一"合成的意义,并非"执"本身固有的意义。不能拿"所恶执一"和"恶乎执"简单类比(古人如此,却不必苛求)。也就是说,当时"执"是谓词性的,只能存在于"恶(wū)乎 V(O)"格式中,不能存在于"恶(wù)乎 N"格式中。

因此,何异孙之说是不能成立的;而赵岐及《孟子译注》译"恶乎执"为"将安执之""如何能有操守"大致是不错的。

至于"谅",它的本义是"诚实",所以孔子说:"友直,友谅,友多闻,益矣。"(《季氏》)由此引申出"固执"义:"君子贞而不谅。"(《卫灵公》)

既然"谅"(亮)确实有"诚实""诚信"义,而"恶乎执"又属于当时语言中肯定存在的"恶(wū)乎 V(O)"格式,那么,"君子不亮,恶乎执"也就文从字顺,不必也不能再作他解了。

在这一例中,我们又一次证明,原读如果合乎分布,改读一般则不会合乎分布。可见,原文合乎分布因而文从字顺时,改读往往既浪费精力,又淆乱视听,徒增烦扰而已。

12.13 鲁欲使乐正子为政①。孟子曰:"吾闻之,喜而不寐。"公孙丑曰:"乐正子强乎?"曰:"否。""有知虑乎②?"曰:"否。""多闻识乎?"曰:"否。"

"然则奚为喜而不寐?"曰:"其为人也好善③。""好善足乎?"

曰:"好善优于天下④,而况鲁国乎?夫苟好善,则四海之内皆将轻千里而来告之以善⑤;夫苟不好善,则人将曰:'訑訑⑥,予既已知之矣。''訑訑'之声音颜色距人于千里之外⑦。士止于千里之外,则谗谄面谀之人至矣⑧。与谗谄面谀之人居,国欲治,可得乎?"

【译文】鲁国打算叫乐正子治国理政。孟子说:"我听说这事儿,高兴得睡不着。"公孙丑说:"乐正子很坚强有力吗?"答道:"不是。""有智慧,有主意吗?"答道:"不是。""见多识广吗?"答道:"不是。"

"那你为什么高兴得睡不着呢?"答道:"他的为人哪,就是热爱仁善。""热爱仁善就够了吗?"

答道:"热爱仁善,用来治理天下都绰绰有余,何况仅仅治理鲁国呢? 如果热爱仁善,那四方之人都会不顾千里之遥赶来告诉他什么是仁是善;如果不好仁善,那别人会〔模仿他的话〕说:'呵呵! 我早就知道了!'说出'呵呵'的声音脸色就会把别人拒绝于千里之外了。士人在千里之外止步不来,那进谗言的、献媚的、当面恭维的人就会来了。和进谗言的、献媚的、当面恭维的人混在一块儿,国家想要治理好,做得到吗?"

【注释】①乐正子:乐正克。就是孟子在《尽心下》二十五章所说的"善人""信人"。 ②知虑:约等于"智慧"。 ③好善:邵永海《读古人书之〈孟子〉》译作"热爱仁善",甚为妥帖,从之。详见《考证》114。 ④优于天下:"优游于治天下"之意;也即《梁惠王上》"天下可运于掌",《公孙丑上》"治天下可运之掌上"。 ⑤轻千里而来:意思与"不远千里而来"相同。 ⑥訑(yí)訑:感叹词,骄傲自满时发出的声音。 ⑦距:同"拒"。 ⑧谗谄面谀:《庄子·杂篇·渔父》:"好言人之恶,谓之'谗'。"巴结,奉承,献媚,谓之"谄"。用不实之词恭维人,谓之"谀"。面谀,当面恭维对方。"谄""谀"的区别,是后者是用言语奉承,而前者不限于言语。《论语·八佾》:"事君尽礼,人以为谄也。"

【考证114】好善:

赵岐《注》:"好善,乐闻善言,是采用之也。"《孟子译注》译"其为人也好善"为:"他的为人喜欢听取善言。"朱熹、焦循均未之注。

战国文献中的"好善",我们找到的如下:"文武兴,则民好善;幽厉兴,则民好暴。"(《孟子·告子上》,杨伯峻《孟子译注》译第一句:

"周文王武王在上,百姓便趋向善良。")"古之贤王好善而忘势。"(《尽心上》,杨译:"古代的贤君乐于善言善行,因而忘记自己的富贵权势。")"立公子雍。好善而长,先君爱之,且近于秦。"(《左传·文公六年》,沈玉成《左传译文》译第二句:"他喜爱美好的事物而且年长。")"子西长而好善。立长则顺,建善则治。"(《昭公二十六年》,沈译第一句:"子西年长而喜好善良。")"好善无厌,受谏而能诫,虽欲无进,得乎哉!"(《荀子·修身》,张觉《荀子译注》译第一句:"爱好善良的品行永不满足。")

杨伯峻、沈玉成、张觉等先生译"好善"为"趋向善良""乐于善言善行""喜爱美好的事物""喜好善良""爱好善良的品行",却没有一例译为"乐闻善言""好善言"或类似者。

"好善言"《孟子》中另有其表达:"禹恶旨酒而好善言。"(《离娄下》)"禹闻善言则拜。"(《公孙丑上》)则是"好善言"的行为方式。"舜……闻一善言,见一善行,若决江河,沛然莫之能御也"(《尽心上》),这才是所谓"好善"。

邵永海《读古人书之〈孟子〉》译作"热爱仁善",甚为妥帖,从之。

12.14 陈子曰[①]:"古之君子何如则仕?"孟子曰:"所就三,所去三。迎之致敬以有礼;言,将行其言也,则就之。礼貌未衰[②],言弗行也,则去之。其次,虽未行其言也,迎之致敬以有礼,则就之。礼貌衰,则去之。其下,朝不食,夕不食,饥饿不能出门户;君闻之,曰:'吾大者不能行其道,又不能从其言也,使饥饿于我土地,吾耻之。'周之,亦可受也,免死而已矣。"

【译文】陈子说:"古代的君子要怎样才出去做官?"孟子说:"就职的情况有三种,离职的情况也有三种。礼节周全充分表达敬意地来迎接,他有所建言,就实行他说的,这样就任职。礼遇容色虽未衰减,但其建言已不实行了,这样就离开。其次,虽然没有实行他的建言,还是礼貌而恭敬地来迎接,也就任职。礼遇容色已经衰减,这样就离开。最下等的是,早上没饭吃,晚上也没饭吃,饿极了连房门也走不出。君主知道了说:'我从大的方面说不能实行他的学说,〔从小的方面说〕又不能听从他的建言,让他饥肠辘辘地待在我国土地上,我引以为耻。'于是周济他,这也勉强能接受,不过免于一死罢了。"

【注释】①陈子:赵岐认为是孟子弟子陈臻。　②礼貌:礼遇与容色。详见《考证》115。

【考证115】礼貌:

赵岐《注》:"礼衰,不敬也;貌衰,不悦也。"这样看来,赵岐是将"礼貌"看作一个短语,而非一个词。

"礼""貌"二字在当时文献中都是高频字(尤其是"礼"字),例如:"秦伯谓其大夫曰:'为礼而不终,耻也。中不胜貌,耻也。'"(《国语·晋语四》)"祭者……礼节文貌之盛矣。"(《荀子·礼论》)"礼者,所以貌情也。"(《韩非子·解老》)"礼以节之,信以结之,容貌以文之。"(《礼记·表记》)但"礼貌"仅见于《孟子》3次(除本章2次外,又见《离娄下》三十章"又从而礼貌之"),《吕氏春秋·慎大览》2次("魏氏人张仪,材士也,将西游于秦,愿君之礼貌之也……淳于髡为齐使于荆,还反,过于薛,孟尝君令人礼貌而亲郊送之"),《韩非子·解老》1次("所谓'处其厚不处其薄'者,行情实而去礼貌也")。"礼貌"连文只有这些次数,且《吕氏春秋》《韩非子》之3次均较《孟子》为晚,尚不足以证明它在《孟子》成书时代语言中已经成为一个词而非短语;王力先生说:"我们应该相信汉代的人对先秦古籍的语言比我们懂得多些。"故我们从赵岐《注》。

12.15 孟子曰:"舜发于畎亩之中①,傅说举于版筑之间②,胶鬲举于鱼盐之中③,管夷吾举于士④,孙叔敖举于海⑤,百里奚举于市。故天将降大任于是人也,必先苦其心志,劳其筋骨,饿其体肤,空乏其身行⑥,拂乱其所为,所以动心忍性⑦,曾益其所不能⑧。人恒过,然后能改;困于心,衡于虑⑨,而后作;征于色,发于声,而后喻⑩。入则无法家拂士,出则无敌国外患者⑪,国恒亡。然后知生于忧患而死于安乐也。"

【译文】孟子说:"大舜在田野之中发达起来,傅说在隔板筑墙时被提拔,胶鬲在打渔晒盐时被提拔,管夷吾坐牢时被提拔,孙叔敖在海边被提拔,百里奚在市场被提拔。所以,当上天将要把大任务降临某人肩上时,必定要让他的内心痛苦,让他的筋骨疲乏,让他的身体饥饿,让他立身行事身无长物一贫如洗,总是干扰他的作为使他事事不如意。用这些来磨砺他的心性,坚韧他的意志,增强他的能力。一个人常犯错误,然后才能通过改正有所进步;他的困苦思虑郁积在心中,横亘于胸臆,而后才能奋发兴起;这困苦思虑反映在面色上,发泄在喊声中,而后才能有所领悟警醒而茅塞顿开。〔一个国家,〕内无有法度的大臣和廷争面折之士,外无与它抗衡的邻国和外部的忧患,常常容易衰败灭亡。所有这些不难让人知晓,忧愁祸患能够让人生存,而安逸快乐足以致人死亡啊!"

【注释】①舜发于畎亩之中:舜曾耕于历山,又见《万章上》首章。 ②傅说举于版筑之间:《史记·殷本纪》载,武丁夜梦得圣人,名曰"说"。以梦所见视群臣百吏,皆非。乃使百工营求于野,得说于傅险中。是时说为胥靡筑于傅险,引见于武丁。武丁称是。与之语,果圣人,举以为相,殷国大治。遂以"傅险"姓之,号曰"傅说"。版筑,古人筑墙,用两版相夹,实土于其中,以杵筑之。 ③胶鬲举于鱼盐之中:胶鬲见《公孙丑上》首章。但他"举于鱼盐之中"故事不见于他书。 ④管夷吾举于士:管夷吾,即管仲。"士"为狱官之长。 ⑤孙叔敖:楚国令尹(宰相)。《荀子·非相》《吕氏春秋·不苟论》都说他原是"期思之鄙人"。今河南信阳地区有期思镇,可能是孙叔敖的故乡;辖于淮滨,位于淮滨县城与固始县城之间。其时河流纵横,沼泽遍布,可能是孟子"举于海"之说的由来。 ⑥空乏其身行：使他立身行事没有资材。详见《考证》116。 ⑦忍性：坚忍其性，即使他的性格坚忍不拔。 ⑧曾：同"增"。 ⑨衡：横，指横塞其虑于胸臆之中。 ⑩喻：明白，知道。 ⑪入则无法家拂士，出则无敌国外患者：入，指国内。出，指国外。拂，通"弼"，矫正，廷争面折，进逆耳忠言，提出相反意见。详见《考证》117。

【考证116】空乏其身行拂乱其所为：

一般断为"空乏其身，行拂乱其所为"。但"身行"屡见于先秦典籍，故白平《杨伯峻〈孟子译注〉商榷》(第265－266页)主张读为"空乏其身行，拂乱其所为"。

1. 以下书证可以证成其说："身行不顺，治事不公，不敢以苞众……身行顺，治事公，故国无阿党之义。"(《晏子春秋·内篇问上》)"虽庶人之子孙也，积文学，正身行，能属于礼义，则归之卿相士大夫。"(《荀子·王制》)"论礼乐，正身行，广教化，美风俗，兼覆而调一之，辟公之事也。"(同上)"仁人之用国，将修志意，正身行，伉隆高，致忠信，期文理。"(《富国》)"仲尼无置锥之地，诚义乎志意，加义乎身行，著之言语，济之日，不隐乎天下，名垂乎后世。"(《王霸》)"人主身行方正，使人有理，遇人有礼，行发于身而为天下法式者，人唯恐其不复行也。身行不正，使人暴虐，遇人不信，行发于身而为天下笑者，此不可复之行，故明主不行也。"(《管子·形势解》)

由此，似可归纳"身行"为"立身行事"。《吕氏春秋·季春纪》"赐贫穷，振乏绝"高诱注："行而无资曰'乏'。"可见"空乏其身行"意谓"使他立身行事缺乏资材"。

"行身"意义与"身行"略同："好恶无常，行身不笃，曰无诚者也。"(《逸周书·官人解》)"明主之听言也，美其辩；其观行也，贤其远。故群臣士民之道言者迂弘，其行身也离世。"(《韩非子·外储说左上》)"父母之所以求于子也，动作则欲其安利也，行身则欲其远罪也。"(《六反》)"主父偃行不轨而诛灭，吕步舒弄口而见戮，行身不谨，诛及

无罪之亲。"(《盐铁论·孝养》)

2."空乏其身行,拂乱其所为"与"又欲阙翦我公室,倾覆我社稷,帅我蟊贼,以来荡摇我边疆"(《左传·成公十三年》)"人皆有所不为,达之于其所为"(《尽心下》)类似;也即,"所为"为一体词性结构,意为"他的行为";"拂乱其所为"前加一表示行为义的体词"行",纯属蛇足。共时文献中也罕见其例。显然,它是由于读上文为"空乏其身","行"字没法安顿而置于"拂乱其所为"前面的。

具体说来,"苦其心志,劳其筋骨,饿其体肤,空乏其身(行)"的主语承上文的"天","拂乱其所为"也是如此。如果是"行拂乱其所为",则"行"为一主语之外的主题语,意为"在行为(或行动)上扰乱他的所作所为"。不过,正如上文所说这纯属蛇足,因为"行"与"所为"语义重复。

3.朱熹《集注》:"空,穷也。乏,绝也。拂,戾也,言使之所为不遂,多背戾也。"无法据以判定朱熹倾向上述哪种读法。赵岐《注》:"言天将降下大事,以任圣贤,必先勤劳其身,饿其体而瘠其肤,使其身乏资绝粮,所行不从,拂戾而乱之者;所以动惊其心,坚忍其性,使不违仁,困而知勤,增益其素所以不能行。"我们可以理解"使其身乏资绝粮,所行不从",谓"空乏其身行"也;可以理解"拂戾而乱之者",谓"拂乱其所为"也。

既然难以从赵岐《注》、朱熹《集注》看出其倾向,依据1、2两点,断为"空乏其身行,拂乱其所为"较为可取。

【考证117】入则无法家拂士:

赵岐《注》:"入,谓国内也。无法度大臣之家,辅拂之士。"朱熹《集注》:"拂,与'弼'同……拂士,辅弼之贤士也。"杨伯峻《孟子译注》译为:"国内没有有法度的大臣和足为辅弼的士子。"《王力古汉语字典》:"拂,通'弼',矫正。"所举例句即"入则无法家拂士,出则无敌国外患者,国恒亡"。

《荀子·臣道》:"君有过谋过事,将危国家、殒社稷之惧也,大臣父兄有能进言于君,用则可,不用则去,谓之'谏';有能进言于君,用则可,不用则死,谓之'争';有能比知同力,率群臣百吏而相与强君挢君,君虽不安,不能不听,遂以解国之大患,除国之大害,成于尊君安国,谓之'辅';有能抗君之命,窃君之重,反君之事,以安国之危,除君之辱,功伐足以成国之大利,谓之'拂'。故谏、争、辅、拂之人,社稷之臣也,国君之宝也,明君所尊厚也,而暗主惑君以为己贼也……伊尹、箕子,可谓'谏'矣;比干、子胥,可谓'争'矣;平原君之于赵,可谓'辅'矣;信陵君之于魏,可谓'拂'矣……谏、争、辅、拂之人信,则君过不远……事圣君者,有听从,无谏争;事中君者,有谏争,无谄谀;事暴君者,有补削,无挢拂。"

这段有"谏、争、辅、拂之人,社稷之臣也",与赵岐"辅拂之士"相仿佛。而"有能抗君之命,窃君之重,反君之事,以安国之危,除君之辱,功伐足以成国之大利,谓之'拂'""信陵君之于魏,可谓'拂'矣"(当指信陵君违逆君命盗符救赵事),可知《王力古汉语字典》解"拂"为"矫正"可信。下文又有"事暴君者,有补削,无挢拂",挢,使屈服也。上文"率群臣百吏而相与强君挢君,君虽不安,不能不听"可证。可知"挢拂"为同义词连用,与"矫拂"同:"直雕琢其性,矫拂其情,以与世交。"(《淮南子·精神训》)然则"拂"近"矫"义,昭昭明矣。

《晏子春秋·内篇谏上》:"君疏辅而远拂,忠臣拥塞,谏言不出。"《内篇杂上》:"鲁昭公失国走齐,景公问焉,曰:'子之年甚少,奚道至于此乎?'昭公对曰:'吾少之时,人多爱我者,吾体不能亲;人多谏我者,吾志不能用,是以内无拂而外无辅,辅、拂无一人,谄谀我者甚众,譬之犹秋蓬也,孤其根而美枝叶,秋风一至,偾且揭矣。'"

这里也是辅、拂连文,且"疏辅而远拂"则"忠臣拥塞,谏言不出";"辅、拂无一人"而"谄谀我者甚众",可知"拂"为逆君上意而矫正之。

《吕氏春秋·不苟论》:"文公曰:'辅我以义,导我以礼者,吾以为上赏;教我以善,强我以贤者,吾以为次赏;拂吾所欲,数举吾过者,吾以为末赏。'"

"拂吾所欲"与"数举吾过者"并列,可知前句即"拂逆我的欲望"。

"拂"通"弼"的证据:

《国语·吴语》:"昔吾先王世有辅弼之臣,以能遂疑计恶,以不陷于大难。今王播弃黎老,而孩童焉比谋,曰:'余令而不违。'夫不违,乃违也。夫不违,亡之阶也。夫天之所弃,必骤近其小喜,而远其大忧。"《越语下》:"今吴王淫于乐而忘其百姓,乱民功,逆天时;信谗喜优,憎辅远弼,圣人不出,忠臣解骨。"

《晏子春秋·外篇上》:"今此子事吾三年,未尝弼吾过也,吾是以辞之。"《吕氏春秋·不苟论》:"故天子立辅弼,设师保,所以举过也。"

《越绝书·越绝请籴内传》:"于乎嗟!君王不图社稷之危……不听辅弼之臣而信谗谀容身之徒,是命短矣。"《越绝德序外传记》:"吴王将杀子胥,使冯同征之,胥见冯同,知为吴王来也。泄言曰:'王不亲辅弼之臣而亲众豕之言,是吾命短也。高置吾头,必见越人入吴也,我王亲为禽哉!捐我深江,则亦已矣。'"

上引可见,拂、弼意义相同,分布相同。《晏子春秋》"弼吾过""所以举过"可证"弼"也有"矫正"义;均与"辅"连文可证。而据《越绝书》,可知"辅弼"(辅拂)在汉代意义并未发生演变。

综上,赵岐《注》将"拂士"解为"辅拂之士",a. 由于"辅"的加入,似乎模糊了"拂"的违逆、矫正的意义。b. 但也提供了线索,使得研究者能根据《荀子·臣道》等文献,了解"拂"的意义。然则赵岐所谓"辅拂之士"即辅助矫正之士;"拂士"也即敢于违逆君命进逆耳忠言之士,即廷争面折之士。c."拂"通"弼",音 bì。

洪波教授对我说:"《孟子》'入则无法家拂士'之'拂'当为'违逆'义。"检索群书,果然!感谢洪波教授!

12.16 孟子曰:"教亦多术矣,予不屑之教诲也者,是亦教诲之而已矣①。"

【译文】孟子说:"教育也有多种方式,我不屑于去教诲他,这也算是教诲他呢。"

【注释】①予不屑之教诲也者,是亦教诲之而已矣:这章可以参考:"孺悲欲见孔子,孔子辞以疾。将命者出户,取瑟而歌,使之闻之。"(《论语·阳货》)

尽心章句上

凡四十六章

13.1 孟子曰:"尽其心者①,知其性也。知其性,则知天矣。存其心,养其性,所以事天也。殀寿不贰,修身以俟之,所以立命也。"

【译文】孟子说:"能够费尽心思,并付诸实施于行善,才能了解自己的本性。能了解自己的本性,才能懂得天命。保持自己的本心,培养自己的本性,这是对待天命的方法。无论短命或长寿,自己都一心一意,只管培养身心,等待天命,这是安身立命的方法。"

【注释】①尽其心:费尽心思,并付诸实施于行善。详见《考证》118。

【考证 118】尽其心:

赵岐《注》:"性有仁义礼智之端,心以制之。惟心为正。人能尽极其心,以思行善,则可谓知其性矣。"朱熹《集注》:"心者,人之神明,所以具众理而应万事者也。性则心之所具之理,而天又理之所从以出者也。人有是心,莫非全体,然不穷理,则有所蔽而无以尽乎此心之量。故能极其心之全体而无不尽者,必其能穷夫理而无不知者也。"

赵岐、朱熹都试图将字词的训释和义理的探究熔于一炉而"毕其功于一役",尽管他们的理解未必不对,读者却容易坠入五里雾中。通过下列书证可知,"尽其心"似为费尽心思之意(即赵岐"尽极其心"):

"同官为寮,吾尝同寮,敢不尽心乎!"(《左传·文公七年》,沈玉成《左传译文》:"在一起做官就是'寮',我曾经和您同寮,岂敢不尽我的心意呢?")"尽心力以事君,舍药物可也。"(《昭公十九年》,沈译:"尽心竭力以事奉国君,不进药物是可以的。")"寡人之于国也,尽心焉耳矣。"(《孟子·梁惠王上》,杨伯峻《孟子译注》:"我对于国家,真是费尽心力了。")"以若所为,求若所欲,尽心力而为之,后必有灾。"(同上,杨译:"以您这样的做法想满足您这样的欲望,如果费尽心力去干,〔不但达不到目的,〕而且一定会有祸害在后头。")"君弗蓋图,卫而在讨。小人是惧,敢不尽心。"(《国语·晋语四》)

以上各例,除去"尽心力"的 2 例,"尽心"也包括践行、付诸实施的内涵,所以,我们译"尽其心"为"能够费尽心思,并付诸实施于行善",这样也能和赵岐《注》"以思行善"相切合。

13.2 孟子曰:"莫非命也,顺受其正;是故知命者不立乎岩墙之下①。尽其道而死者,正命也;桎梏死者,非正命也。"

【译文】孟子说:"没有什么不取决于命运,但顺理而行,接受的便是正命;所以懂得命运的人不站在有倾覆之危的高墙下面。致力于行其正道而死的人,所受的是正命;作奸犯科而死的人,所受的不是正命。"

【注释】①岩(yán)墙:朱熹《集注》:"岩墙,墙之将覆者。"

13.3 孟子曰:"求则得之,舍则失之,是求有益于得也①,求在我者也②。求之有道,得之有命,是求无益于得也,求在外者也。"

【译文】孟子说:"〔有些东西〕追求,就会得到;放弃,就会失掉,这样的追求,有益于获得;因为能否求得取决于我自己。追求有一定的方式,是否得到却听从命运,这种追求无益于获得;因为能否求得取决于外在的因素。"

【注释】①是求有益于得也:当理解为"是,求有益于得也",与《论语·里仁》"富与贵,是人之所欲也"的后一句类似,而不能将"是"视为"求"的定语。　②求在我者也:这一追求取决于我自己。详见《考证》119。

【考证119】求在我者也:

赵岐《注》:"谓修仁行义,事在于我。"也即,这一追求取决于我自己。杨伯峻《孟子译注》:"因为所探求的对象存在于我本身之内。"我们从赵《注》。当时典籍中好些"在我"都表示取决于我自身。例如:《国语·晋语二》:"我无心,是故事君者,君为我心,制不在我。"《孟子·滕文公上》:"孟子曰:'……君子之德,风也;小人之德,草也。草尚之风,必偃。是在世子。'然友反命。世子曰:'然。是诚在我。'"杨伯峻《孟子译注》:"……这一件事情完全决定于太子……太子说:'对;这应当决定于我。'"

《滕文公上》"是诚在我"的"是"指贯彻孟子所说的,它是用来指代一个谓词性成分的。

又如《左传·桓公六年》:"《诗》云:'自求多福。'在我而已,大国何为?"沈玉成《左传译文》:"……靠我自己就行了,要大国干什么?"《荀子·天论》:"若夫心意修,德行厚,知虑明,生于今而志乎古,则是其在我者也。"张觉《荀子译注》(上海古籍出版社2012):"至于思想美好,德行敦厚,谋虑精明,生在今天而能知道古代,这些就是那取决于我们自己的事情了。"

"求在我者也"之有"者也"乃因为是判断句,用来说明"是求有益于得"的原因。《荀子·天论》一例有"者也",也是说明原因的。

13.4 孟子曰:"万物皆备于我矣①。反身而诚,乐莫大焉。强恕而行②,求仁莫近焉。"

【译文】孟子说:"天下万物的大道理我都懂了。反躬自问,自己是真心诚意的,便没有比这更大的快乐了。不懈地按照推己及人之道去做,通往仁德的路没有比这更直接的了。"

【注释】①万物皆备于我:赵岐《注》:"普谓人为成人以往,皆备知天下万物。"《庄子·天下》也有类似表述,可参。　②恕:即《论语·颜渊》的"己所不欲,勿施于人"。

13.5 孟子曰:"行之而不著焉,习矣而不察焉,终身由之而不知其道者,众也①。"

【译文】孟子说:"每天都在做着,其中蕴含的道理却不明白;习惯了的东西却不能体察其所以然;一生都在这条路上走着,却不了解这是条什么路的,是芸芸众生啊。"

【注释】①众也:这四句可参考《论语·泰伯》:"民可使由之,不可使知之。"《泰伯》这两句话不是说"要让"民"由之","不要让"民"知之"。而是说民的能力(或习性)"只能""使由之"而"不能""使知之"。这固然是"瞧不起"芸芸众生的(《说文》:"民,众萌也"),但却不是想要实行"愚民政策"。因为当时语言的"可"和现代汉语的"可"不一样:只表客观可能,不表主观意愿。参见《论语新注新译》(简体字本)这一章的《考证》。

13.6 孟子曰:"人不可以无耻,无耻之耻①,无耻矣。"

【译文】孟子说:"人不可以没有羞耻心,不知羞耻的那份羞耻,真是无耻至极了。"

【注释】①无耻之耻,无耻矣:不知羞耻的那份羞耻,真是无耻至极了。详见《考证》120。

【考证120】无耻之耻无耻矣:

赵岐《注》:"人不可以无所羞耻也,人能耻己之无所耻,是为改行从善之人,终身无复有耻辱之累也。"朱熹《集注》无说,而直引赵氏之说。杨伯峻《孟子译注》译为:"人不可以没有羞耻,不知羞耻的那种羞耻,真是不知羞耻啊!"并注释道:"有人把这个'之'字看为动词,适也。那么,'无耻之耻,无耻矣'便当如此翻译:由没有羞耻之心到有羞耻之心,便没有羞耻之事了。但我们认为'之'字用作动词,有一定范围,一般'之'下的宾语多是地方、地位之词语,除了如在'遇观之否'等卜筮术语中'之'字后可不用地方、地位词语以外,极少见其他用法,因此不取。""有人把这个'之'字看为动词,适也",不知谁氏之说,但赵岐《注》之以"人能耻己之无所耻"解"无耻之耻",我们以为类似于"无耻是耻",是"耻无耻"的强调式;不过这里用来复指"无耻"这一前置宾语的,是"之"而非"是"。

我们以为杨伯峻先生所译较为可取,因为:

1.《孟子》中虽然有"子是之学,亦为不善变矣"(《滕文公上》)"知者无不知也,当务之为急;仁者无不爱也,急亲贤之为务……不能三年之丧,而缌、小功之察"(《尽心上》)这种用"之"来复指前置宾语的例子,但我们在先秦典籍的不及物动词的心理动词如"耻""哀""恭""乐""明""喜""怒""羞""异""悦"(包括"说")之中,未能见到一例其宾语是用"之"或"是"来复指的。我们考察了这些动词共2000多例,未见例外。

与此相反,共时文献中表示"……的耻辱"的"……之耻"却相当多:

"瓶之罄矣,维罍之耻。"(《诗经·小雅·蓼莪》)"受晋赂而辟之,楚之耻也,罪莫大焉。"(《左传·僖公三十三年》)"逃楚,晋之耻也。"(《襄公十年》)"大臣不顺,国之耻也。"(《襄公十七年》)"孔张失位,吾子之耻也……罪及而弗知,侨之耻也。"(《昭公十六年》)

可知,杨伯峻先生译"无耻之耻"为"不知羞耻的那种羞耻",较之译其为"人能耻己之无所耻"也即"人们能以无耻为耻",可靠得多。

2. 按照杨伯峻先生的译文,"无耻之耻"和"无耻矣"的两个"无耻",都是"不知羞耻""没有羞耻心",而按照赵岐《注》,"无耻之耻"的"无耻"是"无所耻"也即"不知羞耻""没有羞耻心",而"无耻矣"的"无耻",却是"无复有耻辱之累"也即"没有耻辱""不会招致耻辱"。诚如冯友兰先生所说"同文异解,似不甚妥"(《中国哲学史》,商务印书馆2011,第147页)。

共时文献中"无耻"都是"无所耻"也即"不知羞耻""没有羞耻心"的意思:

"狄无耻,从之,必大克。"(《左传·僖公八年》,沈玉成《左传译文》:"狄人没有羞耻,如果追击,必然大胜。")"道之以政,齐之以刑,民免而无耻。"(《论语·为政》,杨伯峻《论语译注》:"用政法来诱导他们,使用刑罚来整顿他们,人民只是暂时地免于罪过,却没有廉耻之心。")"其知憯于蛎虿之尾,鲜规之兽,莫得安其性命之情者,而犹自以为圣人,不可耻乎,其无耻也?"(《庄子·外篇·天运》,陈鼓应《庄子今注今译》译后三句为:"他们居然还自以为圣人,不是可耻吗?他们是这样无耻啊!"我以为当译为"他们还自以为圣人,他们的不知羞耻本身,不也是很可耻吗?"后两句为杨树达《古书疑义举例续补》之所谓"倒句例",与《史记·鲁仲连传》"亦太甚矣,先生之言也"类似。)"弦歌鼓琴,未尝绝音,君子之无耻也若此乎?"(《杂篇·让王》,陈译:"还在唱歌弹琴,君子的不知耻是这样的吗?")

《庄子·外篇·天运》的"其无耻也,不可耻乎"与"无耻之耻,无耻矣"意思差不多。既然我们所见先秦文献中的"无耻"都是"没有羞耻心""不知羞耻"的意思,本章"无耻矣"的"无耻"自然不能例外。

13.7 孟子曰:"耻之于人大矣。为机变之巧者①,无所用耻焉。不耻不若人,何若人有②?"

【译文】孟子说:"羞耻对于人关系重大。精于算计老于权谋者,〔正为此得意着呢,因而〕羞耻心对他是用不上的。不以赶不上别人为羞耻的人,怎么可能有赶上别人的机会呢?"

【注释】①机变:巧诈、诈术。 ②何若人有:此句颇不好懂,姑从邵永海先生之说。邵先生说:"何若人有,相当于说'何若人之有'。'何 X 之有'是古代汉语的常见句式,表示'哪里还有 X 呢',即在说话人看来,X 是不可能发生或存在的事情。"(《读古人书之〈孟子〉》,第 249 页)

13.8 孟子曰:"古之贤王好善而忘势;古之贤士何独不然?乐其道而忘人之势,故王公不致敬尽礼,则不得亟见之。见且由不得亟,而况得而臣之乎?"

【译文】孟子说:"古代的贤君追求嘉言懿行,而忘记自己的权势;古代的贤士何尝不是这样呢?乐于走自己的正道,而忘却了他人的权势;所以天子诸侯不对他恭敬有加礼数用尽,就不能够多次和他相见。相见的次数尚且不能太多,何况要他作为臣下呢?"

13.9 孟子谓宋句践曰①:"子好游乎②?吾语子游。人知之,亦嚣嚣,人不知,亦嚣嚣。"曰:"何如斯可以嚣嚣矣?"

曰:"尊德乐义,则可以嚣嚣矣。故士穷不失义,达不离道。穷不失义,故士得己焉③;达不离道,故民不失望焉。古之人,得志,泽加于民;不得志,修身见于世。穷则独善其身,达则兼善天下。"

【译文】孟子对宋勾践说:"你喜欢游说各国君主吗?我告诉你如何游说。别人理解我,我也悠然自得;别人不理解我,我也悠然自得。"宋勾践说:"要怎样才可以悠然自得呢?"

答道:"崇尚德,乐于义,就可以悠然自得了。所以,士人穷愁潦倒时,不失掉正义;一帆风顺时,不背离正道。穷愁潦倒时,不失掉正义,所以能够葆有善的本性;一帆风顺时,不背离正道,所以百姓不致丧失希望。古代的贤人,得志,恩泽普施于百姓;不得志,修养个人品德而表现于世间。不得志时,去修养自身;得志之时,去改善世界。"

【注释】①宋句(gōu)践：其人不可考。　②游：游历，这里指游说各国君主。　③得己：得以保留自己的本性。赵岐《注》："穷不失义，不为不义而苟得，故得己之本性也。"

13.10 孟子曰："待文王而后兴者①，凡民也。若夫豪杰之士，虽无文王犹兴。"

【译文】孟子说："一定要等文王出来，才能被善所激发而有所作为的，是芸芸众生。至于豪杰之士，即使没有文王，也能被善所激发而有所作为。"

【注释】①兴：感动奋发。

13.11 孟子曰："附之以韩魏之家①，如其自视欿然②，则过人远矣。"

【译文】孟子说："用韩、魏两家的财富来增强他，如果他仍然谦虚随和，那他就远远超过一般人了。"

【注释】①附之以韩魏之家：附，增强。韩、魏之家，春秋时晋国的韩、魏两家大臣。　②欿(kǎn)然：谦虚的样子。欿，不自满，谦虚。

13.12 孟子曰："以佚道使民，虽劳不怨①。以生道杀民，虽死不怨杀者②。"

【译文】孟子说："为使百姓活得好而役使他们，百姓虽然疲劳，但不怨恨。在为百姓求活路的过程中，一些百姓可能失去生命；他们这样死去，不会怨恨〔为他们求活路而〕使他们可能失去生命的人。"

【注释】①以佚道使民，虽劳不怨：《论语·里仁》："事父母几谏，见志不从，又敬不违，劳而不怨。"《尧曰》："君子惠而不费，劳而不怨，欲而不贪，泰而不骄，威而不猛。"此处"虽劳不怨"和《论语》的两处"劳而不怨"意思是一样的。参见《论语新注新译》4.18《考证》。　②以生道杀民,虽死不怨杀者:为百姓求活路的过程中,有些百姓会失去生命,但他们不会因此怨恨为他们求活路而使他们可能失去生命的人。详见《考证》121。

【考证 121】杀民、杀者:

赵岐《注》:"谓杀大辟之罪者,以坐杀人故也。杀此罪人者,其意欲生民也。故虽伏罪而死,不怨杀者。"朱熹《集注》:"以生道杀民,谓本欲生之也,除害去恶之类是也。盖不得已而为其所当为,则虽咈民之欲而民不怨。"杨伯峻《孟子译注》:"在求老百姓生存的原则下来杀人,那人虽被杀死,也不会怨恨那杀他的人。"白平《杨伯峻〈孟子译注〉商榷》则认为"是让百姓服合理的兵役……打仗就会有牺牲,但战死者……并不埋怨指挥他们打仗的上司。"(第269页)。

从情理看,朱熹之说最合理。白平之说亦有可取,但太具体,太具体则涵盖面较小,契合孟子原意的可能性就会因此缩小。但是,正如我们一贯主张的,解读古书光"合乎情理"是不够的,必须符合当时语言的实际。

"杀民"见于先秦两汉典籍的只有3处:

"汤又让瞀光曰:'知者谋之,武者遂之,仁者居之,古之道也。吾子胡不立乎?'瞀光辞曰:'废上,非义也;杀民,非仁也。'"(《庄子·杂篇·让王》)

"会同之事,大者主小,战伐之事,后者主先,苟不恶,何为使起之者居下,是其恶战伐之辞已!且《春秋》之法,凶年不修旧,意在无苦民尔;苦民尚恶之,况伤民乎!伤民尚痛之,况杀民乎!……今战伐之于民,其为害几何!考意而观指,则《春秋》之所恶者,不任德而任力,驱民而残贼之。"(《春秋繁露·竹林》)

"严刑峻法,不可久也。二世信赵高之计,渫笃责而任诛断,刑者半道,死者日积。杀民多者为忠,厉民悉者为能。"(《盐铁论·诏圣》)

以上3例中的前2例"杀民",都指"战伐之事""驱民而残贼之",也即,被杀之民,不是他们的上司主动杀的,而是为了执行上司的命令而被动地失去了生命。以彼例此,本章的"杀民"也可能如此,因为上面3例中,《庄子》一例更接近于《孟子》的著作年代。

以下则为见于先秦文献的"杀者":

"兵者不祥之器,非君子之器,不得已而用之,恬惔为上,故不美,若美之,是乐杀人。夫乐杀者,不可得意于天下。"(《老子·三十一章》)

"周公曰:'刳比干而囚箕子,飞廉、恶来知政,夫又恶有不可焉?'遂选马而进,朝食于戚,暮宿于百泉,厌旦于牧之野。鼓之而纣卒易乡,遂乘殷人而诛纣。盖杀者非周人,因殷人也。"(《荀子·儒效》)

"当惠王之时,五十战而二十败,所杀者不可胜数,大将、爱子有禽者也。"(《吕氏春秋·审应览》)

第一例不是"乐杀者"动手杀的,第三例也不是惠王杀的。如果说第一、第三例是"乐杀者""所杀者"而与"杀者"有所不同的话,第二例却是实实在在的"杀者",这例指出,战争中的死难不是周人而是殷人造成的。以上三例表明,战争中失去生命的人,是战争发动者(乐杀者、惠王)或引起战争的人(殷人)所杀的,也即,他们都是间接的杀人者。

"杀民"有以上意义特征,与"民"表示"人"的群体有关(详见《论语新注新译》附录的《也谈〈论语〉中的"人"与"民"》),一般说来,主动地大规模地杀人或曰"杀民",是较为罕见的。如果是主动的,就叫"杀人",不管是小规模的还是大规模的:"臣闻郊关之内有囿方四十里,杀其麋鹿者,如杀人之罪。"(《梁惠王下》)"争地以战,杀人盈野;争城以战,杀人盈城。"(《离娄上》)"舜为天子,皋陶为士,瞽瞍杀人,则如之何?"(《尽心上》)

有鉴于此,我们的译文将"杀民"处理为使民众被动地失去生命,将"杀者"处理为间接的杀人者;同时,译得尽量宽泛一些,这样涵盖面较大。

13.13 孟子曰:"霸者之民骧虞如也①,王者之民皞皞如也②。杀之而不怨,利之而不庸③,民日迁善而不知为之者。夫君子所过者化④,所存者神⑤,上下与天地同流,岂曰小补之哉⑥?"

【译文】孟子说:"霸主的百姓欢欣鼓舞,圣王的百姓光明坦荡。百姓要被杀了,也不怨恨;得了他的好处,也不觉得他有功于己;天天向好的方面发展,也不知道谁使他这样。圣人经过之处,人们潜移默化;驻足之处,春风化雨,有如神助;上与天、下与地同时运转,难道说只是小小的补益吗?"

【注释】①骧虞:即"欢娱"。 ②皞(hào)皞:光明坦荡的样子。详见《考证》122。 ③庸:酬谢。 ④君子:此处指君王和圣人。 ⑤所过者化,所存者神:《荀子·议兵》《尧问》都有同样的话。 ⑥当时的观念,真正行善是不该留名的。"子曰:'泰伯,其可谓至德也已矣。三以天下让,民无得而称焉。'"(《论语·泰伯》)"至德之世,不尚贤,不使能;上如标枝,民如野鹿;端正而不知以为义,相爱而不知以为仁,实而不知以为忠,当而不知以为信,蠢动而相使,不以为赐。是故行而无迹,事而无传。"(《庄子·外篇·天地》)"圣人并包天地,泽及天下,而不知其谁氏。是故生无爵,死无谥,实不聚,名不立,此之谓大人。"(《杂篇·徐无鬼》)

【考证122】皞皞如:

赵岐《注》:"王者道大法大,浩浩而德难见也。"可见,赵岐是以"浩浩"解"皞皞"的。朱熹《集注》:"皞皞,广大自得之貌。"焦循为赵岐"浩浩"之解申说:"浩、昊、皓、皞古字皆通。盖水之广大为'浩浩',天之广大为'皞皞',故赵氏以道大法天解之,则仍以'皞皞'为元气广大,以'浩浩'明之耳。"杨伯峻《孟子译注》:"圣王的〔功德浩荡,〕百姓心情舒畅。"

我们以为,"皞皞"即《滕文公上》"江汉以濯之,秋阳以暴之,皓皓乎不可尚已"的"皓皓",也即《诗经·卫风·伯兮》"其雨其雨,杲杲出日"的"杲杲"(《说文》:"杲杲,日出明亮貌。");"皡皡如"也即《论语·八佾》"从之,纯如也,皦如也"的"皦如"(《四书集注》:"皦,明也。")。

"皞"《说文》作"暤",其字又作"皓""皜""暠""杲""皎""皦",其同源词可参杨树达《积微居小学述林·释嶉》;除《释嶉》所列"嶉""㿦""驈""鹤""鸮""颢""皢""皭""籆"诸字外,我以为还有"缟素"的"缟"。朱骏声《说文通训定声》说"暤"为"洁白光明之貌",最为确切。《孟子译注》译"皞皞乎不可尚已"为"真是洁白得无以复加了"。《孔丛子·陈士义》:"火浣布……出火振之,皜然疑乎雪焉。"《诗经·陈风·月出》:"月出皎兮,佼人僚兮。"《王风·大车》:"谓予不信,有如皦日。""皎皎""皦然"也比喻、形容人的光明磊落:"峣峣者易缺,皦皦者易污。"(《后汉书·黄琼传》)"恢独皦然不污于法,遂笃志为名儒。"(《乐恢传》)

因此,我们译"皞皞如"为"光明坦荡"。

13.14 孟子曰:"仁言不如仁声之入人深也①,善政不如善教之得民也②。善政,民畏之;善教,民爱之。善政得民财,善教得民心。"

【译文】孟子说:"教化仁德的言语赶不上弘扬仁德的音乐沁人心脾,良好的政治赶不上良好的教育深入民心。良好的政治,百姓敬畏它;良好的教育,百姓热爱它。良好的政治得到百姓的财富,良好的教育赢得百姓的内心。"

【注释】①仁声:教化仁德的音乐。赵岐《注》:"仁声,乐声雅颂也。"参见《考证》033。　②仁言不如仁声之入人深也,善政不如善教之得民也:NP+不如+NP+之+VP格式句是先秦汉语中一种句式,如《论语·公冶长》:"十室之邑,必有忠信如丘者焉,不如丘之好学也。"《子张》:"纣之不善,不如是之甚也。"本句也属于这一句式。又,何莫邪先生对我说:"我个人以为'仁言'是'关于仁'的;'言'本身不会是

'仁'的。"这说法极有道理。我们据此修改了译文。特此鸣谢!

13.15 孟子曰:"人之所不学而能者,其良能也;所不虑而知者,其良知也。孩提之童①,无不知爱其亲者;及其长也,无不知敬其兄也。亲亲,仁也;敬长,义也;无他,达之天下也。"

【译文】孟子说:"人不必学习就能做到的,是良能;不必思考就会知道的,是良知。两三岁的小儿没有不知道爱他父母的;等到他长大,没有不知道敬爱哥哥的。亲爱父母是仁,敬爱哥哥是义;没有别的原因,只因为这是放之四海而皆准的真理。"

【注释】①孩提之童:孩,小儿笑声。提,怀抱。孩提之童,指嘿嘿笑着需要父母抱着的一两岁小孩。按国人习惯的虚岁,则是两三岁。赵岐《注》:"孩提,二三岁之间在镊褓知孩笑可提抱者也。"这里用的是虚岁。

13.16 孟子曰:"舜之居深山之中,与木石居,与鹿豕游,其所以异于深山之野人者几希;及其闻一善言,见一善行,若决江河,沛然莫之能御也。"

【译文】孟子说:"舜住在深山的时候,和木、石为伴,与鹿、猪同游,跟深山中野老村夫不同的地方极少;等到他听到一句好的言语,看到一桩好的行为,〔便采用推行。这种力量,〕好像江河决了口,汹涌澎湃,谁也阻挡不了。"

13.17 孟子曰:"无为其所不为,无欲其所不欲,如此而已矣。"

【译文】孟子说:"别去做自己不想做的,别去想自己不想要的,这样就行了。"

【考证 123】无为其所不为无欲其所不欲:

赵岐《注》:"无使人为己所不欲为者,无使人欲己之所不欲者,每以身况之如此,则人道足也。"如此,似可译为:"不要让别人做我自己所不愿做的,不要让别人想我自己所不愿想的。"这是因为,1.上古汉语中,"人"与"己"同时出现时,往往相对而言——"人"指他人,"己"指自己。即以《论语》为例:"不患人之不己知,患不知人也。"(《学而》)"己欲立而立人,己欲达而达人。"(《雍也》)"人洁己以进,与其洁也,不保其往也。"(《述而》)"为仁由己,而由人乎哉?"(《颜渊》)"己所不欲,勿施于人。"(同上,又见《卫灵公》)"古之学者为己,今之学者为人。"(《宪问》)"君子病无能焉,不病人之不己知也。"(《卫灵公》)"君子求诸己,小人求诸人。"(同上)2.共时文献中,"己"一般都指代主语,而不指代宾语。如:"陈馀怨项羽之弗王己也,令夏说说田荣,请兵击张耳。"(《史记·高祖本纪》)"楚怒,以随背己,伐随。"(《楚世家》)"秦怨赵不与己击齐,伐赵。"(《赵世家》)而"无为其所不为,无欲其所不欲"显然是可以补出主语的。故杨伯峻先生在《孟子译注》中说:"无为其所不为,无欲其所不欲,赵岐《注》云:'无使人为己所不欲为者,无使人欲己之所不欲者。'增字为释,恐非孟子本意。"

朱熹《集注》云:"李氏曰:'有所不为不欲,人皆有是心也。至于私意一萌,而不能以礼义制之,则为所不为,欲所不欲者多矣。能反是心,则所谓扩充其羞恶之心者,而义不可胜用矣。故曰"如此而已矣"。'"然则当译为:"不要做自己不想做的,不要想自己不想要的。"如此,则朱熹说与我们认为的赵岐《注》的本意,是一致的。

杨伯峻先生译为:"不干那我所不干的事,不要那我所不要之物。"与朱熹所理解的也是一致的。

"无为其所不为,无欲其所不欲"的"无"通"毋","不要"的意思。这两句话有个没有出现的主语,姑且作 S;那么,这段话相当于"(S)毋为其所不为,(S)毋欲其所不欲"。按朱熹的解释,"其"相当于"S之",这段话又相当于"(S)毋为 S 之所不为,(S)毋欲 S 之所不欲",也即"其"用于回指(S);而回指正是"其"在句中最主要的功能。即以《孟子·梁惠王上》为例,"其"字出现 39 次,除去用为语气副词的

4 例(例如"始作俑者,其无后乎?""其如是,孰能御之?"),用作代词的 35 例,全部用作回指。如:

"万乘之国,弑其君者,必千乘之家。"("其"指"万乘之国")"未有仁而遗其亲者也,未有义而后其君者也。"("其$_1$"指"仁",即仁人;"其$_2$"指"义",即义人)"文王以民力为台为沼,而民欢乐之,谓其台曰灵台,谓其沼曰灵沼,乐其有麋鹿鱼鳖。"(三"其"字均指"文王")"河内凶,则移其民于河东,移其粟于河内。"("其"指"河内")"鸡豚狗彘之畜,无失其时。"("其"指"鸡豚狗彘之畜")

另外,"其"前没有先行词,因而它不是指特定对象而是指"某一个"的句子,其实是有标的特例;表现形式通常是,两个或两个以上的"其"各自出现在对举句里。"无为其所不为,无欲其所不欲"就是典型的这种句子。参见《论语新注新译》(第二版)2.6《考证》。

13.18 孟子曰:"人之有德慧术知者①,恒存乎疢疾②。独孤臣孽子③,其操心也危④,其虑患也深,故达⑤。"

【译文】孟子说:"人们变得有道德、智慧、本领、知识,总是在他久遭病痛折磨之时。只有孤立之臣、庶孽之子,他们时常警醒自己,深深地担忧祸患,所以才能〔虑事周详,〕事事通达。"

【注释】①德慧术知:德行、知慧、道术、才智。 ②疢(chèn)疾:疾病。详见《考证》124。 ③孽子:非嫡妻之子叫作庶子,也叫孽子,地位卑微。 ④危:不安。 ⑤达:通达。详见《考证》125。

【考证 124】恒存乎疢疾:

赵岐《注》:"人所以有德行智慧道术才智者,在于有疢疾之人;疢疾之人又力学,故能成德。"朱熹《集注》:"疢疾,犹灾患也。言人必有疢疾,则能动心忍性,增益其所不能也。"杨伯峻《孟子译注》因而译为:"人之所以有道德、聪明、本领、才能,经常是由于他有灾患。"

赵说有多条书证的支持,而朱说竟无一条书证支持:

"心之忧矣,疢如疾首。"(《诗经·小雅·小弁》郑玄注:"疢,犹'病'也。"陆德明《经典释文》:"疢,又作'疹',同。")

"疢疾险中(郑玄注:牛有久病则角里伤),瘠牛之角无泽。"(《周礼·考工记》)

"季孙之爱我,疾疢也。"(杜预注:"常志相顺从,身之害。"沈玉成《左传译文》:"季武子喜欢我,这是没有痛苦的疾病。")"孟孙之恶我,药石也。"(杜预注:"常志相违戾,犹药石之疗疾。"沈译:"孟庄子讨厌我,这是治疾病的药石。")"美疢不如恶石。"(沈译:"没有痛苦的疾病不如使人痛苦的药石。")"夫石犹生我,疢之美,其毒滋多。孟孙死,吾亡无日矣。"(《左传·襄公二十三年》)

"令孤子、寡妇、疾疹、贫病者,纳宦其子。"(《国语·越语上》)

《广雅·释诂》:"疢,病也。"王念孙《疏证》:"疢者,《说文》:'疢,热病也。'《小雅·小弁篇》:'疢如疾首。'郑注云:'疢,犹"病"也。'"

鉴于《周礼·考工记》"疢疾险中"郑玄注"久病"以及《国语·越语上》"疾疹"与"贫病"并列,我们翻译"疢疾"为"长久患病"。

杨树达先生说:"莫泊桑晚年得了疯癫症,在法国某地方的疯癫病院死的。知道这件事的人,或者以为怪事。我却以为他这样的天才,宜乎其要得疯癫而死。要知道世上的天才,原来都是有病的啊!"(杨树达《李青崖译〈莫泊桑短篇小说集〉序》)

【考证125】故达:

赵岐《注》释"独孤臣孽子,其操心也危,其虑患也深,故达":"自以孤微,惧于危殆之患而深虑之,勉为仁义,故至于达也。"朱熹《集注》:"达,谓达于事理,即所谓德慧术知也。"杨伯峻《孟子译注》因而译为:"只有那孤立之臣、庶孽之子,他们时常提高警惕,考虑患害也深,所以才通达事理。"

我们认为,"达"谓通达,行得通。其书证如:

"季文子使司寇出诸竟,曰:'今日必达。'"(《左传·文公十八年》,沈玉成《左传译文》译"今日必达"为:"今天一定得彻底执行。")"六卿三族降听政,因大尹以达。"(《哀公二十六年》,沈译:"六卿三族共同听取政事,通过大尹上达。")"夫仁者,己欲立而立人,己欲达而达人。"(《论语·雍也》,杨伯峻《论语译注》:"'仁'是甚么呢?自己要站得住,同时也使别人站得住;自己要事事行得通,同时也使别人事事行得通。")"子张问:'士何如斯可谓之达矣?'子曰:'何哉,尔所谓达者?'子张对曰:'在邦必闻,在家必闻。'子曰:'是闻也,非达也。夫达也者,质直而好义,察言而观色,虑以下人。在邦必达,在家必达。'"(《颜渊》,杨译"在邦必达,在家必达"为:"做国家的官时固然事事行得通,在大夫家一定事事行得通。")

若要表达"通达事理","达"要带宾语,或后接"于"字介宾结构。如:"故知义而不知世权者,不达于道也。"(《文子·微明》)"故达于道者,不以人易天,外与物化,而内不失其情。"(《淮南子·原道训》)"故达道之人,不苟得,不让福,其有弗弃,非其有弗索,常满而不溢,恒虚而易足。"(《氾论训》)

13.19 孟子曰:"有事君人者①,事是君则为容悦者也②;有安社稷臣者③,以安社稷为悦者也;有天民者④,达可行于天下而后行之者也;有大人者⑤,正己而物正者也。"

【译文】孟子说:"有侍奉君主的人,就是侍奉某一君主,就尽量取悦于他的人;有安定国家之臣,就是以安定国家为乐的人;有天民,就是他的学说方略能通达贯彻于天下时,便去实行的人;有大人,那是端正了自己,万事万物也随之端正了的人。"

【注释】①君人:君主。《后汉书·陈蕃传》:"臣闻有事社稷者,社稷是为;有事人君者,容悦是为。"于是有人怀疑本章原作"人君"。其实古人引书,"随乎更乙"(姚永概《书〈经义述闻〉〈读书杂志〉后》);而《陈蕃传》只是述其意而已,并非援引。何况"君人"还见于《左传》《国语》

《墨子》《庄子》《商君书》《荀子》《韩非子》《管子》《晏子春秋》《吕氏春秋》等多部先秦典籍。　②则为容悦：则为之容悦。介词"为"后的宾语经常不出现。参见《考证》017。　③安社稷臣：大约就是《论语·季氏》的"社稷之臣"，即某国安危所倚重的重臣。《晏子春秋·内篇杂上》："晏子侍于景公，朝寒，公曰：'请进暖食。'晏子对曰：'婴非君奉馈之臣也，敢辞。'公曰：'请进服裘。'对曰：'婴非君茵席之臣也，敢辞。'公曰：'然夫子之于寡人何为者也？'对曰：'婴，社稷之臣也。'公曰：'何谓社稷之臣？'对曰：'夫社稷之臣，能立社稷，别上下之义，使当其理；制百官之序，使得其宜；作为辞令，可分布于四方。'"参见《论语新注新译》16.1《考证》。　④天民：本章的"天民"，指"熟知天道之人"。见于《万章上》第七章、《万章下》第一章的"天民"，我们则译为"百姓"。详见《考证》126。　⑤大人：高于"事君人者""安社稷臣者""天民者"的杰出卿大夫，或能"王天下"的诸侯。详见《考证》126。

【考证126】天民、大人：

　　"天民"于《孟子》一书中凡三见，除本章外，还见于《万章上》第七章、《万章下》第一章。见于《万章上》者为："天之生此民也，使先知觉后知，使先觉觉后觉也。予，天民之先觉者也；予将以斯道觉斯民也。"见于《万章下》者与之类似。本章评骘人物，第一层级的，以"事是君则为容悦"的"事君人者"为一般的大臣；第二层级的"以安社稷为悦"的"安社稷臣"大约相当于《论语·季氏》的"社稷之臣"，即某国安危所倚重的重臣。第四层级的"正己而物正"的"大人"，则为最杰出的卿大夫，甚至"王天下"的诸侯。如此看来，"达可行于天下而后行之"的"天民"，当不会仅仅是杨伯峻先生翻译《万章上》第七章"天民"的一介"百姓"。

　　先看杨伯峻《孟子译注》，《万章上》第七章的"天民"，他未出注，只是将"予，天民之先觉者也"译为："我呢，是百姓中的先觉者。"——用"百姓"翻译"天民"。见于《万章下》第一章者与之类似。见于本章者，译文中未加翻译而直接作"天民"。

再看朱熹《四书章句集注》。《万章上》注云:"程子曰:'予天民之先觉,谓我乃天生此民中,尽得民道而先觉者也。'"其注本章则云:"民者,无位之称。以其全尽天理,乃天之民,故谓之'天民'。"可知这两说法为杨伯峻先生译《万章上》《万章下》及本章"天民"之所本。

再看赵岐《注》,《万章上》《万章下》赵岐对"天民"未加解释。注本章则说:"天民,知道者也。可行而行,可止而止。"对照注"安社稷臣"之"忠臣志在安社稷而后悦也";以及注"大人"之"大丈夫不为利害动移者也;正己物正,象天不可言而万物化成也",可知赵岐理解《尽心上》的"天民"介乎"安社稷臣"和"大人"之间,似不能以"百姓"释之。但从其他文献中找到的,则似乎支持杨伯峻先生之释《万章上》《万章下》的"天民"为"百姓":

"夫取天之人,以攻天之邑,此刺杀天民,剥振神之位,倾覆社稷,攘杀其牺牲,则此上不中天之利矣。"(《墨子·非攻下》)"维天建殷,厥征天民名三百六十夫,弗顾,亦不宾成。"(《逸周书·度邑解》)"少而无父者谓之'孤',老而无子者谓之'独',老而无妻者谓之'矜',老而无夫者谓之'寡'。此四者,天民之穷而无告者也,皆有常饩。"(《礼记·王制》)

但《庄子·杂篇·庚桑楚》之"天民"似乎又不能以"百姓"释之:

"有恒者,人舍之,天助之。人之所舍,谓之'天民';天之所助,谓之'天子'。"

因此我们从赵岐《注》,译本章"天民"为"熟知天道之人";至于《万章上》《万章下》的"天民",我们则暂以"百姓"译之。

至于"大人",《孟子》多处出现,《论语》《左传》亦有之:"君子有三畏:畏天命,畏大人,畏圣人之言。小人不知天命而不畏也,狎大人,侮圣人之言。"(《论语·季氏》)"子产使都鄙有章,上下有服,田有封洫,庐井有伍。大人之忠俭者,从而与之;泰侈者,因而毙之。"(《左传·襄公三十年》)"周其乱乎?夫必多有是说,而后及其大人。大人患失而惑,又曰:'可以无学,无学不害。'"(《昭公十八年》)

以上为见于《论语》《左传》者。陈克炯《左传详解词典》的解释是"身居高位者"。以下各例见于《孟子》(不包括本章):

"然则治天下独可耕且为与?有大人之事,有小人之事。"(《滕文公上》)"惟大人为能格君心之非。"(《离娄上》)"非礼之礼,非义之义,大人弗为。"(《离娄下》)"大人者,言不必信,行不必果,惟义所在。"(同上)"大人者,不失其赤子之心者也。"(同上)"体有贵贱,有小大。无以小害大,无以贱害贵。养其小者为小人,养其大者为大人。"(《告子上》)"公都子问曰:'钧是人也,或为大人,或为小人,何也?'孟子曰:'从其大体为大人,从其小体为小人。'"(同上)"居恶在?仁是也。路恶在?义是也。居仁由义,大人之事备矣。"(《尽心上》)"孟子曰:'说大人,则藐之,勿视其巍巍然。'"(《尽心下》)

赵岐《注》本章云:"大人,大丈夫不为利害动移者也;正己物正,象天不可言而万物化成也。"《论语·季氏》"畏大人",《仪礼·士相见》疏引郑玄云:"大人为天子诸侯为政教者。"何晏《论语注》谓"大人":"即圣人,与天地合其德者也。"《史记索隐》引向秀《易·乾卦注》:"圣人在位,谓之'大人'。"

综合以上各书证及其上下文,我们认为,"大人"类似"君子"(参见《论语新注新译》2.14《考证》),有"以德言"和"以位言"的区别,但似乎略偏重于"以德言"(至少在《孟子》一书中是如此);所以在本书中,我们一般译"大人"为"道德君子"。但须明白,"大人"的地位,远较一般"君子"为高,甚至特指诸侯——由《尽心下》一例"食前方丈,侍妾数百人""般乐饮酒,驱骋田猎,后车千乘"(14.34)可知;所以,有时我们便译之为"伟人"(13.33)。本章的"大人",从"事君人者""安社稷臣者""天民者"的由低到高层层递进来看,很可能也指有所作为,能"王天下"的诸侯。即便不如此,由"事是君则为容悦""以安社稷为悦""达可行于天下而后行之""正己而物正"的由低到高层层递进来看,也至少是指在孟子等人心目中高于"事君人者""安社稷臣者""天民者"的杰出卿大夫;如偏重"以德言",或即"富贵不能淫,贫贱不能移,威武不能屈"的"大丈夫"。

13.20 孟子曰:"君子有三乐,而王天下不与存焉①:父母俱存,兄弟无故②,一乐也;仰不愧于天,俯不怍于人③,二乐也;得天下英才而教育之,三乐也。君子有三乐,而王天下不与存焉。"

【译文】孟子说:"君子有三件乐事,实现天下大同还不包括在其中。父母都健在,兄弟无灾殃,是第一件乐事;上不愧于天,下不愧于人,是第二件乐事;得到天下优秀人才而教导他们培育他们,是第三件乐事。君子有三件乐事,实现天下大同还不包括在其中。"

【注释】①王天下不与(yù)存焉:王天下,以仁德统一天下,姑译之为"实现天下大同"。不与存焉,不参与这一存在,不算在这之内。与,参与。焉,于此,此,指三乐。 ②故:事故,灾患。 ③怍(zuò):惭愧。

13.21 孟子曰:"广土众民,君子欲之,所乐不存焉;中天下而立,定四海之民,君子乐之,所性不存焉。君子所性,虽大行不加焉,虽穷居不损焉,分定故也①。君子所性,仁义礼智根于心,其生色也,睟然见于面②,盎于背③,施于四体④,四体不言而喻。"

【译文】孟子说:"广袤的土地,众多的人民,君子希望拥有它,但不是他的乐趣所在;屹立于天下的中央,安定那四海的百姓,君子以此为乐,但不是他的本性所在。君子的本性,即便理想贯彻于天下,也不会膨胀;即便艰难困苦地活着,也不会减少,这是因为本分已定。君子的本性,仁义礼智根植在他心中,而表现在外的,是和气安详呈现在颜面,反映在肩背,延伸到手足四肢;手足四肢虽不说话,别人也一目了然。"

【注释】①分(fèn):本分,地位。 ②睟(suì)然:赵岐《注》:"润泽之貌也。" ③盎(àng):显现。 ④施:延及。

13.22 孟子曰:"伯夷辟纣,居北海之滨,闻文王作兴,曰:'盍归乎来,吾闻西伯善养老者。'太公辟纣,居东海之滨,闻文王作兴,曰:'盍归乎来,吾闻西伯善养老者。'天下有善养老,则仁人以为己归矣。五亩之宅,树墙下以桑,匹妇蚕之,则老者足以衣帛矣。五母鸡,二母彘,无失其时,老者足以无失肉矣。百亩之田,匹夫耕之,八口之家足以无饥矣。所谓西伯善养老者,制其田里,教之树畜,导其妻子使养其老。五十非帛不暖,七十非肉不饱,不暖不饱,谓之'冻馁'。文王之民无冻馁之老者,此之谓也。"

【译文】孟子说:"伯夷躲避纣王,住到北海边,听说文王发达了,便说:'何不归向西伯呢?我听说他是善于赡养老者的人。'姜太公躲避纣王,住到东海边,听说文王发达了,便说:'何不归向西伯呢?我听说他是善于赡养老者的人。'天下有善于赡养老者的人,那仁人便把他那儿作为自己的归宿了。五亩地的宅院,在墙下栽植桑树,妇女养蚕缫丝,老年人就不愁有丝织品穿了。五只母鸡,两只母猪,不要错失它们繁殖的时机,老年人就不愁吃不上肉了。百亩的土地,男人去耕种,八口之家不愁吃不饱了。所谓西伯善于赡养老者,是指他为人民制定了土地制度,教育人民栽种畜牧,引导他们的妻子儿女去奉养自己家的老人。五十岁,没有丝织品穿便不暖和;七十岁,没有肉吃便觉着肚子饿。穿不暖,吃不饱,叫作受冻挨饿。文王的百姓中没有受冻挨饿的老人,就是这个意思。"

13.23 孟子曰:"易其田畴①,薄其税敛,民可使富也。食之以时,用之以礼,财不可胜用也。民非水火不生活——昏暮叩人之门户求水火,无弗与者,至足矣。圣人治天下,使有菽粟如水火②。菽粟如水火,而民焉有不仁者乎?"

【译文】孟子说:"精耕细作,减轻税收,能够让百姓富足。定时向百姓征收食物,依礼消费,财物是用不尽的。百姓没有水和火便活不下去,黄昏夜晚敲别人的房门来求水火,没有人不给的,这是因为水火从不缺乏。圣人治理天下,要让百姓的粮食多得就像水火唾手可得。粮食像水火那样唾手可得,百姓哪有不仁爱的呢?"

【注释】①易其田畴(chóu):易,治理。畴,已耕之田。田畴,田地。②菽(shū):豆类的总称。

13.24 孟子曰:"孔子登东山而小鲁①,登泰山而小天下,故观于海者难为水,游于圣人之门者难为言。观水有术,必观其澜。日月有明,容光必照焉②。流水之为物也,不盈科不行;君子之志于道也,不成章不达③。"

【译文】孟子说:"孔子登上东山之巅,便觉得鲁国渺小;登上泰山之巅,便觉得天下渺小;所以观赏过大海波澜壮阔的人,别的水波他便不屑一顾了;在圣人门下涵咏过浸润过的人,别的议论他便不屑一听了。观看水波有讲究,一定要看它汹涌澎湃的潮头。太阳月亮的光辉,一点小缝隙都不放过。水流的特点是,不把沟沟坎坎灌满,不再向前流;有志于道的君子,不成就一番事业,也就不会通达。"

【注释】①东山:即蒙山,在今山东蒙阴县城之南。 ②容光:小缝隙。③不成章不达:成章,有一定成就。不达,不通达。

13.25 孟子曰:"鸡鸣而起,孳孳为善者,舜之徒也;鸡鸣而起,孳孳为利者,跖之徒也。欲知舜与跖之分,无他,利与善之间也①。"

【译文】孟子说:"鸡一叫就起床,孳孳不倦行善的人,是舜的信徒;鸡一叫就起床,孳孳不倦求利的人,是跖的信徒。要想知道舜和跖的区别何在,不用到别处去找,它就在'利'和'善'的中间。"

【注释】①利与善之间:利和善的中间。这是比喻的说法,在利和善的中间,即面临着对利和善的抉择。详见《考证》127。

【考证127】利与善之间:

利和善的中间。这是比喻的说法,在利和善的中间,即面临着对利和善的抉择。《孟子译注》说:"音谏(jiàn)。《论语·先进》云:'人不间于其父母昆弟之言。'朱熹《集注》以'异'字解之;异,不同也。"按,朱说不妥。"人不间于其父母昆弟之言"和"利与善之间"两"间"字所处的语法位置完全不同,不能以此例彼。

《孟子》成书年代的语言中,"N+N+之间"是个常见结构,不烦枚举。如:"天地之间""君臣之间""陈蔡之间""两陛之间""庄岳之间"等等。以下两例"之间"前面是抽象名词:"骈于辩者,累瓦结绳窜句,游心于坚白同异之间。"(《庄子·外篇·骈拇》)"则仁义又奚连连如胶漆缠索而游乎道德之间为哉!"(同上)"利""善"因为都是抽象名词,又是单音节词,所以用了个连词"与"来连接;类似的如:"子罕言利与命与仁。"(《论语·子罕》)

13.26 孟子曰:"杨子取为我①,拔一毛而利天下,不为也。墨子兼爱,摩顶放踵利天下②,为之。子莫执中③。执中为近之。执中无权,犹执一也。所恶执一者,为其贼道也,举一而废百也。"

【译文】孟子说:"杨子采取'为自己'的主张,拔一根汗毛而有利于天下,都不肯干。墨子主张兼爱,从摸秃头顶开始,一直摸到脚后跟,〔弄得全身上下没有一根毛,〕只要对天下有利,一切都干。子莫就秉持中庸之道。秉持中庸之道其实差不多对了。但是只是持中而不知权变,便是拘执于一点。为什么厌恶拘执于一点呢?因为它有损于仁义之道,只是举其一点不及其余了。"

【注释】①取：采取。详见《考证》128。　②摩顶放(fǎng)踵：当为"摩顶放于踵"，从摸秃头顶始，一直摸到脚后跟，浑身没有一根毛。详见《考证》129。　③子莫执中：子莫，有学者认为是《说苑·修文》的颛孙子莫。罗根泽有《诸子考索·子莫考》。执中，可参《礼记·中庸》："舜好问而好察迩言，隐恶而扬善，执其两端，用其中于民。"然则杨子、墨子就是"执其两端"了。

【考证128】杨子取为我：

《论语译注》："《老子》云：'取天下常以无事；及其有事，不足以取天下。'又云：'以正治国，以奇用兵，以无事取天下。'诸'取'字当作'治'字解。《孟子》此'取'字亦当训'治'，故译为'主张'。"按，"取"不应训"治"，河上公及蒋锡昌之说不足取。即使可训"治"，安足以此例彼，而云"杨子取为我"之"取"亦训"治"哉？

"取"本"捕取"义，引申为"拿来"，当"取"的宾语是表示抽象概念的词时，这时"取"的意义也比较抽象了。例如：

《孟子·离娄下》："夫尹公之他，端人也；其取友必端矣。"《孟子译注》："……他所选择的朋友学生一定也正派。"《告子下》："士无世官，官事无摄，取士必得。"杨译："……录用士子一定要得当。"《左传·昭公十三年》："大福不再，祇取辱焉。"沈玉成《左传译文》："好运气不会再来，只是自取其辱而已。"《哀公十四年》："民不与也，祇取死焉。"沈译："百姓是不会亲附你的，只能找死。"《论语·八佾》"'相维辟公，天子穆穆'，奚取于三家之堂？"杨伯峻《论语译注》："……这两句话，用在三家祭祖的大厅上，在意义上取它哪一点呢？"

以彼例此，则"杨子取为我"应译为"杨子采取'为自己'的态度"或"杨子抱持'为自己'的主张"。

【考证129】摩顶放踵：

赵岐《注》："兼爱他人，摩突其顶，下至于踵，以利天下，己乐为之也。"朱熹《集注》："摩顶，摩突其顶也；放，至也。"《孟子译注》："赵岐《注》云：'摩秃其顶，下至于踵。'此处以'至'训'放'，恐不确。或以为

'放者犹谓放纵',是不着屦(屦有系偪束之)而着跂蹻(跂,木屐,雨天所穿;蹻,不另有底之鞋,晴天步行所穿,取其轻便,或谓之草鞋也)之意,恐亦不确。此盖当日成语,已难以求其确诂,译文只取其大意而已。"因而译此三句为"墨子主张兼爱,摩秃头顶,走破脚跟,只要对天下有利,一切都干"。我们先看下列书证:

a."夏,卫侯入,放公子黔牟于周,放宁跪于秦。"(《左传·庄公六年》)"九月,子雅放卢蒲嫳于北燕。"(《昭公三年》)"蔡人放其大夫公孙猎于吴。"(《哀公三年》)"舜流共工于幽州,放驩兜于崇山。"(《万章上》)"太甲颠覆汤之典刑,伊尹放之于桐。"(同上)

b."五年春,原、屏放诸齐。"(《左传·成公五年》)"吾欲观于转附朝儛,遵海而南,放于琅邪。"(《梁惠王下》)"源泉混混,不舍昼夜,盈科而后进,放乎四海。"(《离娄下》)"推而放诸东海而准。"(《大戴礼记·曾子大孝》郑玄《注》:"放,犹'至'也。")"放乎蒐狩,修乎军旅。"(《礼记·祭义》,王引之《经义述闻·礼记上》:"放,亦'至'也。")

c."放郑声,远佞人。"(《论语·卫灵公》)"伊尹放太甲而卒以为明王。"(《国语·晋语四》)"汤放桀,武王伐纣。"(《梁惠王下》)"吾为此惧,闲先圣之道,距杨墨,放淫辞。"(《滕文公下》)"象日以杀舜为事,立为天子则放之。"(《万章上》)"其所以放其良心者,亦犹斧斤之于木也。"(《告子上》)"今之与杨、墨辩者,如追放豚。"(《尽心下》)

d."葛伯放而不祀。"(《滕文公下》)"人有鸡犬放。"(《尽心下》)

按一般字典的描述,"放"有流放、放逐义,有放纵、放荡、放任义,有走失、迷失义,有"至"义(此义音 fǎng);在句子中,不脱以下形式:"放"的处所之前,必有介词;而所"放"的对象之前,没有介词。从 a 类句子可以明显看出这一点,b、c 两类则分别是"放"的处所和所"放"的对象,d 类是谁(或何物)放纵或走失。

流放义是"脱离、离开原来处所或位置＋(＋被动)";而放逐义以及走失、迷失义则为"脱离、离开原来处所或位置＋(－被动)","至"义也是如此。而放纵、放荡、放任义则为"脱离、离开原来处所或位置"所引申的"脱离约束"意义。我们看《告子上》的两则书证:"其所以放其良心者,亦犹斧斤之于木也。""舍其路而弗由,放其心而不知求……有放心而不知求。学问之道无他,求其放心而已矣。"其中"放心"的"放"与"人有鸡犬放""如追放豚"的"放"一样,都是走失、迷失义。"放心"即"迷失的心","放"的意义较为抽象;而"放豚"是"走失的猪","放"的意义较为具象。"放心""放豚"的"心""豚"都是所放的对象,而非"放"的目的地(处所),"放"与"心""豚"之间也没有介词。

"放踵"的形式和"放心""放豚"相同(也即它属于上列的 c 类),而与"放于琅邪""放乎四海""放诸东海""放乎蒐狩"的形式不同(也即它不属于上列的 b 类)——后者的"琅邪""四海""东海""蒐狩"是"放"的目的地,即处所,其前面有介词"于""乎"或"诸"。

综上,"于"字的有无,至为关键。如无"于","放踵"则类似"放心""放豚",其"放"字为"脱离约束"义;"放踵"或为"赤足",或为"远行"。杨伯峻先生说"此处以'至'训'放',恐不确",原因恐在于此。

《文选》江淹《上建平王书》"剖心摩踵,以报所天",李善《注》:"孟子曰:'墨子兼爱,摩顶致于踵,利天下为之。'刘熙曰:'致,至也。'"又,任彦升《奏弹曹景宗》"自顶至踵,功归造化",李善《注》:"《孟子》曰:'墨子兼爱,摩顶致于踵。'赵岐曰:'致,至也。'"又,刘孝标《广绝交论》"皆原摩顶至踵,隳胆抽肠",李善《注》:"《孟子》曰:'墨子兼爱,摩顶致于踵。'赵岐曰:'致,至也。'"

我们认为,上举《孟子》异文,可证"放踵"二字之间,原本有一"于"字。至于"放"是否"致"字之讹,姑存而不论。有了这一"于"字,则原文和赵岐《注》,始密合无间。

我们还有一个旁证:《孟子》一书中,"至于+宾语"者达23例,"至+宾语"者仅3例(《公孙丑上》"污不至阿其所好""自耕稼、陶、渔以至为帝",《滕文公上》"及至葬"),且这3例的宾语都是谓词性的。我们注意到,对上述26例中的绝大多数,赵岐《注》都没有重复"至""至于",只有下列3例例外:

《梁惠王下》"至于治国家,则曰:'姑舍女所学而从我'",赵岐《注》:"至于治国家而令从我,是为教玉人治玉也。"

《告子上》"至于身,而不知所以养之者",赵岐《注》:"至于养身之道,当以仁义,而不知用。"

《公孙丑上》"宰我、子贡、有若,智足以知圣人,污不至阿其所好",赵岐《注》:"言三人虽小污不平,亦不至阿其所好以非其事,阿私所爱而空誉之。"

以上3例,前2例《孟子》原文用了"至于",赵岐《注》也用了"至于";后1例,《孟子》原文用"至",赵岐《注》也只是用"至"。

再比照"放"的《孟子》原文及赵岐《注》:

《梁惠王下》"遵海而南,放于琅邪",赵岐《注》:"循海而南,至于琅邪。"原文有"于",注文也用了个"于"字。

以此例彼,本章原文"摩顶放踵",赵岐以"摩突其顶,下至于踵"译之,用了"于"字,是否可以间接证明《孟子》原文也当作"摩顶放于踵"或"摩顶致于踵"呢?

13.27 孟子曰:"饥者甘食,渴者甘饮,是未得饮食之正也,饥渴害之也。岂惟口腹有饥渴之害?人心亦皆有害。人能无以饥渴之害为心害,则不及人不为忧矣。"

【译文】孟子说:"肚子饿的人什么食物都觉得好吃,干渴的人任何饮料都觉得甘甜。这样是不能品尝到饮料食品正常滋味的——饥渴损害了他的味觉。难道只有口舌肚皮有饥渴的损害吗?人心也有这种损害。如果人们能够〔经常培养心志,〕不使人心遭受口舌肚皮那样的饥渴,那比不上别人优秀的忧虑就会没有了。"

13.28 孟子曰:"柳下惠不以三公易其介[①]。"

【译文】孟子说:"即使拿三公的高位来换取柳下惠改变操守,他也不会干。"

【注释】①不以三公易其介：三公，辅助国君掌握军政大权的高等级贵族。介，这里指博大的胸襟。赵岐《注》："介，大也。柳下惠执宏大之志，不耻污君，不以三公荣位易其大量也。"焦循释"介"为"特立之行"，为"节操"；但除《楚辞·九章·悲回风》"暨志介而不忘"外，其余可作此释的"介"多见于汉代以后文献；而"暨志介而不忘"之"介"又作谓语，与本章"介"作宾语不同。故只能从赵《注》；且"介"之训"大"见于先秦文献者极多。又，从3.9、10.1—2、14.15柳下惠的风貌看，此"介"也当训"胸襟博大"而不当训"耿介"。

13.29 孟子曰："有为者辟若掘井，掘井九轫而不及泉①，犹为弃井也②。"

【译文】孟子说："有所作为的人就好比掏井，掏到六七丈深还不见泉水，就等于挖了一眼废井〔，应该果断放弃，择地重新开始〕。"

【注释】①轫：赵岐《注》："轫，八尺也。" ②犹为弃井：赵岐《注》："虽深而不及泉，喻有为者中道而尽弃前行也。"类似《论语·子罕》"譬如为山，未成一篑，止，吾止也"。

13.30 孟子曰："尧舜，性之也；汤武，身之也；五霸，假之也。久假而不归，恶知其非有也。①"

【译文】孟子说："尧、舜的爱好仁德，是出于天然本性；商汤和周武王是身体力行；五霸是借来运用，以此匡正诸侯。但是，久借不还，又怎知他不会最终拥有呢？"

【注释】①《礼记·中庸》："天下之达道五（君臣、父子、夫妇、昆弟、朋友之交），所以行之者三（智、仁、勇）……或安而行之，或利而行之，或勉强而行之，及其成功，一也。"

13.31 公孙丑曰:"伊尹曰^①:'予不狎于不顺。'放太甲于桐,民大悦。太甲贤,又反之,民大悦。贤者之为人臣也,其君不贤,则固可放与?"孟子曰:"有伊尹之志,则可;无伊尹之志,则篡也。"

【译文】公孙丑说:"伊尹说:'我不亲近违背义礼的人。'便把太甲放逐到桐邑,百姓大为高兴。太甲变好了,又让他回来〔复位〕,百姓也大为高兴。贤人作为臣属,君主不好,本来就可以放逐他吗?"孟子说:"有伊尹那样的想法,就可以;没有伊尹那样的想法,就是篡夺了。"

【注释】①"伊尹曰"数句:当为《尚书》佚文。

13.32 公孙丑曰:"《诗》曰:'不素餐兮^①。'君子之不耕而食,何也?"

孟子曰:"君子居是国也,其君用之,则安富尊荣;其子弟从之,则孝悌忠信。'不素餐兮',孰大于是?"

【译文】公孙丑说:"《诗经》说:'不白吃饭哪!'可是君子不种庄稼,也来吃饭,为什么呢?"

孟子说:"君子居住在一个国家,君主用他,就会平安、富足、尊贵而有名誉;少年子弟信从他,就会孝父母、敬兄长、忠心而且信实。你说'不白吃饭哪',〔我请问,〕贡献还有比这更大的吗?"

【注释】①不素餐兮:见《诗经·魏风·伐檀》。

13.33 王子垫问曰^①:"士何事?"孟子曰:"尚志^②。"

曰:"何谓尚志?"曰:"仁义而已矣。杀一无罪非仁也,非其有而取之非义也。居恶在?仁是也。路恶在?义是也。居仁由义,大人之事备矣。"

【译文】王子垫问道:"士应当做什么?"孟子答道:"要使自己所想的高尚。"

问道:"什么叫作使自己所想的高尚?"答道:"时刻想着仁和义而已。杀一个无罪的人,是不仁;不是自己所有,却拿了过来,是不义。住在哪里?在'仁'那儿;路在何方?在'义'那儿。住在仁的屋宇里,走在义的大路上,伟人的事业便齐备了。"

【注释】①王子垫:齐国王子,名垫。　②尚志:高尚其志。"尚"在此为使动用法。

13.34 孟子曰:"仲子①,不义与之齐国而弗受,人皆信之,是舍箪食豆羹之义也。人莫大焉亡亲戚君臣上下②。以其小者信其大者,奚可哉?"

【译文】孟子说:"陈仲子,不义而把齐国交给他,他都不会接受,别人都相信他;〔但是〕他那种义也只是舍弃一筐饭一盘肉的义。人的罪过没有比不要父兄君臣尊卑还大的。因为他有小节操,便相信他的大节操,怎么可以呢?"

【注释】①仲子:即《滕文公下》第十章的陈仲子。　②人莫大焉亡亲戚君臣上下:如同"死矣盆成括"(14.29)即"盆成括死矣"的倒句一样,这句也是"亡亲戚君臣上下,人莫大焉"的倒句。详见《考证》130。

【考证130】人莫大焉亡亲戚君臣上下:

王引之《经传释词》谓此句的"焉""犹'于'也",此说注《孟》诸家多从之。例如杨伯峻先生之《孟子译注》。《经传释词》建立此说,只有3个例句,除此例外,其他2个也是靠不住的。我们先看王引之是如何说的。《经传释词》"焉"字下云:

"焉,犹'于'也。哀十七年《左传》曰:'裔焉大国,句。灭之将亡。'裔,边也;焉,于也。言边于大国,将见灭而亡也。此顾氏宁人说。杜《注》既失其句,而又失其韵,无庸置辩。宣六年《公羊传》曰:'勇士入其大门,则无人焉门者;入其闺,则无人焉闺者。'何《注》曰:'焉者,于也;是无人于门闺守视者也。'下文"上其堂,则无人焉",《注》曰:"但言焉,绝语辞,堂不设守视人，故不言焉堂者。"今本正文作"则无人门焉者""则无人闺焉者"。《注》中"焉堂者"亦作"堂焉者"，皆后人不晓文义而妄乙之。此段氏若膺说。《孟子·尽心篇》曰：'人莫大焉无亲戚、君臣、上下。'言莫大于无亲戚、君臣、上下也。"

黎锦熙先生有"例不十，不立法"的名言，上面这段证明"焉，犹'于'"的材料，才3个例子。如果其他2个例子都靠得住，也能勉强支撑本例。可惜前面两个例子，历来争议很大。先看《左传·哀公七年》的"裔焉大国，灭之将亡"。

《毛诗正义》杜预、孔颖达读作："其繇曰：'如鱼赪尾，衡流而方羊裔焉。大国灭之，将亡。'"王引之解"裔焉大国"为"裔于大国"，可是经典中从未见"裔"作谓语后接介宾短语者，即未见"裔于……"者。然则读为"裔焉大国"并解为"裔于大国"其实没有文献根据。这一书证既然有争议，就应从证明"焉"有"于"义的3例书证中排除。

至于第2例（即《公羊传·宣公六年》之例），其原文为："勇士入其大门，则无人门焉者；入其闺，则无人闺焉者。"（王引之为证成其说，故意将"门""焉"二字颠倒了）这一段是训诂学上著名的、常被引用的名词活用的例子；这是因为"门焉"是《左传》中的常见短语，是攻门、进门和守门的意思。例如：

"晋侯围曹，门焉，多死。"（《左传·僖公二十八年》）"二年春，齐侯伐我北鄙，围龙。顷公之嬖人卢蒲就魁门焉，龙人囚之。"（《成公二年》）"偪阳人启门，诸侯之士门焉。县门发，郰人纥抉之以出门者。"（《襄公十年》）"诸侯之士门焉，齐人多死。"（《襄公十八年》）"十二月，吴子诸樊伐楚，以报舟师之役。门于巢。巢牛臣曰：'吴王勇而轻，若启之，将亲门。我获射之，必殪。是君也死，疆其少安！'从之。吴子门焉，牛臣隐于短墙以射之，卒。"（《襄公二十五年》）"亦以徒七十人，旦门焉，步左右，皆至而立，如植。日中不启门，乃退。"（《定公十年》）"子路入，及门，公孙敢门焉，曰：'无入为也。'"（《哀公十五年》）

从这些书证中的"门焉"看，有攻门的，如《僖公二十八年》；有进门的，如《襄公二十五年》；有守门的，如《定公十年》。

《公羊传·宣公六年》的"门焉"正是"守门"的意思:"勇士入其大门,则无人门焉者;入其闺,则无人闺焉者。""焉"是表"于此"的指示代词。此谓勇士入其大门,则见无人守于此大门;入其小门(闺),则见无人守于此小门。何休《注》:"是无人于闺、门守视者也。"正得其旨。

如此,证明"焉"有"于"义的书证就仅仅剩下1例了,也即本章的"人莫大焉亡亲戚君臣上下"。这对于建立"'焉'有'于'义"这一"法则"来说,1例,也就意味着"零"。

我们认为"人莫大焉亡亲戚君臣上下"属于《古书疑义举例》《古书疑义举例续补》两书中的"倒句例"。《古书疑义举例续补》所举"倒句例",见于《孟子》的有:"何哉,君所为轻身以先于匹夫者?……何哉,君所谓逾者?"(《梁惠王下》)"盆成括仕于齐,孟子曰:'死矣,盆成括!'盆成括见杀。"(《尽心下》)其余例子还有:

"中妇诸子谓宫人:'盍不出从乎?君将有行。'"(《管子·戒》)本当云:"君将有行,盍不出从乎?"——拣最重要的急着说,再补充次要的,人着急时往往如此。又如:"少顷,东郭牙至……管子曰:'子邪,言伐莒者?'"(《吕氏春秋·审应览》)又如:"伯鱼之母死,期而犹哭,夫子闻之曰:'谁与,哭者?'门人曰:'鲤也。'"(《礼记·檀弓上》)

"亡亲戚君臣上下,人莫大焉"是个复句,由前后两个从句组成;这样的句子《孟子》中就有:"责善则离,离则不祥莫大焉。"(《离娄上》)"反身而诚,乐莫大焉。"(《尽心上》)其他先秦两汉典籍中更是不胜枚举:

"人谁无过?过而能改,善莫大焉。"(《左传·宣公二年》)"今宋人弑其君,罪莫大焉!"(《国语·晋语五》)"无其人而幸有其功,愚莫大焉……譬之是犹立直木而恐其景之枉也,惑莫大焉……譬之是犹立枉木而求其景之直也,乱莫大焉。"(《荀子·君道》)

总之,"人莫大焉亡亲戚君臣上下"是"亡亲戚君臣上下,人莫大焉"的倒句,应该是没有疑义的。

杨伯峻先生译这句为"人的罪过没有比不要父兄君臣上下还大的",即这句的"人"指"人的罪过",这当然是对的。

13.35 桃应问曰①:"舜为天子,皋陶为士,瞽瞍杀人,则如之何?"孟子曰:"执之而已矣。"

"然则舜不禁与?"曰:"夫舜恶得而禁之?夫有所受之也。"

"然则舜如之何?"曰:"舜视弃天下犹弃敝蹝也②。窃负而逃,遵海滨而处,终身䜣然③,乐而忘天下。"

【译文】桃应问道:"舜做天子,皋陶做法官,如果瞽瞍杀了人,那怎么办?"孟子答道:"把他逮捕起来罢了。"

"那么,舜不阻止吗?"答道:"舜凭什么去阻止呢?皋陶那样做是有所依据的。"

"那么,舜该怎么办呢?"答道:"舜把丢掉天子之位看作丢掉破拖鞋一般。偷偷地背着父亲而逃走,傍着海边住下来,一辈子逍遥快乐,忘记了他曾经君临天下。"

【注释】①桃应:孟子弟子。 ②蹝(xǐ):亦作"屣",没有脚跟的鞋子,类似现在的拖鞋。 ③䜣:同"欣"。

13.36 孟子自范之齐①,望见齐王之子,喟然叹曰:"居移气,养移体,大哉居乎!夫非尽人之子与②?"孟子曰:"王子宫室、车马、衣服多与人同,而王子若彼者,其居使之然也,况居天下之广居者乎③?鲁君之宋,呼于垤泽之门④。守者曰:'此非吾君也,何其声之似我君也?'此无他,居相似也。"

【译文】孟子从范邑到齐都,远远望见了齐王的儿子,长叹一声说:"环境改变气度,营养改变身体,环境真是重要哇!那人不也是人的儿子吗?〔为什么就显得特别不同了呢?〕"孟子说:"王子的住所、车马和衣服多半和别人相同,为什么王子却像那样呢?是因为他的环境使他这样的;更何况是住在'仁'的广厦中的人呢?鲁君到宋国去,在宋国的东南城门下呼喊,守门的说:'这不是我的君主哇,为什么他的声音像我们的君主呢?'这没有别的缘故,环境相似罢了。"

【注释】①范:地名,故城在今河南范县县城东南二十里,是从梁(魏)到齐的要道。 ②夫非尽人之子与:夫,彼,那人。尽,全部,皆。 ③广居:指仁。《滕文公下》:"居天下之广居,立天下之正位,行天下之大道;得志,与民由之;不得志,独行其道。富贵不能淫,贫贱不能移,威武不能屈,此之谓大丈夫。"《离娄上》:"仁,人之安宅也;义,人之正路也。"本篇三十三章:"居恶在?仁是也。路恶在?义是也。居仁由义,大人之事备矣。" ④垤(dié)泽之门:宋东城南门。

13.37 孟子曰:"食而弗爱,豕交之也;爱而不敬,兽畜之也。恭敬者,币之未将者也①。恭敬而无实,君子不可虚拘②。"

【译文】孟子说:"只是养活他而不怜爱他,就是和养猪一样和他交往;怜爱他而不恭敬他,就是和养狗养马一样蓄养他。恭敬之心是在致送礼物之前就具备了的。只有恭敬的外表,没有恭敬的实质,君子不会被这种虚情假意所拘束。"

【注释】①币之未将:币,这里指所赠的布帛。将,赠送。 ②本章内容可与12.5注⑤及《考证》111合参。

13.38 孟子曰:"形色①,天性也;惟圣人然后可以践形②。"

【译文】孟子说:"人的身体容貌是天生的,却只有圣人的灵魂才配居住在此大好形体之中。"

【注释】①形色:《庄子·外篇·天道》:"视而可见者,形与色也。听而可闻者,名与声也。悲夫,世人以形色名声为足以得彼之情!" ②践形:赵岐、朱熹的解释大约是,圣人能明明白白而非浑浑噩噩地活在世上，就没糟蹋爹妈赋予的大好形体。

13.39 齐宣王欲短丧。公孙丑曰："为朞之丧①，犹愈于已乎？"孟子曰："是犹或紾其兄之臂，子谓之'姑徐徐'云尔，亦教之孝悌而已矣。"

王子有其母死者，其傅为之请数月之丧。公孙丑曰："若此者何如也？"曰："是欲终之而不可得也。'虽加一日愈于已'，谓夫莫之禁而弗为者也。"

【译文】齐宣王想要缩短守孝的时间。公孙丑说："〔父母死了，〕守孝一年，不比停下完全不守强些吗？"孟子说："这好比有个人在扭他哥哥的胳膊，你却对他说，暂且慢慢地扭吧，云云；我看只要教导他孝顺父母尊敬兄长便行了。"

王子有死了母亲的，他的师傅为他请求守孝几个月。公孙丑问道："像这样的事，怎么样？"孟子答道："这个是想要把三年的丧期守满事实上却做不到。'即便多守孝一天也比不守孝好。'这话是对那些没人禁止他守孝却不去守的人说的。"

【注释】①朞（jī）：也作"期"，周期，一周年。

13.40 孟子曰："君子之所以教者五：有如时雨化之者，有成德者，有达财者①，有答问者，有私淑艾者②。此五者，君子之所以教也。"

【译文】孟子说："君子教育的方式有五种：有如春风化雨沾溉万物的，有成全品德的，有培养才能的，有解答疑问的，还有以其流风余韵让人私自学习的。这五种，就是君子教育的方式。"

【注释】①财：通"才"。　②私淑艾：淑，取善。艾，通"乂"（yì），治。私淑艾，就是私下自我完善。详见《考证》131。

【考证131】予私淑诸人也、有私淑艾者：

这里一并讨论《离娄下》"予私淑诸人也"(8.22)及本章"有私淑艾者"。赵岐注"予私淑诸人"云："淑,善也。我私善之于贤人耳。盖恨其不得学于大圣人也。"注本章云："淑,善。艾,治。"朱熹注前者："私,犹'窃'也。淑,善也。李氏以为方言是也。人,谓子思之徒也。"注后者："艾,音'乂'。私,窃也。淑,善也。艾,治也。"

焦循《正义》本章下云："按《离娄下篇》云：'私淑艾'三字殊不易达。《国策·秦策》'赏不私亲近',注云：'私,犹"曲"也。'《楚辞·离骚》'皇天无私兮',王逸注云：'窃爱为私。'曲、窃皆不直之义也。《说文·又部》云：'叔,拾也,从又,朩声。汝南人名收芋为叔。''又,手也。'叔为又,故为拾取之正训；《毛诗·豳风·七月》'九月叔苴',传云：'叔,拾也。'是也。'淑'与'叔'通,《诗·陈风》'彼美叔姬',《释文》云：'本亦作"淑"。'《诗·周南·葛覃》'是刈是濩',《释文》云：'本又作"艾"。'《韩诗》云：'刈,取也。'《礼记·祭统》'草艾则墨',注云：'草艾,谓艾取草也。'是'艾'之义为'取',与'叔'之义为'拾'同,盖'私淑诸人'即'私拾诸人'也。淑、艾二字义相叠,私淑艾者,即私拾取也。亲为门徒,面相授受,直也。未得为孔子之徒,而拾取于相传之人,故为'私'。私淑,犹云'窃取'也。彼言'私淑诸人',不必又叠'艾'字,其义自足。此叠'艾'字以足其句,其实'私淑艾'犹'私淑'也。"

但是,经我们仔细考察,在先秦文献中,"刈"(焦循说"艾"通"刈")的宾语一般是植物；即使不带宾语,根据前后文也可推知"刈"是农活的一种。如："葛之覃兮,施于中谷,维叶莫莫。是刈是濩,为絺为绤。"(《诗经·周南·葛覃》)"穆公有疾,曰：'兰死,吾其死乎,吾所以生也。'刈兰而卒。"(《左传·宣公三年》)"入其国家边境,芟刈其禾稼,斩其树木。"(《墨子·非攻下》)"令民无刈蓝以染,无烧炭。"(《吕氏春秋·仲夏纪》)

先秦文献中有2例"刈"带其他宾语的例子："甲之事,兵之事也；刈人之颈,刳人之腹,隳人之城郭,刑人之父子也。"(《吕氏春秋·慎大览》)"动作辟违,从欲厌私,高台深池,撞钟舞女,斩刈民力,输掠其聚。"(《晏子春秋·外篇上》)第一例"刈"的宾语由植物扩大到"人之颈";第二例,与"斩"一道以更为抽象的"民力"作宾语。即便如此,说"刈"在《孟子》中可"刈取"思想或学说,尚没有证据表明其词义已经这么抽象;何况,无论《晏子春秋》抑或《吕氏春秋》,成书年代都较《孟子》为晚。

而"叔"(焦循说"叔""淑"相通)训作"拾"的,仅《诗经·豳风·七月》"九月叔苴"一例;至于"淑"用作"取"义的,更未见一例。

按惯例,在晚起的解释证据不够的情况下,注者只好采用古注。况且,无论是"淑"之释为"善"抑或"乂"之训为"治"的书证都极多(具见《故训汇纂》,此不赘),而"艾"之读为"乂"训"治"者亦复不少。如:《诗经·小雅·小旻》"或肃或艾"之毛传、《史记·殷本纪》"作咸艾"裴骃《集解》引马融说、《汉书·五行志》"次六曰艾用三德"颜师古注引应劭说,尤其是《孟子·万章上》"自怨自艾",赵岐《注》:"艾,治也。治而改过,以听伊尹之教训己。"

从"私淑诸人"看,"淑"之训"善"者可活用为动词。这类例证也并不少,如《诗经·邶风·燕燕》"淑慎其身",《大雅·抑》"淑慎尔止",《大雅·桑柔》"其何能淑",《仪礼·士冠礼》"淑慎尔德"。

尤其《大雅·桑柔》"其何能淑"是能愿动词"能"修饰动词"淑",这和"私淑诸人"的用作状语的"私"类似。

焦循的论证中,对"私"有一大番论证,其实"私"就是私自、私下的意思。

《万章》"自怨自艾"的"自艾"是"自我修炼""自我完善"的意思(见9.6-2注③),"私淑诸人"则是私下取善于贤人的意思(赵岐注其意如此);"私淑艾"的"淑艾"确实是同义词连用,"淑"既是"取善于人","淑艾"也就是"自我完善"的意思,"私淑艾"即"私下自我完善";所以赵岐注作:"君子独善其身,人法其仁,此亦与教法之道无差也。"

总之,从语言的社会性这一点上看,焦循的论证缺乏书证,而独独依赖零星的故训支撑。而诸训释只是笼而统之地说"刈"训"取",至于何所取、能否取"思想""学说"则未置一词,故而并不可靠。无已,我们只好依从古注。何况,古注无论书证还是故训都较丰富;与"自怨自艾"合参,亦颇能文从字顺,故我们从赵岐、朱熹之说。

13.41 公孙丑曰:"道则高矣,美矣,宜若登天然,似不可及也。何不使彼为可几及而日孳孳也?"

孟子曰:"大匠不为拙工改废绳墨①,羿不为拙射变其彀率②。君子引而不发,跃如也③。中道而立,能者从之。"

【译文】公孙丑说:"道固然很高,很美好,大概像登天一样,但好像是高不可攀呢。为什么不让攀登者为了几乎可攀上而每天努力呢?"

孟子说:"高明的工匠不因为拙劣工人而改动或废弃画直线的工具,大羿也不因为拙劣射手变更拉弓的标准。君子〔教导他人如射箭手,〕张满了弓,却不发箭,做出跃跃欲试的样子。他在正确道路的正中站住,有能力的人就会紧跟着上来。"

【注释】①绳墨:木工打直线的墨线,是一种工具。二三十年前还很常见,目前较偏远地区还用它。 ②彀率(gòulǜ):指开弓的标准。彀,张满弓。率,法规,标准。 ③引而不发,跃如也:引,开弓。发,发射。跃,跳跃,一跃而出。如,……的样子。

13.42 孟子曰:"天下有道,以道殉身①;天下无道,以身殉道;未闻以道殉乎人者也②。"

【译文】孟子说:"天下清明,以自己一身去贯彻'道';天下黑暗,君子则不惜为'道'献身;没有听说过牺牲'道'来迁就别人的。"

【注释】①以道殉身:意思是"道"为自己所运用。类似说法如"仁者以财发身,不仁者以身发财"(《礼记·大学》)。 ②以道殉乎人:歪曲"道"以逢迎达官显贵。人,他人。

13.43 公都子曰:"滕更之在门也①,若在所礼,而不答,何也?"

　　孟子曰:"挟贵而问,挟贤而问,挟长而问,挟有勋劳而问,挟故而问,皆所不答也。滕更有二焉。"

【译文】公都子说:"滕更在您门下的时候,似乎在礼遇之列,可您不回答他,为什么呢?"

　　孟子说:"仗着地位来发问,仗着德才来发问,仗着年长来发问,仗着有功来发问,仗着故交来发问,都是我不回答的。滕更就占了两条。"

【注释】①滕更:滕国国君的弟弟,孟子的学生。

13.44 孟子曰:"于不可已而已者①,无所不已。于所厚者薄,无所不薄也。其进锐者,其退速。"

【译文】孟子说:"不可放弃的东西却放弃了,那这人就没有什么不可放弃的了;应该厚待的人却薄待他,那这人就没有谁不可以薄待的了。前进太猛的人,后退也会快。"

【注释】①已:停止,放弃。

13.45 孟子曰:"君子之于物也,爱之而弗仁;于民也,仁之而弗亲。亲亲而仁民,仁民而爱物。"

【译文】孟子说:"君子对于万物,爱惜它,却不对它实行仁德;对于百姓,对他实行仁德,却不亲爱他。君子亲爱亲人,进而仁爱百姓;仁爱百姓,进而爱惜万物。"

13.46 孟子曰:"知者无不知也,当务之为急;仁者无不爱也,急亲贤之为务①。尧舜之知而不遍物,急先务也;尧舜之仁不遍爱人,急亲贤也。不能三年之丧,而缌、小功之察②;放饭流歠③，而问无齿决④，是之谓不知务。"

【译文】孟子说："智者没有不知道的，但是急于解决当前事务；仁者没有不爱人的，但是务必先爱亲人和贤者。尧舜的智慧也不能遍知一切，因为他急于解决首要任务；尧舜的仁德不能遍爱所有人，因为他急于爱亲人和贤者。如果不能实行三年的丧礼，却对于缌麻三月、小功五月的丧礼仔细讲求；狼吞虎咽，却讲究不用牙齿咬断干肉，这个叫作不识大体。"

【注释】①当务之为急，急亲贤之为务：前句即"为急当务"，也即"为之急当务"；后句即"为务急亲贤"，也即"为之务急亲贤"。"为之急当务"意谓为"知者无不知"而急当务；"为之务急亲贤"意谓为"仁者无不爱"而务急亲贤。务，致力，从事。参见《考证》017 和 11.9 注⑥。②缌(sī)、小功之察：缌，指缌麻三月的孝服。缌麻三月是五种孝服（斩衰、齐衰、大功、小功、缌麻）中的最轻者，指用熟布为孝服，服丧三个月，如女婿为岳父母戴孝。小功，五月的孝服，如外孙为外祖父母戴孝。　③放饭流歠(chuò)：放饭，大饭。流歠，长歠。歠，饮，喝。④齿决：咬断干肉。在长者跟前咬断干肉，这是不大礼貌的。

尽心章句下

凡三十八章

14.1 孟子曰:"不仁哉,梁惠王也!仁者以其所爱及其所不爱,不仁者以其所不爱及其所爱①。"公孙丑问曰:"何谓也?"

"梁惠王以土地之故,糜烂其民而战之,大败,将复之,恐不能胜,故驱其所爱子弟以殉之,是之谓以其所不爱及其所爱也。"

【译文】孟子说:"太不仁义了,梁惠王这个人哪!仁人把他给喜爱者的恩德推广到他不爱的人,不仁者却把他给不喜爱者的祸害推广到他喜爱的人。"公孙丑问道:"这是什么意思呢?"

答道:"梁惠王为了争夺土地的缘故,驱使他的百姓去作战,暴尸荒野,骨肉糜烂。被打得大败了;准备再战,怕不能得胜,又驱使他所喜爱的子弟去决一死战,这个就叫作把他给不喜爱者的祸害推广到他喜爱的人。"

【注释】①"仁者以其所爱"两句:这两句中"及"的用法同1.7-5"老吾老以及人之老"的"及",推及,延及。

14.2 孟子曰:"春秋无义战。彼善于此,则有之矣。征者,上伐下也,敌国不相征也①。"

【译文】孟子说:"春秋时代没有正义战争。那一国的君主比这一国的君主好一点,是有的。但是征讨的意思是在上的讨伐在下的,诸侯之间是不能互相征讨的。"

【注释】①敌国:同等的国家。敌,对等,同等,相当。

14.3 孟子曰:"尽信《书》,则不如无《书》。吾于《武成》①,取二三策而已矣②。仁人无敌于天下,以至仁伐至不仁,而何其血之流杵也?"

【译文】孟子说:"完全相信《书经》,那还不如没有《书经》。我对于《武成》一篇,只采纳其中的两三片简策罢了。仁人无敌于天下,凭着周武王的大仁大德来讨伐商纣这最不仁不德的人,怎么会让血流得把捣米槌都漂浮起来了呢?"

【注释】①尽信《书》三句:《书》,《尚书》。《武成》,《尚书》篇名,所叙大概是周武王伐纣时的事,有"血流漂杵"之说。今日的《尚书·武成》是伪古文。　②策:竹简。古代用竹简书写。

14.4 孟子曰:"有人曰:'我善为陈①,我善为战。'大罪也。国君好仁,天下无敌焉。南面而征,北狄怨;东面而征,西夷怨,曰:'奚为后我?'武王之伐殷也,革车三百两,虎贲三千人。王曰:'无畏!宁尔也,非敌百姓也。'若崩厥角,稽首②。'征'之为言'正'也③,各欲正己也,焉用战?"

【译文】孟子说:"有人说:'我很会布阵,我很会打战。'这是大罪过。国君若喜爱仁德,打遍天下无敌手。〔商汤〕往南出征,北狄便埋怨;往东出征,西夷便埋怨,说:'为什么把我们排后边?'周武王讨伐殷商,兵车三百辆,勇士三千人。武王〔对殷商的百姓〕说:'不要害怕!我是来安定你们的,不是和百姓为敌的。'百姓齐刷刷像山崩似的倒伏在地,像要把额头碰伤似的磕起头来,脑袋还伏地许久。'征'的意思是'正',若各人都希望端正自己,哪里用得着战争呢?"

【注释】①陈:由"陈列"义引申为"阵列"义,后通过变调(变为去声)固化,成为另一个词;约在六朝时,开始写成"阵"。　②若崩厥角,稽首:崩,崩摧,碰伤。厥,顿,触碰,磕碰。角,额角。稽首,头伏于地,稍作停留;稽首比顿首更为尊敬。稽,停留。俞樾《古书疑义举例·

倒句例》说此句为倒句,当理解为"厥角稽首若崩"。"盖纣众闻武王之言,一时顿首至地,若山冢之崒崩也。" ③"征"之为言"正"也:"征"和"正"也是同源字,意义上有联系;堂堂正正地讨伐叫作"征"。参见11.3注①。

14.5 孟子曰:"梓匠轮舆能与人规矩,不能使人巧。"

【译文】孟子说:"木工和专做车轮、车箱的人只能够把圆规矩尺〔的用法〕传授给别人,却不能够让别人一定有技巧。"

14.6 孟子曰:"舜之饭糗茹草也①,若将终身焉;及其为天子也,被袗衣②,鼓琴,二女果③,若固有之。"

【译文】孟子说:"舜吃干粮嚼野菜的时候,好像是要终身这样了;等他做了天子,穿着麻葛单衣,弹着琴,尧的两个女儿边上侍候着,又好像这些本来就是他的了。"

【注释】① 饭糗(qiǔ)茹(rú)草:饭,吃饭。糗,干饭。茹,吃。 ② 被(pī)袗(zhěn)衣:被,披在或穿在身上。袗衣,单衣。 ③ 果(wǒ):就是《说文解字》的"婑",伺候的意思。

14.7 孟子曰:"吾今而后知杀人亲之重也:杀人之父,人亦杀其父;杀人之兄,人亦杀其兄。然则非自杀之也,一间耳①。"

【译文】孟子说:"我今天才知道杀戮别人亲人有多严重了:杀了别人的父亲,别人也就会杀他的父亲;杀了别人的哥哥,别人也就会杀他的哥哥。那么,〔父亲和哥哥〕即使不是被自己杀掉的,但也只是差之毫厘了。"

【注释】① 一间(jiàn):意思是相距甚近。间,缝隙。今湖南宁乡俗语"只消粒米子哒",与"一间耳"相仿佛。本章与《晋书·戴若思传》"吾虽不杀伯仁,伯仁由我而死"义相仿佛。

14.8 孟子曰:"古之为关也,将以御暴;今之为关也,将以为暴①。"

【译文】孟子说:"古代设立关卡是为了防御暴虐,今天设立关卡却是为了实行暴虐。"

【注释】①将以御暴,将以为暴:将以之御暴、将以之为暴。"以"的宾语"之"没有出现。之,指代上文的"为关"。

14.9 孟子曰:"身不行道,不行于妻子;使人不以道,不能行于妻子。"

【译文】孟子说:"本人不依道而行,要让妻子儿女依道而行都做不到;使唤别人不合于道,要去使唤妻子儿女都做不到。"

14.10 孟子曰:"周于利者凶年不能杀①,周于德者邪世不能乱。"

【译文】孟子说:"对利益考虑周全的人荒年不会丧生,在道德上周全的人乱世不会动摇。"

【注释】①周于利者凶年不能杀:周于利者凶年不能杀之也。周,这里指考虑周到周全。杀,杀之,使丧命。

14.11 孟子曰:"好名之人,能让千乘之国;苟非其人,箪食豆羹见于色①。"

【译文】孟子说:"珍惜名誉的人,可以把有千辆兵车国家的君位让给他人;如果不是珍惜名誉的人,即便要他让给他人一筐饭,一盘肉,一张脸也会拉得老长。"

【注释】①"好名之人"四句:珍惜名誉之人,不是指沽名钓誉者。苟非其人,指和"好名之人"相反的人。详见《考证》132。

【考证132】好名之人……箪食豆羹见于色:

赵岐《注》:"好不朽之名者,轻让千乘,子臧、季札之俦是也。诚非好名者,争箪食豆羹变色,讼之致祸,郑子公染指鼋羹之类是也。"按,子臧、季札都是上古"清操厉冰雪"的高士;郑子公即公子宋,为偷尝鼋羹,最终杀了郑灵公。

朱熹《四书章句集注》:"好名之人,矫情干誉,是以能让千乘之国;然若本非能轻富贵之人,则于得失之小者,反不觉其真情之发见矣。盖观人不于其所勉,而于其所忽,然后可以见其所安之实也。"

杨伯峻《孟子译注》:"好名的人可以把有千辆兵车国家的君位让给别人,但是,若不是那受让的对象,就是要他让一筐饭,一盘肉,他那不高兴神色都会在脸上表现出来。"

如上所列,这段话有两处歧义,而第二处歧义又有三种讲法:

1. 好名之人,究竟是"好不朽之名者"如子臧、季札之俦,还是将燕国私相授受的子哙之流?赵岐主张前者而朱熹主张后者,《孟子译注》则于"好名之人"未加解释与翻译。

2. "苟非其人",是指苟非好名之人,则于箪食豆羹变乎色而致"讼之致祸"?还是好沽名钓誉之人,乃非真轻富贵者,于箪食豆羹之小小得失,反而愠现于色?抑或"非其人"指"受让者"并非"好名之人"所愿让者?

按赵岐《注》,"其人"指"好名之人","非其人"指与"好名之人"相反的人。按朱熹《集注》,"非其人"与"其人"都指"好名之人"。按《孟子译注》,"非其人"指所不愿让的人。

"好名之人",我们以为赵岐《注》得之。《庄子·内篇·人间世》:"且昔者桀杀关龙逢,纣杀王子比干,是皆修其身以下伛拊人之民,以下拂其上者也,故其君因其修以挤之;是好名者也。"《韩非子·诡使》:"官爵所以劝民也,而好名义不进仕者,世谓之'烈士'。"《淮南子·齐俗训》:"夫重生者不以利害己,立节者见难不苟免,贪禄者见利不顾身,而好名者非义不苟得。"

以上"好名""好名者",均指"好不朽""好不朽之名者";而先秦两汉文献中,我们未见"好名"指"矫情干誉"之例。

"苟非其人",我们亦从赵岐《注》。《周易·系辞下》:"初率其辞而揆其方,既有典常。苟非其人,道不虚行。"孔颖达《正义》:"言若圣人,则能循其文辞,揆其义理,知其典常,是易道得行也。若苟非通圣之人,则不晓达《易》之道理,则《易》之道不虚空得行也。"孔《疏》理解"苟非其人"之"其人",与"初率其辞而揆其方"的主语为同一人,这一理解与赵岐相同,即"其人"的"其"都回指前文的主语。后世类似文字,也是如此。如《后汉书·显宗孝明帝纪》:"郎官上应列宿,出宰百里;苟非其人,则民受其殃。"谓选错了郎官,则民受其殃。

14.12 孟子曰:"不信仁贤,则国空虚①;无礼义,则上下乱;无政事②,则财用不足。"

【译文】孟子说:"不信任仁德贤能的人,那国家就会缺乏粮食;没有礼义,上下的关系就会混乱;国政荒废,国家的用度就会不够。"

【注释】①国空虚:指国内用度缺乏尤其是粮食缺乏。详见《考证》133。

②无政事:没有好政治,国政荒废。

【考证 133】国空虚:

杨伯峻《孟子译注》说:"空虚,其实际意义是什么,很难揣测。朱熹《集注》云:'空虚言若无人然。'姑录之供参考。"我们认为,"空虚"指用度缺乏尤其是粮食缺乏,文献中不乏其例。

《国语·吴语》:"今吴民既罢,而大荒荐饥,市无赤米,而囷鹿空虚,其民必移就蒲蠃于东海之滨。"《晏子春秋·内篇谏下》:"景公春夏游猎,又起大台之役。晏子谏曰:'春夏起役,且游猎,夺民农时,国家空虚,不可。'"《吕氏春秋·审应览》:"围邯郸三年而弗能取,士民罢潞,国家空虚,天下之兵四至。"《韩非子·安危》:"齐万乘也,而名实不称,上空虚于国,内不充满于名实,故臣得夺主。"《外储说右下》:"府库空虚于上,百姓贫饿于下,然而奸吏富矣。"《管子·重令》:"民不务经产,则仓廪空虚,财用不足……仓廪空虚,财用不足,则国毋以固守。"

14.13 孟子曰:"不仁而得国者,有之矣;不仁而得天下者,未之有也。"

【译文】孟子说:"不行仁道却能得到国家的,有这样的事;不行仁道却能得到天下的,从没有这样的事。"

14.14 孟子曰:"民为贵,社稷次之①,君为轻。是故得乎丘民而为天子②,得乎天子为诸侯,得乎诸侯为大夫。诸侯危社稷,则变置③。牺牲既成,粢盛既絜,祭祀以时,然而旱干水溢,则变置社稷。"

【译文】孟子说:"百姓最为重要,国家政权次之,君主最轻。所以得到百姓的欢心便做天子,得到天子的欢心便做诸侯,得到诸侯的欢心便做大夫。诸侯危害国家政权,那就废立他。牺牲既已肥壮,祭品又已清洁,祭祀也按时进行,这样做了,依然还遭受旱灾水灾,那就改立土谷之神。"

【注释】①社稷:土神和谷神,引申指国家、政权。这一"社稷"指后者,下文"诸侯危社稷"的"社稷"也指后者,"变置社稷"的"社稷"则指前者。详见《考证》134。 ②丘民:众民。丘,古代比"邑"大的行政单位,故有"众"义。 ③变置:改立。

【考证134】社稷次之:

赵岐《注》:"君轻于社稷,社稷轻于民。"朱熹《集注》:"社,土神。稷,谷神。建国则立坛壝以祀之。盖国以民为本,社稷亦为民而立,而君之尊,又系于二者之存亡,故其轻重如此。"朱《注》为杨伯峻《孟子译注》所本,而译本章为:"孟子说:'百姓最为重要,土谷之神为次,君主为轻。所以得着百姓的欢心便做天子,得着天子的欢心便做诸侯,得着诸侯的欢心便做大夫。诸侯危害国家,那就改立。牺牲既已肥壮,祭品又已洁净,也依一定时候致祭,但是还遭受旱灾水灾,那就改立土谷之神。'"也即,第一个"社稷",《孟子译注》译为"土谷之神",第二个"社稷"译为"国家",第三个"社稷"又译为"土谷之神"。

《王力古汉语字典》:"社稷,社神和稷神,即土神和谷神。引申指国家、政权。"

按,《孟子》书中出现6次"社稷",除本章3次外,分别为《离娄上》:"天子不仁,不保四海;诸侯不仁,不保社稷;卿大夫不仁,不保宗庙;士庶人不仁,不保四体。"该章赵、朱均未注,《孟子译注》译其三、四句为:"诸侯如果不仁,便不能保持他的国家。"《尽心上》:"有事君人者,事是君则为容悦者也;有安社稷臣者,以安社稷为悦者也;有天民者,达可行于天下而后行之者也。"赵岐《注》:"忠臣志在安社稷而后悦也。"朱《集注》:"言大臣之计安社稷。"《孟子译注》译其三、四句为:"有安定国家之臣,那是以安定国家为高兴的人。"以上两章的"社稷"都指国家或政权。

《论语》中有2例"社稷"。《季氏》:"夫颛臾,昔者先王以为东蒙主,且在邦域之中矣,是社稷之臣也。何以伐为?"何晏《集解》引孔安国说:"已属鲁,为社稷之臣,何用灭之为?"朱熹《集注》:"社稷,犹言'公家'。"《先进》:"有民人焉,有社稷焉,何必读书,然后为学。"何晏《集解》引孔安国说:"言治民事神,于是而习之,亦学也。"朱熹《集注》:"言治民事神皆所以为学。"故《论语译注》译为:"那地方有老百姓,有土地和五谷,为什么定要读书才叫做学问呢?"

综上可知,当"社稷"指国家、政权时,古代注家要么不出注(如《孟子·离娄上》),要么出注而直书"社稷"而未予解释(如《孟子·尽心上》赵岐《注》、朱熹《集注》,《论语·季氏》何晏《集解》引孔安国说),要么释"社稷"为"公家"(如朱熹注《季氏》"社稷之臣")。而当"社稷"指"土谷之神"时,无论何晏《集解》引孔安国说,还是朱熹《集注》,都解释"社稷"为"神"。

以彼例此,本章3处"社稷",第一处即"社稷次之",赵岐直书"社稷",并未释之为"神";朱熹《集注》则注明"社,土神。稷,谷神",这显示赵、朱有分歧,赵释"社稷"为国家、政权而朱释为土谷之神。第二处"诸侯危社稷",赵岐《注》:"诸侯为危社稷之行。"朱熹《集注》:"诸侯无道,将使社稷为人所灭。"则显示赵、朱一致将这一"社稷"理解为国家、政权。第三处"则变置社稷",赵岐《注》:"祭祀社稷,常以春秋之时。然而其国有旱干水溢之灾,则毁社稷而更置也。"朱熹《集注》:"祭祀不失礼,而土谷之神不能为民御灾捍患,则毁其坛墠而更置之。"这显示赵、朱又一致将这一"社稷"理解为土谷之神(赵岐说"祭祀社稷""毁社稷",则可知其理解这一"社稷"为土谷之神)。

综上,本章的第一处"社稷",赵岐理解为国家、政权,而朱熹理解为土谷之神。

鉴于本章在观念史、思想史中极为重要,因此有必要对"社稷次之"加以辨析。

上引《孟子·尽心上》"有安社稷臣者,以安社稷为悦者也"也与本章一样"民""社稷""君"并举,其中"社稷"赵岐、朱熹均直书"社稷"而未予解释。以彼例此,本章"社稷"也当如此,是本章"社稷"也当指国家、政权。

我们不妨到与《孟子》大致同一时代的典籍《左传》《国语》中找寻类似文例(《左传》杜预《注》、《国语》韦昭《注》均不注释"社稷"),看有无规律可循:

"郑庄公于是乎有礼。礼,经国家,定社稷,序民人,利后嗣者也。"(《左传·隐公十一年》,沈玉成《左传译文》:"礼,是治理国家,安定社稷,使百姓有序,使后代有利的工具。")

"社稷有主而外其心,其何贰如之?苟主社稷,国内之民其谁不为臣?"(《庄公十四年》,沈译一、三句:"国家有君主……如果主持国家。")

"君能有终,则社稷之固也。"(《宣公二年》,沈译:"君王能够有个好结果,那就是国家的保障了。")

"臣闻之,君能制命为义,臣能承命为信,信载义而行之为利。谋不失利,以卫社稷,民之主也。"(《宣公十五年》,沈译后三句:"谋划不失去利益,以保卫国家,就是百姓的主人。")

"二国图其社稷,而求纾其民。"(《成公三年》,沈译:"两国为自己的国家打算,希望让百姓得到平安。")

"先君之嗣卿也,受命以求师,将社稷是卫,而惰,弃君命也。"(《成公十三年》,沈译:"作为先君的嗣君,接受命令而来请求出兵,打算保卫国家,但却怠惰,这是丢掉了国君的命令。")

"孤以社稷之故,不能怀君。"(《襄公十一年》,沈译:"孤由于国家的缘故,不能怀念君王了。")

"君之暴虐,子所知也。大惧社稷之倾覆。"(《襄公十四年》,沈译:"国君的暴虐,这是您所知道的。我很害怕国家的倾覆。")

"寡君使瘠,闻君不抚社稷,而越在他竟。"(同上,沈译:"寡君派遣瘠,听说君王失去了国家而流亡在别国境内。")

"夫君,神之主而民之望也。若困民之主,匮神乏祀,百姓绝望,社稷无主,将安用之?弗去何为?天生民而立之君,使司牧之,勿使失性。"(同上,沈译:"社稷无主"为"国家没有主人"。)

"君死,安归?君民者,岂以陵民?社稷是主。臣君者,岂为其口实,社稷是养。故君为社稷死,则死之;为社稷亡,则亡之。"(《襄公二十五年》,沈译:"国君死了,回到哪儿去?作为百姓的君主,难道是用他的地位来高踞于百姓之上?应当主持国政。作为君主的臣下,难道是为了他的俸禄?应当保护国家。所以君主为国家而死,那么也就为他而死;为国家而逃亡,那么也就为他而逃亡。")

"婴所不唯忠于君、利社稷者是与,有如上帝!"(同上,沈译:"婴如果不亲附忠君利国的人,有天帝为证!")

"宋之盟,君命将利小国,而亦使安定其社稷,镇抚其民人。"(《襄公二十八年》,沈译:"在宋国的那次结盟,贵国君王的命令将要有利于小国,而也使小国安定它的社稷,镇抚它的百姓。")

"吾不忘先君之好,将使衡父照临楚国,镇抚其社稷,以辑宁尔民。"(《昭公七年》,沈译:"我不忘记先君的友好,将要派衡父光临楚国,镇定安抚国家,将要使百姓安宁。")

"孤与其二三臣悼心失图,社稷之不皇,况能怀思君德?"(同上,沈译:"孤和手下的几个臣子中心摇摆失掉了主意,治理国家尚且不得闲空,哪里还能够怀念您的恩泽?")

"侯主社稷,临祭祀,奉民人,事鬼神,从会朝,又焉得居?"(同上,沈译:"国君主持国家,亲临祭祀,奉养百姓,事奉鬼神,参加会见朝觐,又哪里能待着?")

"亡人不佞,失守社稷,越在草莽,吾子无所辱君命……君若惠顾先君之好,昭临敝邑,镇抚其社稷,则有宗祧在。"(《昭公二十年》,沈译:"逃亡的人没有才能,失守了国家,坠落在杂草丛中,没有地方可以让您执行君王的命令……君王如果照顾到先君的友好,光照敝邑,镇抚安定我们的国家,那么有宗庙在那里。")

"公衍、公为实使群臣不得事君。若公子宋主社稷,则群臣之愿也。凡从君出而可以入者,将唯子是听。"(《定公元年》,沈译:"公衍、公为实在让臣下们不能事奉国君,如果让公子宋主持国家,那是臣下们的愿望。凡是跟随国君出国的谁可以回国,都将由您的命令决定。")

"寡君失守社稷,越在草莽。"(《定公四年》,沈译:"寡君失守国家,远在杂草丛林之中。")

"所以事君,封疆社稷是以,敢以家隶勤君之执事?"(《定公十年》,沈译:"我们所以事奉君王,是为了国家疆土的安全,岂敢为了家臣而勤劳执事?")

"郓不足以辱社稷,君其改图。"(《哀公二年》,沈译:"郓不足以有辱国家,您还是改变主意为好。")

"畎亩之人或在社稷,由欲靖民也。"(《国语·周语下》,邬国义、胡果文、李晓路《国语译注》:"农夫平民有的担当了治国的重任,则是安抚了百姓的缘故。")

"国君好艾,大夫殆;好内,适子殆,社稷危。"(《晋语一》,《国语译注》译下句:"国君喜欢女色,太子就危险,国家将遭难。")

"君若惠顾社稷,不忘先君之好,辱收其遗裔胄而建立之,以主其祭祀,且镇抚其国家及其民人,虽四邻诸侯之闻之也,其谁不儆惧于君之威?"(《晋语二》,《国语译注》译第一句:"您如能仁慈地关注晋国的命运。")

"一臣可以赦百姓而定社稷,君何爱于臣也?"(《晋语四》,《国语译注》译第一句:"用我一个人可以救百姓,安国家。")

"豹也受命于君,以从诸侯之盟,为社稷也。"(《晋语八》,《国语译注》:"我奉国君的命令,来参加盟会,是为了国家。")

以上26例为"社稷"指国家、政权者,以下5例为"社稷"指土谷之神者:

"邓侯曰:'人将不食吾余。'对曰:'若不从三臣,抑社稷实不血食,而君焉取余?'"(《左传·庄公六年》,沈译第二句为"土地五谷的神灵就得不到祭享"。)

"苟先君无废祀,民人无废主,社稷有奉,国家无倾,乃吾君也,吾谁敢怨?"(《襄公二十七年》,沈译:"如果先君没有废弃祭祀,百姓没有废弃主子,土地和五谷之神得到奉献,国家和家族没有颠覆,他就是我的国君,我敢怨恨谁?")

"鲁君世从其失,季氏世修其勤,民忘君矣。虽死于外,其谁矜之?社稷无常奉,君臣无常位,自古以然。"(《昭公三十二年》,沈译:"鲁国的国君世世代代放纵安逸,季氏世世代代勤勤恳恳,百姓已经忘记他们的国君了。即使死在国外,有谁去怜惜他?社稷没有固定的祭祀者,君臣没有固定不变的地位,自古以来就是这样。")

"加之以社稷山川之神,皆有功烈于民者也。"(《国语·鲁语上》,《国语译注》译第一句:"此外再加上祭祀土地、五谷和山川的神。")

"天既降祸于吴国,不在前后,当孤之身,寔失宗庙社稷,凡吴土地人民,越既有之矣,孤何以视于天下!"(《吴语》,《国语译注》译第四句:"国家的宗庙社稷实际上是我失掉的。")

以上仅5例,就比例看,26∶5＞5∶1;即"社稷"之用为指国家政权,在比例上远高于它指土谷之神。在"社稷"指土谷之神的5例中,《左传·庄公六年》一例为"社稷不血食"(土地五谷的神灵得不到祭享),《襄公二十七年》一例为"社稷有奉"(土地和五谷之神得到奉献),《昭公三十二年》一例为"社稷无常奉"(社稷没有固定的祭祀者),《国语·鲁语上》一例为"社稷山川之神",《吴语》一例为"宗庙社稷";总之,其上下文都与祭祀神灵有关,这是"社稷"之释为土谷之神的条件。

而本章第一处"社稷"并不具备以上5例的条件,自应归入上引26例"社稷"指国家政权之列,当从赵岐《注》。

14.15 孟子曰:"圣人,百世之师也,伯夷、柳下惠是也。故闻伯夷之风者,顽夫廉,懦夫有立志;闻柳下惠之风者,薄夫敦,鄙夫宽。奋乎百世之上,百世之下,闻者莫不兴起也。非圣人而能若是乎?——而况于亲炙之者乎?"

【译文】孟子说:"圣人是百代的老师,伯夷和柳下惠便是这样。所以听到伯夷风操的人,贪得无厌的人也清廉起来了,懦弱的人也想着要独立不移了;听到柳下惠风操的人,刻薄的人也敦厚起来了,胸襟狭小的人也宽大起来了。他们在百代以前发奋有为,而百代之后,闻知这风操的人没有不奋发鼓舞的。不是圣人,能够做到这样吗?〔百代以后还能如此,〕何况是亲自接受熏陶的人呢?"

14.16 孟子曰:"仁也者,人也[①]。合而言之,道也。"

【译文】孟子说:"'仁'的意思就是'人','人'和'仁'合起来说,就是

'道'。"

【注释】①仁也者,人也:古音"仁"与"人"相同。《中庸》也说:"仁者,人也。"

14.17 孟子曰:"孔子之去鲁,曰:'迟迟吾行也,去父母国之道也。'去齐,接淅而行——去他国之道也。"

【译文】孟子说:"孔子离开鲁国,说:'我们慢慢走吧,这是离开祖国的态度。'离开齐国,便不等把米淘完沥干就走——这是离开别国的态度。"

14.18 孟子曰:"君子之厄于陈蔡之间①,无上下之交也。"

【译文】孟子说:"孔子被困在陈国、蔡国之间,是由于与两国君臣没有交往的缘故。"

【注释】①君子之厄于陈蔡之间:君子指孔子,《论语·卫灵公》:"在陈绝粮,从者病,莫能兴。"即是此事。赵岐《注》:"孔子所以厄于陈、蔡之间者,其国君臣皆恶,上下无所交接,故厄也。"

14.19 貉稽曰①:"稽大不理于口②。"孟子曰:"无伤也。士憎兹多口。《诗》云③:'忧心悄悄,愠于群小。'孔子也。'肆不殄厥愠,亦不殒厥问④。'文王也。"

【译文】貉稽说:"我被人家说得很坏。"孟子说:"没有关系。士人讨厌这种多嘴多舌。《诗经》说过:'烦恼沉沉压在心,小人当我眼中钉。'这是形容孔子一类的人。又说:'狄人怒火正熊熊,文王声望悬天中。'这是说的文王。"

【注释】①貉稽:姓貉名稽的一位官员。 ②不理于口:即不顺于他人之口。 ③"《诗》云"两句:见《邶风·柏舟》。悄(qiǎo)悄,忧愁貌。 ④"肆不殄(tiǎn)"两句:见《大雅·绵》。肆,故,所以。殄,灭绝。

厌,那个,这里指狄人。愠,恼怒,怨恨。殒(yǔn),落,坠落。问,郑玄《笺》以为"聘问"义,孟子却以为通"闻"(wèn),声誉。

14.20 孟子曰:"贤者以其昭昭使人昭昭,今以其昏昏使人昭昭。"

【译文】孟子说:"贤人一定会用自己的明白来让别人明白,现在有些人自己还模模糊糊,却企图让别人明白。"

14.21 孟子谓高子曰:"山径之蹊①,间介然用之而成路②;为间不用③,则茅塞之矣。今茅塞子之心矣。"

【译文】孟子对高子说:"山谷里的小道,时不时去走走,它就变成了一条路;只要有一段时间不去走它,又会被茅草堵塞了。现在茅草也把你的心也给堵塞了。"

【注释】①山径之蹊(xī):径,通"陉"(xíng),山谷。《说文》"陉,谷也。"扬雄《法言》:"山陉之蹊,不可胜由矣。"此邵永海先生之说,见邵著《读古人书之〈孟子〉》第243页。蹊,小路。详见《考证》135。 ②间介然用之而成路:间介然,时不时地,持续不断地。路,较大的路。详见《考证》135。 ③为间:即"有间",有一段时间之义。

【考证135】山径之蹊间介然用之而成路:

这段话有两种句读:"山径之蹊间,介然用之而成路"(中华书局《孟子正义》和《四书章句集注》)"山径之蹊,间介然用之而成路"(杨伯峻《孟子译注》)。

赵岐《注》:"山径,山之领。有微蹊介然,人遂用之不止,则蹊成为路。"朱熹说:"径,小路也。蹊,人行处也。介然,倏然之顷也。用,由也。路,大路也。"从赵《注》和朱熹所云,看不出他们倾向于哪一句读。

杨伯峻先生则说:"《荀子·修身篇》云:'善在身,介然必以自好也。'此'间介然'当与《荀子》之'介然'同义,都是意志专一而不旁骛之貌。赵岐《注》似以'介然'属上读,今不从。"按,若读赵岐《注》为"有微蹊,介然人遂用之不止",则与"介然"一般位于主语之后谓语之前的规律(如下引《老子》五十三章)不符。可知当读为"有微蹊介然,人遂用之不止"。但从先秦两汉文献中"介然"的文例来看,似乎"介然"属下读较为有据:

《老子》五十三章:"使我介然有知,行于大道,唯施是畏。"《荀子·修身》:"善在身,介然必以自好也。"《盐铁论·杂论》:"九江祝生奋由路之意,推史鱼之节,发愤懑,刺讥公卿,介然直而不挠,可谓不畏强御矣。"《汉书·律历志》:"铜为物之至精,不为燥湿寒暑变其节,不为风雨暴露改其形,介然有常,有似于士君子之行。"《傅喜传》:"虽与故定陶太后有属,终不顺指从邪,介然守节,以故斥逐就国。"

我们之从杨伯峻先生读为"山径之蹊,间介然用之而成路",而放弃读为"山径之蹊间,介然用之而成路"(见《孟子新注新译》,北京大学出版社2017),一是因为"蹊"之后,无论从意义上,还是从书证上看,都不必接一"间"字;凡"N间"者,均指两或多N之间,如人间、民间、草间、苇间、乳间等等均是,而"蹊间"不具备"两或多"的意义特征。

二是未见一例"蹊间"书证。我们倒是见到"之蹊"的书证如下:"是以委肉当饿虎之蹊,祸必不振矣。"(《战国策·燕三》)"投一寸之针,布一丸之艾于血脉之蹊,笃病有瘳。"(《论衡·顺鼓》)"以已至之瑞,效方来之应,犹守株待兔之蹊,藏身破罟之路也。"(《宣汉》)"赵、中山带大河,纂四通神衢,当天下之蹊。"(《盐铁论·通有》)

三是读为"山径之蹊间","之"字多余。详言之,"之"在这类句子中,起和谐韵律作用(参见《考证》127,如"间"前为双音节的词或短语,则加"之",如"陈蔡之间""天地之间""父子之间";如"间"前为单音节的词,则不加"之",如"民间""草间""乳间"),故要么读为"山径之蹊",如上引"血脉之蹊""天下之蹊""矢石之蹊",要么读为"山径蹊间",如《离娄下》"东郭墦间",而一般不读为"山径之蹊间"。

四是"间""介"可以互训。《左传·襄公九年》"天祸郑国,使介居二大国之间"、《三十年》"以介于大国"、《三十一年》"以敝邑褊小,介于大国"之杜预注,均为"介,犹'间'也"。如将此二字分属上下读,则未免太过巧合,特别是在从未见"蹊间"书证的情况之下。

五是《孟子》中常有同义词连用之例,如"兵革非不坚利也,米粟非不多也"(《公孙丑下》)之"兵革""米粟"。参见《考证》069。

六是东汉马融《长笛赋》:"惟籦笼之奇生兮,于终南之阴崖,托九成之孤岑,临万仞之石溪,是以间介无蹊,人迹罕到,猨蜼昼吟,鼯鼠夜叫。"这里的"间介无蹊"显然是用《孟子》典故,似乎说明汉人是读为"间介然"的。又《南齐书·东昏侯传》云:"征东将军忠武奋发……可潜遣间介,密宣此旨。"

七是"间介"宋时仍为俗语。王应麟《困学纪闻》卷十九:"俗语皆有所本……'生活'出《孟子》……'间介'出《长笛赋》,'娄罗'出《南史·顾欢传》。"不知"尴尬"与之是否有渊源?

八是此"间介然用之"似与下句"为间不用"相呼应。

14.22 高子曰:"禹之声尚文王之声①。"孟子曰:"何以言之?"曰:"以追蠡②。"曰:"是奚足哉?城门之轨,两马之力与③?"

【译文】高子说:"禹的音乐胜过文王的音乐。"孟子说:"为什么这样说呢?"答道:"因为禹传下来的钟钮都快断了。"孟子说:"这个哪能够证明呢?城门下车迹那样深,难道只是拉车的马的力量所致吗?〔那是由于日子长久车马经过多的缘故。禹的钟钮要断了,也是由于日子长久了的缘故呢。〕"

【注释】①禹之声尚文王之声:尚,同"上";禹之声上于文王之声,禹的音乐超过文王的音乐。　②追蠡(lí):追,就是钟纽(钮),即古钟悬挂之处;旧读 duī。蠡,要断而未断的样子。　③两马:大夫所乘车用两匹马。

14.23 齐饥。陈臻曰:"国人皆以夫子将复为发棠①,殆不可复。"孟子曰:"是为冯妇也②。晋人有冯妇者,善搏虎③。卒为善,士则之④。野有众逐虎⑤,虎负嵎,莫之敢撄⑥。望见冯妇,趋而迎之,冯妇攘臂下车,众皆悦之,其为士者笑之。"

【译文】齐国遭了饥荒,陈臻对孟子说:"国内的人都以为老师会再次劝告齐王打开棠地的仓库来赈济灾民,大概不可以再劝一次吧。"孟子说:"再劝一次就成冯妇了。晋国有个人叫冯妇的,善于抓捕老虎。后来变好了,〔不再捉虎了,〕士人都以他为榜样。有次野地里有许多人正追逐老虎。老虎背靠着山角,没有人敢于去触犯它。这些人望见冯妇了,便快步向前去迎接。冯妇也就撸起袖子,伸出胳膊,走下车来。在场的人都喜欢他,可是当地的士人都讥笑他。"

【注释】①发棠:发,开仓赈济。棠,地名,今山东即墨市区之南八十里有甘棠社。　②冯妇:冯,姓。妇,名。　③搏:以动物为宾语时,为"捕"的古字。详见《考证》136。　④则:取法,以……为榜样。⑤卒为善,士则之,野有众逐虎:这句话又断为"……卒为善士。则之野,有众逐虎……"我们断句的理由,详见《考证》137。　⑥莫之敢撄(yīng):可理解为"莫敢撄之"。因为该句有"莫"字,是个否定句;而在上古汉语的否定句中,代词作宾语一般是位于动词之前的。撄,触犯。

【考证136】善搏虎:

我们在《考证》073论证"搏执"时已经指出,当"搏"的宾语为动物时,"搏"读作"捕"。如《周礼·夏官·序官·罗氏》郑玄《注》"能以罗罔捕鸟者"之陆德明《释文》:"搏鸟,音博,一音付,本又作'捕'。"是《周礼》原文本作"搏鸟"。阮元校:"按,汉人'搏'字读若今之'捕'。"《庄子·山木》"螳蜋执翳而搏之"之成玄英《疏》:"搏,捕也。"《周礼·

地官司徒·小司徒》"以比追胥"郑玄《注》:"胥,伺捕盗贼也。"《秋官司寇·士师》"以比追胥之事"之郑《注》:"'胥'读如'宿偦'之'偦','偦'谓'司搏盗贼'也。"段玉裁《说文解字注》:"《小司徒》注之'伺捕盗贼',即《士师》注之'司搏盗贼';一用今字,一用古字,古捕盗字作'搏'。"

故"善搏虎"即"善捕虎",善于捕捉老虎也。

再补充若干"搏"以动物为宾语的例子:

"平公射鷃,不死,使竖襄搏之,失。"(《国语·晋语八》,《国语译注》:"晋平公射鹌鹑,没有射死。派竖襄去捕捉,也没捉到。")"光曜不得问,而孰视其状貌,窅然空然,终日视之而不见,听之而不闻,搏之而不得也。"(《庄子·外篇·知北游》)"有娀氏有二佚女,为之九成之台,饮食必以鼓。帝令燕往视之,鸣若谧隘。二女爱而争搏之,覆以玉筐。"(《吕氏春秋·季夏纪》)"自古及今,未尝有两而能精者也。曾子曰:'是其庭可以搏鼠,恶能与我歌矣!'"(《荀子·解蔽》)"人曰:'苍莽之野有兽,其名曰狸。有爪牙之用,食生物,善作怒,才称捕鼠。'遂俾往,须其乳时,探其子以归畜。既长,果善捕,遇之必怒而捕之。为主人搏鼠,既杀而食,而群鼠皆不敢出穴。"(《全唐文·陈黯〈本猫说〉》)

《山木》"螳蜋执翳而搏之"即"螳螂捕蝉"。杨柳桥《庄子译诂》:"又有一只螳螂,潜伏在树叶的后面,要捉这个知了。"《知北游》"搏之而不得"杨柳桥、陈鼓应译作"摸它摸不着""摸它却摸不着",译为"捉它又捉不到"更好。《吕氏春秋》"二女爱而争搏之",张双棣等《吕氏春秋译注》:"两位女子很喜爱燕子,争着扑住它。"译为"争着逮住它"更准确。《解蔽》之"搏鼠"当即"捕鼠",《本猫说》则"捕鼠""搏鼠"互见,可以为证。

"搏"以人为宾语,亦可读为"捕":"公以金仆姑射南宫长万,公右歂孙生搏之。"(《左传·庄公十一年》,沈玉成《左传译文》:"庄公的车右颛孙活捉了他。")"齐人有欲得金者,清旦,被衣冠,往鬻金者之所,见人操金,攫而夺之。吏搏而束缚之。"(《吕氏春秋·先识览》,《吕氏春秋译注》:"吏役把他抓住捆了起来。"

"有一狙焉,委蛇攫抓,见巧于王。王射之,敏给搏捷矢。"(《庄子·杂篇·徐无鬼》)这一例又不限于人和动物了。"敏给搏捷矢"杨柳桥译为"它很敏捷地捉住了飞箭",得之;陈鼓应译为"敏捷地接住箭",未达一间。

我们认为,早期的"捕"(搏),形象更鲜明一些,也即动作性更强一些(参见汪维辉《汉语词汇史》,第74—75页),所以,早期的"捕"用"搏"字,也是有道理的。参见《考证》073。

【考证137】卒为善士则之野有众逐虎:

这段话一般断作"(晋人有冯妇者,善搏虎。)卒为善士。则之野,有众逐虎……"依据的是赵岐《注》:"冯,姓。妇,名也。勇而有力,能搏虎。卒,后也。善士者,以善搏虎有勇名也,故进之以为士。之于野外,复见逐虎者。"

宋代刘昌诗《芦浦笔记》提出异议说:"余味此段之言,恐合以'卒为善'为一句,'士则之'为一句,'野有众逐虎'为一句。盖有搏虎之勇而卒能为善,故士以为则;及其不知止,则士以为笑也。"宋代周密《志雅堂杂钞》也说:"一本以'善'字'之'字点句,前云'士则之',后云'其为士者笑之',文义相属,于《章旨》亦合。"

阎若璩《释地又续》则说:"古人文字,叙事未有无根者。惟冯妇之野,然后众得望见冯妇。若如宋周密断'士则之'为句,'野'字遂属下,野但有众耳,何由有冯妇来? 此为无根。"

聚讼纷纭,迄未一是,故杨树达《古书句读释例》将其列入"两读皆可通"之例。

著者曾发表一文于武汉大学《人文论丛》杂志1999年卷,名为"《孟子》疑难句读辨析一例",主张应读为"晋人有冯妇者,善搏虎。卒为善,士则之。野有众逐虎……"理由如下:

1. "则"连接句与句,是指连接分句与分句,而分句之间一般用逗号隔开。我们在杨伯峻《孟子译注》中所统计的连接分句的222例"则",除"不搂,则不得妻;则将搂之乎?"(《告子下》)的"则"前为分号外,221例"则"前均为逗号。而"……卒为善士。则之野,有众逐虎……"中的"则"并非如此。所以赵岐的注文中"则"字不见了踪影:"……之于野外,复见逐虎者……"所以这里的"则"不是连接复句的两个分句,而是连接互不相属的两个句子,而后者无需"则"来连接。

2. 如读为"……卒为善士。则之野,有众逐虎……","之"则为"到……去"义。"之"与"适"的区别是,前者有方向性而后者无之。也即,前者不能以"郊""野"这些不能体现方向性的词作宾语。在《孟子》及与《孟子》大致属于同一时代的《墨子》《庄子》(不含《杂篇》)《荀子》《韩非子》等4种古籍中,用作动词,训"往"并带有宾语的"之"字共有57例。其中47例,都是具体的国名、地名及人物。在这47例中,"之"的语义特征都具有明确的目的性、方向性。

包含在47例中的《孟子·离娄下》的"之祭者""之他"乃是"齐人"已"之东郭墦间"后的行为,那么"祭者"和"他"——其他祭者,都是近距离的可以望见的具体人物,与"适"的宾语"诸侯""小国""仇国"这类说话时并无具体所指的宾语自有所不同。

其余10例,见于《庄子》的有4例:《逍遥游》"奚以之九万里而南为"、《天地》"谆芒将东之大壑,适遇苑风于东海之滨。苑风曰:'子将奚之?'曰:'将之大壑。'"前者的"九万里"因无方向性,故以"而南"补充。后者既已言"东之大壑"在先,故后句径言"将之大壑"。见于《韩非子》的6例,与见于《庄子》的类似,不赘。

许多人主张"之"和"适"是同一个词的两种写法。其实,除了该二字所带宾语的有无方向性的区别外,它们在分布上也没有互补性。二者不但出现在同一书中,有的甚至出现在同一篇中。如《庄子·内篇·逍遥游》:"蜩与学鸠笑之曰:'……奚以之九万里而南为?'适莽苍者,三飡而反,腹犹果然;适百里者,宿舂粮;适千里者,三月聚粮。"二字上古音也并不十分相近。

以上两点,可证读为"……卒为善士。则之野,有众逐虎……"在《孟子》成书时代的语言中,是扞格难通的。

3.读为"(晋人有冯妇者,善搏虎。)卒为善,士则之。野有众逐虎……",没有任何问题。a."为善"在《孟子》中出现11次,"善士"只有7次,且集中出现于《万章下》第八章。b."则之"见于《左传》《论语》等书,如《左传·昭公六年》"匹夫为善,民犹则之",与"卒为善,士则之"极为相似。c.与"野有众逐虎"类似者如:"郊关之内有囿方四十里。"(《孟子·梁惠王下》)"藐姑射之山有神人居焉。"(《庄子·内篇·逍遥游》)

因此,"……卒为善,士则之。野有众逐虎……"之出现在《孟子》成书时代的语言中,是文从字顺,没有问题的。

《上古汉语语法纲要》(三民书局2015)之《导言》第三节《语法分析与古书阅读》之第一点《断句》的第二小点《数读中的真读》列有本例。著者梅广先生说:"不过后一读(著者按:即'……卒为善士。则之野,有众逐虎……')有一个句法问题不能忽略。'则'是一个复句的连接成分,它必须连接两个分句。然而若将'卒为善士,则之野'视为一复句结构,则有困难。'则'又有对比作用,作副词用,如《论语·宪问》'赐也贤乎哉?夫我则不暇。'此以'我'与'赐也'两个句中的焦点对比,一正一反。然而'则'的这种对比用法在这里不适用,因这两句并无平行焦点可以作正反对比。因此从句法结构上考虑,前一读(著者按:即'……卒为善,士则之。野有众逐虎……')为佳,后一读必须放弃。"

14.24 孟子曰:"口之于味也,目之于色也,耳之于声也,鼻之于臭也[①],四肢之于安佚也[②],性也;有命焉,君子不谓性也。仁之于父子也,义之于君臣也,礼之于宾主也,知之于贤者也,圣人之于天道也,命也;有性焉,君子不谓命也。"

【译文】孟子说:"口对于美味,眼对于美色,耳对于好听的声音,鼻对于芬芳的气味,手足四肢喜欢舒服,都是人的天性使然;但能否得到这些,却属于命运,所以君子不会以天性为借口而强求它们。仁对于父子,义对于君臣,礼对于宾主,智慧对于贤者,圣人对于天道,能否实现这些,属于命运,但也是天性使然,所以君子不会以命运为借口而不去顺从天性。"

【注释】①臭:读作"嗅(xiù)",古代读"尺救切";气味,这里指芬芳之气。详见孙玉文《结合古文字谈几个字的上古音问题》。 ②安佚(yì):今写作"安逸",不勤劳,舒服。佚,通"逸"。

14.25 浩生不害问曰①:"乐正子何人也?"孟子曰:"善人也,信人也②。""何谓善?何谓信?"

曰:"可欲之谓善③,有诸己之谓信④,充实之谓美,充实而有光辉之谓大,大而化之之谓圣,圣而不可知之之谓神。乐正子,二之中、四之下也。"

【译文】浩生不害问道:"乐正子是何等人物呢?"孟子答道:"他是善人,是实在的人。""什么叫作'善'?什么叫作'实在'?"

答道:"人人想要追求的叫作'善',拥有这些善叫作'实在';把那善和实在充实扩大便叫作'美好';充实扩大它,使它光辉洋溢,叫作'伟大';将那伟大光辉化育天下众生,便叫作'圣';圣而臻于妙不可言便叫作'神'。乐正子是介于'善'和'实在'两者之中,处在'美好''伟大''圣''神'四者之下的人物。"

【注释】①浩生不害:齐人。浩生,姓。不害,名。 ②信人:可靠之人,实在人。 ③可欲:人人艳羡的美好的事物。 ④有诸己之谓信:自己拥有善叫作实在。

14.26 孟子曰:"逃墨必归于杨,逃杨必归于儒。归,斯受之而已矣。今之与杨、墨辩者,如追放豚——既入其苙①,又从而招之②。"

【译文】孟子说:"逃离墨子一派的,一定归向杨朱一派;逃离杨朱一派的,一定归向儒家一派。只要他回归,接受他就算完了。今天同杨、墨两家辩论的人,好像追逐走失的猪一般——已经送回猪圈了,还要把它的脚给绊住。"

【注释】①既入其苙(lì):入,使……入,纳。苙,畜养牲畜的栏。 ②招:羁绊其足。孟子对于学生,主张"往者不追"(14·30),与"既入其苙,又从而招之"的态度是相反的。

14.27 孟子曰:"有布缕之征、粟米之征、力役之征。君子用其一,缓其二。用其二而民有殍,用其三而父子离。"

【译文】孟子说:"有征收布帛的,有征收粮食的,还有征发人力的。君子只采用其中一种,其余两种暂缓征用。如果同时用两种,百姓就会有饿死的;如果三种同时用,那连父子也会离散各奔东西了。"

14.28 孟子曰:"诸侯之宝三:土地、人民、政事。宝珠玉者,殃必及身。"

【译文】孟子说:"诸侯的宝贝有三件:土地、百姓和政治。把珍珠美玉当作宝贝的,灾祸一定会降临到他身上。"

14.29 盆成括仕于齐①,孟子曰:"死矣,盆成括!"盆成括见杀,门人问曰:"夫子何以知其将见杀?"曰:"其为人也小有才,未闻君子之大道也,则足以杀其躯而已矣。"

【译文】盆成括在齐国做官,孟子说:"盆成括要死了!"盆成括被杀,学生问道:"老师怎么会知道他将被杀?"答道:"他这个人哪,只有小聪明,却没有听闻过君子的大道理,那就足以招来杀身之祸了。"

【注释】①盆成括:盆成,姓氏。括,名。

14.30 孟子之滕,馆于上宫。有业屦于牖上①,馆人求之弗得。或问之曰:"若是乎从者之廋也②?"曰:"子以是为窃屦来与?"曰:"殆非也。夫子之设科也③,往者不追,来者不拒。苟以是心至④,斯受之而已矣。"

【译文】孟子到了滕国,住在上宫。有一双没有织成的鞋放在窗台上,旅馆里的人去取,却不见了。有人就这件事问孟子说:"跟随你的人,竟连这样的东西也藏起来吗!?"孟子说:"你以为他们是为了偷鞋而来的吗?"答道:"大概不是的。〔不过〕你老人家开设的课程,〔对学生的态度是〕已去的不追问,要来的不拒绝。如果他们怀着您不会追问的心思到您门下,您也就接受了〔,那难免良莠不齐呢〕。"

【注释】①业屦:未织成的鞋。 ②若是乎从者之廋也:这句话应译为:"跟随你的人,竟连这样的东西也藏起来吗!?"详见《考证》138。 ③夫子之设科也:好些《孟子》版本此句都作"夫予之设科也",阮元《校勘记》根据赵岐"夫我设教授之科"的注文,也认为应为"夫予之设科也"。我们认为应作"夫子之设科也"。详见《考证》139。 ④是心:指孟子"往者不追,来者不拒"的心思。详见《考证》140。

【考证138】若是乎从者之廋也:

这句话《孟子译注》译为:"像这样,是跟随您的人把它藏起来了吧?"似未达其旨。其实这一类的句子都是感叹句。"若是乎""若此乎""如此乎"等,有的是在该感叹句的前部,如:"若是乎贤者之无益于国也!"(《孟子·告子下》)"如此乎礼之急也!"(《礼记·礼运》)更多的却是在后部:"美哉!周之盛也其若此乎!"(《左传·襄公二十九年》)"君子之无耻也若此乎?"(《庄子·杂篇·让王》)"盖君子之无所丑也若此乎!"(《吕氏春秋·孝行览》)"呜呼! 士之速弊一若此乎!"(《贵直论》)

因此,"若是乎从者之廋也"应译为:"跟随你的人,竟连这样的东西也藏起来吗!?"朱熹《集注》:"言子之从者,乃匿人之物如此乎!"得其旨矣。

又,《孟子译注》译 3.2－7"伯夷、伊尹于孔子,若是班乎"为"伯夷、伊尹与孔子他们不是一样的吗",也一间未达。这句话直译应为:"伯夷、伊尹相较于孔子,竟然如此相似吗?"类似句子如:"若是其大乎?"(《孟子·梁惠王下》)"予岂若是小丈夫然哉?"(《公孙丑下》)"以孝子之心为不若是恝。"(《万章上》)"人之生也,固若是芒乎?"(《庄子·齐物论》)这类句子较之上举"君子之无耻也若此乎"一类句子,指示代词后多了一个形容词或其他谓词。

【考证139】夫子之设科也:

赵岐《注》:"孟子曰,夫我设教授之科,教人以道德也。"焦循《正义》引阮元《校勘记》说:"'夫子之设科也',闽、监、毛三本同。宋本、岳本、廖本、孔本、韩本'子'作'予'。按,《注》云'夫我设教授之科',伪《疏》亦云'夫我之设科以教人',则作'予'是也。'予'、'子'盖字形相涉而讹。"杨伯峻《孟子译注》作"夫子之设科",并说:"据赵岐《注》,他的本子作'夫予',则'夫'为提挈之词,'予',孟子自称。那'夫予之设科也'以下为孟子之言,而不是馆人的话了。译文未采此说。"

我们认可"夫子之设科也",理由如下:

1. a. 周秦之世,第一人称代词"予"(余)后接一"之"作定语者并不多见。b. 从未见"予"或"余"前有一句首语气词"夫"者。"夫吾"亦未之见,只见两例"夫我":"赐也贤乎哉? 夫我则不暇。"(《论语·宪问》)"夫我乃行之,反而求之,不得吾心。"(《孟子·梁惠王上》)如何解释,尚待探讨。c. 未见"予(余)＋之＋中心语"结构处于主语位置上者。d. 所见"予(余)＋之＋中心语"结构中的中心语均为体词性成分,未见其为谓词性成分者。

以下为我们在周秦文献中找到的含有"予(余)之"仅有的几个例子:

"舍彼有罪,予之佗矣。"(《诗经·小雅·小弁》)此例的"予"并非主语,而是前置的宾语。

"余弟死,而子来,是而子杀余之弟也。"(《左传·襄公十四年》)沈玉成《左传译文》:"我的兄弟战死,你的儿子回来,这是你的儿子杀了我的兄弟。""余之弟"作宾语。"弟"为体词。

"浸假而化予之左臂以为鸡,予因以求时夜;浸假而化予之右臂以为弹,予因以求鸮炙;浸假而化予之尻以为轮,以神为马,予因以乘之,岂更驾哉!"(《庄子·内篇·大宗师》)"汝又何帛以治天下感予之心为?"(《内篇·应帝王》)"已矣!夫子无所发予之狂言而死矣夫!"(《外篇·知北游》)"予之左臂""予之右臂""予之尻"均为宾语,"左臂""右臂""尻"也都是体词。

2. 相反,"夫子+之+谓词性成分中心语+也"结构,后面再接一段叙述,类似"夫子之设科也,往者不追,来者不拒"的,则并不鲜见。如:"夫子之求之也,其诸异乎人之求之与!"(《论语·学而》)"夫子之言性与天道,不可得而闻也。"(《公冶长》)"夫子之问也,固不及质。"(《庄子·外篇·知北游》)

如果考察范围扩大为"人物+之+谓词性成分中心语+也"结构,后面再接一段叙述的,则数不胜数了。

仅举《论语》为前十篇:"君子之至于斯也,吾未尝不得见也。"(《八佾》)"赤之适齐也,乘肥马,衣轻裘。"(《雍也》)"子之所慎:齐、战、疾。"(《述而》)"天之将丧斯文也,后死者不得与于斯文也;天之未丧斯文也,匡人其如予何?"(《子罕》)

《孟子》中属于这种句式的更是不胜枚举,仅举《梁惠王下》的例子:"王之好乐甚,则齐其庶几乎!""吾王之好鼓乐,夫何使我至于此极也?……吾王之好田猎,夫何使我至于此极也?""昔者文王之治岐也,耕者九一,仕者世禄,关市讥而不征,泽梁无禁,罪人不孥。"

我们考察了《论语》《孟子》两书中全部这类句子,也未见这种复句句首有句首语气词"夫"的。

因此,我们认为,此句应为"夫子之设科也",而非"夫予之设科也"。

【考证140】是心:

赵岐《注》:"诚以是学道之心来至,我则斯受之。亦不知其取之与否,君子不保异心也。"朱熹《集注》:"夫子设置科条以待学者,苟以向道之心而来,则受之耳,虽夫子亦不能保其往也。"赵岐以"殆非也"以下为孟子所说,朱熹则以为"或问之"者所说,但他们都认为"是心"为"学道之心""向道之心"。杨伯峻《孟子译注》因此译为:"只要他们怀着学习的心来,便也接受了〔,那难免良莠不齐呢〕。"

白平《杨伯峻〈孟子译注〉商榷》认为当译作:"如果他们是怀着偷东西的邪念来的,我也只会接受他们而已。"(第286页)

到底"是心"指什么呢?请看:"宋之盟,子木有祸人之心,武有仁人之心,是楚所以驾于晋也。今武犹是心也。"(《左传·昭公元年》,沈玉成《左传译文》:"武有爱人之心……现在武还是这样的心。")"'有牵牛而过堂下者,王见之,曰:"牛何之?"对曰:"将以衅钟。"王曰:"舍之!吾不忍其觳觫,若无罪而就死地。"对曰:"然则废衅钟与?"(王)曰:"何可废也?以羊易之!"不识有诸?'曰:'有之。'曰:'是心足以王矣。'"(《梁惠王上》,杨伯峻《孟子译注》:"凭这种好心就足以统一天下了。")"由是则生而有不用也,由是则可以辟患而有不为也,是故所欲有甚于生者,所恶有甚于死者。非独贤者有是心也,人皆有之。"(《告子上》,杨译:"这种心不仅贤人有,人人都有。")

然则,《昭公元年》"是心"指武的"爱人之心",《梁惠王上》"是心"指王的"吾不忍其觳觫,若无罪而就死地"之心,《告子上》"是心"指"所欲有甚于生者,所恶有甚于死者"之心。以此例彼,本章"是心"指孟子的"往者不追,来者不拒"之心。

但下面这例怎么解释呢?"庆封为乱于齐而欲走越。其族人曰:'晋近,奚不之晋?'庆封曰:'越远,利以避难。'族人曰:'变是心也,居晋而可；不变是心也，虽远越，其可以安乎？'"（《韩非子·说林上》，张觉《韩非子译注》："如果改变这作乱的心思，居住在晋国也就可以了；如果不改变这作乱的心思，即使远居越国，难道就可以安宁了吗？"）

《马氏文通》说："至'是''此'二字，确有不可互易之处。凡言前文事理，不必历陈目前，而为心中可意者，即以'是'字指之。前文事物有形可迹，且为近而可指者，即以'此'字指之。"郭锡良先生认为，马建忠对"是"的分析确有可取之处。他指出，在《孟子》中，"是"只指抽象的事理或不在目前的事物："杨氏为我，是无君也；墨氏兼爱，是无父也。无父无君，是禽兽也。"（《滕文公下》）"舜，何人也？予，何人也？有为者亦若是。"（《滕文公上》）郭先生又指出："《孟子》中)有些用'是'的地方，如果用近指来理解，很觉勉强"：

"予岂若是小丈夫然哉？谏于其君而不受，则怒，悻悻然见于其面，去则穷日之力而后宿哉？"（《公孙丑下》）"故天将降大任于是人也，必先苦其心志，劳其筋骨，饿其体肤，空乏其身，行拂乱其所为，所以动心忍性，曾益其所不能。"（《告子下》）"孟子曰：'君子居是国也，其君用之，则安富尊荣；其子弟从之，则孝悌忠信。'"（《尽心上》）

郭先生指出："以上三例，都无前词，不是承前指代。因此用近指来理解，总有些扞格难通。"（《汉语史论集》增补本，商务印书馆2005，第99—101页）

正由于"是"可指代"心中可意者"，赵岐、朱熹才揣测孟子心意而理解本章"是心"为"学道之心""向道之心"。

我们穷尽性研究后认为，"是"指代先行词，是普遍的，是无标的；"是"指代没有先行词的不在目前的事物，是特例，是有标的。后者的分布条件：a."是"或"是N"所指在下文，该"是"或"是N"往往和"其"相呼应。如上举《公孙丑下》《告子下》《尽心上》诸例。b. 含有"是""是N"的对举句，如上举《韩非子·说林上》。

本章"是心"，看不出是有标的，因而当指上文的"往者不追，来者不拒"之心。

从整个《孟子》来看,当有前词时,"是""是 N"都指代前词——该前词一定是距离"是"较近的那个。"是 N"之例如:"恻隐之心,仁之端也;羞恶之心,义之端也;辞让之心,礼之端也;是非之心,智之端也。人之有是四端也,犹其有四体也。"(《公孙丑上》)"禹疏九河,瀹济漯而注诸海,决汝汉,排淮泗而注之江,然后中国可得而食也。当是时也,禹八年于外,三过其门而不入,虽欲耕,得乎?"(《滕文公上》)"有童子以黍肉饷,杀而夺之。《书》曰:'葛伯仇饷。'此之谓也。为其杀是童子而征之。"(《滕文公下》)"阳货瞰孔子之亡也,而馈孔子蒸豚。孔子亦瞰其亡也,而往拜之。当是时,阳货先,岂得不见?"(同上)"他日归,则有馈其兄生鹅者,己频颇曰:'恶用是鶃鶃者为哉?'他日,其母杀是鹅也,与之食之。其兄自外至,曰:'是鶃鶃之肉也。'"(同上)"咸丘蒙曰:'舜之不臣尧,则吾既得闻命矣。《诗》云:"普天之下,莫非王土;率土之滨,莫非王臣。"而舜既为天子矣,敢问瞽瞍之非臣,如何?'曰:'是诗也,非是之谓也。'"(《万章上》)"孔子不悦于鲁卫,遭宋桓司马将要而杀之,微服而过宋。是时孔子当厄,主司城贞子,为陈侯周臣。"(同上)

《滕文公上》的"是时",指"禹疏九河,瀹济漯而注诸海,决汝汉,排淮泗而注之江"之时;《滕文公下》的"是时",指"阳货瞰孔子之亡也,而馈孔子蒸豚。孔子亦瞰其亡也,而往拜之"之时;《万章上》的"是时",指"孔子不悦于鲁卫,遭宋桓司马将要而杀之,微服而过宋"之时。

因此,本章"是心"之指"往者不追来者不拒"之心,应该是没有疑义的。

14.31 孟子曰:"人皆有所不忍,达之于其所忍,仁也;人皆有所不为,达之于其所为,义也。人能充无欲害人之心,而仁不可胜用也;人能充无穿逾之心,而义不可胜用也;人能充无受尔汝之实①,无所往而不为义也。士未可以言而言,是以言餂之也②;可以言而不言,是以不言餂之也;是皆穿逾之类也。"

【译文】孟子说:"每个人都有所不忍心的人和事,把它延伸到所忍心的人和事上,便是仁;每个人都有不肯干的事,把它延伸到所肯干的事上,便是义。〔换言之,〕人能够扩充不想害人的心,仁便取之不尽用之不竭了;人能够扩充不挖洞跳墙的心,义便取之不尽用之不竭了;人能够扩充不受鄙视的言行举止,那就无往而不合于义了。一个士人,不可以同他谈论却去同他谈论,这是用言语来挑逗他,以便自己取利;可以同他谈论却不同他谈论,这是用沉默来挑逗他,以便自己取利;这些都是和挖洞跳墙类似的。"

【注释】①无受尔汝之实:"尔""汝"为古代尊长对卑幼的称呼,如果平辈用之,除非至交好友,便表示对他的轻视不尊重。尔汝之实,指被人蔑称为"尔""汝"的言语行为。孟子这话的意思是,若要不受别人的轻贱,自己就先要有不受轻贱的言语行为。　②餂(tiǎn):挑取。扬雄《方言》作"銛"。

14.32 孟子曰:"言近而指远者,善言也;守约而施博者①,善道也。君子之言也,不下带而道存焉②;君子之守,修其身而天下平。人病舍其田而芸人之田——所求于人者重,而所以自任者轻。"

【译文】孟子说:"言语虽浅近,意义却深远的,这是'善言';所奉行的简单,效果却广大的,这是'善道'。君子所讲的,虽都是些近在眼前日常事物,可是'大道'就在其中;君子的操守,从修养自己开始,最终可以使天下太平。做人最怕是放弃自己的田地,而去给别人耘田——要求别人的很重,自己负担的却很轻。"

【注释】①施:施恩。　②不下带:不下于腰带。带,束腰之带。不下带,指人通常所看到的在自己的腰带以上。也就是通常所见,目力所及的事情。

14.33 孟子曰:"尧舜,性者也;汤武,反之也①。动容周旋中礼者,盛德之至也。哭死而哀,非为生者也。经德不回②,非以干禄也。言语必信,非以正行也。君子行法,以俟命而已矣。"

【译文】孟子说:"尧、舜的美德是出于本性,汤、武则是通过修身而将美德加之于己身的。一举一动一颦一笑无不合于礼的,是美德中臻于极致的。为死者而哭的悲哀,不是做给生者看的;贯彻道德,远离邪僻,不是为了谋求一官半职;言语一定信实,不全是为了端正行为〔,而是发自于善良的本性〕。君子依法度而行,只是等待天命罢了。"

【注释】①反之:反,同"返"。反之,通过修身而使善良的本性返还于自身。　②经德不回:经,行,贯彻。回,邪,不正。详见《考证》141。

【考证141】经德不回:

赵岐注"经德不回,非以干禄也":"经,行也。体德之人,行其节操,自不回邪,非以求禄位也。"朱熹《集注》:"经,常也;回,曲也。"杨伯峻先生《孟子译注》:"赵岐《注》云:'经,行也。''回'同'违'。'违'是违背礼节的意思,说见杨伯峻《论语译注》(2·5)。"

综上,对"经德不回"的解释,有两处歧义:一是"经"训"常"抑或训"行",二是"回"训"邪"抑或训"违"。

首先,"经德不回"的"经",我们认为应当从赵岐与杨伯峻先生训"行",因为,"经"之训"常"者常为体词,不是能带宾语的谓词:"鸿蒙曰:'乱天之经,逆物之情,玄天弗成。'"(《庄子·外篇·在宥》)"日月照而四时行,若昼夜之有经,云行而雨施矣。"(《外篇·天道》)"行度必明,无失经常。"(《管子·问》)能带宾语的"经"则不可训为"常"而多训"行":"旅力方刚,经营四方。"(《诗经·小雅·北山》)"经德义,除诉耻。"(《左传·哀公二年》孔颖达《正义》:"经,谓经纪营理之。")"不可以经国定分。"(《荀子·非十二子》)

其次,"经德不回"的"回",我们认为应当从赵岐、朱熹训"邪"(曲)。与"经德不回"文例类似的《小雅·鼓钟》"淑人君子,其德不回",郑玄《笺》云:"回,邪也。"《鲁颂·閟宫》"赫赫姜嫄,其德不回",孔颖达《疏》:"其德贞正不回邪。"《逸周书·谥法解》:"秉德不回曰孝。"朱右曾曰:"回,邪也;不回所以成其德。"

《大雅·大明》"厥德不回,以受方国",郑玄《笺》:"回,违也。"违离正道则为邪僻。程俊英《诗经译注》:"回,邪僻。"

其余的"不回"则多训"不违":《大雅·旱麓》"岂弟君子,求福不回。"郑玄《笺》云:"不回者,不违先祖之道。"《大雅·常武》:"徐方不回。"郑玄《笺》云:"回,犹'违'也。"

其实"回""违"相通(古音均属匣纽微部,"回纥"又称"韦纥"),这一"违"不训违反、违背,而训回邪、邪恶。《国语·周语上》"今虢公动匿百姓以逞其违,离民怒神而求利焉,不亦难乎"韦昭《注》:"违,邪也。"《左传·桓公二年》"君人者将昭德塞违,以临照百官"孔颖达《疏》:"塞违,谓闭塞违邪。"

14.34 孟子曰:"说大人,则藐之,勿视其巍巍然。堂高数仞,榱题数尺①,我得志弗为也。食前方丈②,侍妾数百人,我得志弗为也。般乐饮酒,驱骋田猎,后车千乘,我得志弗为也。在彼者③,皆我所不为也;在我者,皆古之制也。吾何畏彼哉?"

【译文】孟子说:"向大人物进言,就要藐视他,不要把他高高在上的样子放在眼里。殿堂高达几丈,椽子伸出几尺,我如果得志,不这样干。一丈见方的桌子摆满菜肴,陪玩伺候的美女多达数百,我如果得志,不这样干。纵情于作乐饮酒,驰骋在狩猎场上,跟随的车子多达千辆,我如果得志,不这样干。那些人所干的,都是我所不干的;我所干的,都符合古代制度,我凭什么要怕那些人呢?"

【注释】①榱(cuī)题:本义是房椽子,此处指屋檐。榱,椽子。题,物体的一端。　②食前方丈:形容饮食上的穷奢极欲。《墨子·辞过》《晏子春秋·内篇问下》《管子·五辅》《盐铁论·孝养》都有类似文字。③彼:那人。"彼"不是第三人称代词,那时语言中尚不能肯定产生了完全意义上的第三人称代词。

14.35 孟子曰:"养心莫善于寡欲。其为人也寡欲,虽有不存焉者,寡矣;其为人也多欲,虽有存焉者①,寡矣。"

【译文】孟子说:"修养心性的方法没有比减少欲望更好的。某些人清心寡欲,虽然其中有早死的,但不会太多;某些人欲望强烈,虽然其中有长寿的,也不会太多。"

【注释】①存,不存:存,指活着;不存,指死去。详见《考证》142。

【考证142】虽有不存焉者……虽有存焉者:

赵岐《注》:"虽有少欲而亡者,谓遭横暴,若单豹卧深山而遇饥虎之类也。然亦寡矣。"杨伯峻《译注》说:"不存,存,此指孟子所谓'善性''夜气'而言,《离娄下》云:'人之所以异于禽兽者几希,庶民去之,君子存之。'(8.9)《告子上》亦云:'虽存乎人者,岂无仁义之心哉?'(11.8)诸'存'字即此'存'字。赵岐《注》以人的生死释之,大误。"

赵岐的意思是说,清心寡欲的人,即使有短命的,短命的人也比较少;欲望强烈的人,即使有长寿的人,长寿的人也比较少。简言之,清心寡欲使人长寿,欲望太强促人短命。《庄子·内篇·大宗师》"其耆欲深者,其天机浅",意思也差不多。

谁的说法更有道理呢,还是通过考察再作结论吧。

我们先看杨伯峻先生所引的两条例句。《离娄下》一条,"存之"的"之",回指前文之"人之所以异于禽兽者",即孟子所理解的"善性";《告子上》一条,"存乎人者"指的是下文出现的"仁义之心"。照此推衍,由于本章上文"为人也寡欲""为人也多欲"是谓词性结构,本章"不存者"和"存者",指的只能是上文的"其"。如此,似乎赵说较为有理。如果我们将考察范围扩大，仍然如此的话，则赵说将更为可信了。例如：

"纣之去武丁未久也，其故家遗俗，流风善政，犹有存者。"(《公孙丑上》)"上无道揆也，下无法守也，朝不信道，工不信度，君子犯义，小人犯刑，国之所存者幸也。"(《离娄上》)"顺天者存，逆天者亡。"(同上)"存乎人者，莫良于眸子。"(同上)"父母俱存，兄弟无故，一乐也。"(同上)

通过以上书证的归纳，"存""不存"的主语一律在上下文中出现。《公孙丑上》一条所"存"者，指"其故家遗俗，流风善政"；《离娄上》一条所"存"者，指"上无道揆也，下无法守也，朝不信道，工不信度，君子犯义，小人犯刑"之"国"；紧接着的两条所"存"者分别指"顺天者"和"眸子"。如此看来，赵岐之说是有道理的。因为如果所"存"者指的是"善性""夜气"，则并未在上下文出现过。

我们还必须考察当时文献中，当"存"指的是人时，是否指该人活着。上举书证中，"父母俱存"的"存"指"生存""活着"；"顺天者存，逆天者亡"中"顺天者"如果指人，句中的"存"也意为"生存""活着"。其他例证如："宦三年矣，未知母之存否。"(《左传·宣公二年》)"我将亡，夫子存我，德莫大焉。"(《襄公二十七年》)"以吾存也。"(《国语·晋语二》)"宣子拜稽首焉，曰：'起也将亡，赖子存之。'"(《晋语八》)"是以圣人后其身而身先，外其身而身存。"(《老子》七章)

我们之所以认同赵岐之说，固然因为他是汉代人，推翻他的结论应慎重。更为重要的是，语言内部的证据是主要的、自足的；而用语言内部证据验证赵岐之说，也并无问题。

14.36 曾晳嗜羊枣①，而曾子不忍食羊枣。公孙丑问曰："脍炙与羊枣孰美②？"孟子曰："脍炙哉！"公孙丑曰："然则曾子何为食脍炙而不食羊枣？"曰："脍炙所同也，羊枣所独也。讳名不讳姓③,姓所同也,名所独也。"

【译文】曾皙喜欢吃羊枣,曾子因而自己舍不得吃羊枣。公孙丑问道:"烤肉末和羊枣哪一种好吃?"孟子答道:"烤肉末呀!"公孙丑又问:"那么,曾子为什么吃烤肉末却不吃羊枣?"答道:"烤肉末是大家都喜欢吃的,羊枣却只是个别人喜欢吃的。就好比父母的名字要避讳,姓却不避讳一样;因为姓是许多人共同的,名字却是他一个人的。"

【注释】①羊枣:小柿子,现在叫作牛奶柿,北方叫作"黑枣"。 ②脍炙:脍,肉糜。炙,烤肉、烧肉。 ③讳名:古代对于父母君上的名字,不能讲,不能写,叫作避讳。

14.37-1 万章问曰:"孔子在陈曰:'盍归乎来!吾党之小子狂简①,进取,不忘其初②。'孔子在陈,何思鲁之狂士?"

孟子曰:"孔子'不得中道而与之,必也狂狷乎③!狂者进取,狷者有所不为也'。孔子岂不欲中道哉?不可必得,故思其次也。"

"敢问何如斯可谓狂矣?"曰:"如琴张、曾皙、牧皮者④,孔子之所谓狂矣。"

"何以谓之'狂'也?"曰:"其志嘐嘐然⑤,曰:'古之人,古之人。'夷考其行⑥,而不掩焉者也。狂者又不可得,欲得不屑不絜之士而与之,是狷也,是又其次也。孔子曰:'过我门而不入我室,我不憾焉者,其惟乡原乎⑦!乡原,德之贼也。'"

【译文】万章问道:"孔子在陈国说:'何不回去呢!我们那里的学生狂放而耿直,志存高远而不忘初心。'孔子在陈国,为什么思念鲁国那些狂放的人?"

孟子答道:"孔子说过:'不能得到中行之士和他交朋友,又非要交友的话,那总要交到狂放和狷介的人吧,狂放的人敢于进取,狷介者还不至于做坏事。'孔子难道不想结交中行之士吗?未必一定做得到,所以只想着稍逊一等的了。"

"请问,怎么样的人才能叫作狂放的人呢?"答道:"像琴张、曾晳、牧皮这类人就是孔子所说的狂放的人。"

"为什么说他们是狂放的人呢?"答道:"他们一幅无所谓的样子,总是说,'古人哪!古人哪!'平心静气地考察其行为,却发现他们做的其实没有说的多。假如这种狂放的人还是交不到,便想结交不屑于做坏事的人,这就是狷介之士,又又是次一等的。孔子说:'从我家大门经过,而不进到我屋里来,我也并不遗憾的,那只有好好先生吧。好好先生,是戕害道德的人。'"

【注释】①吾党之小子狂简:宋、孔、韩三个本子这句作"吾党之士狂简"。朱熹《四书集注》亦作"吾党之士"。 ②"盍归乎来"四句:《论语·公冶长》:"子在陈,曰:'归与!归与!吾党之小子狂简,斐然成章,不知所以裁之。'"和万章所说略有不同。进取,朱熹说是"求望高远"。 ③孔子"不得中道而与之,必也狂獧(juàn)乎":獧,同"狷",洁身自好,有所不为。《论语·子路》:"子曰:'不得中行而与之,必也狂狷乎!狂者进取,狷者有所不为也。'"中行,即不左不右,不偏不倚,一切都恰合于仁义道德。狂狷,狂放和狷介。狷介,即洁身自好。 ④琴张、牧皮:不知何人。 ⑤嘐(xiāo)嘐:同"嚣嚣",这里指无所谓的样子。 ⑥夷考其行:平实地考察他们的行为。夷,平。 ⑦乡原:"原"通"愿"。乡愿,就是好好先生。乡愿的"愿",繁体也是如此,不能作"願"。

14.37−2 曰:"何如斯可谓之'乡原'矣?"

曰:"'何以是嘐嘐也?言不顾行,行不顾言,则曰:"古之人,古之人。"行何为踽踽凉凉①?生斯世也,为斯世也,善,斯可矣。'阉然媚于世也者②,是乡原也。"

万子曰:"一乡皆称原人焉,无所往而不为原人,孔子以为德之贼,何哉?"曰:"非之无举也,刺之无刺也,同乎流俗,合乎污世,居之似忠信,行之似廉絜③,众皆悦之,自以为是,而不可与入尧舜之道,故曰'德之贼'也。孔子曰:恶似而非者:恶莠,恐其乱苗也;恶佞,恐其乱义也;恶利口,恐其乱信也;恶郑声,恐其乱乐也;恶紫,恐其乱朱也;恶乡原,恐其乱德也。君子反经而已矣④。经正,则庶民兴;庶民兴,斯无邪慝矣。"

【译文】问道:"怎样的人才可以叫他好好先生呢?"

答道:"〔好好先生总是议论狂放之人说:〕'为什么这样志向大并喜欢说大话呢?说的挨不着做的,做的也挨不着说的。只是说:"古人哪!古人哪!"'〔又议论狷介之士说:〕'又为什么这样跟人合不来呢?'〔又说:〕'生在这个世上,就得适应这个人间,只要大家都觉得我好便行了。'这样浑浑噩噩只求取媚于俗世的人,就是好好先生。"

万章说:"全乡的人都说他是个诚谨善良的人,他也到处表现出是个诚谨善良的人,孔子竟把他看作戕害道德的人。为什么呢?"答道:"这种人,要非难他,却又举不出什么大错误来;要讥刺他,却也没什么可讥刺,他只是向世间通行的恶俗看齐,和这个污秽的世界合流,平素似乎以忠诚信实持身,行为也好像清正廉洁,大家也都喜欢他,他自己也以为正确,但是不能和他一道走上尧舜的大道,所以说他是戕害道德的人。孔子说过,厌恶那种似是而非的东西;厌恶狗尾巴草,因为怕它把禾苗弄乱了;厌恶满嘴仁义行为相反的人,因为怕他把义搞乱了;厌恶巧舌如簧辩才无碍的人,因为怕他把信实搞乱了;厌恶郑国的乐曲,因为怕它把雅乐搞乱了;厌恶紫色,因为怕它把大红色搞乱了;厌恶好好先生,就因为怕他把道德搞乱了。君子让一切事物回到经常正道就可以了。经常正道不被歪曲,老百姓就会振奋兴起;老百姓振奋兴起,就没有邪恶了。"

【注释】①踽(jǔ)踽凉凉:落落寡合的样子,跟人合不来的样子。 ②阉然:昏暗、暗昧、混沌的样子。详见《考证》143。 ③居之似忠信,行之似廉絜:赵岐《注》:"居其身若似忠信,行其身若似廉絜为行矣。"居身,持身,抱持……态度(工作、生活)。当时典籍中,"居""行"常常对举。参见《论语新注新译》(第二版)12.15《考证》。 ④反经:归于经常。反,同"返"。

【考证143】阉然:

赵岐无说。朱熹《集注》:"阉,如奄人之奄,闭藏之意也。"此恐望文生义。因为,上古汉语的"阉"(奄)是个名词。《国语·晋语二》"公令阉楚刺重耳,重耳逃于狄"韦昭《注》:"阉,阉士也。"《周礼·天官·叙官》"酒人,奄十人"郑玄《注》:"奄,精气闭藏者,今谓之宦人。"而名词,一般不能加词尾"然"组成"N+然"结构;尤其在战国中期之前的汉语中。我们全面考察了《左传》《国语》《论语》《孟子》《墨子》及《庄子·内篇》,未见例外(《庄子·内篇·应帝王》之"块然"即"傀然""岿然",而与"巍巍然""頯然"同源,并非"如土块")。可参周法高《中国古代语法·构词篇》。

阉然,作状语,修饰"媚于世",自不能如"无若宋人然"(《公孙丑上》)的"然",后者是代词而前者是词尾。

阉然,即奄(yǎn)然、厌(黡)然、闇然、黯然、暗然,昏暗、暗昧的样子,自然也是"闭藏之意"。章学诚《文史通义·答客问中》:"奄然媚世为乡愿。"《晏子春秋·内篇问上》:"鲁之君臣,犹好为义,下之妥妥也,奄然寡闻。"吴则虞《集释》引孙星衍曰:"奄然,闇然。"奄,后作"晻",即"闇""暗"字(不过"奄"仍读 yǎn)。《礼记·大学》"小人闲居为不善,无所不至,见君子而后厌然揜其不善,而著其善"郑玄《注》:"厌,读为'黡',黡,闭藏貌也。"《中庸》:"故君子之道,暗然而日章;小人之道,的然而日亡。"江淹《别赋》"黯然销魂者,唯别而已矣"李善《注》:"黯,失色将败之貌。言黯然魂将离散者,唯别而然也。"本章"阉然",恐指昏暗混浊,浑浑噩噩,浑然不辨是非。

14.38 孟子曰:"由尧舜至于汤,五百有余岁;若禹、皋陶,则见而知之；若汤，则闻而知之。由汤至于文王，五百有余岁，若伊尹、莱朱①，则见而知之；若文王，则闻而知之。由文王至于孔子，五百有余岁，若太公望、散宜生②，则见而知之；若孔子，则闻而知之。由孔子而来至于今，百有余岁，去圣人之世若此其未远也，近圣人之居若此其甚也，然而无有乎尔，则亦无有乎尔！"

【译文】孟子说："从尧舜那时到汤那时，经历了五百多年，像禹、皋陶等人，便是亲眼见到尧舜之道从而了解其道理的；像汤，便只是听到尧舜之道从而了解其道理的。从汤那时到文王那时，又有五百多年，像伊尹、莱朱等人，便是亲眼见到从而了解其道理的，像文王，便只是听到从而了解其道理的。从文王那时到孔子那时，又有五百多年，像太公望、散宜生等人，便是亲眼见到从而了解其道理的；像孔子，便只是听到从而了解其道理的。从孔子一直到今天，有一百多年了，离开圣人的年代竟然这样地为时短暂，距离圣人的故居竟然这样地近在咫尺，虽然这样，还是没有继承的人，那就真是没有继承的人了！"

【注释】①莱朱：商汤的贤臣。　②散宜生：周文王的贤臣，"散宜"为氏，"生"为名。

《孟子》疑难词句考证索引

序号	篇、章、节	疑难词句	页码
001	1.3－3	狗彘食人食而不知检	7
002	1.5	易耨	11
003	1.5	制梃以挞秦楚之坚甲利兵	12
004	1.7－1	吾不忍其觳觫若无罪而就死地	15
005	1.7－4	为长者折枝	18
006	1.7－6	殆有甚焉	23
007	1.7－8	若民则无恒产因无恒心	25
008	1.7－8	死亡	26
009	2.1－1	王变乎色	29
010	2.2	国中	32
011	2.3－1	大哉言矣	35
012	2.4－3	大戒于国	40
013	2.5－2	居者有积仓行者有裹粮	43
014	2.9	大木	48
015	2.10	如水益深如火益热	50
016	2.12	君无尤焉	54
017	2.16－2	君为来见也	58
018	3.1－1	管仲晏子之功可复许乎	62
019	3.1－4	置邮而传命	65
020	3.2－2	不肤桡	69
021	3.2－2	自反而不缩	69
022	3.2－3	不得于心勿求于气	71
023	3.2－3	志至焉气次焉	72

续表

序号	篇、章、节	疑难词句	页码
024	3.2-4	无害	75
025	3.2-4	其为气也配义与道	75
026	3.2-4	必有事焉而勿正	76
027	3.2-4	心勿忘	77
028	3.2-4	芒芒然	77
029	3.2-8	等百世之王	82
030	3.2-8	出于其类	82
031	3.4-1	贤者在位能者在职	85
032	3.4-1	明其政刑	85
033	3.6	非恶其声而然也	89
034	3.8	与人为善	91
035	3.9	思与乡人立	93
036	3.9	进不隐贤	94
037	4.2-2	宜与夫礼若不相似然	99
038	4.7	使虞敦匠事严	106
039	4.7	不得不可以为悦	107
040	4.7	且比化者无使土亲肤	108
041	4.8	彼然而伐之也	109
042	4.10-1	得侍同朝甚喜	114
043	4.14	不欲变	119
044	5.1	舜何人也予何人也	122
045	5.2-1	大故	125
046	5.2-1	亲丧固所自尽也	125
047	5.2-3	百官族人可谓曰知	128
048	5.3-4	将为君子焉将为野人焉	133
049	5.4-2	饔飧而治	138
050	5.4-2	舍皆取诸其宫中而用之	138

续表

序号	篇、章、节	疑难词句	页码
051	5.4-3	益烈山泽而焚之	141
052	5.4-4	劳之来之	143
053	5.5-1	夷子不来	149
054	5.5-2	盖上世尝有不葬其亲者……委之于壑	151
055	6.1-1	不见诸侯宜若小然	155
056	6.2	以顺为正者妾妇之道也	158
057	6.3-1	不以急乎	162
058	6.3-2	与钻穴隙之类也	164
059	6.4	守先王之道以待后之学者	167
060	6.6	一薛居州独如宋王何	171
061	6.9-1	周公相武王诛纣伐奄三年讨其君	175
062	6.9-2	邪说暴行又作、邪说暴行有作	177
063	6.10-1	井上有李螬食实者过半矣	179
064	6.10-2	与之食之	182
065	7.2	暴其民甚……名之曰幽厉	187
066	7.7-1	是绝物也	190
067	7.7-2	商之孙子其丽不亿	193
068	7.7-2	仁不可为众也	194
069	7.13	闻文王作兴曰	199
070	7.17	豺狼、狐狸	203
071	7.20	与适	208
072	7.22	人之易其言也无责耳矣	210
073	8.3	搏执	217
074	8.11	惟义所在	220
075	8.14	资之深	222
076	8.21	王者之迹熄而诗亡	226
077	8.22	君子之泽五世而斩小人之泽五世而斩	227

续表

序号	篇、章、节	疑难词句	页码
078	8.26	求其故	230
079	8.31	民望	238
080	8.31	昔沈犹有负刍之祸	239
081	9.1-1	号泣于旻天于父母	243
082	9.1-1	共为子职而已矣	244
083	9.2-1	谟盖都君咸我绩	248
084	9.4-1	齐东野人	252
085	9.4-2	瞽瞍亦允若是为父不得而子也	254
086	9.5-2	而居尧之宫	258
087	9.7-1	弗顾也	263
088	9.8	得之不得曰有命	267
089	10.1-2	由由然	272
090	10.4-2	是不待教而诛者也	279
091	10.4-2	殷受夏周受殷所不辞也	280
092	10.6-2	自是台无馈	284
093	10.7-2	岂曰友之云乎	287
094	10.8	读其书	289
095	10.9	臣不敢不以正对	290
096	11.4	异于白马之白也	294
097	11.7-1	富岁子弟多赖	299
098	11.7-2	其性与人殊	302
099	11.8	莫知其乡	304
100	11.10-1	何不用也、何不为也	306
101	11.10-2	妻妾之奉	310
102	11.12	不知类	312
103	11.13	皆知所以养之者	313
104	11.14	樲棘	316

续表

序号	篇、章、节	疑难词句	页码
105	11.16	不倦	318
106	11.20	羿之教人射必志于彀学者亦必志于彀	321
107	11.20	大匠诲人必以规矩学者亦必以规矩	322
108	12.1—2	於答是也何有	325
109	12.2	奚有于是	328
110	12.5	享多仪	332
111	12.6—1	自为	334
112	12.6—2	无贤者也有则髡必识之	337
113	12.12	君子不亮恶乎执	343
114	12.13	好善	345
115	12.14	礼貌	347
116	12.15	空乏其身行拂乱其所为	349
117	12.15	入则无法家拂士	350
118	13.1	尽其心	354
119	13.3	求在我者也	356
120	13.6	无耻之耻无耻矣	357
121	13.12	杀民、杀者	362
122	13.13	皞皞如	364
123	13.17	无为其所不为无欲其所不欲	366
124	13.18	恒存乎疢疾	368
125	13.18	故达	369
126	13.19	天民、大人	371
127	13.25	利与善之间	377
128	13.26	杨子取为我	378
129	13.26	摩顶放踵	378
130	13.34	人莫大焉亡亲戚君臣上下	384
131	13.40	予私淑诸人也、有私淑艾者	389

续表

序号	篇、章、节	疑难词句	页码
132	14.11	好名之人……箪食豆羹见于色	398
133	14.12	国空虚	400
134	14.14	社稷次之	401
135	14.21	山径之蹊间介然用之而成路	409
136	14.23	善搏虎	412
137	14.23	卒为善士则之野有众逐虎	414
138	14.30	若是乎从者之廋也	419
139	14.30	夫子之设科也	420
140	14.30	是心	422
141	14.33	经德不回	426
142	14.35	虽有不存焉者……虽有存焉者	428
143	14.37−2	阉然	433